FÁBIO SILVESTRE CARDOSO

CAPANEMA
BIOGRAFIA

1ª edição

EDITORA RECORD
RIO DE JANEIRO • SÃO PAULO
2019

CIP-BRASIL. CATALOGAÇÃO NA FONTE
SINDICATO NACIONAL DOS EDITORES DE LIVROS, RJ

C262c

Cardoso, Fábio Silvestre
    Capanema: a história do ministro da Educação que atraiu intelectuais, tentou controlar o poder e sobreviveu à Era Vargas / Fábio Silvestre Cardoso. – 1ª ed. – Rio de Janeiro: Record, 2019.

Inclui bibliografia e índice
ISBN 978-85-01-10910-1

1. Capanema, Gustavo, 1900-1985. 2. Políticos – Brasil – Biografia. I. Título.

19-54630

CDD: 923.2
CDU: 929:32

Vanessa Mafra Xavier Salgado – Bibliotecária – CRB-7/6644

Copyright © Fábio Silvestre Cardoso, 2019

Todos os direitos reservados. Proibida a reprodução, armazenamento ou transmissão de partes deste livro, através de quaisquer meios, sem prévia autorização por escrito.

Texto revisado segundo o novo Acordo Ortográfico da Língua Portuguesa.

Direitos exclusivos desta edição reservados pela
EDITORA RECORD LTDA.
Rua Argentina, 171 – Rio de Janeiro, RJ – 20921-380 – Tel.: (21) 2585-2000.

Impresso no Brasil

ISBN 978-85-01-10910-1

EDITORA AFILIADA

Seja um leitor preferencial Record.
Cadastre-se em www.record.com.br
e receba informações sobre nossos
lançamentos e nossas promoções.

Atendimento e venda direta ao leitor:
sac@record.com.br

Sumário

Introdução — Quem foi Gustavo Capanema?　　09

PARTE I

1. Capanema tinha uma arma　　17
2. Anos de formação　　25
3. Um homem comedido　　41
4. Movimentação calculada　　53
5. A Revolução de 1930: em três anos, um nome nacional　　65
6. No Ministério　　91

PARTE II

7. Capanema e os intelectuais　　115
8. Palácio Capanema　　143
9. O poder ameaçado　　161
10. Capanema se move　　179
11. O fim é um novo começo　　207

PARTE III

12. Mais do que ministro   239
13. Domesticando o poder?   253
14. O plano B para a legalidade   269
15. O quase primeiro-ministro   293
16. Capanema escolhe o caos   313
17. Consequências inesperadas   323
18. Capanema sai de cena   339
19. Réquiem   359

Epílogo   375

Agradecimentos   379

Notas   381

Referências bibliográficas   399

Índice onomástico   411

"Política é a arte de conquistar e conservar o poder."

Gustavo Capanema

Introdução

Quem foi Gustavo Capanema?

Entre 1927 e 1979, Gustavo Capanema Filho teve atuação política destacada no país. Embora seja reconhecido pela sua gestão à frente do Ministério da Educação e Saúde entre 1934 e 1945, sua participação no debate político não se restringiu às reformas que promoveu na educação. Da mesma forma, ele não deve ser entendido como um ator político cujo raio de influência merece menção somente como mais um personagem coadjuvante do governo de Getúlio Vargas. Em que pese o fato de a historiografia oficial e extraoficial do Brasil preferir narrar os feitos de alguns de seus líderes como se estes fossem demiurgos ou cópias de um São Sebastião redivivo, é fundamental observar que essa mesma história não alcançaria o status de narrativa se não fosse por personalidades que, ainda hoje, vivem no mundo das sombras. É o caso de Gustavo Capanema, nome importante para desvendar as motivações, a agenda e a natureza daqueles que buscam ocupar um espaço no poder.

Com formação acadêmica que o destacava em um momento em que o Brasil ainda era eminentemente rural, Capanema saiu de Pitangui, interior de Minas Gerais, para cursar o ginásio em Belo Horizonte, uma das primeiras cidades planejadas do país. Em 1920, como era de esperar para um jovem com aptidões intelectuais daquela geração, cursou a Faculdade de Direito de Minas Gerais, que depois passou a se chamar Faculdade de Direito da Universidade Federal de Minas Gerais. Noventa e cinco anos depois, em janeiro de 2015, a Secretaria de Registros Acadêmicos da Faculdade de

Direito da Universidade Federal de Minas Gerais não somente não possuía nenhum registro daquele que se pode chamar de aluno ilustre (posto que foi ministro de Estado e parlamentar responsável pela Constituição de 1946, reconhecido pelos seus pares por seu talento jurídico, além de senador da República), como tampouco guardaria alguma memória sobre quem foi Gustavo Capanema. Ironia do destino: o ministro responsável pela criação de um órgão de preservação da memória, o Instituto do Patrimônio Histórico e Artístico Nacional (Iphan), hoje é vítima do esquecimento tanto sobre seus feitos quanto sobre sua própria trajetória.

Nascido em 1900 e falecido em 1985, Gustavo Capanema viveu o suficiente para cuidar de seu legado como político, deixando sob os cuidados da Fundação Getulio Vargas um rico acervo de documentos, anotações e textos do período em que esteve na vida pública. O material já foi explorado por pesquisadores diversos com vistas a traçar um esboço da trajetória política da sua administração à frente do Ministério da Educação e Saúde e também dos mecanismos de poder do governo Vargas durante o Estado Novo. Tais leituras, no entanto, não esgotaram a possibilidade de se estabelecer uma narrativa de Capanema como figura pública, fruto de um Brasil ainda pré-moderno, mas que, como muitos de sua geração, a um só tempo, foi protagonista e espectador de muitas das transformações do país ao longo do século XX. Nesse sentido, é fundamental que se busque apresentar um relato que dê conta dessa trajetória pública e ao mesmo tempo esboce um perfil biográfico com elementos de sua personalidade que estejam disponíveis a partir dos registros que ele, seus colaboradores mais próximos e interlocutores nos deixaram. Em outras palavras, é evidente que os documentos do Arquivo Gustavo Capanema compõem parte elementar de pesquisa, mas essa narrativa biográfica toma emprestado, também, outros relatos e abordagens históricas que dão conta de um painel muito mais amplo e complexo sobre o personagem.

No livro *Homens em tempos sombrios*,[1] a filósofa alemã Hannah Arendt escreve que "a biografia definitiva, ao estilo inglês, conta-se entre os gêneros mais admiráveis de historiografia". A afirmação se baseia no fato de que esse tipo de narrativa não se pauta apenas na jornada de seu personagem principal, mas, também, no amplo panorama do período que oferece aos leitores em termos de contexto histórico-cultural da época dos biografados.

Dada a sua importância para o quadro político nacional, Gustavo Capanema não ficou esquecido, ao menos para seus contemporâneos e também para aqueles que se interessam pelo tema da educação.

Pela ordem, o primeiro livro a apresentar um recorte de Gustavo Capanema, mais especificamente no momento em que ele ocupou o ministério no governo Vargas, se deu com a edição de *Tempos de Capanema*, assinado pelos pesquisadores Simon Schwartzman, Helena Bomeny e Vanda Costa. Publicado pela primeira vez na década de 1980, a obra ainda hoje é uma referência no estudo das iniciativas de Capanema à frente da pasta da educação. Afora isso, do ponto de vista do uso da documentação disponível na Fundação Getulio Vargas, inclusive, chama a atenção pela análise extensa, tendo sido, consequentemente, fonte de referência indispensável para inúmeros outros trabalhos que se pautavam pelas discussões suscitadas daquele período.

Em uma outra perspectiva, o escritor e político Murilo Badaró escreveu, em 2000, quando Capanema completaria 100 anos, a obra *Gustavo Capanema: uma revolução na cultura*. Uma vez que foi contemporâneo ao menos de uma parte da trajetória de Capanema, Badaró traça um retrato mais amplo, dando conta tanto da trajetória do político mineiro como ministro do governo Vargas quanto do período em que Capanema foi deputado pelo PSD. Afora isso, o texto oferece aos leitores informações de bastidores e da dinâmica de poder na Câmara.

Um terceiro livro, *Gustavo Capanema*, concebido como parte integrante de uma série durante a gestão de Fernando Haddad à frente do Ministério da Educação (2005—2012), também se voltou para a trajetória mais conhecida de Gustavo Capanema, a de ministro da Educação e Saúde. José Silvério Baia Horta, o autor, abre mão de comentar com mais ênfase a segunda vida do político mineiro como parlamentar, a partir de 1946.

Em boa medida, este *Capanema, uma biografia* existe também como peça narrativa que se vale das análises e das histórias cortadas pelos outros espectadores, mas também lança um olhar contemporâneo para questões que são igualmente relevantes para que se possa perceber as muitas vidas que Capanema viveu para além do Ministério da Educação e Saúde.

Desse modo, essa figura que sempre esteve ligada ao poder merece ter sua vida apresentada ao leitor de forma completa, levando em consideração não apenas seus feitos celebrados à frente do Ministério da Educação e Saúde, mas também sua jornada como alguém que tentou domesticar o poder, ora como um servidor cuja missão deveria ser cumprida a qualquer custo, ora como uma figura ambiciosa que se afeiçoou às entranhas da máquina pública e que, como poucos da sua geração, soube controlar o cenário muitas vezes hostil ao seu redor.

* * *

Gustavo Capanema, de fato, foi importante para a educação brasileira. Até sua gestão, o Brasil não contava com um projeto moderno para a formação de seus estudantes, sendo, essencialmente, bastante exclusivista para alguns poucos alcançarem a educação de elite. Sob Capanema, a transformação se deu, em um primeiro momento, em larga escala: como espécie de cimento do projeto de poder de Getúlio Vargas, o trabalho de Gustavo Capanema se destaca essencialmente pela elaboração de uma estrutura educacional voltada para as massas e que atendesse às novas demandas de um país em transformação. Getúlio Vargas, nesse sentido, teve a presença política de perceber que a educação era chave para que a população compreendesse que poderia alcançar um novo status sob o seu regime. Aquele que ficaria conhecido como "pai dos pobres" deve, principalmente, ao projeto de educação encampado pelo ministro Capanema uma consolidação mais sofisticada sobre o imaginário da formação intelectual. Dito de outro modo, o Brasil se modernizou sob Vargas, e parte dessa modernização teve como principal condutor o Ministério da Educação e Saúde.

Capanema não foi o primeiro ministro da Educação e Saúde.[2] Francisco Campos, também conhecido como Chico Ciência, assumiu como o primeiro ministro da pasta ainda no início do Governo Provisório de Vargas, uma gestão que teve seu começo marcado pela Revolução de 1930, ocorrida em novembro daquele ano. Nesse momento, Capanema já havia sido vereador (logo após se tornar advogado) na sua cidade natal, Pitangui. Assumiu então o cargo de chefe de polícia na província de Minas Gerais e, por uma série de circunstâncias, logo foi catapultado a um cargo de maior destaque, tornando-se interventor de Minas Gerais, cargo que ambicionava, até ser preterido por outro mineiro, Benedito Valadares, em uma opção muito ao feitio de Getúlio Vargas — isto é, uma decisão pautada no cálculo político acima de tudo.

Capanema se tornaria ministro da Educação e Saúde em 1934 e só sairia do cargo em 1945, sendo, até o momento, o ministro que ficou mais tempo no comando da Educação do país. Ainda assim, os dizeres que estão na entrada do palácio que leva seu nome, na cidade do Rio de Janeiro, remetem a Getúlio Dornelles Vargas. É certo que Vargas tem um papel decisivo na história do Brasil no século XX, e não é o propósito deste livro apresentar uma narrativa que desconstrua esse personagem e o devolva reiteradamente à história do Brasil como um mito paralisante. O que é preciso, isto sim, é estabelecer quem é quem no tocante à participação no primeiro escalão de sua administração, o que implica conhecer os detalhes que envolvem Capanema e o Ministério, pensando não apenas na administração, mas no contexto político da formação do governo Vargas, e aqui notadamente se trata de abordar a participação dos intelectuais na consolidação desse projeto.

Em termos de narrativa e de memória histórica, a gestão de Gustavo Capanema se confunde com a ideia de cooptação dos intelectuais. De fato, entre 1934 e 1945, iniciou-se um longo período de cooperação com os artistas e escritores daquela geração, entre os quais Carlos Drummond de Andrade, Candido Portinari, Mário de Andrade, Abgar Renault, Oscar Niemeyer, Lucio Costa, Heitor Villa-Lobos, entre outros. De acordo com essa linha de raciocínio, Capanema seria o artífice dessa geração de criadores, que, por sua vez, trabalhariam para consolidar uma feição favorável a um regime político a princípio renovador, embora ditatorial, e, em seguida, totalitário. Essa percepção genérica novamente estabelece Capanema como um ator político com alta capacidade de mobilização e, em especial, com um projeto de cultura para o país de longo prazo — nesse caso, para além da proposta com educação.

* * *

Se é verdade que autores como Sérgio Miceli,[3] *grosso modo*, corroboram com a visão supracitada, existe, atualmente, uma bibliografia que tenta restabelecer o papel desses personagens. De acordo com essa premissa, Capanema não seria o Henry Kissinger[4] de Getúlio Vargas, mas somente um homem na sua hora, ou seja, um sujeito que no seu momento decisivo não escapou à responsabilidade, mas que tampouco trouxe uma contribuição original à agenda da cultura como um ideólogo. Capanema, de acordo com essa corrente, seria no máximo um homem cumpridor.

Essas duas versões sobre Gustavo Capanema reduzem o personagem a uma coisa ou outra, tornando o ex-ministro de Vargas uma figura em branco e preto, sem nenhuma nuance. Não é por acaso que até hoje Capanema é considerado um personagem secundário. Desde sua morte, em 1985, sua participação como político brasileiro de uma geração de notáveis é considerada como digna, no máximo, de algumas citações nas trajetórias de políticos como Getúlio Vargas, Juscelino Kubitschek e João Goulart; da mesma forma, Capanema é no máximo coadjuvante em períodos decisivos da vida política brasileira, como a passagem para o Estado Novo, a elaboração da Constituição de 1946, os dias que sucederam o suicídio de Getúlio Vargas, sem mencionar, ainda, os momentos turbulentos que marcaram a posse de JK em 1955 e, ainda, os momentos que antecedem a decisão de apoiar o Golpe de 1964.

Capanema foi muitos, para além de ministro da Educação e Saúde, ainda que seja por essa contribuição à vida política que ele seja lembrado de forma permanente. E, tão importante quanto isso, ao longo de sua vida pública, foi poucas vezes derrotado, permanecendo de forma maquiavélica sempre próximo ao poder. Nesse sentido, chama a atenção na trajetória de Gustavo Capanema o fato de que, a despeito de quando foi preterido para a função de presidente de Minas Gerais no início dos anos 1930, jamais ambicionou abertamente um cargo executivo. Sua jornada foi marcada por lances calculados, seja como ministro da Educação e Saúde (e, nesse caso, foi a fortuna que ele logrou transformar em virtude), seja como parlamentar que-sempre passou ao largo da unanimidade popular. Vale lembrar o adágio de um de seus desafetos — sim, Capanema os tinha —, que dizia: "voto mesmo que é bom ele não tem".[5]

Exemplo raro de figura que se renovou no poder como pôde, ocupando posições diferentes, mas sempre de forma pragmática, Capanema soube agir de modo a preservar o status que possuía. Jamais com gestos de arrivismo ou vaidades de ideologia política, mas sempre com a premissa de permanecer no poder. É essa a história que merece ser contada.

São Paulo, novembro de 2018

PARTE I

1

Capanema tinha uma arma

O xadrez que envolvia a política mineira nos primeiros instantes pós-Revolução de 1930 deixaria qualquer roteirista de *thriller* político com inveja. As eleições para presidente que marcaram a derrota de Getúlio Vargas para o candidato oficial do governo, o paulista Júlio Prestes, foram as mesmas que, em Minas Gerais, fizeram com que Olegário Maciel se tornasse presidente daquele estado. Dessa forma, assim como Júlio Prestes só foi eleito graças ao arranjo político que destacava a importância do voto de seu padrinho (no caso, o presidente Washington Luís), Olegário Maciel só alcançou o poder em Minas Gerais porque contou com o apoio de Antônio Carlos Ribeiro de Andrada, que foi presidente de Minas Gerais entre 1926 e 1930. Sem nenhum tipo de embaraço, os ocupantes dos cargos executivos articulavam-se no sentido de construir os endossos necessários para que seus indicados alcançassem o poder. Olegário Maciel, portanto, era o caminho natural naquele contexto político da Primeira República. A novidade estava no fato de que o Brasil promovia naquele momento a troca de toda uma geração de políticos, e os líderes que alcançaram o poder no contexto anterior estavam todos destinados a perder a posição que acabaram de conquistar.

Foi exatamente nesse cenário que se constituiu uma acirrada disputa entre o Partido Republicano Mineiro (PRM), consolidado a partir do contexto da Primeira República, e a Legião de Outubro,[1] organização política de natureza autoritária cujo motor era o prevalecimento dos interesses da Revolução de 1930 sem necessariamente passar pela dinâmica partidária — fato, a propósito, que geraria discórdia em certa fatia desse movimento. PRM e Legião de Outubro entraram em rota de colisão porque, no dia seguinte da Revolução de 1930, eram muitos os interesses a serem colocados em pauta e não havia consenso em torno deles. No que concerne, por exemplo, à mudança das lideranças políticas, em todo o Brasil os presidentes eleitos haviam sido substituídos por interventores. A figura do interventor não somente era necessária, mas também bastante conveniente ao contexto do Governo Provisório de Getúlio Vargas. Este precisava do apoio dos aliancistas,[2] que, *grosso modo*, haviam sido derrotados nas eleições de 1930. E foi por esse motivo que tomou a decisão de substituir os políticos eleitos nos demais estados. A questão em Minas Gerais, no entanto, era delicada e exigia mais cuidado.

Antônio Carlos Andrada ofereceu apoio a Vargas na disputa deste contra Júlio Prestes, candidato por São Paulo. Em seguida, no processo que desembocaria na Revolução de 1930, o apoio foi mais contido e o político mineiro "foi mineiro", ou seja, hesitou e não necessariamente endossou a mudança de regime com base no uso da força. Esse contexto oferecia uma oportunidade privilegiada para aqueles que buscavam retornar ao poder, como é o caso da ala do ex-presidente Arthur Bernardes e de Afrânio de Melo Franco, grupo que estava alijado da liderança do PRM durante o governo de Antônio Carlos Andrada.

Gustavo Capanema Filho tinha recém-completado 30 anos quando a Revolução de 1930 aconteceu. Apesar de sua trajetória política ter começado alguns anos antes, como vereador na cidade de Pitangui, a 125 quilômetros de Belo Horizonte, pode-se afirmar que foi a partir de outubro de 1930 que sua biografia política começou a ganhar mais relevo e destaque. E isso está intimamente relacionado à chegada de Olegário Maciel ao poder em Minas Gerais. Nesse caso, a relação de parentesco foi decisiva para que Capanema fosse escolhido para integrar o governo. Assim, no dia 10 de agosto de 1930 — antes da Revolução, portanto —, ele foi convidado por Olegário Maciel para ocupar o cargo de oficial de Gabinete, cujos vencimentos eram da ordem de 1:250$000 mensais. Ao final da carta, que lhe foi entregue em Pitangui, Olegário Maciel se despede "cordialmente" do "parente e amigo". Capanema imediatamente aceitou o convite, em uma carta de resposta datada naquele mesmo agosto, apesar de sua preocupação com a pouca experiência política. Aos 30 anos, só tivera tempo de se preparar com boas leituras e atuar como advogado e professor em Pitangui, para além da participação como vereador em sua cidade natal.

Toda essa inexperiência seria colocada à prova no embate político que se avizinhava entre a Legião de Outubro e a parcela política alijada do poder do PRM. Em linhas gerais, o objetivo da Legião de Outubro era consolidar a participação de Minas Gerais no processo revolucionário ao mesmo tempo que buscava enfraquecer as forças políticas do PRM. Capanema participou das conversas iniciais e, em fevereiro de 1931, assinou o manifesto da fundação da Legião de Outubro ao lado de Amaro Lanari e Francisco Campos, então ministro da Educação e Saúde do Governo Provisório. Não é exagero observar que, a despeito da participação de Lanari e Capanema, Francisco Campos era o principal artífice do ardil que envolvia essa movimentação política. Caso vingasse, a Legião de Outubro representaria uma estaca capaz de delimitar a presença de Campos no espaço político em Minas Gerais, o que não era pouco naquele cenário que ainda se ressentia de novas lideranças nos estados depois da Revolução de 1930.

Além disso, há que se notar a natureza essencialmente autoritária que envolvia as palavras de ordem da Legião de Outubro. Campos era um dos políticos menos afeitos à agenda liberal, a ponto de afirmar que "o futuro da democracia depende do futuro da autoridade".[3] Os legionários, desse modo, ambicionavam o comando político para colocar em prática os interesses da revolução, costurando, assim, um tecido que buscava consolidar a base de sustentação do Governo Provisório. O próprio manifesto da Legião de Outubro encontrou sua versão final logo após a presença de Vargas em Minas Gerais. Em relação ao seu *modus operandi*, a Legião de Outubro mantinha duas propostas: enquanto Francisco Campos queria que a organização funcionasse como um destacamento paramilitar, Capanema entendia que, uma vez que os partidos fossem forjados à imagem e semelhança dos interesses da Revolução de 1930, o movimento legionário deveria acabar.

Está claro que os correligionários do PRM não assistiram a essa movimentação em silêncio. Não havia dúvidas de que a Legião de Outubro, caso cumprisse com seus objetivos, fatalmente superaria a tradicional legenda de Minas Gerais. No limite, com a troca das agremiações que representavam a política, fatalmente os personagens também seriam cambiados. Essa conformação, no entanto, não aconteceria gratuitamente.

A crise política em Minas Gerais testaria a capacidade de Gustavo Capanema, mas, como se verá, seria decisiva para a saúde do Governo Provisório em curto prazo. Antes disso, nos jornais, os políticos mineiros que, na primeira hora, haviam aderido à causa dos legionários, logo se declaravam arrependidos. Foi o caso de Djalma Pinheiro Chagas, que aludiu à estratégia do líder Benito Mussolini no que tangia à ação dos secretários do governo de Minas Gerais. A menção a Mussolini, conforme escreveu Lira Neto no primeiro tomo da biografia sobre Getúlio Vargas (*Getúlio: dos anos de formação à conquista do poder*), não estava exatamente equivocada — ainda que, no caso de Pinheiro Chagas, a expressão tenha surgido como forma de crítica. E boa parte da classe política naquele momento flertava com o *Duce* sem nenhum constrangimento. Preocupado com as consequências da entrevista, Francisco Campos não hesitou: escreveu a Capanema e afirmou que estava na hora da ação, recomendando ao secretário do Interior que apressasse as medidas de afastamento de diversos prefeitos sob a alegação de que contrariavam a ordem política do governo estadual.

Arthur Bernardes também reagiu. Em entrevista a *O Jornal*, principal veículo dos Diários Associados à época, adotou a postura de revolucionário moderado. Em outras palavras, o ex-presidente da República afirmou que havia, sim, lugar para os partidos antigos naquela nova configuração política do país. De igual modo, ressaltou a importância do PRM na arregimentação necessária para a constituição da Aliança Liberal. A fala de Bernardes tinha endereço certo. O político quis estabelecer um lugar de destaque para o partido a fim de que a agremiação não fosse absorvida pela Legião Mineira. Para quem duvidasse das intenções de Bernardes, sua afirmação a seguir não poderia deixar mais evidente qual era a sua posição: "Dei meu apoio à Legião de Outubro, mas nunca pensei que pudesse ela substituir o Partido Republicano Mineiro, extinguindo-o."[4]

O clima era de alta voltagem, o que exigia uma contraofensiva expedita por parte do secretário do Interior do estado de Minas Gerais. Assim, em telegrama, ele destacou que "Vossa Excelência não considera amistosa ao seu governo a planejada reunião de alguns membros da comissão executiva do PRM nesta capital".[5] Capanema não respondeu somente em privado. Ocupando a posição de "administrador da crise", concedeu entrevista ao jornal

Estado de Minas e reafirmou a importância da manutenção da ordem, como que justificando a posição de Olegário Maciel nesse imbróglio. Ao mesmo tempo, assinalou que houve adesão maciça dos diretórios do PRM à Legião de Outubro e destacou que a possibilidade de coexistência dos dois grupos estava ligada à necessidade de renovação do conteúdo político da legenda, ou seja, que estivesse de acordo com os interesses dos revolucionários.

As consequências prenunciavam um confronto iminente e inevitável. De um lado, os fiéis escudeiros do PRM endossavam a manifestação de Arthur Bernardes perante a nova conformação política em Minas Gerais, acusando os legionários de esvaziamento das liberdades no tocante à mobilização partidária. Já os adesistas da Legião de Outubro encarnavam falanges igualmente prontas para o confronto, a ponto de se mobilizarem em grande número prestando homenagem a Olegário Maciel. Nesse ambiente de radicalização extremamente hostil, Gustavo Capanema tentava se equilibrar no primeiro de muitos desafios políticos. A vantagem era que, aparentemente, ele não se intimidava e assumia a posição de realizador nesses momentos de grande tensão. E assim foi. No dia em que os policiais renderam homenagem ao presidente do estado, Capanema discursou mais uma vez para tentar aplacar os ânimos acirrados.

Se os idos de março e abril apresentaram situações complexas, em maio de 1931 Gustavo Capanema teria pela frente um perigo real e imediato: a tentativa de deposição de Olegário Maciel a partir do uso da força. De acordo com certa visão historiográfica, o quadro que se apresentava era o de disputa entre os segmentos oligárquicos rivais: de um lado, Olegário Maciel; de outro, Arthur Bernardes. Da parte de quem desejava ver Olegário Maciel deixar o cargo, nota-se a participação efetiva de Osvaldo Aranha, que ainda nesse momento estava associado a Getúlio Vargas e tinha interesse direto em influenciar os rumos políticos de Minas Gerais. Só que a inventiva encontrou um Capanema senhor da situação. O secretário do Interior advertiu os oficiais que se mostravam indisciplinados. O objetivo era desmobilizar a estratégia que se organizava a partir do Rio de Janeiro, sob o comando de Osvaldo Aranha. Utilizando-se da ordem do dia, Capanema assinou um comunicado no qual rechaçava qualquer propaganda contrária que tentasse perturbar as tradições e o prestígio daquela corporação, salientando que não seria a calúnia ou qualquer sorte de insinuação que iria macular o "preço do juramento militar".[6]

Apesar do desafio que o momento apresentava, Capanema não exigia dos soldados algo estranho ao que ele próprio pensava. Ao longo de toda sua trajetória, a disciplina e a busca pela manutenção da ordem e do *status quo* foi uma espécie de tônica dominante, algo mais forte do que qualquer ideologia política. A principal arma de Capanema, nesse sentido, não foi o revólver ao qual ele tinha direito pela posição que ocupava, mas a certeza inabalável de que a ordem precisava ser mantida a qualquer custo.

O objetivo desse comunicado era evitar que se forjasse uma divisão a partir de uma onda localizada na oposição. Já no mês de junho, por ocasião de novos festejos militares (no caso, o Dia da Cavalaria), Capanema aproveitou o momento para discursar e, quiçá pela primeira vez em sua carreira pública, fez um discurso político de natureza doutrinária, apontando, colateralmente, quais os seus credos e princípios políticos de base. Pontuou que a resposta à felicidade do cidadão não se fundamentava somente a partir das declarações de "direitos e garantias". Aproveitou, assim, para desancar a corrente liberal, que, na percepção dos intelectuais daquela geração, era peça fora do jogo político: "Os princípios liberais, por mais belos e generosos que sejam, serão sempre ilusórios, se ao cidadão, para quem esses princípios se proclamam, não se garantir a segurança econômica, fundamento e condição que é de sua atividade consciente e livre."[7]

Apesar da fala eloquente e conceitualmente articulada de Gustavo Capanema, a crise não fora debelada por completo. Em agosto, as lideranças do PRM que disputavam espaço com a Legião de Outubro ainda queriam depor Olegário Maciel. E o ápice dessa iniciativa aconteceria em 17 de agosto, quando Capanema foi notificado pelo chefe da Casa Militar de que era necessário sair imediatamente de sua residência, pois estava em curso um golpe para tirar do poder o presidente do estado de Minas Gerais. Capanema, então, foi até a Secretaria do Interior, onde deixou a esposa, Maria Regina Massot. Depois, encaminhou-se para o Palácio da Liberdade e fez dali o centro nervoso de operações, estabelecendo a defesa do Palácio com o objetivo de evitar qualquer tentativa de ataque dos contrarrevolucionários.

No dia 18 de agosto, o fracasso da revolta estava estampado nas manchetes. O jornal *O Globo*,[8] por exemplo, destacou na primeira página a declaração do ex-presidente Antônio Carlos de que "não houve nada em Belo Horizonte, está tudo em paz". Ainda assim, o mesmo jornal noticiava que o comércio amanheceu fechado enquanto as ruas estavam "repletas de povo, que se movimenta nos vários bairros, afluindo para as ruas centrais. Em frente ao Grande Hotel, onde está localizado o quartel general do PRM, a multidão é extraordinária". E a sentença a seguir parece definitiva no sentido de oferecer o estado de coisas na capital mineira: "Pode-se afirmar que Belo Horizonte não dormiu esta noite. [...] É interessante de se notar que, até o presente momento, não se registrou o menor incidente."

De sua parte, o Governo Provisório, chefiado por Getúlio Vargas, manifestou solidariedade e deixou à disposição do governo mineiro a Força Federal caso houvesse necessidade de manter a ordem e a autoridade. Esse fato não excluiu, de todo modo, a atuação efetiva de Osvaldo Aranha — à época ministro da Justiça — na operação que visava desestabilizar o governo de Olegário Maciel. Outra corrente de interpretação desse evento supõe que o verdadeiro operador dessa tentativa frustrada de golpe foi Virgílio de Melo Franco, que, depois de ver recusado seu pedido a Vargas de substituição de Olegário Maciel, decidiu pela ação armada. E foi o próprio secretário do Interior quem respondeu de modo assertivo às sondagens que sugeriam a saída de Olegário Maciel. Ainda que fossem meras insinuações, havia um fundo de tensão efetivamente verdadeira. Capanema chegou mesmo a indicar que atacaria o quartel dos insurgentes se fosse preciso.

Com o desfecho da crise, Gustavo Capanema passou a ter mais influência política no governo mineiro. Como prova de seu prestígio, foi enviado à capital federal para um encontro com Getúlio Vargas. Seu papel como articulador político ganhou, então, notoriedade fora das fronteiras de Minas Gerais. Nem de longe esse destaque recebido agradava a todos. Todavia, é certo que o político mineiro estava, acima de qualquer coisa, correspondendo ao seu próprio desejo de ser o garantidor da ordem estabelecida. Este não seria o principal cargo público de Gustavo Capanema, muito menos a última vez que lançaria mão de suas habilidades de articulador. De todo modo, a ocasião marcou a sua ascensão política de maneira decisiva.

Dito de outra maneira, ainda que Capanema tivesse assinado o manifesto da Legião de Outubro, era servindo ao poder constituído que atendia de forma mais plena às características elementares de sua personalidade política. Ou seja, ainda que tivesse uma arma, só a usaria se fosse para defender o governo.

2

Anos de formação

O caminho até Pitangui, cidade localizada na mesorregião metropolitana de Minas Gerais, não é dos mais óbvios entre os municípios mineiros. Se o visitante parte de Belo Horizonte, de carro, leva um tempo considerável até lá. Boa parte da estrada conta com sinalização irregular, e mesmo nos arredores há quem não saiba onde fica o município. No interior do estado de Minas Gerais, há várias cidades cuja relevância oscilou nos últimos três séculos de história. Curiosamente, Pitangui possui uma tradição que se conforma de maneira singular ao contexto de Minas Gerais: um forte componente político e um legado material relevante para a cultura do país, sem mencionar o olhar desconfiado de seus moradores. Com pouco mais de 25 mil habitantes, atualmente, Pitangui é uma cidade com orgulho de seu passado, e não têm sido poucas as manifestações que dão conta disso. O aniversário de 300 anos, por exemplo, celebrado em 2015, foi marcado pelo destacamento de seu sítio histórico, bem como pela recordação de seus filhos mais ilustres, como Gustavo Capanema Filho.[1]

Ainda que não esteja rigorosamente explicitada nos livros de história do Brasil, é bastante intensa a relação de Pitangui com a cultura política do país. Ao olhar para alguns de seus principais momentos, pode-se constatar como essa antiga vila tem respirado política desde a sua primeira fundação. Originalmente, Pitangui (que, em tupi-guarani, significa "rio das crianças") teria sido descoberta pelo bandeirante Bartolomeu Bueno da Siqueira, ainda na segunda década do século XVIII. Os relatos oficiais sustentam que esse "achado" estaria vinculado ao ciclo do ouro, em um momento em que o desenvolvimento do país esteve calcado nesse tipo de exploração. De certa maneira, portanto, a vila de Pitangui se inseria em uma dinâmica elementar para o país desde o início.

Não para por aí a relação da história da cidade com a trajetória política do Brasil nos últimos séculos. Ainda conforme relatos oficiais, Pitangui manteve uma relação conturbada com Portugal. Um caso em especial simboliza a temperatura desse embate mais ou menos no período em que a vila teve seu status elevado à condição de cidade, entre 1713 e 1720. Naquela época, houve uma sequência de revoltas da vila contra as imposições da Coroa portuguesa. Domingo Rodrigues do Prado, outro bandeirante, liderou o movimento que contestava o pagamento do quinto de ouro. "Quem pagasse, morria",[2] anunciava a revolta liderada por Prado. Pitangui não conseguiu manter a revolta em pé, mas seus habitantes não se dobraram. E o resultado foi que, mesmo superada a revolta, Pitangui teve sua dívida anistiada.

Para alguns historiadores, essa foi a primeira grande mobilização contra a Coroa antes ainda da Inconfidência Mineira, em Ouro Preto, movimento este liderado por Filipe dos Santos. Outro registro dá conta de um personagem nascido em Pitangui que teve papel relevante na história da emancipação do Brasil, em uma atividade que remonta à articulação e ao aconselhamento de políticos, características que seriam bastante relacionadas ao perfil de Gustavo Capanema no século XX. Muito antes dele, foi a vez do padre Belchior Pinheiro de Oliveira, então conselheiro e confidente de D. Pedro I, que assim teria dito ao imperador: "Se Vossa Alteza não se fizer Rei do Brasil, será prisioneiro das cortes e, talvez, deserdado por elas. Não há outro caminho senão a independência e a separação."[3] Muitos e muitos anos depois, o túmulo do padre está localizado nas escadarias da Igreja Matriz de Nossa Senhora do Pilar, em Pitangui, e a sua casa, tombada pelo Iphan, encontra-se preservada.

No tocante à sua fundação, consta que o surgimento de Pitangui aconteceu no fim do século XVII. No início, os escravos fugitivos perambulavam por ali, escapando das expedições que vinham da cidade de Porto Seguro. Teriam sido eles que encontraram ouro na região de Pitangui.

A propósito, há uma carta em que Brás Balthazar da Silveira,[4] à época governador do Brasil, informa ao rei:

Senhor,

Vendo os moradores desta cidade que os reinóis no último levantamento os haviam lançado violentamente das Minas, e despojado dos bens que nelas tinham, tomaram a resolução de procurar outros sertões em que continuassem os seus descobrimentos e, chegando até o sítio chamado Pitangui ou Pará, começaram a descobrir ouro e, continuando nesta diligência, a que os obrigava a sua necessidade, achariam cada vez mais bens logrando o seu trabalho com a abundância de ouro que foram descobrindo e, receosos de que com a entrada de reinóis experimentassem o mesmo dano que receberam nas primeiras, publicaram que não haviam de consentir nela os ditos reinóis; porém, depois de minha chegada a esta cidade, me assegurando os homens principais dela que eles se acomodariam com o que eu resolvesse neste particular e reconhecendo que a verdadeira segurança destes governos, compostos de paulistas e reinóis, é a reunião de uns e outros, a qual se não pode fazer senão associando-os e, nesta sociedade, administrar-lhes a justiça, determino procurar quanto me for possível acomodá-los para que se utilizem todos e vivam com sossego.[5]

Em outra mensagem, de 9 de junho de 1715, faz-se menção para que se estabeleça ali uma vila no distrito de Pitangui, cujo primeiro nome foi Vila de Nossa Senhora da Piedade. Em 1855, Pitangui, enfim, receberia o título de cidade.

* * *

Apesar de não destacarem muitas figuras célebres no momento de sua fundação, nota-se uma singularidade no tocante ao protagonismo de alguns de seus principais personagens. Além das autoridades constituídas daquele período, são célebres as histórias de mulheres cuja força e prestígio se faziam notar, como são os casos de Maria Tangará, Joaquina do Pompeu e Dona Beja.[6]

Ocorre que o político e futuro ministro da Educação não nasceu em Pitangui, mas bem próximo dali, no arraial chamado Onça do Rio São

João Acima. À época, esse arraial era um pequeno distrito de Pitangui. O visitante que seguir por aqueles caminhos nos dias de hoje logo verá que esse subdistrito é uma cidade de pouco mais de 3 mil habitantes. E é interessante observar que, ali, a memória de Gustavo Capanema não é tão celebrada; em certa medida, portanto, é como se ele tivesse adotado a cidade de Pitangui como seu porto seguro, sua cidade natal, para além de certa exatidão geográfica em seus registros históricos.

Está no livro de Silvio Gabriel Diniz, *O gonçalvismo em Pitangui*, um dos casos políticos que envolvem Pitangui e o distrito de Onça. Os dois principais chefes políticos da região, José Gonçalves de Sousa e Vasco Azevedo, disputavam poder. Gonçalves de Sousa, que no passado ocupara a posição de juiz de direito da comarca, foi para Onça do Pitangui com o propósito de não deixar a eleição municipal de 1896 acontecer. Para tanto, lançou mão de uma artimanha que não seria exclusiva, como a história política do Brasil faz questão de registrar: convocou alguns capangas, invadiu o local de votação e, chamando o presidente da mesa às falas, alegou que o processo estava corrompido devido à lista fraudada de eleitores. Tamanha foi a comoção provocada pela insistência de José Gonçalves que o pleito não aconteceu. Todavia, Onça do Pitangui tampouco se deu por derrotada. E assim os ânimos dos moradores permaneceram exaltados até que Onça deixou de pertencer a Pitangui em 1911. Foi somente na década de 1960 que a cidade, enfim, foi emancipada.

A despeito das querelas políticas, nota-se que o tamanho de Pitangui é inversamente proporcional ao afeto que alguns de seus moradores dedicam à cidade. Pelo menos esta é a sensação que se tem com a leitura do livro *Oh! dias da minha infância*, escrito por José Capanema, irmão de Gustavo. No livro, o autor coloca Onça em um altar digno de um lugar que proporciona as melhores memórias afetivas. Do ponto de vista histórico, é certo que o livro não traz necessariamente um relato objetivo; no entanto, consegue, lançando mão da sua educação sentimental, reconstituir o estado de espírito e o ambiente local, que, com efeito, revelam a segurança, a tradição, os costumes e o folclore de Onça de Pitangui.

O fato de Gustavo Capanema ter sido um homem público dos mais importantes de sua geração não garante que os aspectos mais singulares de seu contexto familiar e da sua primeira infância sejam de domínio público. Pelo contrário. Mesmo levando em consideração a farta documentação a seu respeito no CPDoc, e porque pertence a outra época, ou talvez porque venha de uma cidade pequena, pouco se sabe a respeito da infância de Gustavo Capanema. O livro de José Capanema, de algum modo, preenche esse vazio. Nele, é possível encontrar as condições e o contexto do nascimento do futuro ministro da Educação e Saúde do governo de Getúlio Vargas, que traz consigo um dado curioso: antes de Gustavo Capanema, aqui biografado, o casal Marcelina e Gustavo Xavier teve outro filho, que viveu poucos dias e também se chamou Gustavo.

* * *

"Dizem os entendidos que os corações jovens se entrelaçam depressa e meu pai não há de ter fugido à norma."[7]

É assim que José Capanema fala do início do envolvimento de seus pais. Considerado um rapaz de "boa família" em Onça, Xavier nasceu em Pitangui, mas preferiu viver no arraial porque ali pretendia se estabelecer a partir do próprio esforço, em uma versão do que mais tarde alguém poderia chamar de *self-made man*. Tal como em certas narrativas triunfalistas, daquelas que marcam a jornada dos verdadeiros heróis, o filho José relata que o pai enfrentou muitas dificuldades no início em Onça do Pitangui, mas logo o destino lhe sorriu, e a sua condição se tornou mais auspiciosa.

Como comerciante local — embora a neta se refira ao avô como farmacêutico,[8] José escreveu que o pai era proprietário de uma casa que, com o tempo, passaria a vender "ferragens, armarinho, perfumes, calçados, chapéus, bebidas, mantimentos, tudo enfim"[9] —, Xavier logo fez amizade com Antônio de Carvalho Lage, ou Tonico Lage, um rapaz desprendido que o auxiliava no trabalho diário. Ainda de acordo com as memórias de José Capanema, Tonico também fazia companhia a Xavier, além de levar café quente e de eventualmente convidá-lo para ir à sua casa. Tratava-se de uma habitação simples, como era natural em Onça, mas que acolhia bem os visitantes.

Na casa de Tonico Lage, além de conhecer Sinhana Lage, a matriarca, Xavier encontrou aquela que seria a mulher para toda a sua vida: Marcelina, a irmã de seu amigo. Em *Oh! dias da minha infância*, José Capanema não gasta muita tinta para revelar o que parece ter sido uma movimentação natural: logo o casal se enamorou e, nos meses seguintes, houve expectativa de casamento. Os dois foram "feitos um para o outro", como seria dito em um conto de fadas; no entanto, houve momento de tensão dramática: sim, o jovem era um rapaz sério e tinha aspirações de vencer na vida; sim, ele desejava se casar; todavia, sua saúde também era muito frágil. E assim houve quem desaconselhasse o casamento. Marcelina insistiu, e o casamento aconteceu em 11 de junho de 1898.

Segundo relata José Capanema, a personalidade forte da mãe no episódio do casamento contrastava com certo desalento em relação à vida. E assim o filho recorda:

> Minha mãe era uma criatura muito sensata e trazia em seu temperamento algo que muito a prejudicou em toda a sua vida: era excessivamente pessimista. Em todas as contingências em que esteve, nunca esperava a melhor solução, mas a pior.[10]

Assim, ainda que estivesse casada com Xavier, o homem que escolheu, Marcelina não guardava grandes esperanças a respeito do futuro. Na verdade, ficou ansiosa para saber quando o destino lhe pregaria uma peça. Essa predisposição ao pessimismo foi uma marca dos primeiros anos de casamento e, de certa maneira, Marcelina deve ter imaginado que havia acertado na previsão quando o primeiro filho do casal nasceu. Como o pai, ele também se chamou Gustavo, mas, em vez da felicidade, a chegada do primogênito foi uma prova para o casal: o primeiro filho viria a falecer com poucos dias. Em suas reminiscências, José Capanema sugere que as condições precárias da vida do casal, em razão da situação econômica bastante ingrata, talvez tenham provocado essa morte precoce.

O que poderia ser sinal definitivo de desgraça ou má sorte foi, na verdade, o ponto de virada da família. Marcelina e Xavier tiveram outro filho. E o nome, para estranhamento de muitos, seria novamente Gustavo. Com esse novo nascimento surgiu nova oportunidade, graças ao fazendeiro Pacífico de Assunção. Referência na região de Onça, o fazendeiro ofereceu ajuda a Xavier para que este pudesse atuar com maior agressividade no comércio. Sem conhecer Xavier, e tampouco sem ter recebido nenhuma recomendação a respeito do jovem comerciante, o único fator que motivou Pacífico a ser uma espécie de investidor foi a confiança que Xavier inspirava nas pessoas ao redor.

Os primeiros anos de Gustavo Xavier Capanema Filho — mais tarde, ele usaria só Gustavo Capanema — podem servir como referência para que se compreenda um pouco de sua personalidade adulta. Como a vida em Pitangui não era feita de grandes sobressaltos, a infância de Gustavo, a princípio, não destoava daquela vivida por outros garotos de sua idade. José Capanema relata, no entanto, que, mesmo nas brincadeiras, Gustavo destoava dos demais pelas escolhas que fazia. Enquanto boa parte das crianças da época preferiam brincadeiras como bambalalão — que consistia em utilizar os galhos de uma jabuticabeira como hastes para pendurar duas cordas, que, uma vez presas a uma tábua logo abaixo, fazendo as vezes de assento, virava um balanço para as crianças — ou ainda cavalgar em cavalo manso, Gustavo tinha interesses menos intensos, se assim é possível dizer. Preferia fazer papagaios de papel de seda colorida ("modernamente chamados de pipas"), bem como "soltar balões de papel de seda que ele mesmo confeccionava".[11] Conforme recorda José Capanema, sempre que o irmão mais velho optava por outros brinquedos, costumava não se sair tão bem.

Outro passatempo que cativava Gustavo era a representação teatral. José Capanema conta que o irmão certa feita participou da Tiração de Reis, mais conhecida como Folia de Reis. De forte tradição religiosa, a celebração remonta à influência portuguesa e conta com expressão musical, roupas coloridas e visita aos lares da cidade:

> Cada ano, quando chegava a época de natal, um grupo numeroso, acompanhado de orquestra, visitava os lares, em homenagem ao nascimento do Salvador. Essa comemoração era chamada de "Tiração de Reis", esquisita denominação, também usada no norte do Brasil, para apresentação semelhante [...]. A figura central desse grupo era um personagem caracterizado de velho, que tinha o nome de Fabrício [...]. Como já disse, Gustavo participava da "Tiração de Reis". Fazia o papel do velho Fabrício.[12]

Na opinião de José Capanema, já na infância, o apreço de Gustavo Capanema pelo universo da arte se manifestava em suas brincadeiras, seja na representação teatral em louvor ao nascimento de Jesus, seja no desenvolvimento dos tais balões coloridos e das pipas. Tal como nos versos de William Wordsworth, em Capanema, o menino é pai do homem. Como se verá mais adiante, não faltam motivos para José Capanema expressar ampla gratidão ao irmão mais velho. Antes, porém, é preciso entender o passo a passo que fez com que Gustavo Capanema deixasse a cidade de Pitangui já na adolescência.

Pelos comentários dos professores e pela impressão que transmitia a quem o observasse, o jovem Gustavo se destacava dos demais alunos. "Então, meu avô também percebeu que o papai tinha uma inteligência bastante nítida. E que meu pai tinha de estudar. Ele era farmacêutico, então, o senhor pode imaginar que o meu avô não era um homem rico. E foi difícil",[13] contaria, mais de um século depois, Maria da Glória Capanema, ao recordar a trajetória do pai. Apesar de certa prosperidade nos negócios, os recursos eram, de fato, escassos. Não havia dinheiro bastante para que todos os filhos fossem estudar em Belo Horizonte. "Mas o Gustavo tinha que ir", conta Maria da Glória.

E assim, entre os 13 e 14 anos, Gustavo Capanema foi levado pelo pai para a capital mineira. É possível imaginar como foi aquele trajeto: 125 quilômetros até uma terra estranha, ainda que no mesmo estado, longe do convívio dos amigos e parentes. Em suas memórias, José Capanema recorda o estado de espírito da família naquela ocasião:

> Quando ele decidiu que viria estudar em Belo Horizonte, em nossa casa não se falava noutra coisa. Minha mãe, com todo carinho, com todo apuro, pôs-se a preparar o enxoval que o jovem estudante levaria. Lembro-me das costuras que se prolongavam até alta noite, das escolhas, das medidas para roupa, das eventualidades, das precauções, de tudo enfim que se relacionava com a próxima partida do Gustavo.[14]

Ao lado dessa expectativa, o irmão ressalta o sentimento comum a todos: "Quando ele viajou, nós ficamos pesarosos por muito tempo, sentindo a sua ausência."[15] A saudade era recíproca. Maria da Glória revelaria que, em Belo Horizonte, um franzino Gustavo sentia falta dos pais e dos irmãos e de brincar com os garotos em Pitangui.

O afeto de José por Gustavo se revela em outras passagens do livro, como quando ele recorda das férias que o irmão mais velho passava em Pitangui, momento de reencontro e também quando José podia conferir a lista de leituras do irmão. "Foi aí que travei conhecimento com *A morte de Dom João*; *A filha do sineiro*; *Rei Lear* e outros poemas", conta. Gustavo ainda desempenhou papel fundamental na vida de José, tendo lhe ensinado as artes da leitura:

Gustavo desenhava um sol e junto escrevia a palavra "sol"; desenhava um dado e escrevia a palavra "dado". Juntava as duas e fazia a palavra "soldado", acompanhada do respectivo desenho. Não hesito em afirmar que foi ele o pioneiro do processo que anos depois o médico e pedagogo [Jean-]Ovide Decroly apresentaria com o nome método global, como ficou conhecido. O resultado foi o melhor possível. Em menos de um mês eu já estava lendo, corretamente, manuscritos e jornais.[16]

A chegada de Gustavo Capanema a Belo Horizonte coincide com um momento de inflexão para a história política da cidade, em particular, e de Minas Gerais. Afora isso, existe outro componente que, em certa medida, aproxima Belo Horizonte de Gustavo Capanema. Fundada no final do século XIX, aos poucos, a cidade se mostraria o espaço ideal para o desenvolvimento intelectual e de cultivo dos primeiros contatos com alguns dos personagens que, junto com Capanema, ajudariam a forjar e influenciar a história política e cultural do Brasil no século XX. Em Belo Horizonte, o início dessa história se confunde com as instituições de ensino que ele frequentou: a começar pelo Colégio Azeredo, passando pelo Colégio Arnaldo e, por fim, o Ginásio Mineiro, estabelecimento que depois passou a se chamar Colégio Estadual de Minas Gerais.

De acordo com Murilo Badaró, o adolescente Gustavo Capanema logo se empolgou com a rotina de estudos, transformando-se, já naquela época, em uma referência para os colegas. Maria da Glória assinalaria,[17] muito tempo depois, que essa seria uma marca definitiva do modo como seu pai impactava quem o ouvia falar. "Ah, é Gustavo Capanema", diziam. É desse período em que passa a frequentar a escola que surgem as primeiras amizades que acompanhariam Gustavo Capanema ao longo de quase toda a sua vida. Fora de casa, o estudante dividia a pensão com os igualmente jovens Gabriel Passos, Mario Cassanta e Abgar Renault.

Se é correto assinalar que o comportamento e a atitude em relação à educação não foi alterada por causa de sua mudança para Belo Horizonte, assim como o fato de ele mais influenciar do que ser influenciado, pode-se afirmar, também, que é dessa época que Capanema não somente estreitou os laços de amizade com os padres do colégio, como também desenvolveu ainda mais sua inclinação religiosa. Essa foi outra característica que o acompanharia ao longo de toda a sua jornada: Capanema sempre foi um homem muito afeito ao catolicismo. Um desses padres que se tornaram amigos foi Leonel Franca, um dos fundadores do Colégio Santo Inácio e da Pontifícia Universidade Católica (PUC). Volta e meia, Capanema não apenas se confessava com o padre, mas também buscava o amigo para conversar.

* * *

Embora esse tenha sido o começo da vida de Gustavo Capanema em Belo Horizonte, ainda que marcada pelas impressões de um adolescente fora de seu ambiente familiar, não é exagero indicar que Capanema desenvolveu aspectos de sua personalidade que seriam decisivos em outros momentos importantes de sua atuação pública. Nesse sentido em particular, para além da forte influência religiosa, nota-se o hábito de se corresponder com amigos e parentes. Com efeito, era nesse espaço privado que Capanema devassava sua intimidade, oferecendo ao interlocutor uma face mais sensível e menos recatada de seus sentimentos. É interessante observar, a propósito, o quanto dessa angústia que está patente no tom dramático e às vezes consternado da correspondência contrasta com a timidez e o caráter reservado de seu comportamento em público.

Era assim, por exemplo, que Capanema revelava à sua mãe, que sempre foi a principal referência de sua vida, suas expectativas e ansiedades quanto ao futuro. E é mais interessante ainda o quanto momentos importantes de sua trajetória pessoal e da vida pública do país estão assinaladas nas suas cartas.[18]

De qualquer modo, apesar da situação de ajuste e adequação, Gustavo Capanema encontrou em Belo Horizonte uma cidade que crescia junto com ele e seus amigos. E a propósito existe aqui um caso bastante singular. Como outros políticos, escritores e intelectuais de sua geração, Capanema passou a viver em uma cidade que era adolescente como ele; de modo semelhante, assim como o futuro ministro da Educação e Saúde, a jovem capital mineira também era impactada pelo modernismo. Em algum momento, esses dois universos, o da cultura e o da política, se amalgamariam e se tornariam inseparáveis na sua trajetória.

A época em que Gustavo Capanema, já adolescente, vivia em Belo Horizonte coincide com os momentos iniciais da política do café com leite. Com o fim da monarquia, em 1889, há um rearranjo de forças que, alguns anos depois, faria com que a disputa pelo poder estivesse na mão de alguns poucos atores políticos. Esse, no entanto, não foi um processo natural, da mesma forma como exigiu por parte da sociedade brasileira naquele período um alto preço na busca pelo consenso. Se, em um primeiro momento, houve euforia entre os liberais e aqueles que defenderam o fim da monarquia, impondo, por conseguinte, até mesmo o exílio do imperador Pedro II, cuja popularidade era bastante alta naquele instante, em seguida houve frustração, perseguição e sangue no processo de cauterização da sociedade brasileira. Parte dessa transição passava também pela mudança de estatuto com o advento das grandes cidades. Pouco a pouco, o campo deixava de ter a relevância que alcançara em fases anteriores, abrindo espaço, assim, para os centros urbanos. As cidades atraíam os jovens não apenas com oportunidades de trabalho e de formação, mas traziam consigo também o dia a dia dos acontecimentos políticos, concentrando os componentes da administração pública ao lado dos encontros e das articulações dos bastidores. Dessa forma, apesar de a capital federal ainda estar baseada no Rio de Janeiro, os estados de São Paulo e Minas Gerais se destacavam dos demais exatamente porque exerciam poder político com o máximo de sua capacidade. A capital paulista, aliás, crescia de modo espantoso, conforme relata Roberto Pompeu de Toledo no livro *A capital da vertigem,* em que o autor revela o desenvolvimento frenético e exponencial da cidade de São Paulo. Tal pujança encontraria paralelo no desempenho político desta cidade como peça-chave para a engrenagem do processo eleitoral daquele período. Enquanto isso, Belo Horizonte já nasceu com forte apelo político e quer nas articulações palacianas, quer nas caminhadas praticadas pelos mais jovens aos domingos, a conversação política já dominava o ambiente.

Após uma primeira década turbulenta, com conflitos e revoltas civis por todo o Brasil, o cenário político da Primeira República começou a se estabilizar. Como já foi dito, a política dos governadores consolidou uma forma de fazer chegar ao poder os representantes de uma elite política que havia sofrido alguns reveses nos últimos tempos de monarquia. Ainda de acordo com os registros históricos desse período, São Paulo e Minas Gerais articularam um pacto que representava a alternância de poder entre as lideranças desses dois estados, uma aliança que se romperia algumas vezes nas três primeiras décadas do século XX. Assim, a articulação entre os dois entes mais fortes do país naquele instante se deu a partir das afinidades dos principais partidos majoritários à época, o Partido Republicano Mineiro e o Partido Republicano Paulista (PRP). Esse laço não acontecia apenas na formalidade de um acordo das elites; antes, atendia a objetivos mais pragmáticos. Os mineiros, que sempre levavam consigo uma espécie de marca de grandes negociadores, tinham efetiva capacidade quando atuavam como mediadores entre os paulistas e os grupos regionais. Desde aquela época os paulistas não gozavam de boa reputação, graças a uma arrogância imputada à sua personalidade, que era, a um só tempo, empreendedora e menos dependente do Governo Federal. Com o apoio dos mineiros, São Paulo alcançara mais objetivos, pode-se imaginar. E assim um consórcio foi sendo construído.

Historicamente, atribui-se ao estado de São Paulo uma capacidade de comando e articulação que ignora a existência de outros atores igualmente relevantes no contexto da Primeira República. Minas Gerais talvez não fosse o mais robusto dos parceiros em termos de influência econômica. No entanto, tal como na monarquia, foi o esteio do sistema presidencial. Há quem possa desconfiar desta adesão à ordem estabelecida como oportunismo, ou, ainda, falta de arrojo, mas é inegável que o papel político de Minas Gerais só fez crescer no último século, sobretudo nos momentos decisivos, e isso se deve em parte a esse bom comportamento e cumprimento ao que está acordado.

O corpo dessa política dos governadores,[19] enfim, ganhou forma a partir de 1898, quando Francisco Silviano de Almeida Brandão — como presidente de Minas Gerais — e Manoel Ferraz de Campos Salles — à época presidente da República — deram sequência à iniciativa de comandar os respectivos legislativos e ao mesmo tempo centralizar o poder. Em Minas Gerais, tal estratégia contava com o apoio do PRM. Como consequência desse apoio, Brandão foi eleito vice-presidente da República na chapa de Rodrigues Alves, mas, como morreria antes de tomar posse, foi substituído por Afonso Pena, que, por sua vez, seria o presidente da República entre 1906 e 1909, ano de sua morte.

Em outras palavras, na prática, a Primeira República funcionava com esse jogo de cartas mais ou menos marcadas. Isto é, os atores políticos que eram substituídos já estavam previstos conforme as regras tácitas desse acordo. Ainda assim, houve momentos de ruptura e tensão nesse consórcio. Um exemplo de tensão se deu exatamente na campanha para a Presidência da República em 1910. São Paulo e Minas Gerais trilharam caminhos diferentes pela primeira vez desde Campos Salles. Com esse racha, Minas Gerais e Rio Grande do Sul endossaram a candidatura do marechal Hermes da Fonseca, enquanto São Paulo e o estado da Bahia se organizavam pela candidatura de Rui Barbosa. Aquela eleição foi marcada pela acusação de fraude e de compra de votos. Além disso, a campanha de Rui Barbosa estabeleceu uma prerrogativa que seria utilizada em outros momentos de igual tensão e divisão em um país tão grande como o Brasil. Para além dos princípios democráticos, do voto secreto e de atacar o retorno dos militares, Rui Barbosa quis simbolizar um Brasil sofisticado, ilustrado e inteligente, contra um país oligárquico e autoritário. Com a vitória de Hermes da Fonseca, os intelectuais do período ficaram frustrados.

A partir da segunda década do século XX, começa a se consolidar um pacto não escrito, mas que foi firmado na cidade de Ouro Fino. O pacto garantia o revezamento no poder entre Minas Gerais e São Paulo, o acordo tácito que ficaria conhecido como "política do café com leite".

Em que pese a existência dessa aliança, governar o Brasil naquele período não era necessariamente atravessar um céu de brigadeiro. As altercações eram muitas, em parte devido às mudanças oriundas do surgimento de movimentos sociais mais robustos, em parte fruto da ascensão de uma classe média urbana que, aos poucos, conquistava a cena política. Este último grupo, em especial, reivindicava eleições livres de corrupção e mais tolerância no tocante aos direitos individuais, exigindo, como medidas práticas, a instauração da justiça eleitoral.

As oligarquias políticas, no entanto, não cediam. E foi assim que, em 1921, o consórcio São Paulo-Minas Gerais bancou a candidatura do mineiro Arthur Bernardes, que, na ocasião, enfrentou Nilo Peçanha, nome da oposição que era bancado pelo líder gaúcho Borges de Medeiros. O perfil político de Peçanha mostrava o quanto a oposição ao consórcio do café com leite estava desesperada: o candidato era ligado ao florianismo, o modelo político de Floriano Peixoto, ou seja, representava a volta dos ideários dos militares no poder, bem como simbolizava a expectativa de outros estados de poder ter voz nas decisões políticas do país.

A disputa abriu espaço para ardis que, de algum modo, podem surpreender quem imagina que a corrida eleitoral é uma maçã envenenada somente de tempos para cá. Corria o boato à época que a candidatura de Arthur Bernardes era antimilitar e a publicação de uma carta que o político mineiro teria endereçado aos seus correligionários fez a temperatura, que já estava elevada, subir ainda mais. Antes das eleições, no entanto, a não legitimidade do texto ficou comprovada porque seus autores revelaram que se tratava de um esquema com objetivos eleitorais.

Ainda assim, a tensão permaneceu. Com isso, antes de tomar posse, Arthur Bernardes assistiu ao aparecimento do movimento tenentista, cujo primeiro ato de rebeldia de grande vulto se deu com a revolta do Forte de Copacabana, em 1922. Durante muito tempo, houve certo exagero e, consequentemente, alguma mistificação em torno desse acontecimento. O historiador Daniel Aarão Reis buscou equilibrar a narrativa e redimensionou o tamanho dessa revolta em *Luís Carlos Prestes*: um revolucionário entre dois mundos (2014). Em termos políticos, era mais uma prova de que, apesar do acordo entre São Paulo e Minas Gerais, o Brasil não estava totalmente pacificado. Havia um clima de tensão latente naquela cadeia de eventos. Em breve, o cenário mudaria efetivamente. E o estopim da mudança apareceu no coração do pacto que fizera o *status quo* possível, garantindo a hegemonia das oligarquias então vigentes. O acordo entre São Paulo e Minas Gerais estava por um fio.

Washington Luís chegou ao poder em novembro de 1926. Embora tenha feito sua carreira política em São Paulo, como prefeito da capital, presidente do estado e senador antes de chegar à capital federal, ele não era um político paulista. Era, como diziam à época, "paulista de Macaé". Sua administração correu sem sobressaltos e talvez sua gestão não ocupasse tanto tempo de análise de historiadores não fosse a última da Primeira República, ou, como se convencionaria chamar depois, da "República Velha".

Como político forjado em São Paulo, Washington Luís pertencia à fração paulista do consórcio com os mineiros. Assim, era seu dever, ainda que não estivesse escrito, indicar um candidato mineiro à sua sucessão. Como aconteceria outras vezes na história do Brasil, Washington Luís quis fazer seu sucessor. Escolheu o paulista Júlio Prestes. O então presidente da República fez valer a força da máquina eleitoral e, nas eleições de 1º de março de 1930, seu pupilo foi o vencedor na disputa com o ex-ministro da Fazenda de Washington Luís, o gaúcho Getúlio Dornelles Vargas. A trajetória de Vargas se mistura, ao menos nesse momento, com esse episódio de traição de Washington Luís para com os mineiros. Isso porque, ao lado do Rio Grande do Sul e da Paraíba, Minas Gerais resistiu à eleição de Júlio Prestes e apoiou Getúlio Vargas. Um movimento aparentemente lateral nessa grande transição política, mas que, poucos anos depois, seria decisivo para a entrada de Gustavo Capanema na cena política nacional.

O casamento entre São Paulo e Minas Gerais acabou quando Washington Luís não respeitou a alternância de poder. Tendo sido derrotado no primeiro round, os mineiros sorriram por último. Não apenas o candidato que apoiavam, Getúlio Vargas, chegou ao poder, como de quebra Minas Gerais manteve intocado o *status quo* político natural da Primeira República. Em outras palavras, enquanto em todo o país houve mudança nos estados em decorrência da chegada de Vargas ao poder, em Minas Gerais, exatamente porque o líder gaúcho alcançou a Presidência, a hegemonia constituída na Primeira República foi mantida intacta.

Getúlio Vargas, que foi derrotado nas eleições de 1930, só seria conduzido ao poder pela junta militar em outubro daquele ano, após o afastamento de Washington Luís. Um mês antes, em Minas Gerais, chegava à presidência do estado mineiro o engenheiro e político Olegário Maciel. Maciel fora indicado de Antônio Carlos Ribeiro de Andrada, ainda dentro das articulações características da Primeira República, quando essas recomendações eram decisivas para a ocupação dos cargos executivos. Uma vez no poder, Olegário Maciel fez valer sua vontade e convocou sua equipe de governo. Entre os escolhidos estava Gustavo Capanema Filho, indicado para ocupar a chefia de Gabinete. Era o relacionamento entre as famílias que justificava essa indicação. Como revelaria José Octavio Capanema muitos e muitos anos depois, o cargo para o qual seu tio, o futuro ministro da Educação e Saúde, foi indicado era nada menos do que o de secretário do Interior, "o maior posto político do estado. Equivalia hoje a secretário de Governo, secretário do Interior, comandante da Polícia Militar e a secretário de Segurança".[20] Por que Olegário escolheria Gustavo Capanema Filho para o posto? A motivação estaria mais próxima dos graus de parentesco do que à causa republicana. José Octavio Capanema conta: "O Olegário era primo do meu avô, um primo querido. E como engenheiro, Olegário construiu a ferrovia de Pitangui a Patos de Minas. Durante a construção, Olegário ficava hospedado na casa do meu avô."[21] Assim, quando chegou à presidência de Minas Gerais, Olegário Maciel, embora pertencesse a outra geração, entendeu que Gustavo Capanema tinha uma experiência cultural diferenciada. O político reconheceu que Gustavo Capanema tinha uma visão mais universal da cultura, não sendo apenas um aluno aplicado.

Mas o que fazia Gustavo Capanema nessa época, aparentemente tão distante de toda essa convulsão política?

No final dos anos 1920, Gustavo Capanema já havia sido eleito vereador pela cidade de Pitangui e, na década de 1930, pouco antes de ocupar o posto no governo de Olegário Maciel, tinha acabado de completar 30 anos. Como político, era um entusiasmado homem público envolvido pela causa da educação, admirando, sobretudo, a reforma que havia sido conduzida no estado de Minas Gerais pelo seu ex-professor e à época secretário da Educação, Francisco Campos.

Mas antes de descobrir os desdobramentos da atuação de Gustavo Capanema como secretário do Interior e, mais do que isso, de como ele foi parar no Ministério da Educação e Saúde, convém compreender a década de 1920 de Gustavo Capanema, anos que foram marcantes para a sua carreira política, mas que se organizaram, acima de tudo, pelos laços afetivos na Belo Horizonte daquele período, um microcosmo do país em transformação também no âmbito da cultura.

3

Um homem comedido

É famosa uma declaração de Pedro Nava a Helena Bomeny, concedida no contexto da elaboração do livro sobre a trajetória de Gustavo Capanema à frente do Ministério da Educação e Saúde.[1] Na ocasião, Nava afirmou que foi Capanema quem começou tudo — e, de certa forma, o médico, escritor e memorialista relacionava isso à própria educação sentimental de Gustavo Capanema em Belo Horizonte nas primeiras décadas do século XX. Foi naquele período, às vésperas da Revolução de 1930, que os laços entre a modernidade e o futuro ministro se fortaleceram ainda mais; foi naquele momento, ainda, que a estética modernista conquistou corações e mentes daquela juventude; foi naquele instante, afinal, que começava a despertar o político e o homem público.

Esse processo, no entanto, não aconteceu de uma hora para outra. Foi aos poucos que Gustavo Capanema descobriu a política como vocação.

É possível apresentar uma série de fatores que, tal como elementos de uma cadeia de acontecimentos, foram decisivos para que Capanema escolhesse a política — ou ainda para que a vida pública se tornasse uma alternativa viável para um jovem estudante acima da média, conforme depoimento dos colegas e dos familiares. Os laços de amizade, nesse caso, não podem ser desconsiderados. Isso porque Gustavo Capanema fazia parte de um grupo de amigos que, mais tarde, ficaria conhecido como "os intelectuais da rua da Bahia". O conceito de intelectual, peça-chave para que se compreenda, mais adiante, a atração desses homens de espírito junto à administração Gustavo Capanema à frente do Ministério da Educação e Saúde, tem um sentido mais restrito aqui. No contexto das primeiras décadas do século XX, o significado de intelectual está associado à inclinação às artes liberais, principalmente à literatura, de um grupo de jovens estudantes que se reunia quase que diariamente para uma conversa mais ou menos descompromissada no bar Estrela, localizado na rua da Bahia, no centro de Belo Horizonte. Foi nesse ambiente que os laços mais fraternais de amizade de Gustavo Capanema se estabeleceram, dentre os quais é possível citar o vínculo com Carlos Drummond de Andrade.

Capanema conheceu Drummond ainda na adolescência. Ambos frequentaram o Colégio Arnaldo, instituição que também sentiu o impacto da inesperada Primeira Guerra Mundial. Naquela época, o Colégio era controlado por padres alemães. Com o anúncio do conflito que colocaria em xeque o paradigma da *pax* internacional, também os alunos daquela instituição sofreram consequências. A mais drástica delas tem a ver com a necessidade de mudança de escola. O Colégio Arnaldo corria risco de ser fechado, e com isso os alunos teriam suas aulas interrompidas. A decisão de Capanema, assim como a dos demais colegas, foi pela mudança de colégio.

É evidente que, para tanto, Capanema recorreu às cartas — no caso, escreveu para seu pai, informando sobre a necessidade de mudança.

O tempo vivido no Colégio Arnaldo é marcado pela maneira como Capanema conquistou a atenção dos amigos, não se restringindo aqui aos garotos da sua idade. Uma história é bastante significativa a esse respeito. Em dada ocasião, quando os colegas do Arnaldo decidiram fazer greve de fome, Capanema não quis passar por quinta-coluna e, assim, aderiu ao protesto. Todos ao seu redor repararam no tamanho do sacrifício. E assim, no silêncio da noite, seletivamente não notaram a presença dos padres que levavam para Capanema a inestimável combinação mineira: goiabada com queijo. Um deles ainda justificou: "Você não pode ficar sem se alimentar; então, vai comer agora."[2]

Saindo do colégio Arnaldo, Capanema concluiu no Ginásio Mineiro o que seria equivalente ao Ensino Médio com distinção. O jovem estudante de Pitangui partiu, dali, para o curso na Faculdade de Direito de Belo Horizonte, que, anos depois, seria integrada à Universidade Federal de

Minas Gerais. Nos escaninhos da faculdade, Gustavo Capanema não passa de um ilustre desconhecido, desses de quem ninguém se recorda, do qual não existe nenhum destaque específico a propósito de sua ficha de aluno. Assim, embora a menção a Capanema atualmente como estudante não provoque nenhuma comoção junto ao corpo administrativo daquela instituição, a memória e o imaginário coletivos atribuem ao futuro ministro uma formação nada menos que exemplar. Para além da memória coletiva, o que existe, de fato, é uma distinção que Gustavo Capanema Filho receberia ao final de seu bacharelado na Faculdade de Direito de Belo Horizonte. Ele foi aprovado com distinção nas dezenove disciplinas do curso de Direito, tendo sido, por esse motivo, laureado com a Medalha Barão do Rio Branco. A premiação até hoje é concedida aos alunos que, tendo completado os estudos naquela faculdade, "ocupam posição de destaque intelectual entre os colegas, sem nenhum desabono à sua conduta",[3] segundo o texto do edital. Trata-se até hoje de uma das principais evidências que forjaram no imaginário coletivo dos colegas o significado de Capanema como grande intelectual de sua geração.

Falar a respeito desse momento, no entanto, não significa apenas trazer à tona registros oficiais. Aliás, com efeito, os dados, as datas e os registros documentais tão somente confirmam que, quando jovem, Gustavo Capanema foi reto como uma flecha. Não consta em sua ficha corrida nenhum ato desabonador, tampouco há relatos sobre casos e estripulias que eram percebidos como acontecimentos corriqueiros daquela geração. A impressão que se tem é de um Capanema que buscou cultivar uma conduta moral sempre de acordo com um princípio de responsabilidade cujo padrão de comportamento estava acima do esperado.

Aquele político em gestação, futuro ministro da Educação e Saúde de um governo conservador a ponto de revogar as liberdades civis, não se aborrecia na juventude em parecer austero demais, até mesmo porque sua compleição física e seu próprio rosto, vendo as imagens hoje, sugerem alguém que se portava com discrição, sendo comedido, inclusive, nos afetos e na maneira de se expressar.

Uma narrativa biográfica tenta, na extensão máxima de suas possibilidades, revelar os detalhes íntimos da personalidade do biografado, consultando, para tanto, registros e documentos de toda sorte. No caso de Gustavo Capanema, para além das referidas informações, convém atentar para as pistas que comedidamente (e, talvez, convenientemente) deixou. E a sua preferência literária é parte integrante desse edifício que ajuda a entender a engrenagem e o *modus operandi* da sua personalidade.

Ao longo de toda a sua trajetória como político, seja no cargo de ministro da Educação, seja na atuação parlamentar, Gustavo Capanema sempre foi percebido como referência intelectual. Mesmo os seus adversários reconheciam nele esse talento para as coisas do espírito. Nesse sentido, são as leituras que oferecem uma espécie de testemunho de sua formação. O que se nota, a propósito, é um leitor interessado pelo pensamento filosófico, muito provavelmente fascinado com a filosofia alemã. José Octavio Capanema afirmaria que, se fosse possível destacar um pensador que fazia a cabeça de seu tio, este seria Immanuel Kant. O filósofo alemão é responsável por alguns dos capítulos mais relevantes da história da Filosofia, em especial quando se leva em conta a sua contribuição para o pensamento ético na modernidade. Capanema não foi um formulador do nível de Kant. Todavia, é possível afirmar que buscou viver, sim, como se seus atos estivessem de acordo com uma lei universal. Ao viver conforme um senso de responsabilidade cujo código era bastante restrito, nota-se a sua tentativa em emular os princípios do mestre.

De modo semelhante, também nutria grande apreço pela obra de Johann Wolfgang von Goethe. Nos documentos disponíveis no CPDoc, inclusive, é possível conferir as afinidades eletivas existentes entre o político e o escritor alemão. E é bastante curioso observar, ademais, que aqui Capanema se assemelha a um fã encantado pelas ideias e pela figura de seu ídolo. Consta que Capanema chegou mesmo a procurar semelhanças físicas. Para além disso, ele buscava, ainda, realçar outros paralelos, como nos gestos, nas aproximações intelectuais e nas relações com a vida pública.

Goethe é um dos principais autores de língua alemã. Sua obra, composta de ensaios, textos dramáticos e romance, é um dos principais edifícios da literatura e das ideias do Ocidente. Não se tem registro sobre qual era o livro de Goethe que Capanema preferia. De acordo com o levantamento conduzido pela pesquisadora Priscila Fraiz,[4] é como se Capanema considerasse os textos uma espécie de bússola para a sua conduta de homem público. Assim, à medida que os lia, Capanema os transcrevia a ponto de criar um arquivo seleto adotado para os momentos de decisão. Impossível não retomar a trajetória pessoal do jovem Gustavo, que, além de saído de casa ainda adolescente, chegou a um posto público de grande estatura muito jovem. Nesse sentido, é como se os textos literários funcionassem como a orientação que ele não teve em casa. Sem dúvida alguma, seu pai foi um leitor interessado — chegando a assinar, em uma cidade como Pitangui, um jornal como *O Paiz* pelo simples fato de nele escrever um político admirado como Rui Barbosa. O jornal chegava na cidade com dias de atraso, mas, ainda assim, a leitura era feita porque Xavier acreditava que era importante ter esse tipo de informação sobre os assuntos mais relevantes do Brasil. Capanema, contudo, não teve uma formação necessariamente politizada em casa. É razoável estabelecer aqui um paralelo com outros políticos de grande renome do século XX, que ombrearam com Capanema em termos de relevância pública na arena política do país. Em seu *Depoimento* publicado em 1977,[5] um dos mais reveladores conteúdos políticos do século passado, Carlos Lacerda conta como foi criado em um ambiente que respirava conversa política (afinal, o pai chegou a ministro do Supremo Tribunal Federal), algo que definitivamente Gustavo Capanema não vivenciou — ainda que, por uma dessas idiossincrasias do destino, foram os laços familiares que o envolveram para o primeiro cargo público.

Em outra passagem de seu *Depoimento*, Lacerda ressaltou uma característica de Capanema que é possível intuir a partir dessas pistas deixadas pelo político mineiro: Capanema, nas palavras de Lacerda, era dotado de um pensamento tipicamente alemão. Assim, toda a linha de raciocínio do político podia ser descrita levando-se em consideração essa premissa. Os comentários de Lacerda, nesse momento, não são fruto de nenhuma sorte de mágoa ou ressentimento, muito embora esses dois personagens tenham estado em campos opostos em momentos-chave da história do Brasil. Trata-se, antes, de uma observação, que, na verdade, seria compartilhada por outras pessoas ao falarem a respeito de Gustavo Capanema, sobretudo ao longo de sua atuação no Ministério da Educação. Capanema era considerado um germanófilo — algo que pode facilmente ser justificado pelo seu apreço intelectual, mas que igualmente servirá como matéria-prima para críticas ao longo do Estado Novo, como se estivesse o tempo inteiro flertando com forças que desejavam aprisionar o espírito em vez de libertá-los por intermédio da educação. Em verdade, como se verá mais adiante, essa relação com o pensamento alemão totalitário se deveu também a outros fatores condicionados à conjuntura política da década de 1930.

Antes desse período da maturidade chegar, eram as amizades que se fortaleciam nas primeiras décadas do século XX em Belo Horizonte. O já citado Pedro Nava, novamente ele, traz o relato que apresenta o ambiente em que viviam aqueles jovens. Nava reorganizou suas lembranças a partir de critérios mais subjetivos do que a abordagem histórica tradicional. De acordo com esta, sabemos que Belo Horizonte se organizou conforme um projeto arquitetônico que ambicionava respeitar aquele novo tempo do mundo; de acordo com Nava, aprendemos que, para além dos traçados simbolicamente articulados conforme a vida moderna, houve também um grupo de jovens que efetivamente deu sabor à vida na cidade. Assim, à medida que se lê *Beira-mar*, o que salta aos olhos é o fato de que o autor apresenta os jovens em conjunto, como se Belo Horizonte, a capital, fosse uma cidade cuja abrangência estivesse aos pés daqueles rapazes; ou, por outra, uma cidade que naquele momento já tinha seu destino traçado, posto que outros intelectuais, depois de Carlos Drummond de Andrade, Mario Cassanta, Abgar Renault, Gabriel Passos e Gustavo Capanema, assumiriam o bastão e se tornariam — eles também — jovens que de bar em bar escreveriam poemas, se angustiariam, morreriam de amor e fariam da capital mineira um espaço de convívio. Em linhas gerais, esse é o tom das recordações de Pedro Nava quando escreve sobre Capanema, posto que o futuro ministro da Educação está perto de seus diletos amigos. Tal como no texto de Nava, esses amigos estavam sempre juntos, formando o grupo Estrela.

Como já foi dito, Pedro Nava recuperou a trajetória dos intelectuais da rua da Bahia, uma das principais passagens de Belo Horizonte à época e até hoje um dos lugares mais concorridos dos mineiros que se aventuram pelo centro da capital. De um lado, a rua da Bahia ainda guarda um certo tom de boemia mineira, com seus bares na calçada e o frenético ir e vir, que, por sua vez, substituiu o caminhar descompromissado da década de 1920; em contrapartida, os jovens que por ali passam já não têm o mesmo tempo, e sua correria e ambições perseguem outros propósitos, talvez mais palpáveis, certamente menos estéticos, ainda que não se possa colocar em dúvida que, no passado, o instinto de sobrevivência também era muito importante.

No caso de Capanema e de seus amigos, havia algo mais que costurava essa relação. Tão importante quanto o envolvimento geracional, sem descuidar do fato de pertencerem ao mesmo espaço de convívio (escolas, repartições públicas e até os mesmos pensionatos), o Grupo Estrela compartilhava da mesma ambição intelectual, de modo que, enquanto alguns eram escritores — como é o caso de Carlos Drummond de Andrade —, outros flertavam diretamente com esse universo, como é o caso de Gustavo Capanema. É por isso que, mesmo tendo enveredado pelos caminhos da política, Capanema seria para sempre reconhecido pelos amigos como um leitor qualificado e que, se assim desejasse, poderia ter facilmente se tornado um homem de letras.

> Seu bom gosto inato, seu espírito de artista, a enorme capacidade de ler, seu conhecimento da literatura indicavam, também, em sua fase de formação, um porvindouro homem de letras: poeta, ou romancista, ou crítico, ou ensaísta. Não foi uma coisa nem outra. Mas levou, dessas atividades que podia ter escolhido, a marca de superioridade que o distinguiu dos demais na que dominou: a paixão política.[6]

Aqui, não há dúvida, é possível descontar o afeto na descrição abertamente elogiosa de Pedro Nava para com Capanema. De qualquer modo, no outono de sua vida, o notável político se arrependeria de não ter sido poeta, ou romancista, ou crítico, ou ensaísta. A despeito dos anos de Grupo Estrela, sua posteridade como intelectual dependeria da boa vontade dos amigos.

A cidade de Belo Horizonte foi originalmente estruturada para comportar 100 mil habitantes apenas quando completasse 100 anos. Todavia, já na década de 1940, o número de habitantes havia superado essa primeira estimativa. A organização não se restringia somente ao número de possíveis moradores. A proposta ali era mais abrangente. Também a sua edificação deveria atender a orientações antitéticas e, ainda assim, complementares. De um lado, contemplar a expectativa dos inconfidentes, que desejavam a mudança da localização da capital; de outro lado, os republicanos que bancaram politicamente a construção da cidade desejavam superar o modelo arquitetônico e urbanístico que havia se estabelecido com a monarquia. Assim como em outras cidades do país, o passado monárquico vinha sendo reescrito também a partir dos novos nomes das ruas, que, de uma hora para outra, passaram a homenagear os símbolos da Primeira República. Nesse processo, o personagem Tiradentes foi resgatado e conquistou o status de liderança política legítima e, ao mesmo tempo, ultrajada de forma infame pelo Antigo Regime. Em outras palavras, é como se novos heróis tivessem sido eleitos. De acordo com essa nova dinâmica, a ideia de conceber uma nova cidade segundo esses novos valores soa como plausível.

Assim, seu traçado também estará em conformidade com a vanguarda urbanística de seu tempo, seja com ruas largas e avenidas arborizadas, seja com as praças e com os espaços públicos que contrapõem até hoje as soluções forjadas no concreto. O objetivo era promover o convívio daquela comunidade, tornando verdadeiro o convite à interação social, explicam os especialistas. É nessa direção que eles vão dizer que a cidade é uma espécie de cartão de visitas da nova administração que comandava o país, uma metáfora urbanística perfeita para uma nova época.

A edificação da cidade no plano de sua estrutura não foi capaz de refrear o clima de insatisfação popular da sociedade civil. Em 1912, um ano antes de Gustavo Capanema chegar a Belo Horizonte, houve greve com direito a barricadas na rua da Bahia em uma reivindicação pela diminuição da jornada de trabalho. De igual modo, em 1920, outras manifestações tomaram as ruas, desta feita contra o aumento considerado abusivo dos bondes e dos cinemas. Belo Horizonte, portanto, estava representada não só pela classe média, mas também por trabalhadores da construção civil, bancários e metalúrgicos.

A capital mineira também se revelaria atenta às renovações estéticas e culturais de seu tempo. Foi em São Paulo, sim, que o movimento modernista primeiro se estabeleceu, ganhando fama e promovendo um verdadeiro rebuliço com a Semana de Arte Moderna de 1922. Ocorre que os feitos dos modernistas ecoaram em outros lugares, dentre os quais a ainda jovem capital mineira. Foi com espírito provocador e vanguardista que Oswald de Andrade e Mário de Andrade, os dois artífices da agenda modernista, chegaram a Belo Horizonte e assim travaram contato com as elites intelectuais mineiras — ou melhor dizendo, com a jovem elite intelectual mineira. Data dessa época, por exemplo, o longo relacionamento epistolar entre Carlos Drummond de Andrade e Mário de Andrade. Anos mais tarde, essa correspondência se converteria em um dos principais documentos da cultura brasileira, verdadeira lição que atingiria múltiplos propósitos ao mesmo tempo que teria diversos significados.

Mário de Andrade, Oswald de Andrade e Carlos Drummond de Andrade, que, a despeito do sobrenome, não eram parentes, ainda não eram patrimônios definitivos da cultura brasileira na década de 1920 — embora ajudariam a criar, nos anos seguintes, o imaginário responsável pelo ambiente cultural em que reinariam como líderes incontestáveis. Assim, quando se leem as suas impressões da época, seus registros, suas declarações, o que se observa é uma incerteza, um sentimento de hesitação permanente, de dúvida e de angústia quase constante. Embora Mário "Eu sou trezentos" de Andrade fosse mais velho que Drummond, suas palavras serviam como lição de amigo e se constituíam como um dos testemunhos que trazem a inocência de quem efetivamente idealizava e pensava a cultura brasileira. Tendo meios para êxito, converteu tais ideias em obras e textos que influenciaram sobremaneira os rumos da cultura brasileira e, como se verá, a própria política cultural do país, que deve bastante à sua ação.

E foi em Belo Horizonte que esses primeiros contatos se estabeleceram. Se, na esfera política, São Paulo e Minas Gerais estreitaram laços na chamada política café com leite, no âmbito da cultura é correto assinalar que essa dinâmica de influência e contrainfluência também acontecia. Assim, enquanto Drummond remetia a Mário de Andrade alguns de seus poemas, o escritor paulista se mostrava satisfeito com o fato de os mineiros terem lançado uma publicação, *A revista*, que reverberava os ideais do modernismo. Além deste periódico, o suplemento cultural *Leite Criôlo*,[7] de 1929, também fazia parte da mobilização cultural — que futuramente seria política — daquela nova geração.

A cidade de Belo Horizonte também seria impactada por outros acontecimentos simbólicos, para além das já citadas greves e manifestações populares. No que pode ser interpretado como um evento com total conexão com a trajetória futura de Gustavo Capanema, no ano de 1906, a primeira reforma do Ensino Primário teve a capital mineira como uma espécie de laboratório para o restante do país. Duas décadas depois, em 1927, ainda no contexto da Primeira República, houve espaço para a Nova Reforma do Ensino Primário; e, um ano depois, a Reforma do Ensino Formal. Tais mudanças ocorreram no bojo de transformações engendradas pelo movimento da Escola Nova. E foi lá mesmo em Belo Horizonte que as ideias e os ideais daqueles que ficariam conhecidos como pioneiros da educação encontrariam um criadouro bastante privilegiado.

Esse contexto de mudança na área da educação aconteceu em um momento decisivo não somente no tocante à vida pública do país, mas também no que concerne a Gustavo Capanema. No fim dos anos 1920, ele já havia voltado para Pitangui e ali já exercia a advocacia, além de ter assumido a cadeira de professor em uma escola local, ministrando as disciplinas de História da Literatura Brasileira e Psicologia Educacional.

Embora fosse professor, Capanema não se colocava ao lado dos entusiastas do Movimento da Escola Nova, os Pioneiros da Educação Nova. Na verdade, o movimento encontrou no ministro mais longevo que a pasta já teve uma intransigência que o tornaria um adversário militante contra o qual a estratégia da argumentação não seria suficiente para debelar a atuação de um político convencido de suas ideias acerca da educação.

* * *

A relação de Gustavo Capanema com sua mãe, Marcelina Lage, merece comentário à parte. Talvez por ter ficado longe dela mais cedo que os irmãos, tem-se a impressão de que toda a cerimônia e a austeridade de Capanema eram fruto de seu distanciamento de seus familiares pouco depois da primeira infância. Capanema seria, nesse sentido, um sobrevivente cuja fibra moral teria sido condicionada a partir dos valores mais fundamentais que encontrou tanto nas instituições das quais fez parte (uma escola com formação rígida e a igreja com suas confissões, sem mencionar as amizades que se estabeleceram nesse período). Sua fortaleza estaria calcada no modo como ele, quando garoto, enfrentou todos os desafios que a distância lhe impôs.

Ocorre que, uma vez que se tem acesso às cartas que escrevia para a mãe, o que se lê é o testemunho de um personagem aflito e inseguro com a máquina do mundo que tem à sua frente. Capanema hesita. Lamenta. Chora. Conta os detalhes de sua rotina. Assim, desde o primeiro registro de correspondência, o que se lê é um Gustavo sem freios, sem medo de se revelar, relatando para a mãe suas expectativas e preocupações, seus sonhos e temores, além de apresentar no detalhe os avanços e retrocessos relativos à sua atuação profissional. E as cartas acabam, portanto, por revelar essa feição menos discreta de Gustavo Capanema.

Como aconteceria com outros de sua geração, ele manteria uma correspondência ativa durante boa parte de sua vida e, não por acaso, a principal de suas interlocutoras seria aquela para quem ele dedicaria toda a sua atenção e afeição incondicional. Pelas cartas, é possível perceber um Capanema excessivamente dependente de sua mãe, e isso não se refere exclusivamente aos conselhos sobre o que fazer no futuro próximo. É algo que está muito mais relacionado à grande ansiedade que efetivamente incomodava Gustavo Capanema à medida que ele crescia. Se entre os 14 e 20 anos as cartas revelam alguma saudade e recados exclusivamente protocolares, a partir dos 21 ele escreve angustiado com sua atividade profissional (bacharel em Direito em um país com pouca estrutura para absorver essa mão de obra qualificada) da mesma forma como revela, perto dos 30 anos, ainda não estar casado.

Como é possível verificar nos arquivos disponíveis no CPDoc, nos momentos de crise era para a sua mãe que Capanema recorria com o claro objetivo de desabafar. Embora ele tenha se correspondido de modo constante com outros integrantes da família, há uma espécie de gradação quanto à manifestação de Capanema para com seus parentes e amigos. O tom solene dispensado à maioria deles; para a mãe, no entanto, não há reserva ou receio de parecer afetuoso, insatisfeito ou mesmo ansioso. Como sua carreira política iria mostrar dali em diante, Capanema cultivou muitas amizades ao longo da vida; no entanto, com nenhuma delas ele manteve o mesmo grau de intimidade e de sinceridade como para com seus familiares; e entre os familiares, sua mãe sempre foi a sua preferida.

4

Movimentação calculada

No Brasil dos anos 1920, as oportunidades de trabalho nas grandes cidades eram escassas. Belo Horizonte, por exemplo, a despeito de ser a capital do estado de Minas Gerais, não exigia naquele momento o mesmo aparato administrativo equivalente à demanda que viria a necessitar no futuro. Além disso, antecipando um problema que não necessariamente seria combatido nos anos seguintes, a formação essencialmente bacharelesca dos cursos superiores era de qualidade teórica notável, mas definitivamente não era destinada para um mercado de trabalho específico. De acordo com aquele contexto, por exemplo, o bacharel em Direito também atuava em outras áreas para além da advocacia ou do serviço público. Pode-se dizer que as portas do jornalismo, da educação e da política se abriam aos bacharéis.

O retorno de Gustavo Capanema a Pitangui está ligado a esse estado de coisas. Uma vez formado em Direito, ele retorna à cidade natal e começa a atuar nas frentes que lhe são possíveis. Seguindo a formação acadêmica, ele começa a atuar como advogado em Pitangui. Os registros dessa época apresentam um trabalhador correto, cumpridor, mas que não se destacava para além das fronteiras da sua cidade. Discreto, Capanema aparentava não buscar atenção para si, ainda que ambicionasse por mais, como as cartas endereçadas para a mãe revelam. E assim ele foi atrás de outras oportunidades, obedecendo, talvez, mais sua vocação para lecionar. Aqui é possível estabelecer uma conexão entre uma atividade e outra. A tendência para os estudos, algo natural em sua personalidade, sempre serviu a Capanema para diversos fins, mas, acima de tudo, fez com que ele se tornasse uma referência por onde passasse. Ainda que não estivesse como professor, qualquer tipo de imprecisão jamais lhe escapava. O sobrinho José Octavio Capanema recorda de um caso bastante curioso que alimenta certo folclore em torno do tio mais famoso. Certa feita, por ocasião de uma visita que foi fazer ao então ministro da Educação e Saúde, José Octavio disse estar com *a* diabetes. Gustavo Capanema, então, fez a correção: "é *o* diabetes". O sobrinho garante, no entanto, que nada disso fazia do tio um sujeito pedante. Seu tom professoral parecia natural, mesmo. Se ouvisse essa história, Benedito Valadares fatalmente discordaria. O político mineiro que alcançaria a posição de interventor do Estado mineiro na década de 1930 seria um dos principais desafetos de Gustavo Capanema, e uma de suas principais contrariedades era a ilustração do político de Pitangui. Mas esse é um assunto para daqui a algumas páginas. Antes, é preciso retomar o fio a partir do retorno de Capanema à sua cidade natal.

Em Pitangui, Capanema não vislumbrava que poderia fazer parte de nenhum movimento relacionado à educação. Da mesma forma, não cogitava um posto no alto escalão da política; assim como não podia esperar que chegaria, antes dos 40 anos, ao cargo de interventor do estado de Minas Gerais. Todos esses eventos foram mais ou menos circunstanciais e, antes de conduzir uma pasta-chave para a política brasileira, Capanema foi tragado para esse universo, sem nenhuma alternativa a não ser seguir em frente. De certa maneira, essa foi uma de suas características mais marcantes: a capacidade de adaptação e acomodação a situações, que, para muitos, seriam desconfortáveis ou mesmo humilhantes. Ao que parece, Capanema encarava-as como intercorrências que não deveriam desviá-lo do objetivo principal, que, no limite, sempre era executar um plano que havia sido traçado.

Já lotado como professor em Pitangui, ele assistiria à reforma da educação implementada por Francisco Campos, que, à época, era o secretário do Interior da administração de Antônio Carlos Ribeiro de Andrada. Este não era o primeiro, assim como não seria o último, contato entre Capanema e Francisco Campos. O relacionamento entre os dois merece uma digressão à parte exatamente porque Campos é um dos personagens mais importantes para compreender a personalidade de Gustavo Capanema.

Francisco Campos, ou Chico Ciência (como também era chamado), foi dos homens públicos mais importantes de sua geração. Nascido ainda no final do século XIX, sua influência foi maiúscula não apenas no contexto educacional da Primeira República, mas, sobretudo, em relação à política e à jurisprudência do Brasil no século XX. Nos anos 1920, enquanto Capanema ainda era estudante na Faculdade de Direito de Minas Gerais, Francisco Campos foi um de seus principais professores. Capanema recordaria disso quando da morte de Chico Ciência, em 1968, mas a relação entre os dois foi muito além do encontro casual. Em certa medida, Capanema foi herdeiro de Francisco Campos, seguindo-o em praticamente todas as pegadas na seara da política — tal como Campos, foi advogado; tal como Campos, seguiu a carreira política; tal como Campos, adotou a educação como área de atuação; e, enfim, tal como Campos, foi intransigente e conservador quanto à obediência do que estava previsto na lei e na Constituição. Talvez seja possível afirmar que Capanema foi um fiel seguidor de Francisco Campos por falta de outras referências, ou mesmo porque Chico Ciência era uma figura autoritária o bastante para garantir que todos ao seu redor seguissem seu estilo personalista. O fato é que Capanema e Francisco Campos estiveram relacionados um com o outro e é realmente impossível dissociar uma figura da outra.

Capanema, no entanto, era mais jovem. E, no afã de querer participar da vida pública, candidatou-se a vereador da cidade de Pitangui. O cargo de vereador naquele momento não dispunha de grandes atrativos se comparado aos dias atuais. Todavia, em um país marcado pelo analfabetismo, a candidatura para vereador já significava uma distinção ao sujeito que se colocava na posição de elegível para o cargo. Essa distinção era fruto do status que a vida política ainda desfrutava junto aos poucos eleitores daquele período. No caso de Capanema, esse status tinha lastro em duas outras frentes: em primeiro lugar, sua formação como advogado em Belo Horizonte, o primeiro de sua família, fez com que ele se destacasse entre os demais de sua cidade, afinal, naquele momento, poucos gozavam dessa oportunidade. Além disso, Capanema foi professor em um momento em que a escola ainda girava em torno do docente, fazendo do professor uma figura bastante temida e admirada pelo seu saber. O futuro ministro da Educação e Saúde preenchia esses pré-requisitos como poucos.

Embora pertencesse à geração que fez parte do Grupo Estrela, Capanema nunca teve vocação para boemia. Ainda que estivesse sempre ao lado de intelectuais e escritores, seu talento como autor jamais esteve à altura de seus principais colegas; como político, no entanto, Capanema encontraria um espaço original, consolidando, assim, uma assinatura política que seria a marca dos mineiros: ampla capacidade de articulação, bom trânsito entre lideranças diversas e um senso de oportunidade acima do comum. São esses pontos que Capanema começou a desenvolver durante a primeira vereança em sua cidade natal.

* * *

Pode-se afirmar que o primeiro contato de Gustavo Capanema com a política se deu muito antes de se candidatar ao cargo de vereador. No início dos anos 1920, Capanema estava junto com Abgar Renault e Gabriel Passos para assistir à convenção que o Partido Republicano Mineiro realizaria no Teatro Municipal. É certo que os assuntos relacionados à política não escapavam do interesse de nenhum aluno que ingressaria na faculdade, ainda que não houvesse um organismo oficial que cuidasse desse tipo de articulação. Na referida convenção, Capanema assistiu (e se impressionou bastante) ao discurso de Raul Soares, assim como teve reforçada a imagem favorável a respeito de Olegário Maciel, candidato a vice. Na mesma eleição que consagrou a vitória de Arthur Bernardes para a Presidência da República, Raul Soares e Olegário Maciel chegaram ao comando do estado de Minas Gerais.

É por esse motivo que não chega a ser necessariamente surpreendente o fato de Capanema ter se envolvido com política quando do seu retorno à sua terra natal. E aqui houve dois movimentos correlacionados. Em primeiro lugar, a fragilidade financeira de Capanema, que, em vez de viver com os pais em Onça, foi morar mesmo em Pitangui. Sua formação erudita, não há dúvida disso, demonstrava grande potencial, mas as portas só lhe seriam abertas se houvesse algum tipo de relacionamento com os nomes cuja estima e reputação eram capazes de influenciar a comunidade local. Mesmo tendo trabalhado na Procuradoria Geral do Estado, onde ganhava em torno de 180:000$000, Capanema precisava de um recomeço em Pitangui. Assim, uma vez que estava de volta à cidade, além das homenagens que recebeu dos pais, dos amigos da família e das pessoas que foram vê-lo discursar, Capanema também foi convidado para trabalhar na banca de advocacia de Carlos da Cunha Correia. A vontade de Correia era seguir para Belo Horizonte. Capanema, então, assumiria tanto as funções no escritório quanto a ocupação como docente na Escola Normal. A boa reputação de Carlos da Cunha Correia certamente ajudaria Capanema nesse momento, principalmente porque a região de Pitangui não dispunha de grandes recursos econômicos para demandar o trabalho de uma banca de advocacia.

A atuação como advogado na sua região de origem não supria as ambições de Gustavo Capanema. Ele queria mais. Nesse sentido, exatamente porque estava em uma cidade do interior, seguiu o caminho convencional, tornando-se uma referência nos assuntos correlatos à administração pública, seja pelos pareceres que assinava como advogado, exibindo vasto conhecimento da matéria jurídica, seja graças às aulas que ministrava, bastante concorridas e admiradas pelos alunos. Prova disso foi o fato de Capanema ter sido convidado para ser paraninfo de todas as turmas. Em pouco tempo ele se tornava unanimidade. Nesse mesmo período, sua biografia oficial ainda dá conta de que exerceu jornalismo em um veículo que ele mesmo fundou. *O Município de Pitangui* tinha Gustavo Capanema Filho como principal redator. Capanema queria, sim, fazer parte da vida pública da cidade e sua atuação como redator do periódico fez com que sua participação fosse ainda mais percebida, mesmo que tenha se notabilizado menos como um polemista e mais como defensor das grandes questões públicas. Assim, *O Município de Pitangui* não se destacava pela oposição ferrenha a este ou àquele político ou a qualquer movimento especificamente. E talvez essa não fosse exatamente a intenção, sobretudo quando se nota que a movimentação de Capanema parece ter sido sempre calculada. Graças à sua personalidade, Capanema não reagia intempestivamente; de modo semelhante, ele não se dissociava de suas principais convicções. Essa inclinação fazia com que ele estivesse sempre se preparando aos desafios que, eventualmente, se colocariam à sua frente. Ao mesmo tempo, como se verá, das vezes que foi preciso algum tipo de improviso, Capanema não mostrou o menor jogo de cintura.

O homem de ideias precedia o homem de ação. Isso não significa que ele tinha a resposta na ponta da língua o tempo inteiro. Ocorre que havia algo em suas decisões que sempre remetia a uma elaboração racional. Como se cada passo fosse precedido do cálculo preciso de suas eventuais consequências. As notas que escreveu para seu próprio registro, e que hoje estão arquivadas no CPDoc, sugerem isso, da mesma forma que sua correspondência íntima, a que era destinada à sua mãe, aponta para a ansiedade e preocupação para com o futuro.

Quando decide ser vereador por Pitangui, Capanema certamente não mirava o Ministério da Educação e Saúde, até mesmo porque esta não era uma possibilidade em meados da década de 1920. No entanto, havia o entendimento de que a participação na política estava de acordo com a sua formação (de leitor de jornais e de participante de conversas sobre o tema), da mesma forma como estava afinado com o sentimento de que ele desejava fazer algo grande com sua vida.

Capanema chega ao poder em Minas Gerais graças a uma cadeia de eventos que remete não só aos arranjos políticos característicos da Primeira República, como também ao que se pode classificar como capricho do destino. O Gustavo Capanema que assumiria a pasta da Educação não seria o mesmo se não atravessasse essa experiência que é um verdadeiro divisor de águas em sua carreira política e que é anterior a um momento-chave para a história política do Brasil, a Revolução de 1930.

Quando Olegário Maciel assume a presidência do estado de Minas Gerais, o Brasil ainda vive os últimos instantes da Primeira República, e os seus principais políticos seriam chamados de carcomidos. A narrativa sofreria uma significativa inflexão no caso de Minas Gerais. Isso porque a chegada de Getúlio Vargas à Presidência dos Estados Unidos do Brasil foi costurada graças aos sempre experientes alfaiates políticos mineiros, que, pela primeira vez desde que o consórcio da política do café com leite fora estabelecida, se viram escanteados do núcleo do poder. Como a história política de hoje mostra, a traição pode até ser previsível, mas poucas vezes é bem digerida. Washington Luís, o último a ocupar a Presidência da República nos termos que esse acordo havia sido estabelecido, decidiu que Júlio Prestes seria o seu delfim. No entanto, em vez de esperar que a vez dos mineiros acontecesse, Washington Luís preferiu se antecipar. Os registros históricos do período dão conta de que, ainda que sob o aparente republicanismo, o processo eleitoral daquela época era conhecidamente fraudado. É desse período, aliás, que expressões como "voto de cabresto"[1] surgiram e ganharam fama no farto anedotário da crônica política nacional. No contexto dessa primeira experiência republicana, era essa a regra do jogo.

No primeiro volume da mais recente biografia de Getúlio Vargas, Lira Neto traz os bastidores das manhas e artimanhas adotadas por Getúlio para tentar fazer com que Washington Luís fosse apeado do cargo. Ainda que tivesse pertencido ao governo, o político gaúcho não tinha exata condição de pular as casas e se fazer candidato de acordo com aquele status de normalidade; por outro lado, era necessário que Getúlio ocupasse um espaço que seria destinado ao candidato apoiado pelo Partido Republicano Mineiro. Como contava com o apoio do Rio Grande do Sul, estado que possuía força graças ao comando forte de Borges de Medeiros, Getúlio Vargas foi o escolhido precisamente porque fora ungido por Medeiros. Em síntese: o poder podia até ser exercido em nome do povo, como diz o adágio a respeito da democracia, mas no caso do Brasil da Primeira República, esse poder contaria com a ampla influência das lideranças políticas locais, que, por sua vez, eram hábeis o bastante para controlar com bastante destreza a intenção dos votantes.

Assim mesmo, é pelas mãos de um poderoso e influente padrinho que a vida política de Gustavo Capanema efetivamente se inicia. É certo que em Pitangui ele já gozava de prestígio, do mesmo modo que já exercia atividade política como vereador. No entanto, se a sua trajetória não sofresse esse empurrão, é pouco provável que ele se mudasse para Belo Horizonte tão logo, assim como parece que não haveria condições para que pudesse exercer um trabalho de influência tão decisiva, por mais importante que fosse sua carreira em sua região de origem. Capanema não era oriundo de uma família importante. Em verdade, ele levava uma vida pacata e bastante comum no interior de Minas Gerais, pois, como revelam as cartas que ele escrevia para a mãe, sua expectativa sempre girava em torno de encontrar uma ocupação profissional e também um amor para chamar de seu. Com efeito, a impressão que se tem lendo essa correspondência é a de que Gustavo Capanema desejava, sim, realizar algo maior, porém, a despeito de sua vocação natural para as coisas do espírito, seu talento não o colocava necessariamente na hora e lugar certos. Esse *momento* só apareceria quando o primo o chamou para ser secretário do Interior.

Em um país onde os cargos são muitos e a burocracia/aparato do Estado é cada vez mais pesada, talvez seja difícil de visualizar a importância de ser secretário do Interior em Minas Gerais. Em termos de sucesso de estima, aliás, não resta nenhuma dúvida que este cargo não se compara às posições que viria a ocupar depois. Quando chegou a Belo Horizonte pelas mãos de Olegário Maciel, Capanema não era conhecido, seus contatos e amizades não haviam acontecido, e, é preciso assinalar, o primeiro escalão da ordem política naquele momento simplesmente não absorveria a chegada de jejunos como ele, nomes que alterariam o estado de coisas da política nacional.

Ademais, existe outro fator que precisa ser considerado quando se trata de observar as condições de vida de Capanema. Diferente dos outros rapazes de sua geração, Capanema, que já estava na antessala dos 30 anos, ainda buscava viver um grande amor. Não que ele já não tivesse sofrido uma forte desilusão. Ainda em Onça do Pitangui, Capanema havia tido uma breve experiência afetiva com Narcisa Barbosa, cujo irmão, João, veio a casar com uma das irmãs de Capanema. O namorico com Narcisa não teve, do ponto de vista emocional, o mesmo impacto que o envolvimento que ele teria com a jovem Maria de Lourdes Prata, mais conhecida como Naná Prata. O relacionamento entre os dois começara, em tese, de forma despretensiosa. Naná fora conversar com Capanema porque desejava ingressar no curso da Faculdade de Direito de Minas Gerais. Nessa época, Capanema já gozava de boa reputação graças ao fato de ter vasta familiaridade com o conteúdo que era exigido para superar os exames de admissão. Então, a princípio, Capanema não viu nada demais no interesse de Naná em ter aulas com ele. De acordo com o depoimento concedido por Dario Magalhães a Murilo Badaró, foi preciso que Naná revelasse as segundas intenções a um distraído Gustavo Capanema, sempre cumprindo o papel de dedicado professor: "Estou apaixonada por você", disse ela. Gustavo Capanema sempre foi tímido e reservado. Talvez por isso tenha ficado não somente impressionado com a declaração de Naná Prata, como também se sentira verdadeiramente enamorado dela a partir dali.

Por isso, quando soube que Naná Prata ficara noiva de outro, seu mundo perdeu um pouco do brilho e da animação que o inebriavam. Ele deixou isso claro para a mãe, em uma carta que não oferece muitas pistas sobre o rompimento dos dois. "Eu não gostei sinceramente senão dela."[2] Em outra passagem da mesma carta, Capanema não parece ter dúvidas, só certezas, acerca do real motivo desse desengano amoroso. "Naná ficou noiva de um antigo companheiro meu de Academia, advogado que já enriqueceu lá pelo sul de Minas."[3] Há um tom ressentido nesse trecho, que, se não está evidente, é ao menos implícito, sobretudo quando se repara nas condições de vida de Capanema naquele momento. Em que pese sua formação, seu dote não era dos mais atraentes em termos socioeconômicos. Seu relacionamento com as grandes personalidades políticas e influentes só apareceria anos depois. Ao mesmo tempo, vale a pena registrar que Naná Prata entrou na Faculdade de Direito, tornando-se a primeira mulher bacharel em Direito em Minas Gerais. As aulas com o professor deram certo.

De qualquer modo, para Capanema, não bastava sua formação como bacharel em Direito, seu preparo intelectual, ou, ainda, suas boas intenções para com a moça. A decisão de Naná Prata teria se baseado em outros interesses, essencialmente vinculados a recursos de que Capanema ainda não dispunha. A frustração é tanta que ele chegou mesmo a desprezar a ocupação que tinha em Pitangui: "Vou ao Rio amanhã. Demorarei só uns três ou quatro dias. E depois voltarei de novo para Pitangui, para essa enfastiante Pitangui, onde me espera, além do mais, a maçada de ser vereador."[4]

Depois da grande desilusão com Naná Prata, ele teve a chance de engatar outro breve relacionamento com a jovem Maria Emília Sena. E o namoro foi breve porque, talvez tão ambiciosa quanto a namorada anterior, a jovem teria recusado o pedido de casamento por não desejar viver para sempre em Pitangui. Naquele momento, ela jamais poderia adivinhar que o destino de Capanema seria a capital. Em verdade, os registros daquela época indicam que, sempre que possível, Capanema seguia para Belo Horizonte. Mas não foi da capital mineira que as súplicas do futuro ministro foram atendidas. Seria em Pitangui que o futuro ministro da Educação e Saúde do governo Getúlio Vargas resolveria de vez seus problemas de afeto e das paixões frustradas.

A entrada de Maria Regina Massot nessa história representou, entre outras coisas, a redenção emocional para Gustavo Capanema. Com ela, jamais esteve sozinho. Maria Massot foi mais do que uma ajudadora em casa, um papel que, no passado, simbolizava a única ocupação possível para mulheres. De acordo com Maria da Glória Capanema, filha do casal, merece atenção, no entanto, o fato de a mãe ter sido conselheira e companheira para todos os momentos, alguém que tinha a total confiança de Gustavo Capanema.

O relacionamento dos dois começa com um convite. Oriundos do sul do país, os Massot gozavam de especial reputação no Rio Grande do Sul em virtude da atuação do patriarca da família na Brigada Militar daquele estado. E talvez a história de Maria Massot (e mesmo de Gustavo Capanema) seria outra não fosse o fato de Afonso Emílio Massot ter morrido muito cedo, vítima de tifo. Maria da Glória Capanema conta que a perda do patriarca foi um abalo bastante sentido naquela família, a ponto de Sara, a filha primogênita, ter morrido algum tempo depois, também acometida pela mesma doença. Maria Regina Massot acusou o golpe e, aborrecida, não queria mais ficar em Porto Alegre. Logo, uma rede de solidariedade se estabeleceu para além das fronteiras do Rio Grande do Sul. No Rio de Janeiro, amigos sugeriam que Sinhazinha, como Maria Regina era conhecida, fosse passar uma temporada na capital do país. A princípio, Maria Regina fica reticente, mas, depois, acaba aceitando o convite, e a família vai para o Rio de Janeiro.

Em virtude da mudança para a capital federal, Eurico Massot, irmão de Maria, decidiu lá concluir seus estudos. Uma vez formado, Eurico arrumou emprego em Pitangui. Há um motivo para tanto. Mesmo tendo se transferido para a capital, a possibilidade de conseguir trabalho no interior não podia ser desmerecida. Eurico Massot foi, portanto, atuar como servidor público na mesma cidade onde Capanema ainda era um advogado tentando começar a sua própria história. Essa coincidência seria apontada por Maria Massot como uma prova de que o destino conspirou a favor desse relacionamento.

Apesar de tímido, Gustavo Capanema mantinha um bom relacionamento com a comunidade local. Aqui, mais uma vez, o laço que envolve esses caminhos distintos é a admiração intelectual por ele. Essa é a primeira informação que Maria Massot receberia de seu futuro pretendente: era uma pessoa muito inteligente. Na verdade, Eurico, irmão de Maria, havia convidado amigos e amigas para um jantar no hotel onde estavam hospedados — entre os convidados, estava Gustavo Capanema. Vaidosa, Maria não desejava tal encontro, não sem antes se arrumar e, na verdade, hesitava mesmo em aceitar o convite — afinal, não tinha tido tempo de descansar e, após o banho, não queria ver quem quer que fosse. O irmão, no entanto, insistiu. "Tu tens de aparecer para uns amigos meus", ele disse. "É um amigo muito inteligente, muito culto, e duas moças muito inteligentes, também, muito cultas e muito boas. Vieram te conhecer e te visitar."[5]

Se, de início, ela não queria participar daquele encontro, logo depois de ter sido apresentada aos convidados da noite não deixou escapar a oportunidade de ser o centro das atenções. Não há registros, quase um século depois, das primeiras impressões daquelas pessoas que ali estavam. O único, meio em estilo de romance de época, é de Murilo Badaró, que teve a chance de conversar com o próprio Capanema e com outros personagens desse encontro. Badaró escreve que o jovem Gustavo não tirou os olhos de Maria por um instante sequer naquela noite.

De sua parte, Capanema pouco falou. Na verdade, ele tão somente observou como Maria se portava com habilidade, para além de esbanjar luz própria. O contraste não poderia ser maior. Enquanto Capanema era magro e tinha um aspecto físico que se destacava pela aparente fragilidade, a beleza de Maria Massot não era nada discreta. Morena clara e de cabelos pretos, com personalidade marcante, ela encantara o pretendente também pela desenvoltura e pela conversa que cativou a todos. Ainda assim, ao longo daquele jantar, Capanema só foi capaz de elaborar com eloquência um boa-noite — na verdade, dois. Um na entrada e outro na saída. Só que nas noites seguintes a corte prosseguiu, desta feita com Capanema mais seguro do que da primeira vez. Tal como em uma peça de teatro, os personagens eram os mesmos daquele primeiro jantar, com a singela diferença que Capanema agora já sinalizava abertamente seu interesse, fosse levando sua vitrola para que todos os presentes aproveitassem ainda mais aquele tempo juntos, fosse demonstrando o quanto aquele afeto já era irreversível.

5

A Revolução de 1930: em três anos, um nome nacional

A expressão tempestade perfeita vem bem a calhar quando se pensa nos eventos que provocaram o cataclismo político de 3 de outubro de 1930. Nessa data, aconteceu o que pesquisadores, escritores e formadores de opinião de diversas áreas do conhecimento, mais adiante, classificariam como uma transformação ímpar na trajetória política do país, pavimentando as bases sociais, econômicas e culturais do Brasil para o século XX. A partir de outubro de 1930, o Brasil não apenas passou para uma nova administração, como também se transformou de maneira significativa aos olhos de quem estava encastelado no poder.

Com efeito, havia algo que não fora percebido por quem estava no poder na Primeira República: não era só um sentimento, mas, sim, uma necessidade de mudança que havia sido capturada anos antes por movimentos que pareciam esparsos e localizados. Já no final do século XIX, a lição que o episódio de Canudos mostrou foi de que não havia pacto possível; todavia, pelo uso da força, o governo republicano fez valer seu projeto político. Só que as tensões persistiram: Revolta da Chibata, Guerra do Contestado, altercações anarquistas em São Paulo. As mobilizações se tornaram recorrentes, mas, aparentemente, porque obedeciam a agendas declaradamente distintas, não se direcionavam ao poder central. Talvez por isso a declaração do último presidente da Primeira República, de que a questão social era um caso de polícia, não fosse tão absurda naquele momento (a ponto de ser dita por um político daquela estatura).

Ao mesmo tempo, as primeiras décadas do século XX assistiram a uma mudança de postura no tocante às manifestações culturais. Se, no final do século XIX, a poética do realismo/naturalismo ainda estava em vigor — a ponto de um escritor como Aluísio Azevedo afirmar na epígrafe de seu romance *O homem*, de 1887, que o objetivo final da arte era ser uma representação fidedigna da realidade —, o que se viu no século XX foi um afastamento da produção artística desse realismo exacerbado. Ainda que o estilo tardio de escritores como Machado de Assis seja pautado por uma crítica política austera que destaca cenas da vida provinciana do Brasil,[1] a criação literária e de imaginação que alude ao repertório mais próximo do que viria a ser o modernismo aos poucos foi ganhando espaço e ocupando um território privilegiado como expressão maiúscula da cultura brasileira.

Nesse sentido, talvez não seja efetivamente ao acaso que as expressões da arte brasileira tenham, em certa medida, antecipado as mudanças sociais e políticas que estavam por vir no Brasil. A Semana de 1922, tal como aconteceu, simboliza o primeiro passo a essa alteração da vida pública nacional, ainda que, do ponto de vista dos donos do poder, essa mudança não necessariamente representasse que eles abraçariam uma causa revolucionária cujo verdadeiro alvo era a redistribuição da riqueza, em um país que, já naquele momento, apresentava condições precárias no tocante à diferença entre ricos e pobres.

Para compreender a Revolução de 1930, é preciso um olhar atento para uma cadeia de eventos que envolve tanto os grandes atores políticos daquele período — nomes que, com efeito, foram os verdadeiros protagonistas — como também para personalidades e acontecimentos que, hoje em dia, visto de longe, não parecem tão relevantes assim.

Por tudo o que foi escrito acima, parece óbvio que a Revolução de 1930 não começou em outubro daquele ano. Ainda assim, é possível mesmo assinalar uma das origens principais daquela transição política: o descontentamento que uma parcela importante do consórcio que governava o país sentiu ao se ver traída exatamente na contrapartida que deveria receber por cumprir seu papel e endossar a alternância entre São Paulo e Minas

Gerais. O poder que era compartilhado passou a ser desejado pelo "paulista de Macaé", Washington Luís, cuja ambição desmedida buscava fazer seu sucessor, Júlio Prestes, presidente da República. Ocorre que essa ambição não era fruto de consenso com Minas Gerais, cujo presidente, Antônio Carlos Andrada, aparentemente se resignou do que poderia ser chamado de quebra de acordo. Afinal, com quem ele poderia reclamar? Aliás, um dado inconveniente aos mineiros era o fato de que não havia base legal para aquele tipo de acordo político. Em verdade, todo esse contexto só era possível porque as forças políticas estavam associadas às forças econômicas. No contexto anterior da Revolução de 1930, tais forças econômicas eram representadas pelos proprietários de terra. De uma só vez, era esse grupo que mobilizava a base de sustentação (graças à força do dinheiro) como também era o principal beneficiário desse estado de coisas (conseguindo, com isso, fazer prolongar sua influência). Se, atualmente, o conceito de cidadania oferece toda uma rede de proteção social, começando pelos direitos políticos — e o mais simbólico deles sendo o direito ao voto[2] —, nas primeiras três décadas do século XX o ambiente era muito mais hostil e violento, como ficou bastante ilustrado nas já mencionadas revoltas do país naquele período. Embora a mensagem pública fosse "ordem e progresso", apenas alguns poucos eleitos efetivamente gozavam dos princípios republicanos, e em um contexto que se aproximava do privilégio.

Também chama a atenção o fato de que, se a população havia assistido à chegada da República como que bestializada, como escreveu o historiador José Murilo de Carvalho em *Os bestializados. O Rio de Janeiro e a República que não foi*,[3] nas primeiras três décadas do século XX as camadas mais baixas sofriam com a força do Estado, fosse em campanhas higienistas, fosse na diminuta representação popular no processo político. Era uma República, sim, mas o poder não fora distribuído em nome do povo; era uma República, sim, mas alguns de seus mais ilustres apoiadores se frustraram rapidamente, como boa parte da produção literária revelaria ainda naquele tempo; era uma República, enfim, mas os principais quadros políticos, como Barão do Rio Branco e Joaquim Nabuco, pertenciam originalmente ao regime monárquico.

Essa herança só foi possível de ser mitigada na medida em que o comando político passou a ser exercido efetivamente pelos atores responsáveis pelo ocaso da República, mais precisamente os barões do café em São Paulo, especificamente da região do Oeste paulista, território onde se instaurou a base de sustentação política brasileira no contexto da Primeira República.

* * *

Muitos e muitos anos depois, o marketing político se encarregaria de sobrevalorizar alguns consensos, atribuindo a si descobertas que já no passado selavam o destino de algumas decisões políticas. Tome-se como exemplo a afirmação de James Carville, marqueteiro de Bill Clinton nas eleições de 1992. Carville ficou famoso para além dos muros da política norte-americana quando afirmou "é a economia, idiota". Sem marketing político e com alguma sagacidade analítica, é possível perceber que um dos motores da Revolução de 1930 foi, sem dúvida alguma, os rumos da economia, que estavam em descompasso com seu momento mais importante da Primeira República. Afinal, o apoio e a governabilidade do presidente da República dos Estados Unidos do Brasil também repousavam na força da grana dos fazendeiros paulistas. A propósito, em *A revolução de 1930*, o historiador Boris Fausto assinala que, entre 1889 e 1930, a noção de Estado "correspondia aos interesses da burguesia do café". Como parte integrante dos alicerces da Primeira República, é necessário colocar em perspectiva o fim dessa estabilidade política como um dos fatores para a derrocada daquele *status quo*.

De algum modo, o encastelamento dessa elite econômica fez com que muitos acreditassem que os atores políticos eram tão somente caudatários de uma força econômica que seguia uma agenda oculta que atendia apenas aos seus interesses de modo exclusivo. Nesse sentido, a Revolução de 1930, em vez de ser percebida como um acontecimento que tinha como desencadeadores elementos pertencentes à conjuntura local (como a perpetuação dos paulistas no poder), bem como relacionados ao contexto internacional (como a crise de 1929), houve quem percebesse ali a tentativa ou mesmo a tomada de poder de uma classe média, seguindo, assim, processo semelhante ao que aconteceu na Revolução Francesa em 1789. Em *A revolução de 1930*, Boris Fausto busca reconstituir os fatos e analisar como a historiografia tentou forjar a narrativa dessa revolução. Sob pena de simplificar as ideias de Fausto — e este não é o propósito —, o autor assinala que existe uma diferença elementar no tocante não apenas ao conceito de classe média, mas, também, na maneira como o grupo que buscava o poder não representava necessariamente a burguesia nacional. Esta, aliás, encontraria sua primavera com a chegada de Getúlio Vargas ao poder, como o próprio Boris Fausto analisaria.

Ainda em *A revolução de 1930*, Boris Fausto ressalta as nuances da política mineira ao apontar como se deu a ascensão das lideranças locais. Ao mencionar especificamente Gustavo Capanema, Fausto comenta o fato de ele pertencer a uma linhagem política tradicional em Minas Gerais. É certo que Capanema chegaria ao poder graças à sua relação de parentesco com Olegário Maciel. No entanto, não havia necessariamente um projeto de poder estabelecido desde a sua formação. É interessante observar, aliás, que, em uma sociedade com baixo índice de mobilidade social, Capanema tenha conseguido ascender como poucos de sua geração. De estudante interessado a "aluno Rio Branco" no curso de Direito na capital de Minas Gerais, de político em Pitangui e dublê de professor em uma escola local a interventor em Minas Gerais pelas mãos de ninguém menos do que o próprio Getúlio Vargas. Não há dúvidas de que as circunstâncias tiveram um papel decisivo em sua jornada, ainda que, à primeira vista, ele só quisesse ocupar com correção o papel que lhe havia sido atribuído. Definitivamente, Capanema poderia até mesmo ambicionar chegar ao poder, mas isso se deveu mais ao acaso do que a qualquer outra coisa.

E, de fato, a experiência à frente da Secretaria do Interior mostrou que Olegário Maciel não se precipitara ao convocar o jovem de Pitangui para o cargo. Pode-se dizer que a ação de Capanema visava não atrair para si nenhum tipo de atenção, ainda que tenha ocupado uma posição de relevância. O que autoriza essa leitura tem a ver com a lealdade e o respeito que Capanema mantinha para com seu parente. Talvez a prova mais significativa dessa lealdade seja o episódio de 18 de agosto, quando uma conspiração foi preparada para apear Maciel do cargo. Para entender o que estava em jogo, é preciso retomar o fio da narrativa a partir da chegada de Olegário Maciel ao poder às vésperas da revolução de outubro de 1930.

A essa altura, como já foi dito, Washington Luís decidira romper o pacto não escrito com Minas Gerais no tocante à condução de um novo presidente da República. Em vez dos mineiros, o presidente queria fazer de Júlio Prestes, à época presidente de São Paulo, o seu sucessor. Com o rompimento desse acordo, surgiu a oportunidade de uma candidatura que escapava à previsibilidade daquele jogo eleitoral de cartas marcadas. Com o apoio do Rio Grande do Sul e de Minas Gerais, Getúlio Vargas se candidatou. Em um contexto político em que a máquina eleitoral trabalhava de "forma agressiva" — um eufemismo para o apelo à fraude —, a notícia seria a vitória do candidato de oposição. Mas não foi assim que aconteceu naquele momento. Vargas não levou no voto. Com Júlio Prestes eleito, no entanto, o racha prosseguiu. Em outras palavras, o acordo que garantia a governabilidade não existia mais e Washington Luís ainda teria de enfrentar o impacto direto da crise de 1929. E essa instabilidade só fazia crescer à medida que o tempo passava. Washington Luís, por sua vez, via sua capacidade de manobrar o cenário político diminuir ao mesmo tempo que a sombra de Getúlio Vargas passava a, de fato, incomodar. E seria um episódio aleatório, aparentemente desconectado das questões políticas, que acelerou a queda de Washington Luís e a ascensão de Vargas. Coube a Alzira Vargas, alguns anos depois, reconstituir a cena de seu pai junto à família no cinema no exato momento em que havia estourado a notícia da morte de João Pessoa.

Naquela disputa pelo poder, marcada por manhas e artimanhas, João Pessoa era um nome importante naquele xadrez político. Assim como Getúlio Vargas, João Pessoa destacava-se como uma relevante liderança regional naquele país que estava às vésperas de se transformar. Se Vargas se notabilizara como o cabeça de chapa pelo Rio Grande do Sul, João Pessoa se afirmava pela diligente administração que impôs no estado da Paraíba, mesmo tendo ele, assim como Getúlio, ascendido ao poder graças à força das oligarquias regionais — as mesmas contra as quais ele se apresentava como antagonista na Revolução de 1930. E isso estava selado com a composição da Aliança Liberal. Até hoje, a bandeira do estado da Paraíba carrega a palavra *nego* — derivada do verbo negar —, que faz alusão ao descontentamento de João Pessoa a propósito da candidatura de Júlio Prestes. A bandeira é uma homenagem também na sua representação de cores: o vermelho para o sangue e o preto para o luto da morte do político.

Formada, então, pelos estados do Rio Grande do Sul, da Paraíba e de Minas Gerais — este último a vítima da desídia paulista —, a Aliança Liberal se apresentou como a alternativa que, no início da década de 1930, foi derrotada nas urnas. Como no Brasil até mesmo o passado é incerto, a disputa não se encerrou ali. Mesmo tendo sido abatido na votação, Vargas arregimentou em torno de si articulações para a tomada do poder com o uso da força, em uma investida que começaria a traçar de modo definitivo o futuro do país a médio e longo prazo.

Em termos propositivos, a agenda política da Aliança Liberal advogava a rejeição das medidas que aproximavam o país de um programa liberal, algo visto pelos próceres políticos que ambicionavam assumir o país como um propósito que não correspondia às características do Brasil. Nesse sentido, era fundamental a participação do Estado como principal mediador tanto do campo econômico quanto no plano social. Era consenso para o grupo da Aliança Liberal que a crise política e a crise econômica tinham como principal desencadeador o abraço inconsequente de certas teorias políticas e econômicas que simplesmente não correspondiam ao desejo e aos interesses da população brasileira, que, como consequência disso, estaria apartada de sua condição cidadã. Esse era o embrião dos anos de Vargas no poder, mas naquele momento estava sendo embalado como a narrativa da Aliança Liberal contra o "governo dos carcomidos" da Primeira República. João Pessoa era parte integrante dessa engrenagem que se manifestava contra esse estado de coisas.

E foi justamente a morte de João Pessoa que fez a Revolução de 1930 começar. Na tarde de 26 de julho daquele ano, ele levou dois tiros — um no peito e outro nas costas. Se, hoje, com todo o arsenal midiático à disposição, o conjunto de informações de acontecimentos dramáticos é frequentemente desencontrado, pode-se imaginar o contexto no início dos anos 1930. Naquele momento, para além da desinformação, havia dúvida se a motivação do crime fora de honra pessoal ou se fora de natureza política. Os partidários de Washington Luís, evidentemente, trataram de rechaçar essa última posição, enquanto os defensores de Getúlio Vargas e da Aliança Liberal alimentavam a dúvida. No primeiro volume da biografia que escreveu de Getúlio Vargas, Lira Neto mostra como essa divisão estava refletida nas manchetes dos jornais. Na *Folha da Manhã*, "o criminoso confessou que matou o presidente da Paraíba por uma questão de honra pessoal".[4] Já Lindolfo Collor, avô do futuro presidente da República, Fernando Collor de Mello, lançava mão de uma imagem para lá de simbólica: "Caim, que fizeste de teu irmão [...] Presidente da República, que fizeste do Presidente da Paraíba?"[5]

E a morte de João Pessoa estava associada, sim, a uma disputa pessoal com o advogado João Dantas, o autor dos disparos. Dantas fora viver em Recife porque se dizia perseguido político no estado da Paraíba. Na busca que foi feita junto a seu escritório, foram encontrados documentos que revelavam um caso de amor com a professora e poetisa Anaíde Beiriz. Com essa informação, os jornais locais acusaram Dantas de ser espião de Washington Luís e de ser pervertido. Querendo vingança, assim que soube da presença de João Pessoa no Recife, Dantas cometeu um crime que desencadeou uma crise política que estava represada.

O livro *Estado Novo, um autorretrato*, organizado por Simon Schwartzman, traz textos que foram escritos para compor um panorama do que representou o governo Vargas. De acordo com Schwartzman, os artigos ficaram sob a tutela do ministro da Educação e Saúde. Entre outros pontos, a obra é interessante porque oferece uma leitura da Revolução de 1930 a partir de uma voz oficial. Preparado nos anos 1940, o livro não foi publicado naquela ocasião porque o Estado Novo acabou antes que alguns daqueles textos fossem concluídos.

O que interessa aqui, no entanto, é a maneira como Gustavo Capanema preferiu enxergar a Revolução de 1930. Uma vez responsável pela edição do livro, Capanema é o autor do texto de introdução, que, de um lado, carrega nas tintas em defesa de Getúlio Vargas; e, de outro, mostra como as lideranças políticas lidaram com a mudança de rumo da vida política nacional. A certa altura, Capanema destaca uma frase atribuída a Antônio Carlos, experiente cacique político mineiro, envolvido, portanto, com o contexto da Primeira República (chamada por Capanema de Velha República). Diz assim o texto: "Quando ainda não se iniciara a campanha da Aliança Liberal, já dizia o sr. Antônio Carlos: 'Façamos a Revolução antes que o povo a faça.'" O que Capanema não escreve é que ele próprio jamais estaria na posição de ministro da Educação e Saúde se não fosse por uma circunstância bastante peculiar da Revolução de 1930, algo que permaneceu intocado mesmo depois de Getúlio Vargas ter chegado ao posto de chefe do Governo Provisório, ao menos em um primeiro momento. Essa circunstância atendia pelo nome de Minas Gerais.

As eleições foram realizadas em março de 1930. A morte de João Pessoa, estopim da Revolução, aconteceu em julho do mesmo ano. Ocorre que, como se estivesse congelada em um limiar entre o Brasil pré-revolucionário e o Brasil pós-revolucionário, Minas Gerais operou a troca de sua presidência como quem obedecesse ao estado de coisas da Primeira República (para todos os efeitos, de acordo com a ordem pré-revolucionária, portanto), ainda que o Estado houvesse apoiado a Aliança Liberal nas eleições para a Presidência da República (movimento pró-revolucionário). Foi nesse contexto que Capanema chegou ao posto político de secretário do Interior de Olegário Maciel, tendo em vista que este substituíra o próprio Antônio Carlos Ribeiro de Andrada, autor da frase sobre a revolução.

E logo nos primeiros meses do Governo Provisório de Getúlio Vargas, Gustavo Capanema teria um papel importante como secretário do Interior em Minas Gerais.

De fato, Minas Gerais manteve o mesmo *status quo* político mesmo após a Revolução de 1930. Em outubro, afinal, Getúlio Vargas depôs o governo considerado ilegítimo pelos revoltosos. Eles pegaram em armas, rechaçaram o voto que havia colocado o candidato oficial no poder e, assim, Washington Luís foi tirado da cadeira presidencial. Hoje, mais de oitenta anos depois, as sombras de dúvida em relação à vitória de Getúlio Vargas e dos revolucionários não parecem tão fortes. De tantas vezes que foi contada, aliás, essa narrativa parece não apenas definitiva como irresistível. Ou, por outra, não haveria alternativa que não fosse Vargas assumir o poder da maneira como assumiu, graças à força inevitável em torno de sua própria liderança. Essa narrativa tem a ver com a maneira como o próprio regime varguista soube conduzir a força da Revolução de 1930 a seu favor. Exemplo disso está visível no texto preparado pelo Ministério de Educação e Saúde, que dá conta do antes, durante e depois da Revolução de 1930, no já citado *Estado Novo, um autorretrato*. O argumento que sai com a chancela do MES é assertivo ao apontar o sentido da revolução:

> O que o país reclamava era uma ordem nova, uma nova República, ajustada às suas condições de existência, apta a resolver seus problemas fundamentais, não só no plano político, mas também no plano econômico e social, garantindo-lhe a unidade, desenvolvendo-lhe as fontes de riqueza, amparando o trabalho, cujas reivindicações mais elementares eram tidas como "caso de polícia".[6]

E o texto tampouco economizava no louvor a Getúlio Vargas:

> Desse modo, os acontecimentos punham o sr. Getúlio Vargas em face
> de responsabilidades e deveres muito acima dos que lhe caberiam como
> candidato vitorioso à Presidência, se a campanha política tivesse tido o
> desenlace normal e esperado. [...] o desempenho de tão alta missão requeria,
> por certo, qualidades bem maiores do que as já entrevistas e admiradas no
> chefe da Aliança Liberal. Para ser também o reorganizador do Brasil, devia
> possuir virtudes excepcionais e sobretudo tão diversas, tão complexas, que
> dificilmente se encontrariam conciliadas num governante. Só um vulto
> providencial, marcado pelo destino, poderia apresentá-las em tal número
> e em tão singular harmonia.[7]

É preciso levar em consideração o fato de que o texto em questão foi escrito anos depois e que tinha como principal objetivo realçar as virtudes de Getúlio Vargas como grande líder e da Revolução de 1930 como um evento que era aguardado por todos, ou pelo povo, sendo este último grupo, portanto, o elemento que justificava a violência e o uso da força. No entanto, convém observar que nem mesmo Getúlio Vargas, no calor do momento revolucionário, parecia tão animado. Os registros de seu diário pessoal revelam, como citado por Lira Neto em *Getúlio: dos anos de formação à conquista do poder*, um tom de dúvida do que viria a seguir: "Deve ser para hoje às 5 horas da tarde. Que nos reservará o futuro incerto neste lance aventuroso?"[8]

Gustavo Capanema tampouco anotou isso em seu texto introdutório de *Estado Novo, um autorretrato*, mas ele próprio nutria certa desconfiança para com Getúlio Vargas. Ou seja, se, no texto, o tom laudatório dá a sensação de que a relação é de apreço, admiração e, sobretudo, de confiança, no primeiro contato entre Capanema e Vargas não foi essa a impressão que o futuro ministro teve acerca daquele que viria a ser seu chefe. Pode-se dizer que, de início, Capanema não ficou nada entusiasmado com Vargas.

Com efeito, o relacionamento entre os dois tem início em dezembro de 1930, pouco depois da revolução que conduziu Vargas ao poder. Foi em caráter de visita oficial, em função do cargo que ocupava à época, que Gustavo Capanema chegou à capital federal para se encontrar com Vargas, naquele momento chefe do Governo Provisório. A situação não era simplória. Cabia a Capanema identificar qual era a posição de Vargas quanto ao papel que Minas Gerais desempenharia neste novo cenário. Como escreve Murilo Badaró, Olegário Maciel não desejava ver Minas Gerais apartado do governo que ajudara a conquistar. E isso significava, sim, buscar algum tipo de influência com pastas ministeriais para Minas Gerais. Ainda não seria o momento em que Gustavo Capanema assumiria o Ministério da Educação e Saúde, mas era o primeiro contato que ele teria com o alto escalão da política nacional. Nada mal para quem, poucos anos antes, apenas ambicionava alguma estabilidade financeira.

Em seus registros pessoais, Capanema apresenta uma visão geral do que estava em jogo naqueles encontros. Era ele, Capanema, presente ao teatro de operações dos bastidores — posição em que certamente se sentia mais à vontade —, que negociava em nome de quem lhe dera ampla confiança — nesse caso, o presidente Olegário Maciel. Coincidentemente, o cargo que estava sendo negociado era para a recém-criada pasta da Educação e Saúde, e o primeiro político a ocupar o posto de ministro era alguém que Capanema já conhecia havia algum tempo: Francisco Campos, advogado e professor na Faculdade de Direito de Minas Gerais, onde Capanema estudara anos antes. O papel de Francisco Campos nessa história não é lateral, portanto, ele será comentado adiante com mais vagar. É importante, antes, não perder a linha de raciocínio e retomar o episódio do encontro de Capanema com Vargas.

Como conta Murilo Badaró, é provável que Getúlio Vargas tenha tomado conhecimento de Gustavo Capanema a partir do relato de terceiros, tendo em vista que eles não se conheciam pessoalmente antes disso. Na visita, que Badaró salienta como marco inicial de amizade, Capanema manifesta sua avaliação sobre o contexto político pós-revolucionário. De sua parte, Getúlio, esfinge como sempre, capaz de tentar dar rasteira na própria sombra — como prezava certo folclore —, movimentava-se de forma tática, sem deixar transparecer suas eventuais intenções em relação ao próprio Capanema, que, por sua vez, veio a sugerir a consolidação de um partido que teria o papel de agregar os ideais básicos que serviriam como sustentáculo da Revolução. Capanema salientava a estrutura antiquada dos partidos. Enquanto isso, Getúlio Vargas ouviu.

Talvez porque não tenha dado nenhuma resposta mais efetiva para além dos salamaleques mais protocolares — ou, como diria Getúlio: "deixar como está pra ver como é que fica"[9] —, talvez porque simplesmente esperasse mais do homem que encampava os ideais da bonita revolução que havia sido levada a cabo, conforme escreveu à sua mãe, Capanema foi rigoroso ou ferino em suas primeiras impressões a respeito do chefe do Governo Provisório, conforme anota Darcy Ribeiro no livro *Aos trancos e barrancos*:

> Homem frio, inexpressivo; não achei nenhuma flama, nenhuma simpatia; sem ardor, sem luz; não inspirando confiança; homem impróprio para aquele momento criador; cheio de reticências, de silêncios, de ausências; olhando para cima, não olhando para a gente; com riso, sem malícia, mas com maldade; um físico redondo, com uma pequena estrutura, com um ventre dilatado, as pernas apertadas numas calças brancas curtas; sapatos de fantasia; sem gravidade, sem emoção; uma pronunciação estranha de gaúcho; enfim, uma figura incapaz de seduzir, de incitar ao trabalho, de convocar ao sacrifício, de organizar uma nação apenas saída da fornalha revolucionária.[10]

É certo que a opinião de Gustavo Capanema a respeito de Getúlio, ao menos oficialmente, mudaria com o passar dos anos. Murilo Badaró, aliás, escreveu que aquela imagem desfavorável seria revogada com o tempo. No entanto, a dúvida permanece: o quanto daquele diagnóstico representava não somente uma avaliação reativa a um comportamento que era elogiado publicamente de Vargas, mas, também, sinalizava o que, no fundo, Capanema sempre pensou a respeito de Getúlio Vargas? O fato é que a trajetória dos dois é indissociável na história política do país. Embora Getúlio Vargas, na maioria quase absoluta das vezes, assuma o papel de protagonista, Capanema estava onde sempre esteve, ocupando uma posição que dominou como poucos: o de interlocutor, ou, melhor ainda, auscultador do poder, percebendo com aguda sensibilidade para onde o vento iria soprar.

* * *

A situação em Minas Gerais merecia atenção especial: com a Revolução de 1930, todos os presidentes dos Estados caíram reforçando o caráter de mudança do grupo que chegara ao poder. Conforme avaliação de Gustavo Capanema no comentário que apresentava suas impressões sobre Vargas, o momento era de organizar a nação, que saía da fornalha revolucionária. Minas Gerais representava a exceção à regra, uma vez que o grupo que apoiava a Aliança Liberal era o mesmo que tinha conseguido fazer seu sucessor no estado nas eleições. Nesse caso, esses aliados não poderiam ser simplesmente descontados, uma vez que se estabeleceram como defensores da posição revolucionária antes que Vargas assumisse o poder. Essa condição especial — que fez com que Vargas recebesse essa comitiva em poucas semanas depois de assumir como chefe do Governo Provisório — não impediu que, dentro do círculo do poder, houvesse uma disputa para tentar remover o Partido Republicano Mineiro do comando de Minas Gerais.

Trata-se de um dos primeiros episódios em que Gustavo Capanema teve de lançar mão de sua capacidade de adaptação a um ambiente hostil. Embora o cenário fosse adverso, como ordena a tradição política nacional, a disputa em questão acontecia no mundo das sombras. Conforme visto ainda há pouco, aparentemente, Vargas concordou com o interesse dos mineiros no tocante à demanda de pertencer ao governo — isto é, ao menos o chefe do Governo Provisório não manifestou nenhuma negativa a respeito. Todavia, esse posicionamento de Vargas foi o bastante para que dois políticos próximos ao governo federal vislumbrassem uma oportunidade de terminar o trabalho que havia sido completo em outros Estados: remover as forças que mobilizavam o poder nas primeiras três décadas do século XX.

Não era só no plano federal que as velhas oligarquias se debatiam contra a onda de insatisfação. Também em Minas Gerais — isto é, no plano local — havia uma disputa de natureza maiúscula, que, por sua vez, também afetaria o destino de Gustavo Capanema, ainda que, naquele momento, ele não tivesse plena consciência disso. Assim como Washington Luís desejava fazer seu sucessor, Antônio Carlos Ribeiro de Andrada não estava satisfeito com as opções que tinha à mesa para substituí-lo na presidência do estado. Isso porque os três postulantes ao cargo, embora pertencentes ao Partido Republicano Mineiro e com experiência político-parlamentar, não eram nomes de consenso. Antônio Carlos optou, portanto, por fazer ele mesmo o seu sucessor. Como observa Helena Bomeny,[11] o então presidente propõe um novo critério para a escolha dos cargos de chefia no Palácio da Liberdade. O cacique mineiro sustenta a entrada do presidente do Senado para a presidência do Estado e do presidente da Câmara para a vice-presidência. Foi assim que Olegário Maciel e Pedro Marques assumiram o comando de Minas Gerais.

É nesse contexto que Olegário Maciel faz o convite para Capanema ser secretário do Interior. O que Capanema jamais poderia imaginar era de que ele teria de lançar mão das prerrogativas do cargo para defender o governo de Minas Gerais, mostrando, de quebra, lealdade para com o chefe, Olegário Maciel.

O episódio de 18 de agosto foi o primeiro teste de estresse para o Governo Provisório em geral e, em particular, para Gustavo Capanema. Em 1931, o cenário político estava em processo de acomodação, com as lideranças reorganizando as posições que ocupariam no poder. No entanto, havia um grupo que não estava à vontade porque a situação em Minas Gerais permanecia inalterada. Esse clima de insatisfação, no entanto, não era fruto de mera sensação persecutória. De fato, desde que Olegário Maciel passou a ocupar a presidência de Minas Gerais houve um rearranjo nas secretarias com o objetivo de reduzir o poder e a influência de Arthur Bernardes, outro cacique político mineiro que ganhou força com a Revolução de 1930 porque participara ao lado do grupo vencedor. O problema residia no fato de que, apesar de Bernardes se posicionar junto aos vencedores, ele não necessariamente fazia parte da nova ordem; antes, era um símbolo das forças da reação, haja vista, quando presidente da República, na década de 1920, ele ter sido um duro opositor das forças do tenentismo. Nesse contexto, quando da chegada de Olegário Maciel, a saída de Cristiano Machado (Interior e Justiça), Alaor Prata (Agricultura) e Carneiro Rezende (Finanças) é entendido como um gesto em favor da mudança que estava acontecendo no país. Sim, Capanema fora convocado pelo grau de parentesco, mas, também, porque se posicionara em favor de uma causa de alta estima para os revolucionários que a partir daquele momento ocuparam o poder no Brasil. Tratava-se da formação de um movimento, a Legião Mineira, cujo principal objetivo era consolidar os ideais da Revolução de 1930 em um Estado que havia sido intocado pela vaga mudancista.

O DNA da Legião Mineira — e, por extensão, do "Manifesto aos Mineiros", documento assinado, entre outros, por Gustavo Capanema — é de Francisco Campos. E o tom do texto não deixa dúvida do que o manifesto significa para os "carcomidos":

Defender a vitória da Revolução brasileira é combater contra todos os seus inimigos, que são de três categorias: inimigos oriundos do velho regime (os governantes depostos, os aderentes hipócritas e os viciados e corruptos de toda espécie); inimigos existentes no seio da própria Revolução (os revolucionários sem convicção, os revolucionários preguiçosos ou céticos e os revolucionários violentos); e inimigos de origem externa (todos os propagandistas e apóstolos de doutrinas políticas exóticas e inadaptáveis aos problemas brasileiros).[12]

Em torno desse último inimigo, *grosso modo*, se reúne toda crítica que essa geração dos revolucionários fez a propósito do liberalismo no Brasil.

A formação da Legião Mineira atende, portanto, a esse desejo de fornecer uma resposta aos partidos políticos tradicionais. E durante o seu breve período de existência, a Legião contou, para além do apoio de figuras políticas de relevo, como o ministro Francisco Campos e do secretário do Interior de Minas Gerais, Gustavo Capanema, com um aparato simbólico que não pode ser ignorado. Um exemplo bastante ilustrativo disso está presente no livro *Quem foi que inventou o Brasil?*, assinado por Franklin Martins. Como o propósito da obra é estabelecer um encontro entre a música popular e a história da República, a década de 1930 está lá, com vários momentos dessa conexão. No caso específico da Legião Mineira, Martins assinala que a organização "teve perfil claramente conservador desde o início", destacando, a seguir, que a Legião Mineira "recebeu influências do fascismo, então em ascensão na Itália". O livro dá destaque, então, ao "Hino da Legião Mineira" e à foto em que Francisco Campos e Gustavo Capanema aparecem de uniforme.

É dessa época uma carta que Gustavo Capanema recebe de Francisco Campos. No texto em questão, Campos chegou mesmo a tratar do aparato necessário para fazer com que a Legião conquistasse mais adeptos. Campos faz uma crítica ao hino, cuja letra "não vale nada; a música, porém, me parece muito melhor do que a que foi feita aí".[13] Ao tratar de um evento da Legião Mineira que aconteceria em abril de 1931, Campos detalha como cada município deveria estar trajado: "enviar pelo menos vinte milicianos com o uniforme da milícia legionária, isto é, camisa cáqui e gorro do mesmo pano."[14] Trata-se do mesmo traje da foto do livro de Franklin Martins. E Campos ainda acrescenta: "É indispensável que seja filmada a parada [...] Consulte se posso contratar pelo menor preço possível."[15]

A Legião Mineira não avança, mas deixa sequelas e ressentimentos. E a mostra singular a esse respeito desemboca nas origens do 18 de agosto de 1931, quando houve uma tentativa de tomada do poder pela força. Nessa data, a comissão executiva do Partido Republicano Mineiro marcou uma convenção com o propósito de estabelecer uma agenda para atuar na nova conjuntura.

Foi insistindo na tecla de que a Legião Mineira se tratava de uma iniciativa de caráter fascista que Djalma Pinheiro Chagas deu a senha para a engrenagem começar a funcionar. Algum tempo depois, Arthur Bernardes fez outro movimento, quando declarou que ainda há espaço para os velhos partidos na nova conjuntura que se apresentava. O ex-presidente ainda acrescentou: "O Partido Republicano Mineiro provou ser uma legião de soldados dispostos a todos os sacrifícios [...] dei o meu apoio à Legião de Outubro, mas nunca pensei que ela pudesse substituir o Partido Republicano Mineiro."[16]

Francisco Campos havia dito a Capanema que chegara a "hora extrema". E naquela ocasião o secretário do Interior não fugiu à responsabilidade. Respondendo de modo assertivo, Capanema concedeu entrevista ao jornal *Estado de Minas*. Ali, Capanema não somente defende Olegário Maciel, que naquele momento estava fragilizado pelas declarações do ex-presidente da República, mas reafirmou o compromisso e os valores do movimento revolucionário. A entrevista, no entanto, não amainou o ambiente, cuja temperatura já estava bastante elevada. O confronto parecia inevitável. E a possibilidade de atrito começou a ganhar contornos mais destacados quando, em uma solenidade, ficou claro o clima de beligerância. Pinheiro Chagas proferiu um discurso que só fez com que os ânimos se acirrassem ainda mais por ocasião da inauguração de um quartel, evento que reunia todos os oficiais da Força Pública. Enquanto o contexto era de tranquilidade nas áreas próximas à sede do governo, na Estação Central, um grupo de perremistas exaltados louvava Arthur Bernardes e condenava a Legião de Outubro. Não houve confronto nesse dia, mas as forças já estavam preparadas para o conflito.

No clássico *Da guerra*, Carl von Clausewitz escreve que a guerra é a política por outros meios. Alguns séculos mais tarde, o filósofo Michel Foucault afirmou que a política é a guerra continuada por outros meios, invertendo o aforismo e o sentido original de seu significado. Em agosto, mês bastante simbólico para a política brasileira, havia tensão no ar. Os jornais repercutiam as declarações de cada um dos lados, quando, enfim, se deu a convocação para o congresso do Partido Republicano Mineiro. Ocorre que a convenção logo se tornou um território fértil para especulação acerca da deposição e da intervenção do governo de Olegário Maciel.

Naquele mês, Gustavo Capanema acabara de completar 31 anos. Havia menos de trinta dias ele havia se casado com Maria Regina Massot. Morando em uma casa na Rua São Paulo, localizado no bairro de Lourdes, em Belo Horizonte, ele recebeu com surpresa o telefonema do coronel Marques, chefe da Casa Militar. O aviso não deixava nenhum margem para dúvida: o secretário do Interior precisava deixar a residência onde morava junto com a mulher porque estava em curso um golpe de Estado para derrubar o presidente Olegário Maciel. Gustavo Capanema seguiu o protocolo. Após deixar a esposa na sede da Secretaria do Interior, foi conduzido até o Palácio da Liberdade. Ali começava a política por outros meios. De acordo com o relato de Murilo Badaró, o primeiro ato de Capanema foi mandar proteger o perímetro do Palácio. O estratagema tinha como objetivo coibir a invasão do prédio pelos revoltosos.

Enquanto isso, da parte dos perremistas que buscavam assaltar o poder, o ardil parecia simples: em primeiro lugar, prender vários integrantes do governo de Olegário Maciel. Em segundo lugar, contando com a participação do comando do 12º Regimento do Exército, Olegário Maciel seria informado de sua deposição. Para isso, tudo teria de acontecer muito rápido. Antecipando-se a essa movimentação, Olegário Maciel telefonou para Getúlio Vargas. Seja porque quis aguardar o desfecho do imbróglio, seja porque não esperava aquele telefonema, o chefe do Governo Provisório endossa sua posição em favor de Olegário Maciel. A história assume um caráter de intriga palaciana quando se observa a atuação de nomes graúdos do primeiro escalão do Governo Federal, Osvaldo Aranha sendo o principal deles. Aranha enviou o coronel Herculano Assunção como seu representante. Àquela altura, o objetivo era assumir o governo do estado, que se encontrava acéfalo. Minas Gerais, no entanto, resistiu. À frente das negociações, Gustavo Capanema reagia com autoridade. Conforme depoimento de Ernani do Amaral Peixoto, presente no livro *Artes da política*, o secretário do Interior foi firme quando esteve frente a frente com Herculano: "Coronel, quero lhe dizer que se o senhor vier assumir o governo, o dr. Olegário só o passará se receber ordens do presidente Getúlio Vargas."[17]

De sua parte, Osvaldo Aranha ainda tentaria falar com Olegário Maciel, mas, outra vez, encontrou Gustavo Capanema, reafirmando o que já dissera antes. Entrementes, Olegário Maciel novamente telefonou para Getúlio Vargas, que reiterou o apoio ao presidente mineiro. A tentativa de tomada de poder terminou com Capanema mandando prender os rebeldes.

A socióloga e pesquisadora Helena Bomeny também lança um olhar sobre o episódio de 18 de agosto. No artigo "A estratégia da conciliação: Minas Gerais e a abertura política dos anos trinta",[18] presente no livro *Regionalismo e centralização política*, organizado por Ângela Maria de Castro Gomes, a pesquisadora escreve acerca da ação e da reação daqueles políticos mineiros que estavam à cata do poder. Bomeny observa que a situação no Estado só foi pacificada com o acordo mineiro.[19] Com efeito, a solução para que fosse encerrada a disputa entre as duas facções em Minas Gerais exigiu que o Governo Provisório entrasse em cena. A ideia era, portanto, aglutinar as duas forças que ficaram frente a frente, a um passo de entrar em confronto aberto. Do ponto de vista ideológico, essa solução articularia os princípios da Legião ao mesmo tempo que buscaria guardar as tradições do Partido Republicano Mineiro — as mesmas que a revolução queria banir. A ideia de fusão não chegou nem mesmo perto de eliminar a possibilidade de confronto e, do ponto de vista ideológico, jamais poderia funcionar, uma vez que as agendas dos grupos envolvidos eram incompatíveis, justamente porque sua oposição repousava na visão de mundo de cada uma dessas forças.

Embora as consequências dessa disputa entre perremistas e legionários não tenha sido totalmente solucionada no dia seguinte do episódio de 18 de agosto, pode-se afirmar que ali havia sido o batismo de fogo de Gustavo Capanema, sua primeira atuação de destaque à frente de uma crise da política nacional. Não seria a única que enfrentaria, e ele teve a vantagem de se sair bem, maior do que quando entrou. Sem dúvida alguma ele mesmo se viu fortalecido no contexto da política mineira. Isso não seria esquecido tendo em vista o que viria a seguir. Ou ainda, mesmo sem saber, Capanema se preparava para o que viria depois.

* * *

Se no âmbito público as desavenças entre perremistas e legionários prosseguiram, no plano privado, Gustavo Capanema só fez crescer o ressentimento de quem assistia a sua ascensão. No caso, Capanema viu dois aliados incomodados e com ódios perigosos. Recebeu, em primeiro lugar, duras críticas de Gabriel Passos, um colega de sua geração e também partidário da Revolução de 1930. Em uma carta, Passos avisava que crescia uma onda contra o então secretário do Interior. E continuou: "a tua atitude política, que eu sei sempre leal e possivelmente hábil, vem sendo orientada de maneira a tornar-te mal compreendido e colocar-te em situação embaraçosa". À época, Gabriel Passos era secretário do Gabinete de Olegário Maciel. Tendo recebido uma carta anônima, que visava desestabilizar a relação de Capanema com Olegário, Passos fez um alerta ao amigo sobre esse começo de intriga palaciana.

No momento em que recebe a correspondência de Passos, Gustavo Capanema está no Rio de Janeiro. E, com o objetivo de rebater o boato de que articulava nos bastidores para substituir Olegário Maciel, ao retornar a Belo Horizonte Capanema procurou chamar menos atenção, tentando, sempre que possível, não ocupar um espaço maior do que o necessário. Ao mesmo tempo, queria consolidar de vez o acordo mineiro, e para isso ele até já escrevera ao chefe do Governo Provisório. Nessa carta, de 26 novembro de 1931, Capanema defendia o nome de Francisco Campos para ministro da Justiça.

> Fazendo sr. Francisco Campos seu ministro da Justiça, nele terá V. Exa.
> o autorizado e exato intermediário dessas relações. Por outro lado, a
> nomeação do sr. Francisco Campos dará, só por si, enorme prestígio ao
> governo de Minas, do qual ele tem sido, com notoriedade, intransigente
> correligionário.[20]

Com tanta estima e recomendação para Francisco Campos, Gustavo Capanema não poderia esperar que sairia dele, Campos, uma acusação que sugeria alta traição.

Francisco Campos enviou dura carta a Gustavo Capanema, acusando-o de interferir no processo eleitoral que começava a se organizar, impedindo que Pitangui participasse de forma livre, de modo a escolher o candidato que fosse do interesse da cidade. A fúria de Campos tinha como motivação o chamamento das eleições por Getúlio Vargas, em um decreto datado de 24 de fevereiro de 1932. Sem conseguir resolver de modo definitivo a disputa entre PRM e Legião Mineira, Vargas agora contava com a crítica daqueles que já se sentiam traídos pela Aliança Liberal. Quando esse decreto foi promulgado, já existia alguma mobilização das forças que, conforme consta no texto *Getúlio Vargas e sua política*, representam: "a política facciosa que se restabeleceria do golpe sofrido com a insurreição de 1930 e tecia novamente os seus enredos, empenhada em reconquistar os antigos privilégios".[21]

Das muitas visões que a Revolução Constitucionalista de 1932 provoca, é interessante mencionar aquela que coloca de lados opostos duas das principais inteligências brasileiras. Do lado mineiro, Carlos Drummond de Andrade, à época chefe de gabinete de Capanema; do lado paulista, o escritor Mário de Andrade, um dos expoentes do movimento modernista. Na correspondência entre Carlos Drummond e Mário de Andrade, há espaço, inclusive, para a menção da disputa.

> Que coisa cruelmente difícil lhe escrever agora... Não creia porém que essa dificuldade possa vir de qualquer receio de o molestar nos seus melindres e verdades estaduais e brasileiras [...] Você, naturalmente falando, é um inimigo meu agora. Você talvez não sinta isso, mas eu sinto. [22]

Escreve Mário de Andrade para Carlos Drummond de Andrade, a propósito da disputa de 1932. O confronto se encerrou com a vitória do Governo Provisório.

No ano seguinte, Capanema enfrentaria um novo desafio particular com a morte de Olegário Maciel. Corria o mês de setembro daquele ano, e Capanema, junto com sua esposa, estava no interior para inaugurar obras do governo mineiro. E é de lá que ele retorna após receber a notícia para as exéquias do presidente do Estado. E é também a partir dessa data que, aos 33 anos, Capanema assume a presidência do estado de Minas Gerais.

Até ali, Capanema havia sido um nome em ascensão, mas sempre à sombra de figuras de maior relevo. Literalmente por acaso, assumiria a presidência de seu estado natal em um momento ainda delicado. Em que pese o fato de as querelas com os perremistas terem acabado, Minas Gerais ainda era alvo preferencial da disputa de poder dentro do núcleo duro do governo de Getúlio Vargas. O chefe do Governo Provisório, aliás, tomara conhecimento da morte de Olegário e da posse do interino por telegrama oficial enviado pelo próprio Capanema. Em uma nota em seu diário pessoal, Vargas não fez nenhum juízo a respeito da morte de Olegário ou mesmo da ascensão de Capanema. "Que um ministro represente o governo nas exéquias e que o Secretário do Interior, Gustavo Capanema, assuma interinamente a interventoria."[23]

De setembro a dezembro de 1933 houve forte especulação sobre quem iria assumir a presidência do estado, embora Capanema fosse o candidato natural. E, de fato, era essa a expectativa em torno do grupo que estava ao seu redor naquele período. Com pouco mais de três anos, o bloco político que fora formado para fazer Getúlio Vargas chegar ao poder já mostrava sinais de fissura. De um lado, a insatisfação de grupos outrora leais, como o de seu padrinho Borges de Medeiros (no Rio Grande do Sul), indicava que aquela acomodação política exigia revisões permanentes para que não houvesse rupturas mais severas (como a que provocara o levante paulista em 1932); de outro lado, em Minas, espécie de fiel da balança em favor da Aliança Liberal, preocupava a forte da instabilidade que rondava o momento político.

A escolha de quem assumiria o comando de Minas Gerais parecia fundamental não somente para evitar perder o controle da situação, mas, também, para assegurar naquele posto-chave alguém de confiança de Getúlio Vargas e que, no limite, não representaria ao chefe do Governo Provisório um adversário político no longo prazo. No caso, este não necessariamente seria um concorrente direto ao cargo de presidente da República, mas com força o bastante para poder articular com partidos dissidentes candidaturas de oposição.

Se, em um primeiro momento, a disputa da sucessão mineira ficou entre os nomes de Virgílio de Melo Franco e Gustavo Capanema, é certo que, por trás dessas candidaturas, atuavam com força Osvaldo Aranha e Flores da Cunha, ambos gaúchos e, de certo modo, bastante interessados pelo que acontecia em Minas Gerais. Gustavo Capanema, por sua vez, tentava à sua maneira administrar o estado como se fosse o efetivo, embora buscasse sempre atuar com discrição e comedimento. Não quis se estabelecer no Palácio da Liberdade, preferindo manter como base para a sua gestão a sala da Secretaria do Interior.

Getúlio Vargas, enquanto isso, agia conforme seu *timing* político. Lira Neto, no segundo volume da trilogia que escreveu sobre Vargas, cita uma charge, publicada no jornal *Careta*, assinada pelo caricaturista Alfredo Storni, em 11 de novembro de 1933, bastante espirituosa a propósito desse momento. Na ilustração, Getúlio Vargas está guardando o decreto de nomeação do interventor do Estado mineiro em uma geladeira. O texto-legenda foi no ponto: "é o método dele, esfriar o caso pelo processo de congelamento".[24]

A hesitação de Getúlio Vargas aqui tinha um motivo bastante objetivo: as eleições que ele havia convocado se aproximavam, e ele carecia de todo o apoio possível, em especial da bancada mineira, que, na ocasião, contava com nada menos do que 37 cadeiras. Graças ao critério de proporcionalidade, era a maior bancada de todas. Os estados da Bahia e São Paulo vinham em segundo lugar, com 22 assentos cada. Getúlio Vargas simplesmente não podia se dar ao luxo de desagradar a esse grupo expressivo, mas seu destino parecia selado: qualquer que fosse sua escolha, a facção derrotada romperia o acordo. O próprio Getúlio Vargas sabia da complexidade dessa decisão. E o compasso de espera provocava toda sorte de ruído entre os envolvidos.

Exemplo disso foi a visita que Capanema fez a Vargas nesse período. Antes da audiência com o chefe do Governo Provisório, Capanema foi convidado por Virgílio de Melo Franco para um almoço. Segundo relata Hélio Silva, Capanema foi informado ali de que Vargas anunciaria em breve sua decisão — e ele havia decidido em favor de Virgílio de Melo Franco. Na verdade, a visita de Capanema ao Rio de Janeiro tinha como objetivo fazer essa revelação. Ele, Virgílio, era o escolhido. Embora comedido, Capanema recebera uma notificação que tinha combustível suficiente para tirá-lo do sério. Assim, quando se encontrou com Getúlio Vargas, Capanema não tolerou muito tempo os volteios do chefe do Governo Provisório:

> Presidente, vamos tratar do meu assunto. O senhor mandou me chamar e sei o que vai me dizer. Decidiu nomear Virgílio para a interventoria e quer, como uma atenção, que muito me desvanece, que eu o saiba por seu intermédio. Quem me disse foi o próprio Virgílio.[25]

Lira Neto dá tons mais definitivos à resposta que Vargas ofereceu a Capanema: blefe. Assim, dizendo que não podia romper com Osvaldo Aranha, embora ele próprio, Getúlio, entendesse que Capanema merecia o cargo: "Meu candidato é o senhor."

Capanema saiu do encontro com uma esperança. Ele tinha de dissuadir a resistência de Osvaldo Aranha. Ocorre que toda essa cena era, na verdade, outro ardil de Getúlio Vargas para ganhar tempo. Enquanto isso, o chefe do Governo Provisório poderia se articular para retomar controle desse processo de sucessão. Pediu que fosse apresentada uma lista de possíveis nomes para a posição de interventor em Minas Gerais. O dado mais curioso: nessa lista, nem Capanema nem Virgílio de Melo Franco apareciam. O desfecho, que seria uma surpresa para quase todos, se aproximava.

Benedito Valadares era um político que, até aquele momento, não tinha nenhuma notoriedade. A seu favor, como bem anotou Murilo Badaró, ele era concunhado do major Ernesto Dornelles, que, por sua vez, era primo de Vargas. Graças a esse contato, Valadares já havia conseguido um encontro chefe do Governo Provisório. Uma vez eleito deputado, Valadares voltou a ter com ele e, de acordo com os diversos relatos disponíveis, caiu no gosto de Vargas.

Naquele momento, o que talvez só Antônio Carlos Ribeiro de Andrada já percebera era que Getúlio Vargas, ardiloso como sempre, já havia tomado sua decisão. O nome era, sim, de Benedito Valadares, o mais improvável dos postulantes, aquele que fora colocado na lista só para completá-la. E o dado mais interessante foi que o próprio Valadares havia encontrado Capanema, a pedido de Getúlio Vargas, para informá-lo de que "interinos eram todos". Ou, em outras palavras, que Capanema deveria seguir administrando o estado como se fosse efetivo. Reagindo com mais firmeza desta vez, Capanema respondeu que não seria possível permanecer assim por muito tempo.

Às vésperas de anunciar a decisão final, Vargas se reunira com os dois interessados indiretos pela nomeação, Osvaldo Aranha e Flores da Cunha, para discutir os detalhes que restavam. Era dezembro. Como última tentativa de lutar pelo posto, Gustavo Capanema e Virgílio de Melo Franco selaram um pacto. Um apoiaria o outro em caso de nomeação e não aceitariam mais nenhum candidato.

Ao que parece, no entanto, é que a decisão de Vargas, de fato, já havia sido tomada. É bastante razoável especular as motivações. Em seu diário pessoal, o próprio Getúlio explica a sua opção:

> Por que escolhi o sr. Benedito Valadares? Porque todos tinham candidatos e queriam apenas que eu adotasse as preferências alheias. Só eu não podia ter candidato, e pensei que deveria tê-lo. Escolhi esse rapaz tranquilo e modesto, que me procurou antes, sem nunca pensar que seu nome pudesse ser apontado como Interventor.[26]

Ainda no tocante à decisão de Getúlio em favor de Valadares, vale a pena citar, também, as considerações de Alzira Vargas do Amaral Peixoto, conforme registradas em *Getúlio Vargas, meu pai*.[27] Para Alzira, Capanema era muito jovem e politicamente imaturo, muito embora tenha prestado serviços à causa revolucionária. Na avaliação de Alzira, no entanto, sobrava a Capanema uma espécie de açodamento, algo que nada adiantava no sentido de almejar um posto tão alto. "Não conhecia a arte de esperar", escreve Alzira. Quanto à preferência por Valadares, a filha reforça o argumento do pai, sugerindo, ainda, que tudo havia sido acordado com outro cacique mineiro, Antônio Carlos Andrada — Getúlio fez a revelação de forma cifrada, buscando evitar mais ruídos no seu núcleo político mais sensível naquele instante. De todo modo, ainda de acordo com Alzira, Capanema soube aceitar a decisão de Getúlio Vargas.

Existe todo um folclore em torno da escolha e nomeação de Benedito Valadares como interventor em Minas Gerais. Consta, por exemplo, que a expressão "mas será o Benedito?" teria surgido nessa ocasião. Já em relação aos derrotados, Virgílio de Melo Franco ainda quis reagir, mas não teve sucesso. Gustavo Capanema, por seu turno, ficou magoado e abatido, como escreve Hélio Silva. Jamais estivera tão perto do poder. E naquele momento, para ele, era como se jogasse tudo ou nada. Na tentativa de emparedar Getúlio Vargas para que o líder tomasse uma decisão que lhe fosse favorável, tão somente acelerou o desfecho que não lhe beneficiava. A decepção, portanto, era tremenda.

Muitos anos depois, cacos desse episódio ainda estavam por aí. Em depoimento à prestigiada coluna do jornalista Carlos Castello Branco, Capanema disse que não ousou no momento decisivo, sugerindo que faltou vontade de poder para ocupar o cargo de interventor. Outro relato traz uma versão bastante curiosa da seção "Contraponto" do jornal *Folha de S.Paulo*: o jornalista Sebastião Nery contou:

quando Benedito Valadares foi escolhido interventor de Minas em lugar de Gustavo Capanema, este último foi à estação receber Benedito. No carro, já a caminho do Palácio, irritado, mas contido, Capanema deu conselhos a Benedito.

— Benedito, você sabe que não é um homem de letras. Você precisa cercar-se de homens cultos, que elaboram coisas, que criam coisas.

Benedito nada disse. Nem tugiu nem mugiu. Depois, queixou-se a Juscelino Kubitschek:

— O Capanema é um excelente companheiro, mas tem a mania de pensar que só ele sabe das coisas. E fala muito antipaticamente. Imagina que ele me falou tanto em livros que cheguei em casa com vontade de rasgar os que tenho lá.[28]

A não escolha para o cargo de interventor certamente foi frustrante para Gustavo Capanema. Nesse momento, no entanto, é possível que ele tenha se lembrado do vaticínio de João Penido, ainda quando a decisão não havia sido anunciada: "Você fez uma carreira rápida e brilhante. Lembre-se de quem era há três anos. Hoje você é uma personalidade nacional. É a hora de parar e de refazer forças."

Capanema não tinha como saber, mas sua trajetória estava apenas começando.

6

No Ministério

A ntes da Revolução de 1930, não havia um ministério que cuidasse especificamente da pasta da educação. No "dia seguinte" à Proclamação da República, Benjamin Constant, um militar que se destacou como professor e diretor do Instituto dos Meninos Cegos, no Rio de Janeiro, assumiu o Ministério da Instrução Pública, Correios e Telégrafos. Mas essa não fora uma decisão de primeira hora. A princípio, Constant havia sido designado para o Ministério da Guerra. Em seguida, tornou-se general de brigada. Porque não estava de acordo com o presidente Deodoro da Fonseca, Constant foi designado para a recém-criada pasta da Instrução Pública, Correios e Telégrafos.

Ocorre que Benjamin Constant tinha, sim, alguma experiência no campo da educação. Como professor, para além da atuação no Instituto dos Meninos Cegos, foi também docente na Escola Militar, onde desde 1854 dava aulas de matemática. Em que pese sua formação como militar, Constant era um homem fascinado pelas ideias e, com paixão e tenacidade, evangelizava os seus alunos, espalhando a boa nova do positivismo: em favor do abolicionismo, do republicanismo e do pacifismo. É correto afirmar, nesse sentido, que foi um dos principais nomes do positivismo no Brasil. Entre os seus alunos, pode-se destacar Euclides da Cunha e Cândido Rondon, que, ao lado de outros, formariam a geração dos bacharéis fardados. Esses oficiais não eram apenas militares; antes, eram cidadãos que deveriam participar da política, de acordo com os conselhos do mestre.

Quando Benjamin Constant assumiu o novo ministério, o Brasil era um país que contava com a incrível marca de 85% de analfabetos, conforme os dados do IBGE de 1940. Constant logo entendeu que sua missão era transformar o país pelo caminho da educação. E aqui também é correto assinalar que o positivismo foi o grande esteio dessa que pode ser considerada a primeira reforma do ensino do Brasil republicano. De acordo com a percepção de Constant, a educação representava um dever essencial da sociedade moderna ao mesmo tempo que era um direito do cidadão. As reformas refletiram a concepção positivista que sustentava a educação como ação política, social, transformadora e que conduz ao progresso.

Em termos práticos, essas reformas alcançavam pontos nevrálgicos do regime monárquico, a saber: o ensino passava a ser laico; haveria ensino primário público gratuito; o ensino científico incorporava saberes que favorecessem a observação e a contemplação. O currículo oriundo dessa reforma era cumulativo. Os conhecimentos se sucediam em ordem lógica e era voltado à abordagem multidisciplinar de modo bastante fragmentado. Os alunos estudaram pontos diversificados e o ensino atendia com bastante ênfase as ciências e o ensino de línguas (clássicas e modernas). Do ponto de vista da estrutura, a partir da reforma, a União se tornava responsável pela escola secundária e pelo ensino superior, enquanto os municípios cuidavam do ensino primário e técnico-profissional.

Em que pese o esforço despendido para a concepção desse modelo, Benjamin Constant não viveu para assistir aos frutos da reforma que havia semeado. Em janeiro de 1891, ele morreu aos 54 anos. Poucos meses depois, Deodoro da Fonseca renunciaria ao cargo de presidente da República. Floriano Peixoto foi o primeiro vice-presidente a assumir. Não seria o único.

Ainda que não tenha assistido às consequências da reforma que comandou, não é exagero afirmar que boa parte da geração dos homens públicos que comandaram o país na primeira metade do século XX havia sido toda forjada de acordo com a premissa do saber cumulativo e da ênfase nas ciências e no ensino de línguas. E como foi a primeira geração que teve acesso ao ensino público, muitos leitores também já devem ter ouvido relatos nada menos do que saudosos em louvor de uma educação gratuita e de qualidade, "uma escola onde se ensinava e onde se aprendia de verdade". "*Se non è vero, è ben trovato*", diz o ditado. Não havia naquele momento instrumentos confiáveis capazes de aferir o que era educação de qualidade. Ademais, o modelo cumulativo de conhecimento com seu currículo enciclopédico sempre chamou a atenção no Brasil, como mostram algumas das sátiras do escritor Lima Barreto.

* * *

Após a Revolução de 1930, o primeiro ministro da Educação e Saúde foi o mineiro Francisco Campos. Na década de 1920, Campos já havia sido secretário do Interior no governo de Antônio Carlos Ribeiro de Andrada. Foi nessa posição que havia sido o responsável pela reforma educacional no estado. A chegada de Campos à pasta recém-criada de Educação e Saúde teve forte influência política e, uma vez no cargo, ele tratou de fazer valer a sua agenda.

Nascido em Dores do Indaiá, Minas Gerais, em 1891, Francisco Campos formou-se em Direito pela mesma faculdade onde, anos depois, se formaria Gustavo Capanema — de quem, como já foi dito, foi professor e uma espécie de mentor intelectual. Gustavo Capanema, a propósito, jamais deixaria passar em branco o que Francisco Campos representou e, com efeito, sempre que pôde manifestou estima ao seu velho mestre. Assim, se no episódio em que ocupava a Secretaria do Interior houve desentendimento, Capanema atuava no sentido de restabelecer pontes e estar próximo de alguém que sempre admirou tanto pela capacidade intelectual como pela capacidade de influenciar a quem estava no poder. De certa maneira, pode-se afirmar que esse sempre foi um alvo que Capanema perseguiu ao longo de sua trajetória pessoal: influenciar e não ser influenciado.

Do ponto de vista político, talvez a mais perfeita tradução de Francisco Campos tenha sido concebida em uma provocação da lavra do cronista Rubem Braga. "Toda vez que o sr. Francisco Campos acende sua luz, há um curto-circuito nas instalações democráticas brasileiras." Chico Ciência era um advogado das democracias, da mesma forma como não era um partidário do liberalismo como corrente ideológica. Ao longo de toda a sua biografia política, portanto, será fácil encontrar de que lado está Francisco Campos: na antessala das principais decisões, sempre elaborando projetos e propostas que estavam na contramão das liberdades individuais em favor da ordem e dos poderes constituídos. Coerente, Francisco Campos jamais desviou dessa rota — então, desde os primeiros registros de suas manifestações políticas, quando assinalava que era necessário "corrigir os vícios e os excessos do temperamento democrático", até a sua atuação como um dos autores intelectuais do Ato Institucional nº 1, em 1964, passando, como se verá mais adiante, pela sua intervenção decisiva em favor do Estado Novo. Ele entendia, assim, que o exercício da autoridade era a melhor resposta para qualquer sorte de impasse político.

A capacidade intelectual de Francisco Campos não era mencionada ao acaso. Uma vez no poder, ele sempre defendeu que era preciso reservar as funções executivas aos mais capacitados tecnicamente. Longe de ser uma caricatura conservadora, Francisco Campos foi um personagem importante exatamente porque se aproximava da figura do déspota esclarecido. Como já citado no episódio da Legião Mineira, ele entendia, talvez mais do que outros de sua geração, o poder de mobilização em uma sociedade de massas. É por esse motivo que compreender o modo como ele pensava ajuda também a entender suas atitudes. A mesma liderança política que tinha severas restrições para a democracia foi responsável por liderar, no fim dos anos 1920, ao lado de outros intelectuais, uma reforma na educação em Minas Gerais. O grupo em questão era chamado de "Reformadores da Educação" ou de "pioneiros da Escola Nova".

Se na Primeira República a questão social era considerada caso de polícia, também é correto afirmar que houve alguma movimentação por parte dos educadores e pensadores quanto à necessidade de promover mudanças no ensino. Nesse sentido, talvez a corrente mais profícua tenha sido a do Movimento da Escola Nova.[1] Foi o filósofo e pedagogo norte-americano John Dewey quem se estabeleceu como a grande referência nesse ideário para a intelectualidade brasileira. Em linhas gerais, Dewey defendia os métodos ativos no processo de formação do aluno, de modo que o trabalho em grupo e a prática de atividades manuais deveriam fazer parte da rotina da escola. Como escreve Paulo Ghiraldelli em *História da educação*,[2] jovens intelectuais brasileiros promoveram reformas educacionais pautadas pelo projeto do ideário escolanovista ao acompanhar o processo de urbanização e de industrialização do Brasil nos anos 1920. Entre esses intelectuais podem ser citados, além de Francisco Campos, Fernando de Azevedo, Lourenço Filho e certamente o mais importante de todos eles: Anísio Teixeira, cuja trajetória será explorada ainda neste capítulo.

O que importa é que coube a esses pioneiros da Escola Nova (no início dos anos 1930, logo após a revolução) a redação de um documento — o

Manifesto dos Pioneiros da Educação Nova — que imaginava poder influenciar a estruturação da sociedade brasileira a partir da educação. Em síntese, o Manifesto advogava a presença nas escolas de crianças oriundas de todas as classes sociais, e não apenas de uma minoria; e que todas essas crianças tivessem acesso a uma "educação comum, igual para todos".

Na década de 1920, Campos se aproximou desse grupo quando o Manifesto ainda não havia sido sequer rascunhado, assim como o contexto político era decididamente outro. Já na década de 1930, enquanto ministro da Educação, outro grupo influente fez a cabeça de Francisco Campos. A Igreja Católica passou a ocupar um espaço de destaque muito em função do entendimento que o então ministro da Educação tinha da instituição. Para a Igreja, era importante restabelecer um contato com os poderes constituídos. Como explicam Simon Schwartzman, Helena Bomeny e Vanda Costa em *Tempos de Capanema*,[3] de início, logo após a Revolução de 1930, a Igreja Católica manifestou oposição à chegada de Vargas ao governo porque isso representava uma ruptura e simbolizava a vitória do movimento tenentista, cujas ideias se aproximavam do positivismo e do liberalismo.

Uma vez no poder, Francisco Campos age no sentido de recriar a unidade entre a Igreja Católica e o Estado brasileiro. A revista *A Ordem*, espécie de porta-voz da agenda católica, vaticina: "A Revolução não estará concluída enquanto não for conferida à Igreja sua devida supremacia." Getúlio Vargas sabia que o diabo era diabo porque era velho. Um mês depois da veiculação do artigo, o governo faculta o ensino religioso nas escolas públicas, algo que havia sido revogado em 1891 na Reforma Benjamin Constant.

Se a Igreja Católica já exercia influência em relação às medidas que eram adotadas no período em que Campos era o ministro da Educação e Saúde, a presença seria ainda mais marcante a partir da chegada de Gustavo Capanema para ser o titular da pasta. Na verdade, a escolha de Capanema já se dá conforme os interesses da Igreja.

* * *

Depois de ser preterido para a interventoria de Minas Gerais, Gustavo Capanema ficou sem muitas opções. Vivendo a política em tempo integral, ele jamais teve tempo ou mesmo imaginação para cuidar de outra coisa que não fosse seu trabalho como servidor público, na exata contramão do ditado que pede para não colocar todos os ovos em um cesto. Mais do que isso, seguindo padrões rígidos no cuidado para com a coisa pública, o seu salário como funcionário do governo estadual dava conta de gastos modestos de uma família de classe média — naquela época, Capanema já havia se tornado pai de Gustavo Afonso Capanema, seu primogênito, que mais tarde seria advogado do estado da Guanabara quando da gestão de Carlos Lacerda.

Assim, tendo entregue o cargo a Benedito Valadares em 15 de dezembro de 1933, Capanema ficou "sobrando", conforme escrevera à mulher no início de 1934. Diferentemente do que se poderia imaginar em se tratando de um homem público tão bem relacionado, em um primeiro momento as negociações em busca de uma posição foram infrutíferas. É bem verdade que, ainda quando da posse de Valadares, havia quem o sondasse, oferecendo a diretoria do Departamento Nacional do Café. Embora em situação financeira instável e incerta, Capanema não aceitou. Na ocasião em que escreveu a carta a Maria Regina Massot, Capanema estava no Rio de Janeiro, desta feita com o objetivo de estabelecer um escritório de advocacia. O seu maior receio, no entanto, era começar — exatamente porque ele buscava contratos mais longos, algo que permitiria alguma estabilidade quanto aos possíveis ganhos. Além disso, Capanema também hesitava porque, embora entendesse que a vida no Rio de Janeiro seria melhor exatamente graças aos contatos profissionais que poderia realizar, temia se afastar de seus pais. No primeiro semestre de 1934, Gustavo Capanema, Maria Massot e o filho Gustavo viveram das economias que haviam amealhado e contavam, ainda, com o auxílio de Xavier Capanema. Como relata Murilo Badaró, o jornal *Estado de Minas* chegou mesmo a publicar nessa época um anúncio que informava o endereço do escritório de Capanema: estava situado na Praça da Liberdade, 317. O mês era fevereiro, e o ex-interventor dedicava-se essencialmente à leitura.

Enquanto isso, Getúlio Vargas se movimentava para ficar. Instalada em novembro de 1933, a Assembleia Nacional Constituinte promulgou uma Carta Constitucional que correspondia, a um só tempo, a uma resposta aos eventos de 1932 e também um contraponto à agenda política da Primeira República. Na feliz expressão do historiador Marco Antonio Villa, na Constituição de 1934 não havia lugar para os liberais. A engrenagem, enfim, se ajustava à conformidade de quem ocupava o poder, e Getúlio

Vargas, via eleição indireta, conquistava a Presidência da República obtendo 175 votos (ou 70%) dos constituintes. Seu adversário fora o outrora mentor político e aliado no Rio Grande do Sul, Borges de Medeiros.

Para Capanema, a eleição de Vargas foi muito importante. Em meados do primeiro semestre de 1934, seu nome passava a circular nos bastidores como um dos prováveis ministros no governo. Na tentativa de controlar as expectativas, Capanema desconversava, apontando para o Rio de Janeiro como o "teatro dos acontecimentos" e se posicionava como mero observador dos fatos.

O dia de posse de Getúlio Vargas se aproximava, mas Capanema hesitava em comparecer. Um dos motivos, segundo relato de Badaró, era a falta de dinheiro. Maria Massot, cujo faro político era bastante aguçado, receberia em sua casa a reserva para uma cabine na Central do Brasil depois de se encontrar com Sarah Kubitschek. Maria da Glória Capanema, muitos e muitos anos depois, revelaria que seu pai recebeu de Maria Massot um conselho muito importante naquela ocasião: "Mamãe virou-se para ele e disse assim: 'Gustavo, o Getúlio precisa te ver. Porque ele está preocupado com a formação do governo e tu estás aqui.'" Na versão de Maria da Glória, naquele momento, Capanema já havia perdido o contato com Getúlio e só foi ao Rio de Janeiro graças à insistência de Maria Massot. Na posse, Gustavo foi recebido com especial apreço por Getúlio Vargas, que o saudou, dizendo: "Como tu estás bem, Capanema! Estás bom para pegar no pesado!" A partir desse gesto e dessas palavras, Capanema não teve dúvidas de que havia um sentido naquele encontro. E o sentido se traduziu em convite para assumir o Ministério da Educação e Saúde.

* * *

No livro *Tempos de Capanema*, os autores ressaltam a inexistência, no Arquivo Gustavo Capanema no CPDoc, de documentos, memorandos, cartas ou mesmo notas que sustentem que Capanema fora nomeado como ministro como prêmio de consolação não só para ele próprio, mas, também, para o grupo que o apoiava — este grupo sendo, no caso, próximo a Olegário Maciel. De qualquer modo, como sugere o livro, é possível admitir essa possibilidade. Para além disso, o que efetivamente merece destaque em relação à chegada de Capanema no ministério é o papel desempenhado pela Igreja Católica para que ele fosse o escolhido. A despeito de ter mantido uma franca relação junto ao cristianismo desde cedo, naquele momento, Capanema não parecia católico o suficiente para que fosse referendado pela Igreja. Na verdade, o fato de ter se aproximado da intelectualidade mineira na sua juventude fazia com que ele estivesse perto de uma corrente mais agnóstica. No início da década de 1930, Carlos Drummond de Andrade, amigo e fiel escudeiro de Capanema, publicava, no seu livro de estreia, "O poema de sete faces", que, a certa altura, trazia o trecho de seu eu-lírico: "Meu Deus, por que me abandonaste/ se sabias que eu não era Deus/ se sabias que eu era fraco" ao mesmo tempo que se declarava *gauche* na vida. Era esse o círculo de amizade do qual Gustavo Capanema fazia parte. Em *Tempos de Capanema*, os autores salientam que a aproximação de Capanema a uma agenda mais interessada aos tópicos da Igreja Católica se deu a partir do momento que passou a ser cotado para o Ministério da Educação e Saúde.

A relação de Gustavo Capanema junto aos interesses da Igreja Católica aconteceu na exata medida em que o futuro ministro, ainda sem saber qual cargo ocuparia (no primeiro semestre de 1934), estreita laços com Alceu Amoroso Lima, que era uma espécie de lobista da Igreja naquele momento.

Nascido no Rio de Janeiro no ano de 1893, Alceu Amoroso Lima trilhou uma jornada singular na vida cultural brasileira. Na infância, foi vizinho do escritor Machado de Assis e, em um presságio do que seria seu futuro no mundo das letras, compareceu no enterro do escritor em 30 de dezembro de 1908. Estudou piano com o maestro Alberto Nepomuceno e já aos 14 anos era leitor das obras de Shakespeare. Aos 15, leu *Os sertões*, de Euclides da Cunha. Depois de ter se formado em Direito, foi para a França, onde seguiu um curso do filósofo Henri Bergson. Alguns anos depois, de volta ao Brasil, passa a ocupar o espaço de crítica literária de *O Jornal*. É quando adota o pseudônimo de Tristão de Athayde.

Um fato que precisa ser destacado aqui é a conversão de Alceu Amoroso Lima ao catolicismo. Aconteceu em 1928 e foi um evento suficientemente relevante a ponto de ele mencioná-lo muitas vezes em seus textos memorialísticos. Existe, a propósito, uma passagem em especial, em uma ocasião em que ele explica a Sergio Buarque de Holanda um pouco de sua motivação:

Quero apenas dizer-lhe que não ignoro o que há de irresistível na engrenagem sutil das demissões do nosso próprio eu. Da mesma forma que não ignoro quanto há de delicioso e de confortável na recusa de compromissos. E quanto a vida é mais mansa ao sabor do vento. Mas chega um momento em que sentimos, você bem sabe, o que excede de nós. E não apenas a necessidade do que excede de nós. E o limite de nossas próprias expansões sabe vencer a resistência que marca em nós o limitado de nossas pretensões finitas [...] E você possui, no fundo, o verdadeiro sentido cristão da vida, precisaria apenas, creio eu, um pouco menos de desespero do homem, para alcançar o senso católico que outra coisa não é senão a plenitude cristã.[4]

É a partir da conversão que Alceu Amoroso Lima se tornará, ele próprio, um militante bastante enfático da causa católica, utilizando para alcançar seus objetivos sua vasta influência cultural que lhe dava prestígio e lhe abria as portas.

Foi desse Alceu Amoroso Lima que Capanema se aproximou quando estava no seu exílio forçado em Minas Gerais. Era de Alceu Amoroso Lima que Capanema aguardaria notícias acerca de seu futuro político. Enquanto todos acreditavam que Capanema só aguardava, ele também articulava. Em uma carta de março de 1934, quatro meses antes de ser anunciado como ministro, Alceu Amoroso Lima apresenta um cenário de dúvida para Capanema:

"Tudo é possível em um momento como este, uma qualquer alteração da ordem seria agora um desastre para todo o Brasil. Continuo em grande atividade para encaminhar as emendas religiosas que espero em Deus ver vitoriosas, para o bem de todo o povo brasileiro."[5] Na correspondência seguinte, Alceu Amoroso Lima se volta para Capanema também para oferecer apoio no deserto de expectativas em que se encontrava:

É na adversidade que se forjam os caracteres chamados a essas difíceis posições de mando [...] Você teve a infância de sua vida política coberta de rosas. Chegaram agora os espinhos, e você provará se pode passar além, vencendo as circunstâncias como anteriormente por elas conduzido.[6]

Gustavo Capanema aceitou os conselhos de Alceu Amoroso Lima. E, quando no poder, jamais se esqueceu do compromisso que estabeleceu com o amigo, um dos poucos que se lembrava dele no momento em que estava longe da ribalta. Alceu Amoroso Lima, por sua vez, saberia cobrar a lealdade de Capanema. Nos momentos decisivos, os interesses da Igreja Católica prevaleceram.

* * *

A posse de Gustavo Capanema como ministro da Educação e Saúde aconteceu em 26 de julho de 1934. E o discurso foi feito de improviso. Capanema aproveitou a chance para enaltecer o trabalho de seus antecessores, em especial o de Francisco Campos. Se fosse possível elaborar uma hierarquia de lealdade, certamente os nomes de Campos e de Alceu Amoroso Lima estariam nela.

Uma semana depois de assumir o Ministério, Capanema já havia acertado detalhes importantes a propósito de sua estada no Rio de Janeiro. E no dia 2 de agosto concedeu sua primeira entrevista à imprensa. Apontou quais seriam as linhas-mestras de sua atuação: de uma só vez, conselheiro político (opinou acerca de qual deveria ser o papel da oposição); servidor legalista (deixando claro que atenderia às emendas religiosas aprovadas na Constituinte); o interesse em reformular o vocabulário brasileiro; e falou da possível construção de uma nova sede para o Ministério da Educação e Saúde.

Embora Capanema tenha sido chamado para o Ministério da Educação e Saúde, sua atuação nesses dois segmentos não demonstrava que ele contava com ampla experiência. Aos 34 anos recém-completados, talvez por isso ele tenha se cercado dos melhores e dos mais bem preparados, como havia sugerido a Benedito Valadares em dezembro anterior quando da passagem do cargo de interventor de Minas Gerais. Ainda assim, as ações que fizeram dele um ministro memorável, para além de ter permanecido no cargo por mais tempo que qualquer outro ministro da Educação, foi a sua atuação na área da cultura.

No livro *Um poeta na política*, a autora Helena Bomeny escreve:

> Gustavo Capanema não foi um intelectual, mas passou à história devido às ações que o notabilizaram no campo da política cultural. [...] havia em Capanema um gosto indiscutível pelas coisas da cultura. Compensava a impossibilidade de se dedicar às artes com a proximidade constante dos

intelectuais e do círculo de amigos que tinham na literatura, na poesia, na música, na arquitetura, no cinema, no teatro e nas artes plásticas a razão de suas vidas.[7]

Na década de 1930 (e assim seria até os anos 1980), não havia uma pasta da cultura com essa exclusividade. De qualquer modo, para a opinião pública, as ações de Capanema tiveram como alvo o espaço da cultura em primeiro lugar, deixando até mesmo a atuação na educação e na saúde em segundo plano. Retomando mais uma vez um dos principais aforismos de Capanema, às vezes, a versão vale mais do que a verdade.

No Brasil dos anos 1930, no entanto, os fatos falaram muito alto. E a educação e a saúde eram atestados de que o país estava doente. No contexto educacional, havia o desafio de atender à demanda de oferecer educação a uma fatia da população que jamais teve acesso a esse direito, fosse porque as lideranças não olhavam para essa demanda, fosse porque tal demanda era efetivamente menor, tendo em vista que a sociedade brasileira vivia no campo, e não nos centros urbanos. Já no contexto da saúde, a maior preocupação parecia estar relacionada aos problemas na primeira infância, a ponto de Getúlio Vargas, ainda como chefe do Governo Provisório, ter enviado um comunicado aos interessados dando conta de atuar com mais ênfase nesse segmento. O tom da mensagem não deixa dúvida acerca de qual era o espírito daquele tempo: "[...] nenhuma obra patriótica, inteiramente ligada ao aperfeiçoamento da raça e ao progresso do país, excede a esta, devendo constituir, por isso, preocupação predominante em toda atuação política verdadeiramente nacional."

Para dar conta desse desafio duplo — talvez a maior prova de que, quando se tem um desejo, o problema pode ser ele se tornar realidade —, Capanema adotou uma estratégia que não fugia à regra aplicada pela agenda getulista. Assim, ao mesmo tempo que investiu em reformas estruturais, centralizou o poder, tomando à frente das mudanças que ambicionava colocar em prática. Em certa medida, nenhuma outra administração ministerial alcançou tanto sucesso de estima sob Getúlio Vargas — talvez a presença de João Goulart à frente do Ministério do Trabalho, duas décadas depois, mas já sob outro contexto —; de igual modo, também foi alvo de críticas como poucos personagens políticos de sua geração.

Na área da saúde, a médio e longo prazo, a reforma Capanema se traduziu na criação de órgãos e estruturas que articulassem as ações vinculadas às políticas de saúde. Como observam os pesquisadores Gilberto Hochman e Cristina Fonseca, o Fundo Nacional de Saúde, o Instituto Nacional de Saúde e as Conferências Nacionais de Saúde são frutos da iniciativa de aglutinar os esforços para atender as demandas do setor. Novamente aqui, na carta de princípios do Instituto Nacional de Saúde, há uma espécie de aviso da busca pela centralização do governo Vargas:

> Os problemas técnicos de saúde pública terão no Instituto Nacional de Saúde Pública estudo e solução. Por outro lado, sendo a Saúde Pública uma atividade da qual estão excluídos os particulares, atividade que é exercida pela União e pelos estados, todas as questões de ordem administrativa que ela envolve serão mais convenientemente tratadas nas conferências, ambas dos representantes da administração federal e das administrações estaduais.[8]

* * *

Se na área da saúde parece ter havido ao menos alguma aceitação inicial de qual rumo deveria ser trilhado, no campo da educação o consenso esteve longe de ser alcançado a curto prazo. Em verdade, desde o início, Gustavo Capanema enfrentou vozes que estavam na contramão de suas intenções políticas e de suas decisões. E a razão para tanto não era desconhecida. Na década de 1930, a educação era alvo de disputa de correntes ideológicas (e programáticas) de naturezas distintas. Capanema não disputaria essa batalha sozinho. Mas, de certa maneira, ele se tornaria, com o tempo, um símbolo de um dos lados dessa disputa. Como ministro, Capanema demonstra, sim, que tinha um lado; como político, deixou claro, mais de uma vez, que não estava disposto a perder uma nesga de influência.

Desta feita, Capanema entraria no jogo para ganhar, e logo seus principais adversários entenderiam isso de forma cristalina.

> A educação e a saúde foram problemas longo tempo abandonados, em nosso país, no Império e na República. Não houve clamor que valesse [...] Somente em 1930, depois da vitória da Revolução, se tornou possível o lançamento das sementes essenciais, com a fundação do Ministério da Educação e Saúde, cuja obra, em quinze anos de progressivo desenvolvi-

mento, representa o ponto de partida, realmente decisivo, para a solução daqueles dois problemas nacionais [...] O antigo caos e a antiga depressão dos serviços educacionais cedem lugar a um sistema nacional harmônico, coeso e funcional, que comunica a todas as instituições e aparelhos do nosso ensino uma mesma dinâmica e um mesmo sentido.[9]

O tom do texto, cujo estilo esbanja o caráter oficialista, não deixa margem para muita dúvida. Gustavo Capanema se imaginava como portador de uma verdade a propósito do que foi o regime varguista para a educação. Fosse diferente, para além da longa descrição e do farto cipoal de dados, ele não teria se esmerado tanto, por mais cuidadoso que tenha sido, em oferecer uma narrativa que se notabiliza tanto em reforçar a contraposição entre o antes e o depois, assim como pelo realce do que representava a educação para os governos passados e da marca de mudança que o presidente Getúlio Vargas quis empreender a partir da Revolução de 1930. Curiosamente, Capanema jamais se colocou, nos textos que escreveu a respeito, como agente central dessa mudança.

De qualquer maneira, o texto enviado a Vargas por Capanema em 1946 (dando conta dos feitos na seara da educação) não revela a disputa ferrenha que aconteceu tão logo ele se encastelou no Ministério da Educação e Saúde. O conflito tinha como origem, em linhas gerais, dois projetos para a educação brasileira — projetos que apresentavam duas visões ideológicas antagônicas. De um lado, a Escola Nova, cuja liderança era encabeçada pelo educador Anísio Teixeira; de outro, o projeto de educação que era caro à Igreja Católica, cuja liderança mais destacada era desempenhada por Alceu Amoroso Lima.

É de Alceu Amoroso Lima que Capanema, já ministro da Educação e Saúde, recebe uma lista de medidas que esperava serem adotadas na área de educação e também em outros segmentos do governo, como assinalam Simon Schwartzman, Helena Bomeny e Vanda Costa no livro *Tempos de Capanema*. No tocante à educação especificamente, a lista é extensa e, partindo do geral para o particular, encaminha efetivamente uma linha de ação que deveria ser adotada. E é igualmente interessante observar qual é o inimigo a ser evitado:

No setor da educação:
a) seleção do professorado e das administrações em todo o país;
b) seleção de um conjunto de princípios fundamentais da educação no Brasil;

c) fundação de institutos superiores na base dessa seleção e orientação;

d) publicação de uma grande revista nacional de educação na base destes princípios, com boa colaboração etc.; e rigorosa exclusão do ecletismo pedagógico e muito menos do bolchevismo etc.;

e) publicação de pequenas ou grande doutrinas antimarxistas e de documentação antissoviética;

f) idem de obras sadias, construtivas, na base dos princípios de educação no Brasil;

g) defesa das humanidades clássicas, latim e grego, e sua incorporação no plano nacional de educação;

h) idem de uma filosofia sã;

i) convocação de uma Convenção Nacional das Sociedades de Educação, para os fins do item "h", mas com as bases principais já previamente assentadas;

j) atenção muito particular com o espírito dominante em certos meios pedagógicos, particularmente em São Paulo;

l) entendimento com os estados para uma uniformidade na orientação educativa;

m) elaboração do Plano Nacional de Educação nessas bases;

n) escolha dos futuros membros do Conselho Nacional de Educação tendo em vista este objetivo;

o) elaboração dos programas para os cursos e complementares;

p) facilidades do ensino religioso em todo o país;

q) idem para a fundação da faculdade católica de teologia nas universidades;

r) idem para a realização de congressos católicos de educação nos vários estados e em geral para os trabalhos sociais da Ação Católica Brasileira;

s) idem para a Universidade Católica do Rio de Janeiro;

t) entrega a uma orientação segura e uniforme e à direção dos católicos da Escola de Serviço Social.[10]

A lista apresentada por Alceu Amoroso Lima é significativa de que um espectro rondava os corações e mentes desses ideólogos brasileiros. Ao apontar para a necessidade de oferecer doutrinação antimarxista e de documentação antissoviética, Alceu Amoroso Lima anuncia a abordagem que deseja ver repelida na sala de aula. Ao mesmo tempo, ele não é de meias palavras quanto à agenda que desejava ver empregada nas instituições de ensino "facilidades do ensino religioso em todo o país e para a fundação da faculdade católica de teologia nas universidades [...] e para a Universidade Católica do Rio de Janeiro".[11] Na mesma carta, Alceu Amoroso Lima não escondeu de Gustavo Capanema qual era a sua motivação:

> O que esperamos, pois, do governo é que saiba reagir firmemente contra a infiltração crescente do comunismo em nosso meio, sob a máscara do "aliancismo". E ao mesmo tempo que esperamos do Estado uma ação firme em sua própria defesa [...], pedimos que [...] facilite a expansão daquelas atividades sociais que visam apenas elevar o nível moral e religioso da sociedade brasileira e portanto o seu progresso moral e espiritual.[12]

Na visão de Alceu Amoroso Lima, no entanto, esse conjunto de demandas não apresentava privilégios do governo para com a Igreja Católica. Antes, o que eles desejavam era a manutenção da ordem pública e da paz social para a livre e franca expansão da atividade religiosa e, em segundo, para estimular o trabalho da Igreja em relação à aproximação das classes, conforme sua orientação; além de liberdade de ação e unidade de direção, essa última para que a autoridade se manifestasse de maneira uniforme e aquela para o exercício do bem em vez do mal.

Em contrapartida à atenção dessas demandas, Alceu Amoroso Lima sugeria que a Igreja Católica emprestaria seu apoio: "Os católicos serão os aliados de todos os que defendem os princípios da justiça, da moralidade, da educação, da liberdade justa, que a Igreja Católica coloca na base de seus ensinamentos sociais."

Toda a reforma do sistema educacional do Brasil foi conduzida com respeito aos princípios apresentados por Alceu Amoroso Lima para Gustavo Capanema. Mas isso não significa que não havia contraponto.

O Movimento da Escola Nova, por sua vez, se pautava por uma agenda que trazia um ideário mais sofisticado em relação ao conteúdo que seria ensinado em sala de aula. Isso não necessariamente significa que era a melhor proposta no que concerne ao desenvolvimento do alunado, mas é certo que essa proposição contava com respaldo intelectual fora do país (no caso, a obra de John Dewey), bem como tinha um programa cujo alvo era no mínimo inovador, uma vez que se organizava em torno de fazer com que os estudantes aprendessem de forma mais autônoma. E na década anterior, mais precisamente no fim dos anos 1920, já tivera até mesmo o endosso do autoritário Francisco Campos.

Ocorre que, para o Movimento da Escola Nova, a educação significava um bem que estava além desta ou daquela agenda político-ideológica. Não que os escolanovistas se distanciassem totalmente de alguns princípios. Pelo contrário. Para a Escola Nova, "a educação deveria ser proporcionada para todos, e todos deveriam receber o mesmo tipo de educação".[13] A ideia-força que sustenta esse argumento é a de que essa iniciativa criaria igualdade de oportunidades, algo que já estava na mentalidade de educadores como Fernando de Azevedo e principalmente Anísio Teixeira.

Muitos e muitos anos depois, talvez seja menos complexo entender por que essas duas agendas entraram em conflito. São dois os pontos chave que acirram essa disputa. De um lado, a ideia de que a escola pública significa oportunidade para todos representa um freio ao avanço das instituições privadas, na contramão, portanto, dos interesses defendidos por Alceu Amoroso Lima. Por outro lado, há que se considerar que o Movimento da Escola Nova defendia o ensino laico, outra vez na contramão do que advogava a proposta da Igreja Católica.

Diante desse impasse, Gustavo Capanema teria de se posicionar — e, mais do que isso, enfrentar o grupo adversário, encabeçado por Anísio Teixeira, uma referência para a educação brasileira para além de seu tempo.

A exemplo de Capanema, Anísio Teixeira nasceu em 1900. Baiano de Caitité, a 645 quilômetros de Salvador, Teixeira também iniciou seus estudos na cidade natal para depois concluí-los na capital do estado, onde recebeu forte influência dos padres do colégio que frequentou. Após o curso secundário, da mesma forma que Capanema, formou-se em Direito e em 1924 assumiu o posto de inspetor geral de Ensino. Foi nessa posição que começou a desenvolver aquela que seria a sua grande paixão intelectual: a educação. Desde essa época, Anísio Teixeira não era só um afeiçoado a cumprir com sua tarefa, mas também a ser um servidor público que encarava o seu trabalho com a devoção de um sacerdote e com a perseverança de um obstinado. Eram histórias muito similares e, a exemplo da física, muitas vezes nos embates entre pessoas, os iguais também se repelem.

Interessado em conhecer as experiências da educação fora do Brasil, Anísio Teixeira foi para a Europa em 1925, onde pôde observar os sistemas de ensino na Espanha, na Bélgica, na Itália e na França. Essas visitas contribuíram para que ele conseguisse implementar algumas mudanças no ensino da Bahia, mas não há dúvida alguma de que o grande salto para Anísio Teixeira acontece quando ele viaja para os Estados Unidos. É importante ressaltar que, antes dessa viagem, ele já havia tido contato com um livro assinado por um educador belga, Omer Buyse, cujo título é *Os métodos americanos de educação*.[14] Buyse destaca a importância dos trabalhos manuais e corporais articulados com o ensino formal. O livro impressionou de modo verdadeiro a Anísio Teixeira, de maneira que ele chegou mesmo a mandar traduzir a obra e entregá-la aos professores das escolas da Bahia. Mais do que uma referência, o livro de Buyse provocou uma espécie de rompimento de Anísio Teixeira para com a sua formação católica. Nesse momento, ele tenta fazer uma acomodação dos valores que havia aprendido na sua formação jesuítica e os ideais inovadores de Buyse.

É na viagem para os Estados Unidos, no entanto, que Anísio Teixeira consolida seus próprios princípios para a educação. O sistema educacional norte-americano e os ideais de John Dewey foram pressupostos elementares para que Anísio concebesse suas próprias teses sobre o sentido da educação. Aqui, é importante destacar que essa proposta se articula muito mais em uma abordagem pragmática da realidade, com o objetivo de preparar o indivíduo para o mundo. "Um mundo que se constrói cotidianamente", como disse ele certa vez. O educador ficava incomodado com a abordagem essencialmente teórica da educação brasileira em contraste à proposta pragmática que colocava o aluno em contato com os fenômenos com os quais estava estudando.

Depois de sua primeira visita, Anísio Teixeira regressa aos Estados Unidos para um mestrado na Universidade de Columbia, em Nova York, onde é colega de Gilberto Freyre e ambos são alunos de John Dewey. Também nos EUA, Anísio Teixeira encontra Monteiro Lobato, que nessa época lá vivia como adido comercial, uma vez que fora nomeado por Washington Luís para a função. Assim como Anísio, Lobato também estava entusiasmado com o que via nos Estados Unidos.

E também graças a essa temporada na América do Norte, Anísio Teixeira passou a se declarar um livre-pensador, deixando de lado de vez sua relação com a Igreja Católica. Ainda que esse vínculo jamais tenha sido oficial, o educador buscava manter algum tipo de deferência em relação à instituição. Com efeito, esse é um dos pontos de virada de sua trajetória pessoal, uma mudança que talvez o próprio Anísio Teixeira subestimasse à época, mas que, com o tempo, teve impacto não apenas no foro íntimo; afetou, sobretudo, o modo como ele passou a refletir sobre os temas com os quais se envolveria.

Quando volta ao Brasil, suas ideias não estavam no mesmo pé de igualdade com o então governador da Bahia, Vital Henrique Soares. O educador, assim, pede demissão do cargo e se torna professor de Filosofia da Educação e de História na Escola Normal de Salvador. Aqui, é igualmente possível traçar um paralelo com a trajetória de Gustavo Capanema, que, mais ou menos nessa época, também era professor, só que na cidade de Pitangui.

Às vésperas da Revolução de 1930, Anísio Teixeira e Gustavo Capanema têm trajetórias que caminham em paralelo, em uma coincidência bastante curiosa, tendo em vista que se tornaram pontos cardeais para a história da educação brasileira. Depois da Revolução de 1930, esses caminhos e as biografias desses dois homens públicos se cruzariam. E tudo isso começa com um convite. Antes de Capanema ser convocado para ser ministro, é Anísio Teixeira que é chamado para comandar a reforma da Instrução Pública na capital federal do país.

O ano é 1931. E o prefeito interventor do Rio de Janeiro é Pedro Ernesto Batista, chamado à época de "mãe dos tenentes", não apenas pela deferência com que os tenentistas o tratavam (afinal, ele participou dos levantes de 1922 e de 1926), mas também porque era médico. Com toda essa estima, parece verossímil acreditar que Getúlio Vargas aceitou a imposição de seu nome pelos tenentistas — ainda que isso tenha acontecido em outro momento, no início do Governo Provisório. De qualquer maneira, entre outras ações, foi Pedro Ernesto quem convidou Anísio Teixeira para que este pudesse promover uma reforma capaz de servir de referência para os demais estados da Federação.

No cargo de secretário, Anísio Teixeira concebe o Instituto de Educação, órgão responsável pela formação dos professores que vão atuar na rede pública e em algumas escolas experimentais. E foi na condição de secretário da Educação do Distrito Federal que ele se tornou signatário do Manifesto da Escola Nova, com a defesa de uma escola pública, laica e obrigatória.

Seria contra esse "adversário", uma espécie de duplo em se tratando da sua jornada pessoal, que Capanema teria de se impor. O ministro da

Educação, no entanto, não enfrentaria essa batalha sozinho. Do seu lado estariam não apenas o aparato da Igreja Católica, mas a própria Constituição Federal de 1934, que estabeleceria: "o ensino religioso será de frequência facultativa e ministrado de acordo com os princípios da confissão religiosa do aluno manifestada pelos pais ou responsáveis e constituirá matéria dos horários nas escolas públicas primárias, secundárias, profissionais e normais". Embora a Constituição (portanto, a ordem estabelecida) favorecesse Capanema, Anísio Teixeira se recusou a se dar por vencido. Em outras palavras, como secretário de Educação do Rio de Janeiro demorou a implementar o que estava previsto na Constituição, exatamente porque estava na contramão do que ele acreditava. Isso fez com que a relação entre esses dois campos de força ficasse agastada, mas foi no episódio da Universidade do Distrito Federal que essas duas visões entraram em choque.

No texto que escreveu sobre educação, presente no livro *Estado Novo, um autorretrato*, Gustavo Capanema salienta que "até 1931, as universidades brasileiras só existiam no papel [...] Sem nenhum elo que as unisse, as faculdades permaneceram, entretanto, independentes e continuavam a ser o que até então haviam sido, isto é, institutos isolados de ensino superior [...] O que, porém, a partir de 1931, foi realizado em proveito do nosso sistema universitário representa um passo seguro e decisivo, e traz a esperança de que dentro de breves anos será o Brasil dotado de um ensino superior realmente modelar".[15]

Para Capanema, o grande modelo de ensino superior seria representado pela Universidade do Brasil. Ocorre que outra instituição havia se estabelecido com um projeto muito mais arrojado e com um corpo docente estelar. Trata-se da Universidade do Distrito Federal.

Em 1934, Pedro Ernesto teve seu mandato referendado e assim se fez prefeito eleito, e não apenas interventor. Com isso, e a despeito do conflito com Gustavo Capanema, o prefeito se valeu da autonomia que possuía junto a Getúlio Vargas e assim deu continuidade à criação da Universidade do Distrito Federal, que, de acordo com o Decreto-Lei nº 5.513 de abril de 1935, assim se justificava:

Que a cidade do Rio de Janeiro constitui um centro de cultura nacional de ampla irradiação sobre todo o país; que a sua atual autonomia confere novas responsabilidades ao seu governo, ampliando-lhe o âmbito de serviços e de ação pública; que os recursos financeiros do Distrito Federal são inferiores apenas aos de um dos estados brasileiros; que o desenvolvimento da cultura filosófica, científica, literária e artística é essencial para o aperfeiçoamento e progresso da comunidade local e nacional; que à cidade do Rio de Janeiro compete o dever de fazer cumprir esses objetivos; que uma nova Universidade no Distrito Federal se pode compor inicialmente de instruções de natureza diversa das mantidas pelo Governo Federal; que o número de estudantes do Distrito Federal e dos que afluem de outros estados ao centro de cultura do país é de tal ordem que justifica a existência de mais uma Universidade; que as instituições particulares superiores que se vêm fundando são uma demonstração desta necessidade, que vai sendo, assim, atendida de forma imperfeita e pouco eficiente; que a Constituição Federal determina que os Estados e o Distrito Federal organizem os seus sistemas escolares compreendendo todos os níveis de ensino; que o Governo do Distrito Federal já mantém o ensino de nível primário, secundário e superior, este, entretanto, restrito à Escola de Professores do Instituto de Educação; que o Conselho Consultivo do Distrito Federal já autorizou aumentos de despesa correspondentes aos necessários para a instalação inicial da universidade e a serem destinados a fins igualmente culturais; que se torna, assim, dever do Estado a fundação da Universidade do Distrito Federal em que, além disso, essa é a forma de consagrar pela autonomia cultural a autonomia política.[16]

No contexto da década de 1930, o projeto da Universidade do Distrito Federal atendia de modo exemplar as demandas de uma instituição que estava de acordo com o que de mais de vanguarda era pensado em termos de estrutura e de integração das escolas. Mais do que isso, até: conforme escrevem os autores de *Tempos de Capanema*, a instituição representava "a esperança dos setores liberais da intelectualidade do Rio de Janeiro, que viam, enfim, surgir uma instituição de nível superior à altura de suas aspirações".[17]

A Universidade do Distrito Federal, formada pelo Instituto de Educação, pela Escola de Ciências, pela Escola de Economia e Direito, pela Escola de Filosofia e pelo Instituto de Artes, teve seus cursos oficialmente instalados em julho de 1935, um ano depois, portanto, da posse de Gustavo Capanema como ministro da Educação e Saúde. Em novembro daquele mesmo ano, no entanto, um episódio assinalou a primeira morte da universidade.

Pressionado pelas consequências da Intentona Comunista de 1935, Anísio Teixeira deixa o Departamento Municipal de Educação do Distrito Federal e, poucos meses depois, foi a vez de Pedro Ernesto ser afastado da prefeitura do Rio de Janeiro.

Nos dois casos, os afastamentos estão associados a acontecimentos que transcendem a educação e se vinculam de modo mais direto à política. Em outras palavras, tanto Anísio Teixeira quanto Pedro Ernesto foram marcados pela acusação de serem comunistas. Mais uma vez, quem preparou o clima para a condenação política foi Alceu Amoroso Lima. Em carta para Gustavo Capanema, o crítico literário ofereceu os argumentos necessários para a condenação da Universidade do Distrito Federal:

> A recente fundação de uma universidade municipal, com a nomeação de certos diretores de faculdades, que não escondem suas ideias e pregação comunistas, foi a gota d'água que fez transbordar a grande inquietação dos católicos. Para onde iremos, por este caminho? Consentirá o governo em que, à sua revelia mas sob sua proteção, se prepare uma nova geração inteiramente impregnada dos sentimentos mais contrários à verdadeira tradição do Brasil e aos verdadeiros ideais de uma sociedade sadia?[18]

O aspecto mais curioso do texto de Alceu Amoroso Lima tem a ver com a acusação da pregação comunista. Isso porque alguns nomes que faziam parte do quadro de professores, como é o caso de Afonso Arinos de Melo Franco, seriam representantes de um pensamento conservador — no caso de Afonso Arinos, com a UDN. Outros, como Mário de Andrade, Heitor Villa-Lobos e Candido Portinari, foram colaboradores ativos de Capanema, em particular, e do aparato do Ministério da Educação, em geral.

Outro dado que chama a atenção do posicionamento de Alceu Amoroso Lima tem a ver com a sua própria trajetória intelectual, pois, se no governo Vargas, Alceu atuava como um dos defensores declarados de um pensamento autoritário no Brasil, em outra etapa de sua vida, ele foi um verdadeiro incendiário e defensor intransigente das liberdades individuais, sobretudo após o AI-5. Em uma entrevista concedida à televisão, ele próprio assumiria: "Nasci bombeiro, morro incendiário."[19]

Muitos anos depois, ao falar desse período da vida de seu pai, Anísio Teixeira, Carlos Teixeira comentaria:

Meu pai era visto como um dos ideólogos da Aliança Libertadora Nacional. Situação que, na verdade, nunca existiu. Meu pai não chegou nunca a ser um militante político — militante partidário, no caso. Ele era um homem de esquerda, mas um homem que seguramente um regime de direita ou de esquerda não tolerariam com muita receptividade, porque ele era suficientemente inquieto e antidogmático para se enquadrar em uma estrutura mais ortodoxa no sentido ideológico.[20]

* * *

Contando com o apoio de aliados diversos e com uma conjuntura que lhe era favorável, Gustavo Capanema obteve algum êxito nesses primeiros passos como ministro da Educação e Saúde. Em contraponto aos ideais defendidos por Anísio Teixeira, por exemplo, o projeto de educação do governo Vargas entrou em vigor, e Capanema conseguiu, até mesmo, trazer para seu lado nomes que estavam com o adversário, como é o caso de Lourenço Filho, que, a certa altura, passa a ser coordenador do Inep.[21] Em relação ao ensino superior, a disputa em torno da Universidade do Distrito Federal tem menos a ver com a educação em si do que com o enfrentamento político entre Gustavo Capanema e Anísio Teixeira, um entrave que não terminaria com o pedido de demissão de Anísio e que ganharia novos capítulos a partir de 1938, com o sepultamento da UDF depois que foi estabelecido o Estado Novo.

Com efeito, o Estado Novo — golpe dentro do golpe — é um capítulo à parte na justa medida que conta com a participação ativa de Gustavo Capanema em uma das muitas encruzilhadas políticas em que corria muito risco, mas que participou e saiu vencedor.

Mesmo essa vitória, no entanto, não teria sido alcançada se naquele momento Capanema não tivesse ao seu lado alguns dos principais artistas e intelectuais de sua geração. De modo bastante singular, a atuação do ministro só foi capaz de se perpetuar por tanto tempo porque Capanema soube construir em torno de si uma rede de proteção que se tornou cada vez mais forte ao longo do tempo.

PARTE II

7

Capanema e os intelectuais

Um ponto chave da trajetória de Gustavo Capanema como ministro da Educação e Saúde está relacionado à participação que os intelectuais tiveram em sua administração. Mesmo que seja um lugar-comum hoje em dia, são poucos os que podem dizer, enfim, que estão organizando um governo de notáveis. Enquanto esteve à frente do ministério, Capanema foi um desses poucos políticos que conseguiu articular em torno de si a presença e atuação de intelectuais diversos em torno de um objetivo comum.

Ainda assim, tratou-se de um dos acontecimentos políticos mais celebrados do governo de Getúlio Vargas, mesmo que esteja envolvido em bastante controvérsia. O comentário já é bastante conhecido e pode ser resumido na pergunta a seguir: como intelectuais cujas personalidades sempre estiveram associadas ao livre pensar e ao não conformismo puderam se sujeitar a trabalhar para um governo com claros contornos autoritários e que, a certa altura, não apenas flertou com o fascismo, como também foi capaz de enviar para a Alemanha nazista Olga Benário Prestes, que, à época, era companheira de Luís Carlos Prestes? O casal fora capturado em 1936, alguns meses depois da tentativa frustrada de tomar o poder a partir do uso da força. Como em outros momentos da história do Brasil, essa ação provocou uma avalanche de medidas graves por parte do governo, servindo inclusive para que o Estado Novo começasse a ser engendrado.

Mas a essa altura do campeonato — isto é, quando Olga Benário foi enviada para a Alemanha —, os intelectuais já tinham aderido à ordem estabelecida e de lá não sairiam. Pode-se afirmar, inclusive, que, também com um senso de oportunidade, alguns souberam o momento de abrir mão do poder quando lhes pareceu mais conveniente. Escrevendo tanto tempo depois, os julgamentos definitivos costumam ser tentadores e, às vezes, irresistíveis; afinal, os mesmos escritores e artistas que ousaram na criatividade, como Carlos Drummond de Andrade, Candido Portinari, Oscar Niemeyer, Heitor Villa-Lobos, Roberto Burle Marx, Bruno Giorgi, Lucio Costa, entre outros, no contexto político do Brasil da década de 1930, estiveram ao lado de Gustavo Capanema e, por extensão, ajudaram a forjar o consenso político em torno de Getúlio Vargas. Também é possível assinalar que, ainda hoje, são esses mesmos artistas e pensadores os responsáveis por certa idealização do governo Vargas. Ou, por outra, tem-se a imagem de que o governo Vargas, apesar de autoritário, manteve um ambiente cultural próprio para a manifestação da criatividade que deu tons definitivos para o modernismo no Brasil. Não por acaso os artistas que tiveram êxito e repercussão naquele momento eram caudatários do movimento modernista.

Talvez algumas palavras sejam importantes a respeito da hipótese de por que o modernismo aconteceu em São Paulo antes de ter espaço no Rio de Janeiro, que era a capital da República. Antonio Candido e José Aderaldo Castello sustentam a posição de que a tradição cultural já estava bastante consolidada no Rio de Janeiro, ao passo que, em São Paulo, o fato de não existir nenhuma manifestação estética com lastro histórico-cultural de relevância permitiu o avanço da iniciativa do modernismo.

Seja como for, antes mesmo da Revolução de 1930 o modernismo já havia tomado de assalto o Brasil, influenciado, sobretudo, pelo que tinha acontecido na Semana de Arte Moderna de 1922. Um dos principais articuladores do movimento modernista, o escritor Mário de Andrade, viria a ser um nome central para a administração de Gustavo Capanema à frente do Ministério da Educação e Saúde.

Ao longo de toda a sua jornada como escritor e agitador cultural, Mário de Andrade sempre saiu em defesa de uma arte que fosse comprometida com uma causa. Tal como escreve Eduardo Jardim na biografia que assinou a respeito do autor de *Macunaíma*, Mário de Andrade fez desse comprometimento uma espécie de poética, uma carta de princípios que está atrelada à sua obra — e nesse caso estaríamos, os leitores, autorizados a perceber os ensaios interpretativos como peças que foram elaboradas a partir dessa agenda. De igual modo, a própria atuação política de Mário de Andrade, como secretário de Cultura de São Paulo ou mesmo como jornalista militante, está circunscrita a essa agenda que ele próprio defendia.

Decerto que Mário de Andrade não era o único exemplo de intelectual que participava do Ministério, mas é possível tomá-lo como referência para a discussão em torno da pergunta que não se cala: intelectuais devem ou não participar do exercício do poder?

Não há respostas definitivas, e a discussão precisa ser vista caso a caso. Talvez exatamente por isso seja importante entender como o debate sobre o verdadeiro papel do intelectual no século XX tem sido feito por estudiosos nesse tema.

Na primeira metade do século XX, Julien Benda, no ensaio *A traição dos intelectuais* — texto que permanece até hoje como uma referência para a leitura crítica de quem são e de como devem se comportar os homens de espírito —, escreveu que a atuação dos intelectuais não se deve deixar influenciar pelas paixões mundanas. De acordo com o autor francês, os intelectuais só devem se aproximar de causas mais amplas e universais, tais como a ideia de justiça e a ideia da razão. "A traição dos intelectuais consiste em que, ao adotarem um sistema político voltado a um objetivo prático, eles são obrigados a adotar valores práticos, os quais, por essa razão, não são intelectuais",[1] explica Benda.

Cabe, portanto, ao pensador/intelectual não se posicionar em nenhum caso? Benda assinala que: "o único sistema público que o intelectual pode adotar, permanecendo fiel a si mesmo, é a democracia, porque, com seus valores soberanos de liberdade individual, de justiça e de vontade, ela não é prática."[2]

Conforme essa perspectiva, portanto, os intelectuais têm pouca margem de manobra para uma interferência mais direta, como assumir determinado cargo político ou, ainda, sair em defesa deste ou daquele governo. Muitos anos depois, o pensador Edward Said fez uma leitura menos absoluta dessa participação. Levando em consideração as ideias de Benda, Said escreve em *Representações do intelectual* que "os intelectuais são indivíduos com vocação para a arte de representar, seja escrevendo, falando, ensinando ou aparecendo na televisão. E essa vocação é importante na medida em que é reconhecível publicamente e envolve, ao mesmo tempo, compromisso e risco, ousadia e vulnerabilidade".[3]

O argumento de Edward Said é importante porque é citado por Helena Bomeny no artigo "Infidelidades eletivas: intelectuais e política",[4] no qual a autora discute o papel dos intelectuais na gestão de Gustavo Capanema à frente do Ministério da Educação e Saúde. É de Bomeny, também, a expressão "Constelação Capanema" em alusão à presença dos ilustres escritores e pensadores ao redor de ministro naquele período. Trata-se de uma questão que tem merecido há tempos o olhar de pesquisadores para tentar identificar quais foram as motivações que fizeram com que essa participação fosse tão recorrente ao longo dos onze anos em que Capanema esteve no poder. Existem hipóteses diversas, e talvez seja importante lançar um olhar mais atento para algumas delas.

No início dos anos 1980, o poeta Carlos Drummond de Andrade concedeu uma longa entrevista ao jornal *O Estado de S. Paulo*. Naquele momento, Drummond já era um patrimônio nacional, ainda que não pertencesse à Academia Brasileira de Letras. Sua poesia já estava consagrada pela crítica e era até mesmo reconhecida nos círculos restritos da universidade. Cinquenta anos depois de publicar *Alguma poesia*, seu livro de estreia, o seu nome já estava imortalizado como um dos principais escritores da literatura brasileira. Na entrevista em questão, a jornalista Cremilda Medina fizera uma pergunta, no entanto, que ultrapassava a discussão literária. A repórter queria saber do período em que o poeta foi chefe de gabinete do ministro Gustavo Capanema. Drummond, então, aproveitou a deixa.

> Saiu um livro lá em São Paulo que contém uma série de inverdades. Acho primário se confundir o fato de ter trabalhado numa ditadura com ter trabalhado a serviço da ditadura. Trabalhar como trabalhei no Ministério da Educação não significa de maneira alguma subordinação ao poder. Conheci Gustavo Capanema em 1916, no colégio. Éramos amigos desde então. E foi o amigo que me levou para o funcionalismo público em 1930. E foi o amigo que me chamou para o Ministério da Educação em 1934.[5]

Na declaração acima, Drummond reage ao livro de Sérgio Miceli, *Intelectuais e classe dirigente no Brasil*. Fruto de uma pesquisa acadêmica desenvolvida por Miceli na área das ciências sociais, a tese defende que os intelectuais que trabalharam no Ministério da Educação e Saúde entre 1934 e 1945 foram cooptados seja "como funcionários em tempo parcial, seja para o desempenho de cargos de confiança junto ao estado--maior do estamento, seja para preencherem os lugares que se abriam por forças das novas carreiras que a extensão da ingerência passou a exigir, seja enfim acoplando inúmeras dessas posições e auferindo rendimentos dobrados".[6]

No limite, a tese de Miceli aponta para esses intelectuais como beneficiários de um estado de coisas do qual eles não seriam tão inocentes como sugeriu Drummond.

Tomar a atuação desses intelectuais apenas pelas suas considerações posteriores, sem identificar quais eram as circunstâncias, não é útil para o propósito de compreender as inquietações e os dilemas daqueles homens de espírito que viveram um mundo em transformação. De modo semelhante, levar em conta as análises sem observar as nuances e as trajetórias individuais daquelas personalidades é perder de perspectiva o fator humano na tomada de algumas decisões. É preciso, portanto, recuperar aqueles acontecimentos.

* * *

Quando assume o Ministério da Educação e Saúde em 1934, Capanema, de certa maneira, vai obedecer às recomendações que ele próprio fizera a Benedito Valadares alguns meses antes: buscará se cercar daqueles mais preparados, de nomes que possam acrescentar no sentido de colaborar com um projeto abrangente em relação às transformações que deseja empreender. Se na primeira entrevista que concedeu já havia sinais de quais seriam os pontos cardeais de sua operação, e se, no âmbito da influência, estava claro que a Igreja Católica teria total preferência nas decisões que seriam tomadas a partir dali, cumpria agora executar essas obras. E para isso era necessário recrutar os melhores da sua geração — que, nesse caso, também eram os seus amigos.

E o primeiro a ser convocado foi o amigo Carlos Drummond de Andrade:

Meu caro Carlos

Estou ministro da Educação. Tenho diante de mim uma obra magnífica para fazer; mas cheia de dificuldades tremendas. Para realizá-la preciso ter comigo homens eficientes. Apelei para você, quando lhe falei pelo telefone, porque não sei de outro homem de sua capacidade. Não seria minha intenção imobilizar você, como seu grande espírito por quatro anos, como meu secretário, trabalhando no meu gabinete. Você deve ir para coisa mais alta, correspondente às suas qualidades extraordinárias.[7]

Drummond atendeu ao pedido do amigo. Além dele, Capanema vai buscar em São Paulo a experiência do escritor Mário de Andrade. Com efeito, desde pelo menos a Semana de Arte Moderna de 1922, Mário de Andrade, ao lado de Oswald de Andrade, havia se posicionado em favor da renovação estética e cultural no Brasil. Como observam Schwartzman, Bomeny e Costa, o modernismo assumiu muitas feições, a ponto de incorporar não somente a experiência de Mário de Andrade, segundo a qual era preciso o brasileiro se abrasileirar. Também é preciso se levar em conta a perspectiva ultranacionalista, próxima do autoritarismo europeu, cuja referência no Brasil era ninguém menos do que Plínio Salgado. Ainda de acordo com Schwartzman, Bomeny e Costa, é certo que Capanema se identificava mais com essa leitura autoritária do modernismo, mas isso, de qualquer maneira, não impediu que Mário de Andrade elaborasse, a pedido do ministro da Educação e Saúde, um projeto de lei de proteção às artes no Brasil. Seria a base para o Serviço de Patrimônio Histórico Artístico Nacional, que mais tarde se tornaria o Instituto do Patrimônio Artístico Nacional.

Carlos Drummond de Andrade, nessa época, já se correspondia com Mário de Andrade — um hábito que, no futuro, deixou como legado para a literatura brasileira uma verdadeira *Lição de amigo*, nome do livro que Drummond organizou com as cartas que Mário de Andrade lhe enviava. Nessa correspondência, Drummond e Mário não falavam só de literatura ou de questões que envolviam estética, temas correlatos à atividade intelectual que exerciam, mas também dialogavam sobre suas próprias angústias e dúvidas a respeito de quais decisões eles deveriam tomar, por exemplo.

A propósito, *Angústia* é o título de um dos livros de Graciliano Ramos, que também participou da "Constelação Capanema", e sobre quem se falará mais tarde. Mas é o sentimento que parecia tomar a Carlos Drummond de

Andrade durante o período em que trabalhou como chefe de gabinete do ministro. Sim, ele afirmou, posteriormente, que serviu ao amigo e não à ditadura. Sim, ao mesmo tempo que trabalhava para o governo, alguns de seus poemas mais combativos e engajados foram publicados. Nesse momento, ainda assim, é um Drummond angustiado que se revelava.

Maria da Glória Capanema Guerra guarda com afeto a lembrança de Carlos Drummond de Andrade, a quem se refere apenas como "Carlos". Ela faz questão de ressaltar que entre seu pai e Drummond havia uma amizade fraternal. "Era amigo pessoal, irmão, íntimo."[8] Essa camaradagem talvez ajude a explicar a permanência de Drummond por mais tempo do que os quatro anos anunciados no primeiro convite. Fiel escudeiro, o poeta ficou tempo o bastante para que esse incômodo pudesse ser identificado por ele próprio. Trata-se de um dos episódios mais marcantes dessa passagem de Drummond como observador do escritório, ainda que o poeta não tenha registrado esse momento em suas memórias. Em março de 1936, Drummond voltava ao seu gabinete, quando, segundo o seu próprio relato, encontrou colegas que desciam para assistir à conferência de Alceu Amoroso Lima. À época bombeiro, o crítico literário estava no prédio do ministério para oferecer uma orientação contra o perigo do comunismo. Embora já estivesse latente, talvez tenha sido a primeira vez que o incômodo se manifestava de modo tão cristalino. O poeta então decidiu. Escreveu para o chefe e amigo. O tom da carta é de quem faz um pedido exasperado, ainda que tenha certo estilo de autodepreciação, como se não fosse fazer falta:

> [...] daí esta carta, que tem o mais razoável dos propósitos: o de não permitir que, para não magoar o amigo, você ponha em risco a sua situação política e, mesmo, a sua posição moral em face ao governo. O amigo está intacto e continua a desejar-lhe bem. Dispensado o diretor de Gabinete (e que irritante diretor de Gabinete tem sido o seu), você conservará o amigo e afetuoso, que o abraça fraternalmente,
> Carlos [9]

Gustavo Capanema rechaçou o pedido do amigo, e Carlos Drummond de Andrade seguiu como chefe de Gabinete de Capanema. Na interpretação de Simon Schwartzman,[10] Drummond ocupava um espaço que ia além da simples organização da agenda do ministro e do ministério. Dito de outra forma, em que pese o fato de ocupar uma função burocrática, a atuação de Drummond é estratégica no sentido de ele servir como fio condutor do governo junto à intelectualidade e à cultura brasileira. Assim, se fosse possível estabelecer um organograma de como funcionava o ministério, é certo que o nome de Capanema estaria no topo da cadeia de decisão; no entanto, quem articulava a presença dos intelectuais na pasta era, sem nenhuma dúvida, Carlos Drummond de Andrade.

A questão da angústia, assim, permanece. No livro *A angústia da ação: poesia e política em Drummond*, o autor Roberto Said levanta a hipótese que Drummond jamais se sentiu à vontade como funcionário público no Ministério da Educação e Saúde. O motivo tinha menos a ver com o trabalho em si; estava, em verdade, relacionado ao regime varguista. Para sustentar essa leitura, o autor se vale de algumas imagens e, sobretudo, de alguns textos de Drummond. Curiosamente, uma das leituras mais interessantes tem como gancho uma foto de Carlos Drummond de Andrade, ao lado de Gustavo Capanema, em visita à linha de frente do Exército durante a Revolução de 1932. O poeta está ali, é possível reconhecê-lo, pelo chapéu, pelos óculos e pela postura. É, aliás, a postura que o denuncia. Drummond está de lado, quase de cabeça baixa, como que fitando o vazio. Roberto Said pondera que a posição de Drummond "demonstra um certo desconforto, revela o ar de distanciamento de quem não está completamente à vontade, isto é, o sujeito da foto parece negar o compromisso com os canhões e as fardas assumido pelo sujeito histórico".[11] É certo que, quando feito o registro, nem Drummond nem Capanema faziam parte do Ministério da Educação, algo que aconteceria alguns anos depois. De qualquer modo, o que a imagem revela, conforme análise de Roberto Said, é a "angústia de estar-não-estar-presente". Em outras palavras, o poeta, a despeito de fazer parte daquela conjuntura, de estar ladeado por aquelas pessoas, está incomodado porque entende que seu lugar não é ali. "Pouco há a fazer, quando não nascemos para a política nem para o mister guerreiro. Nosso negócio é a contemplação das nuvens."

Se o eu-lírico do poeta já havia declarado, anos antes, que era "*gauche na vida*", no ministério, Drummond reestabeleceria onde é que começa e onde termina a experiência política e a experiência literária. Assim, embora jamais tenha se posicionado como um homem de ação, a política (seja como experiência de luta, seja como forma de participação) está presente em seus textos. Da mesma forma, pode-se considerar que, a despeito de não querer ter estado ali, Drummond não abriu mão da possibilidade de exercer influência nas questões políticas — e aqui existe um traço que vai além dos laços de amizade para com Capanema. Tem a ver, antes, com o temperamento de quem desejava controlar os rumos que a política cultural poderia seguir.

Em *Intelectuais e classe dirigente no Brasil*, Sérgio Miceli escreve a respeito dos homens de confiança, aqueles que, junto aos ministros, estão vinculados aos interesses do poder central. Como chefe de Gabinete de Gustavo Capanema, a carapuça serve bem a Carlos Drummond de Andrade. Na análise de Miceli, esses homens de confiança tentam minimizar o quanto suas obras devem seu prestígio por parte da crítica ao que Miceli chama de "panelas de letrados".

Em uma entrevista concedida muitos anos depois de o estudo de Sérgio Miceli ter sido publicado, Arnaldo Niskier, também educador e membro da Academia Brasileira de Letras, mencionou a escritora Rachel de Queiroz para comentar a participação de Drummond no Ministério de Gustavo Capanema e, por extensão, no governo de Getúlio Vargas. Segundo Niskier

> Na época em que foi para a chefia do gabinete do MES, na verdade, o que o Drummond fez foi esquerdizar o Ministério. Quem me contou isso com riqueza de detalhes foi a escritora Rachel de Queiroz, minha madrinha, e amiga do Drummond (foi amiga dele no Conselho Federal de Cultura) e que sabia de muitas histórias de Drummond.[12]

O que se observa, portanto, é que toda essa angústia de Drummond tinha como contrapartida um comportamento que atendia aos interesses do poeta, sobretudo quando se tratava de proteger os intelectuais de esquerda que àquela época ocupavam o Ministério da Educação. Talvez aqui também resida o motivo para que ele tenha decidido ficar no ministério tantos anos. "Vamos pensar alto: ele estava servindo a um governo ditatorial, conservador, mas ele tinha um viés esquerdizante que se revelou especialmente na luta para evitar certas prisões ou para libertar certos intelectuais da prisão dos porões de Vargas", prosseguiu Niskier.

Drummond, alguns anos depois que a entrevista foi concedida ao jornal *O Estado de S. Paulo*, deu um jeito de tornar pública sua versão dos acontecimentos, a fim, quem sabe, de disseminar sua versão daquele período. E, com efeito, o segmento inicial do livro *O observador no escritório* traz uma seleta de notas de seu diário pessoal. Assim escreveu o poeta à guisa de introdução:

> Admite-se que o político e, de modo geral, o homem de ação se empenhem em manter registro continuado de fatos e conversações que possam justificá-las no futuro, se tiverem em conta o julgamento histórico. Neste caso, o diário valerá como documento de arquivo. Mas o escritor não precisa justificar-se, a não ser pela obra [...] Animou-me a ingênua prescrição de que possam dar ao leitor um reflexo do tempo vivido de 1943 a 1977, menos por mim do que pelas pessoas em volta, fazendo lembrar coisas literárias e políticas daquele Brasil sacudido por ventos contrários. Fui, talvez, observador no escritório.[13]

O curioso é que, idealmente, Drummond projeta a sua participação naquele período como um intelectual à Julien Benda, isto é, como um mero observador. No entanto, recuperando os eventos daquele período, assim como os testemunhos, os depoimentos e as análises sobre o Ministério da Educação e Saúde, o que se vê é um Drummond atuante e como peça-chave para que Capanema fosse bem-sucedido na sua jornada ministerial.

Em *Os passos de Orfeu*, biografia que escreveu sobre Carlos Drummond de Andrade, o jornalista José Maria Cançado deu mais detalhes da relação de ambiguidade vivida por Drummond como chefe de gabinete de Capanema no Ministério da Educação e Saúde. Ao mesmo tempo que ficava no cargo como funcionário-escritor, Drummond observaria mil caindo a seu lado e 10 mil à sua esquerda, ele não sendo atingido.

Na mesma conjuntura que havia propiciado a perseguição a Anísio Teixeira sob a acusação de que ele era comunista, Drummond também foi identificado como agitador e patrono do comunismo no Ministério da Educação e Saúde pelo arquiteto Arquimedes Memória. Arquimedes havia se tornado um antagonista do Ministério da Educação porque vira seu projeto para o prédio do MES ser deixado de lado enquanto o projeto de Oscar Niemeyer e Lucio Costa havia ganhado a disputa graças à intervenção de Capanema. Furioso, Memória escreveu uma carta na qual desancava o processo, apontando para Drummond como o grande articulador dessa influência à esquerda naquela pasta, como se o poeta fosse líder de uma célula comunista de modernistas.

Se com Drummond nada de mais grave aconteceria nesse período de caça às bruxas, outros intelectuais não tiveram a mesma sorte. Eram tempos bicudos. Em uma época em que o sentimento anticomunista mobilizava as atenções de quem estava no poder, como era o caso de Francisco Campos e de Alceu Amoroso Lima, os dissidentes não tinham muita chance. Esse foi, ao menos no início, o caso do escritor Graciliano Ramos, preso em 1936. O relato de sua prisão ficaria para sempre imortalizado na literatura brasileira, graças às suas *Memórias do cárcere*, um texto que recompõe os momentos de tensão e o clima de horror que havia se instalado no Brasil.

O perfil intelectual de Graciliano Ramos era, a princípio, do escritor indignado, cuja obra denunciava o estado de coisas mais agudo da realidade brasileira, como é o caso do romance *Vidas secas*. Nesse livro, em vez da prosa verborrágica, o que se impõe é um estilo enxuto, que se destaca pela busca da palavra certa, o que torna a narrativa ainda mais incisiva. O interessante, no entanto, é que *Vidas secas* foi escrito quando Graciliano já estava do lado de fora da prisão, de certa forma servindo ao regime varguista, agora como colaborador da revista *Cultura política*. Ainda de acordo com José Maria Cançado, em um episódio que também seria narrado pelo repórter Joel Silveira, Graciliano afirmou ter visto em um corredor do Ministério "o nariz e o beiço caído de s. exa., o sr. Gustavo Capanema".[14] O fato de ter se encontrado com Capanema, para Graciliano Ramos, "era um dado ruim da desorganização brasileira. O mesmo sujeito que um dia vai para a prisão no outro tem encontro com o ministro de Estado".[15]

Na verdade, existe toda uma circunstância política que explica isso, algo que tem a ver não apenas com as crenças ideológicas, mas principalmente com a posição frente ao governo. À época em que foi preso, Graciliano Ramos podia representar, sim, uma ameaça, mas, quando se encontrou com Capanema, era colaborador da revista *Cultura política*, uma publicação que disseminava as ideias e os valores do regime varguista.

De qualquer forma, Graciliano Ramos não podia ser considerado, de fato, um inimigo frontal do regime varguista. Ele foi preso no que pode ser chamado de processo "macartista" à brasileira, uma vez que foi identificado como um potencial inimigo do regime. Em *O velho Graça: uma biografia de Graciliano Ramos*, o jornalista e autor Dênis de Moraes recompõe uma passagem digna de humor involuntário, quando Graciliano, de mala pronta, afirma ao oficial que fora buscá-lo que estava havia algum tempo esperando pela prisão. Só que essa mesma certeza que Graciliano Ramos tinha sobre a inevitabilidade de ser encarcerado não condizia com a capacidade do aparato oficial de fabricar qualquer acusação formal contra o escritor. Conforme será visto em outro capítulo, esse episódio está relacionado com um período de endurecimento da política varguista, uma espécie de rufar de tambores para o que viria depois de forma muito mais brutal: o Estado Novo. O próprio Gustavo Capanema também está relacionado com esse momento de apagar das luzes da democracia, mas antes teria de passar por um outro batismo de fogo: a sobrevivência no cargo de ministro da Educação e Saúde.

Alguns anos antes, no entanto, e é aqui que a participação de Graciliano Ramos se faz pertinente, o ministro da Educação já organizara o sistema de cooptação de intelectuais do período — ainda que essa expressão seja incômoda para os escritores, artistas e homens de espírito daquela época, da mesma forma como a expressão não é consenso para os estudiosos dos intelectuais daquela geração. De sua parte, Dênis de Moraes, já na apresentação da referida biografia de Graciliano Ramos, sinaliza uma proposição que parte em defesa dos intelectuais dos tempos de Gustavo Capanema. Diz o biógrafo:

> Propus-me a problematizar uma questão intrincada: os serviços prestados por intelectuais a órgãos do Ministério da Educação durante a ditadura Vargas. Cooptação pelo poder discricionário? "Nós trabalhamos no Estado Novo e não para o Estado Novo", resumiu o escritor Carlos Drummond de Andrade, chefe de Gabinete do ministro Gustavo Capanema. Graciliano aceitou a nomeação para inspetor federal de ensino e colaborou na revista *Cultura política*, editada pelo Departamento de Imprensa e Propaganda (DIP). E o fez por sérias dificuldades financeiras. Mas preservou a integridade moral e manteve-se a milhões de léguas da máquina de propaganda ideológica montada por Getúlio Vargas.[16]

Aqui, talvez fosse o caso de perguntar: se trabalhava diretamente para a revista que existia sob o guarda-chuva do DIP, como é que podia se manter a léguas da máquina de propaganda ideológica? No limite, Graciliano era o próprio instrumento de propaganda.[17]

Em outra passagem do mesmo livro, Dênis de Moraes propõe uma análise um tanto mais sistemática do caso de Graciliano Ramos e de outros intelectuais. Ele começa por admitir que a permanência de Graciliano Ramos na revista *Cultura Política* se tornou uma fonte de renda estável para o escritor.

Em seguida, o autor cita a existência do "esquema Capanema". Isto é, aqueles que, direta ou indiretamente, atuaram em órgãos, publicações e projetos culturais do governo. E depois Moraes assinala, ainda, a propósito das condições que faziam do escritor/intelectual um dependente dos cofres públicos para sobreviver. Moraes menciona, também, o crítico literário Antonio Candido para refutar qualquer tipo de vínculo ideológico de Graciliano Ramos para com o regime varguista. Em um interessante jogo de palavras, Candido separa os que se vendem e os que servem. Graciliano Ramos, Carlos Drummond de Andrade e, quem sabe?, outros intelectuais não se venderam, defende o crítico literário. Para Moraes, é preciso que não surjam juízos apressados sobre casos distintos de atuação na órbita do poder.

O argumento de Dênis de Moraes chega ao extremo de comparar cenários distintos quando analisa a participação dos intelectuais na administração Vargas. Segundo o autor, assim como Lucio Costa, Oscar Niemeyer, Rodrigo Melo Franco, Mário de Andrade e Graciliano Ramos, outras figuras importantes para o pensamento brasileiro também trabalharam para o Estado brasileiro, como foram os casos de Vinicius de Moraes e Antonio Houaiss (no Ministério das Relações Exteriores). E assinala, como que explicando a decisão dos artistas que colaboraram com Vargas, que a opção de Drummond e de outros intelectuais foi a de interferir por dentro do regime, "com um sentido reformista". Com alguma sofisticação, ele corrobora o depoimento de Rachel de Queiroz para Arnaldo Niskier. De qualquer modo, logo a seguir, ele faz questão de distinguir Drummond de Graciliano ao afirmar que o último não desempenhou nenhum cargo de chefia no ministério.

A explicação que José Maria Cançado oferece para a atuação de Drummond baseia-se também no argumento da amizade de uma vida inteira entre o poeta e o ministro, algo que também foi ressaltado por Helena Bomeny e por Maria da Glória Capanema. Cançado aponta para outro motivo para demonstrar a permanência de Drummond por tanto tempo como chefe de gabinete de Capanema. Drummond era um funcionário exemplar, daqueles que exercem sua função com uma capacidade ímpar de controlar o encaminhamento de todos os processos.

Na análise de Helena Bomeny, mais do que a questão relacionada à amizade fraterna entre Capanema e Drummond, é preciso, sim, levar em consideração a precariedade econômica para entender a motivação desses intelectuais que serviam ao regime de Vargas. Em um país que não tinha estrutura adequada para empregar os homens de letras, qual era a saída para os intelectuais? Ou a imprensa ou o funcionalismo público. É uma geração de funcionários públicos. Graças a essa tradição, é um lugar seguro, ainda hoje, para os intelectuais trabalharem, de modo que isso se estabeleceu como um caminho natural para os homens de letras no país. De igual modo, como o Estado brasileiro ainda exerce influência marcante na vida nacional, para os intelectuais, o caminho da estabilidade parece ser não apenas o mais confortável, mas o único que se torna legítimo de atuação no Brasil.

Em relação ao período em que Capanema foi ministro, de fato, são muitas as hipóteses que tentam justificar essa participação dos intelectuais como parte integrante do estafe no governo. Ainda assim, não é possível descartar o fato de que, exatamente porque contavam com o privilégio da sua sensibilidade artística e de sua elogiada capacidade de reflexão, esses homens de espírito sabiam a qual governo serviam. Mesmo que não tenham efetivamente empunhado bandeiras a favor do fascismo, ou, por outra, ainda que não tenham atuado como delatores de um processo de perseguição política, esses artistas ajudaram a consagrar essa primeira etapa da Era Vargas como um governo que contava com unanimidade não somente pelo uso da força, mas, sim, porque contava com a complacência de escritores, artistas plásticos e músicos que colaboravam com seu governo.

À frente do Ministério da Educação e Saúde em um momento de importantes mudanças políticas e sociais no país, Gustavo Capanema foi capaz de articular um modelo de cooperação desses intelectuais de modo a consagrar a legitimidade política. Se do ponto de vista das ideias, Mário de Andrade defendia uma arte que fosse engajada, no governo Vargas, mais especificamente no Ministério da Educação, essa participação passou a ser vista como necessária. Torna-se, assim, fato consumado que os intelectuais têm apreço por uma visão mais sensível da presença do Estado para tratar da concepção de políticas culturais e de equipamentos adequados para a fruição artística. Não é mera coincidência, portanto, que durante a gestão Capanema a cultura nacional tenha se tornado objeto de preservação e culto. De acordo com essa perspectiva, os artistas, escritores e intelectuais não são apenas homens elevados (pelo saber, pela cultura, pelas habilidades artísticas ou, ainda, pela sofisticação do pensamento); são verdadeiros sacerdotes que têm o poder de influenciar de modo consistente os valores dos quais são defensores. Nesse sentido, o período em que Capanema foi ministro pode ser considerado um marco, pois, tal como existe hoje, essa concepção foi engendrada ao longo dos onze anos em que Gustavo Capanema foi o ministro da Educação e Saúde.

E é a partir dessa dinâmica que se torna mais compreensível a presença de intelectuais e artistas de esquerda na gestão de um governo autoritário como o de Getúlio Vargas. Em uma acomodação típica da tradição brasileira, essa modernização conservadora esconde quaisquer contradições em busca de um objetivo maior. Na "problematização" proposta por Dênis de Moraes, o biógrafo de Graciliano Ramos assinala que "vários intelectuais serviram ao Estado Novo e não alienaram a mínima parcela que fosse de seus padrões de dignidade e de autonomia estética e artística". Essa talvez seja a maior evidência de como a cooptação dos intelectuais foi mais intensa e eficaz do que se imagina. Os intelectuais em questão não precisavam fazer uso de sua ilustração em favor de Vargas tão diretamente.

Quem era o responsável por essa mediação? Gustavo Capanema.

Quando perguntado acerca de como Capanema era visto por Vargas, Simon Schwartzman sugere que sua importância não ia além do ministro que não criava problemas. Um bom cumpridor, bem entendido, mas que estava longe de ser um formulador de políticas culturais de relevo ou mesmo um homem de ideias muito originais. Em outras palavras, Vargas jamais teria tido tanto apreço pela figura de Capanema, a despeito da sua lealdade e de ter permanecido por onze anos à frente do ministério. A prova que confirmaria essa relação um tanto artificial repousa no fato de Capanema ter pedido a Vargas para interferir no processo de construção do prédio do Ministério da Educação e Saúde. De acordo com as diversas versões da reação de Vargas, a que tem mais força sustenta que o ditador teria atendido ao pedido de Capanema como um pai atende ao pedido de um filho bem-comportado.

Mas, afinal, qual foi o argumento-chave para que os intelectuais fossem cooptados? Aliás, pode-se dizer mesmo que eles foram cooptados? É certo que nada se dá de maneira oficial, ainda que muitos tenham sido chamados para ocupar postos no governo em cargos de destaque, como Graciliano Ramos, Mário de Andrade e o próprio Carlos Drummond de Andrade. O esquema, se é possível chamá-lo assim, se deu por ardis mais sub-reptícios, e os objetivos não apontam só para uma designação de poder a curto prazo. A hipótese que soa mais verossímil, tendo observado todas as "verdades" disponíveis, é a de escambo de prestígio não só pela sobrevivência mais imediata, a curto prazo, mas a sobrevivência no imaginário como artistas, escritores e intelectuais que imaginaram uma narrativa do Brasil a partir dos anos 1930. Nesse sentido, é interessante observar o quanto a estética modernista se estabeleceria como o movimento que redescobriu o país. Isso tem a ver com todo um projeto que foi articulado com a presença desses intelectuais que ocupariam o Ministério da Educação e Saúde.

E um aspecto bastante curioso dessa estrutura é que ela não guarda relação com a origem do convite feito por Capanema para que esses artistas atuassem como colaboradores do Ministério da Educação e Saúde. O que existiu foi a ressignificação da presença dos intelectuais à frente desse projeto, algo como na linha a seguir: "seguiram um regime autoritário, mas, acima de tudo, fizeram coisas boas para a cultura brasileira". Ou, como quis Dênis de Moraes: "vários intelectuais serviram ao Estado Novo e não alteraram a mínima parcela que fosse de seus padrões de dignidade ou de autonomia estética e artística".

* * *

Quando escrevem a respeito da presença de intelectuais no Ministério da Educação e Saúde, biógrafos, pesquisadores e demais estudiosos, *grosso modo*, caem na mesma tentação, a saber: Capanema sai de cena, deixando de ser a figura central, abrindo espaço para a genialidade desses grandes nomes que emprestaram seu talento ao Brasil que se fazia moderno, que estava sendo forjado. De acordo com essa linha de interpretação, na melhor das hipóteses, Gustavo Capanema seria uma espécie de "gestor de recursos humanos", e não necessariamente um homem de ideias à frente do Ministério da Educação e Saúde. Não se trata de desprezo à figura de Gustavo Capanema, mas, em uma escala de relevância, sua condição de homem público fica diminuída quando ele é colocado ao lado dos artistas que estiveram sob seu comando. Dito isso, é sempre relevante conferir o depoimento de Pedro Nava, que, no seu livro, já disse que o ministro poderia ter tido uma carreira literária se assim desejasse. Entretanto, talvez o relato mais próximo da verdade seja aquele que dá conta do quanto aquelas pessoas que se reuniram naquele momento, dentro daquele aparato oficial, estavam ali colaborando porque, de fato, acreditavam no projeto que estava sendo construído. É por esse motivo que ganha força a figura de Gustavo Capanema. Que outro ministro conseguiu, naquele contexto, chamar os melhores de sua geração para ocupar cargos estratégicos? Ou, por outra: qual ministro, além de Gustavo Capanema, soube conviver com as diferenças e as idiossincrasias de nomes tão distintos como Graciliano Ramos (que não nutria nenhuma simpatia para com o ministro), Candido Portinari (que, embora tenha sido um colaborador fiel de Capanema, pertencia a um espectro ideológico que estava na contramão do que pensava o titular da pasta de Educação e Saúde), Mário de Andrade (responsável, sim, pelo projeto que daria forma ao Sphan — depois, Iphan —, mas que manteve uma relação tortuosa com Capanema no final de sua vida, dirigindo-se ao ministro como quem depende da boa vontade de estranhos), ou de Villa-Lobos (responsável pelo ensino do canto orfeônico e que dedicaria ao ministro uma de suas bachianas, motivo pelo qual seria criticado no futuro); sem mencionar, ainda, Gilberto Amado (sobre quem Capanema não guardava bons sentimentos); Vinicius de Moraes (o poeta que pedia favores ao ministro); San Tiago Dantas (advogado e jurista que, apesar de ter convivido com Capanema na juventude, tão somente parecia tolerá-lo nos comunicados que redigia como reitor da Faculdade Nacional de Filosofia ao Ministério da Educação e Saúde)?

A convivência de Gustavo Capanema com esses intelectuais cujos matizes políticos eram tão distintos quanto contrastantes reforça como o ministro foi, acima de tudo, um político que buscou sobreviver em meio à tensão e às adversidades. A liderança que exerceu tinha, sim, como ambição se cercar das melhores cabeças efetivamente porque, elitista como seu mentor Francisco Campos, Capanema acreditava que só os mais capacitados poderiam exercer os principais postos de comando do país. Em uma atitude republicana e que pode ser considerada exemplar nos olhos de hoje, ele atraiu não apenas os ideólogos conservadores, mas, sobretudo, os artistas à esquerda, e os nomes que se destacam aqui são o de Drummond e o de Portinari — este último, aliás, chegou a se filiar ao Partido Comunista Brasileiro.

Talvez seja precipitado e equivocado apontar que todos esses intelectuais pertenciam ao mesmo contexto ideológico de modo definitivo. As pedras que rolam não causam limo, e é correto assinalar que escritores como Vinicius de Moraes, para não falar do próprio Alceu Amoroso Lima, também mudaram de opinião ao longo de sua jornada intelectual. O Vinicius de Moraes das décadas de 1930 e de 1940, que escrevia para o ministro Capanema com solicitações, não era o mesmo que foi cassado como diplomata nos eventos relacionados ao pós-1964.

O já citado Graciliano Ramos, por sua vez, embora tenha mantido sua postura crítica, não tendo dobrado a espinha durante o período em que foi mandado para a prisão nos anos anteriores ao Estado Novo, não somente aceitou a condição de ser colaborador do governo que o perseguira como ele próprio trabalhou para a publicação ligada ao Departamento de Imprensa e Propaganda. A ironia das ironias é que o DIP trabalhava exatamente com a sensibilidade do imaginário e com a perversão da linguagem, algo que deve ter incomodado profundamente Graciliano, uma vez que o escritor sempre preservou a precisão e a busca pela palavra certa.

O fato de Mário de Andrade acreditar na possibilidade da arte engajada — e ele próprio vinha assinando textos críticos ao estado de coisas da vida mundana, uma espécie de crítica à classe média, como se deu no já citado "Ode ao Burguês", cujas passagens são transcritas a seguir: *Eu insulto o burguês! O burguês níquel/ O burguês-burguês!/ A digestão bem feita de São Paulo!/ O homem-curva! O homem-nádegas!/ O homem que sonha francês, brasileiro, italiano/ é sempre um cauteloso pouco-a-pouco"* — não impediu que o autor fosse um dos principais nomes da ideia que fomentava o legado e a preservação da cultura pelo Patrimônio Histórico Cultural que surgiu na Era Vargas. Junto com Carlos Drummond de Andrade, pode-se atestar que Mário de Andrade foi uma espécie de ideólogo de Gustavo Capanema. No final dos anos 1930, quando já estava afastado da Secretaria de Cultura de São Paulo, Mário de Andrade também se envolveu com o Instituto Nacional do Livro, criado por Capanema em 1937.

Nesse caso, a ideia era fortalecer o vínculo existente entre a população e o conhecimento da própria cultura do país. Começava a ganhar contornos mais claros um sentido que se estabelecia com aquelas decisões políticas — a tentativa de criar uma identidade nacional brasileira. Nesse caso, era fundamental a formulação de estratégias que passavam pela edição de uma enciclopédia e de um dicionário de língua portuguesa. É bastante significativo o fato de que tanto *O dicionário de língua nacional* como a *Enciclopédia Brasileira*, em que pese o fato de contarem com Mário de Andrade como principal colaborador, jamais chegaram a ser publicados. No documento que escreveu acerca dos feitos de sua gestão, presente no livro *Estado Novo, um autorretrato*, Capanema não abre espaço para essas iniciativas frustradas quando cita o Instituto Nacional do Livro. Em contrapartida, ele destaca os "sólidos resultados" em relação à promoção e ao auxílio da criação e manutenção das bibliotecas em todo o país. Além de Mário de Andrade, o Instituto Nacional do Livro atraiu nomes como o de Augusto Meyer e o de Sérgio Buarque de Holanda, este último responsável pelo INL. Capanema, a propósito, realça a importância da publicação de obras raras e preciosas naquele período, dentre as quais ele destaca: *Os autos da devassa da Inconfidência Mineira* e as *Cartas chilenas*, esta última de Tomás Antônio Gonzaga.

Sérgio Buarque de Holanda, Mário de Andrade e Carlos Drummond de Andrade são considerados talentos genuínos que a cultura brasileira produziu no século XX. Em certa medida, os três ajudaram a inaugurar, a partir de seus ensaios, de sua ficção em prosa e de sua poesia, um Brasil moderno, ou, ao menos, que se transformava entre o passado e o futuro. A identificação desses autores para com a Era Vargas seria superada, da mesma forma que sua contribuição vai além da agenda do Estado Novo. Mas não é verdadeiramente possível conceber seu trabalho ou mesmo a biografia de cada um deles se deixarmos de lado a sua como estrelas da "Constelação Capanema". E a correspondência que os três mantiveram entre si são documentos que evidenciam isso.

Sérgio Buarque de Holanda escrevia para Mário de Andrade, que escrevia muitíssimo para Drummond, que, funcionário público, sempre escrevia para Capanema. Já o ministro da Educação e Saúde se comunicava bastante por cartas, como pode ser visto no começo deste livro, mas, como ministro do estado, suas missivas majoritariamente possuem um caráter mais direto.

Esses textos tendem a ser objetivos mesmo quando o interlocutor era o cada vez mais reclamante Mário Raul Moraes de Andrade.

Pelas cartas, o que se observa é que Mário de Andrade manteve uma relação de atração e de oposição para com o ministro da Educação e Saúde, o que, consequentemente, afetava Gustavo Capanema. Isso porque, logo após ter feito parte do aparato governamental paulista na gestão de Fabio Prado, e tendo em vista seu posicionamento a respeito do papel do artista na vida pública, Mário de Andrade foi um colaborador bastante presente no período em que Capanema foi ministro. De início, sua participação seria a de um consultor ou conselheiro, pois ele mesmo recomendava os caminhos que deveriam ser trilhados.

Assim, em uma carta de abril de 1935, Mário de Andrade demonstra, em tom quase professoral, por que o ensino das artes deveria estar articulado a outras cadeiras — História das Artes, Estética e Etnografia — "com o objetivo de fixar o caráter nacional e cultural de um país". Na mesma carta, o escritor fala acerca do ensino das artes dramáticas e da dança. No primeiro caso, sua opinião é a de que "tudo é tradição conservadora e horrenda"; já quanto à dança, ele afirma que "não existe coisíssima nenhuma de organizado". É nessa carta, ainda, que se torna possível vislumbrar o que o próprio Mário de Andrade acreditava que deveria ser o ofício verdadeiro do artista: "Ora tanto nos primitivos de qualquer arte bem como na elevação superior de qualquer orientação estética de qualquer arte, a primeira e mais importante lição que a gente recebe é justo essa: a presença do bom operário do seu ofício."[18] Mário de Andrade, que a essa altura já havia publicado seus textos de intervenção estética, não perdeu a oportunidade para ressaltar a relevância do caráter ideológico deste tipo de ensino das artes: "O essencialmente importante no momento é munir os nossos artistas duma orientação doutrinaria (qualquer) — o que é o mesmo que lhes proporcionar uma finalidade social."[19]

Com o tempo, Mário de Andrade deixou de ser apenas o ideólogo do ministro, aquele que recomendava qual seria a agenda temática mais adequada à formação dos artistas. Aos poucos, conforme se lê na correspondência entre os dois, Mário de Andrade passaria a exercer um trabalho mais de corpo a corpo. É o que acontece quando Capanema pede a ele que interceda junto ao escultor Victor Brecheret no início de 1938. Capanema não poderia ter sido mais direto: "Falar ao Brecheret sobre o modo de representar as amazonas. Pô-las a cavalo é forçar a lenda, pois nossos índios não montavam. Não sei se é possível uma boa escultura das amazonas a pé, marchando e lutando. Recado de seu amigo, Capanema." Em outra carta enviada mais ou menos na mesma época, é a vez do ministro ensinar a Brecheret. Desta vez, Mário de Andrade também é parte da audiência. Afinal, o escritor fazia o papel de mensageiro, ao transmitir o recado ao escultor. "Mostre isso ao Brecheret", finaliza Capanema.

Se os papéis se invertiam em relação à posição de mestre e de aprendiz, também é possível reparar a instabilidade de humor de Mário de Andrade. Talvez fosse consequência do modo como o escritor paulista passou a perceber a relação entre ambos, ou, talvez, fosse apenas desgaste de um relacionamento que era preenchido apenas por pedidos e demandas de partes interessadas. Em que pese o fato de Mário de Andrade se referir a Capanema como amigo e de expressar votos de cordialidade, havia uma distância entre esses dois correspondentes. De sua parte, Capanema parecia esconder o que realmente gostaria de dizer com elogios e com uma linguagem bastante fleumática; por seu turno, Mário de Andrade parecia se ressentir da posição que Capanema ocupava e do poder que, como ministro de Estado, ele exercia. São esses sentimentos imperfeitos que preenchem as cartas que Mário de Andrade endereça a Capanema, ora pedindo para que o ajude com uma posição no ministério: "Você, com sua amizade boa, se ofereceu a pleitear o que pudesse pelo departamento [...] afirmo jurando a você que nada, absolutamente nada pleiteio para mim. Se um dia pleitear para mim será para um lugar ao seu lado"; ora rejeitando as possibilidades que Capanema lhe oferecia: "Desejo trabalhar a seu lado, mas o que você me propõe é superior às minhas forças." Em um dos momentos mais agudos dessa correspondência, Mário de Andrade se dirige a Capanema em verdadeira aflição:

> Estou completamente desesperado e não suporto mais esta situação. Ontem, com muita dificuldade, o Instituto do Livro pôde me pagar os dois últimos contos de reis daqueles dois meses de fevereiro e março, que fui obrigado a ficar no Rio [...]. Ora hoje se acaba o mês de junho e como nem este e nem de maio me foram pagos, fico por receber cinco contos e quatrocentos (dois contos e setecentos por mês) que não tenho esperança de receber tão cedo, se esperar pelas possibilidades muito futuras do Instituto. Venho pedir a você que me faça pagar isso imediatamente.[20]

Anos depois, em 1942, a passagem da correspondência que mais salta aos olhos é a que traz um pedido de desligamento. Mário de Andrade fez a solicitação, alegando que viver no Rio enquanto pertencia a São Paulo o deixou desesperado. Ao final da carta, ele escreve:

Levarei de você a mais grata das recordações por tudo, pelo entusiasmo, pelas suas intenções públicas sempre realmente úteis e pelo seu admirável trabalho já realizado [...]. Por isso, deixo aqui a expressão mais sincera da grande admiração que lhe tenho e pela obra de cultura que você está realizando. Faço votos que ela continue por muitos anos.[21]

À sua maneira, o escritor paulista não interrompeu sua interlocução com o ministro. Nessa última fase da correspondência, Mário de Andrade escrevia para pleitear em favor deste ou daquele grupo, como fez para com Bruno Giorgi no ano de 1943, época em que se concluíam os últimos detalhes da construção do prédio do Ministério da Educação e Saúde.

* * *

Enquanto a ação do Departamento de Imprensa e Propaganda utilizava como instrumentos o rádio e o cinema, também é possível afirmar que, no tocante à produção teatral, a interferência de Gustavo Capanema e da iniciativa do MES também se mostrava visível. É, com efeito, uma influência que se dá exatamente a partir do engajamento dos intelectuais, que ajudaram a forjar a produção cultural naquele período.

Conforme escreve Victor Hugo Adler Pereira em *A musa carrancuda*, "deve-se ter em conta que os projetos oficiais de estruturação e difusão da cultural nacional, um dos pontos centrais das propostas políticas do Estado Novo, eram apresentados em publicações especializadas patrocinadas pelo governo".[22] A classe intelectual do período se envolveu de tal sorte com a política do Estado Novo que passou a depender daquele *establishment* político para estabelecer seus padrões criativos.

No caso de Nelson Rodrigues, foram os intelectuais, e não os críticos de teatro, que legitimaram o teatro rodriguiano no seu início, conforme escreve Adler Pereira. "A crítica teatral especializada nunca o apoiou, enquanto os intelectuais elogiaram-no sempre."[23] Em *O anjo pornográfico*, a biografia de Nelson Rodrigues, Ruy Castro conta como o grupo Os Comediantes não apenas conseguiu a atenção do polonês Zbigniew Ziembinski, mas, também, alcançou a subvenção do Estado com duzentos contos de réis, "por artes de Carlos Drummond de Andrade [...] e só faltavam carregar no colo o ministro Capanema".[24]

O próprio Nelson Rodrigues escreveu acerca dessa embriaguez do sucesso em uma de suas confissões. Em um de seus textos memorialísticos, o dramaturgo registra um diálogo interessante entre Getúlio Vargas e Gustavo Capanema. O primeiro pergunta: "O que está havendo com o teatro, que só se fala nisso?". Ao que o ministro responde: "São Os Comediantes e é *Vestido de noiva*." Ainda de acordo com Nelson Rodrigues, na esteira do sucesso de *Vestido de noiva*, era o ministro Capanema quem buscava Nelson Rodrigues de sorriso aberto, pronto para tirar o chapéu e cumprimentá-lo. "Sentira no ministro toda uma cálida humildade diante do artista (...) o cumprimento de Capanema deu-me uma sensação de plenitude."[25] Capanema, segundo Ruy Castro, em *O anjo pornográfico*, sentia-se parte integrante do sucesso em torno da peça de estreia de Nelson Rodrigues como dramaturgo, exatamente porque, anos antes, ele tinha aberto o cofre para Os Comediantes.

"Eu acho que ele nunca assistiu a nada do Nelson Rodrigues",[26] disse Maria da Glória Capanema em relação ao apreço do ministro da Educação e Saúde do governo Vargas pelo teatro. A partir do relato da filha, pode--se inferir que o interesse de Capanema pela produção cultural, ao menos nesse caso, foi um tanto mais do que protocolar, nada a ver com o incentivador das vanguardas artísticas do teatro brasileiro em meados do século XX. Em Capanema, o interesse por esse tipo de manifestação artística se ancorava, antes de mais nada, na relação política dos envolvidos. Nesse sentido, entra em cena o Capanema que gostava dos bastidores em vez do palco. "Eu me lembro de quando a gente foi ver *My Fair Lady*, e ele fez questão de cumprimentar a Bibi Ferreira, aí fomos até o camarim. O pai dela, Procópio Ferreira, foi um dos grandes frequentadores do ministério."

A história de Os Comediantes é ilustrativa da ambição que guiava esse projeto em torno da cultura nacional. Embora fosse um grupo amador, seus integrantes, como relata Ruy Castro, se interessavam em montar peças de Molière e de Musset. Existia um desejo de estabelecer algo de grandioso em termos de ação cultural, o que, nas palavras de hoje, seria facilmente qualificado como legado.

Na leitura de Darcy Ribeiro em *Aos trancos e barrancos*, enquanto ministro, Gustavo Capanema se cercou de artistas e intelectuais num esforço que não encontra paralelo. Ocorre que todo esse empenho no âmbito da cultura teve como contraponto uma abordagem no projeto educacional cujo objetivo era formar elites "masculinas, católicas, bem-pensantes, humanísticas e ordeiras".[27] Por esse motivo, argumenta, Capanema foi um grande ministro da Cultura, mas não teve a mesma estatura como ministro da Educação.

A proposição de Darcy Ribeiro é importante porque está de acordo com a leitura oferecida por Darlyle Williams, professor do Departamento de História da Universidade de Maryland. No artigo "Gustavo Capanema, ministro da cultura", Williams apresenta o ministro da Educação em uma dimensão ainda mais ampla, a saber: como administrador da cultura, como ideólogo da cultura e como mecenas da cultura brasileira.

Como analisa Williams, e é aqui que está o reforço à interpretação de Darcy Ribeiro, a atuação de Capanema ultrapassou, e muito, o papel de responsável pela pasta da Educação. Como recupera Williams, foi o próprio Capanema que, em meados de 1937, "insistia para que, para estar em acordo com as diretrizes fundamentais da administração federal, o Ministério da Educação e Saúde Pública deveria chamar-se Ministério da Cultura".[28] A mudança, todavia, não aconteceu — ao menos não da maneira como Capanema desejava, de modo que a alteração foi para Ministério da Educação e Saúde, e só em 1953 é que o ministério passaria a se chamar Educação e Cultura. Nada disso impediu, no entanto, que a atuação de Capanema extravasasse as fronteiras da nomenclatura. E foi aqui que sua influência se agigantou de modo discreto.

Nesse sentido, a administração Capanema foi aquela que, em certa medida, deu continuidade a uma longa tradição que articula cultura e instituições oficiais. Como observa Williams, "em inúmeros de seus discursos, ele (Capanema) atribui à cultura um papel político crucial, que justificaria sua inclusão no domínio institucional do Estado. Como ministro, portanto, procurou viabilizar essa visão através de uma administração ou política cultural".[29] O papel de Capanema como administrador cultural aconteceu em um momento que, entre outras questões, era tumultuado na Escola Nacional de Belas-Artes por uma "verdadeira guerra cultural travada entre os chamados acadêmicos, defensores das convenções pedagógicas estabelecidas ao longo do Império, e os modernistas, renovadores que buscavam uma oportunidade para transformar a cultura nacional reformando as instituições oficiais".[30]

Cercado por intelectuais por todos os lados, a administração Capanema estabeleceu o Serviço de Patrimônio Histórico e Artístico Nacional, o

Museu Nacional de Belas-Artes, a Comissão do Teatro Nacional, o Serviço de Radiodifusão Educativa, o Instituto Cairu (que foi a versão beta do Instituto Nacional do Livro) e o Instituto Nacional de Cinema Educativo. Nas palavras de Williams, "a partir daí, pode-se dizer que a administração cultural do ministro e, por extensão, a cultura nacional de uma certa época ganharam carne e osso".[31]

Citando Sergio Miceli, Williams escreve que a cultura nacional se tornou, sobretudo a partir do Decreto-Lei nº 526, um negócio oficial, administrado por um Estado autoritário em expansão. Como tal, esse negócio precisava da participação da intelectualidade do período, e é aqui que as relações estreitas com os pensadores modernistas e com a comunidade artística ganham relevo. "O ministro frequentemente consultava esses personagens, quando desejava formular uma nova diretriz de política cultural federal. Havia assim uma rede de relações que interligava os projetos de política cultural e alcançava o organograma do Estado."[32]

Não é por outro motivo, aliás, que o próprio Gustavo Capanema, no texto "Algumas notas sobre o problema da educação e de saúde no governo Getúlio Vargas", presente no livro *Estado Novo, um autorretrato*, também exalta esses feitos administrativos, enumerando-os a ponto de dar ao conjunto um sentido mais amplo da atuação de sua pasta no contexto das atividades culturais. O ministro, nesse sentido, cita o estímulo às artes plásticas, a proteção ao teatro, o rádio a serviço da educação e o cinema educativo.

Ao escrever sobre isso, Capanema sempre destaca a administração Vargas, colocando o presidente em primeiro plano. Como ressalta Williams, é quase como se fosse um denominador comum do período, haja vista a "paisagem política do Estado Novo ofuscar a identificação que Capanema tinha com a política cultural de seu ministério".[33] Em outras palavras, era Vargas quem levava o crédito, ainda que o poeta Carlos Drummond de Andrade, chefe de Gabinete do ministro, apontasse Capanema como o administrador:

> Ele [Vargas] não ligava coisa nenhuma. Essa lenda de grande homem público, extraordinário, eu acho absolutamente falsa. [...] Todas as obras do ministro Capanema, que são hoje apontadas como sendo do Getúlio são obras que Getúlio tolerou.[34]

Diante dessa defesa de Drummond, é legítimo afirmar que Capanema foi um ideólogo da cultura? Darlyle Williams tenta responder essa questão, embora, já de início, admita a sua complexidade, sobretudo porque Capanema publicou pouco, diferentemente de outros ideólogos, como Francisco Campos ou Oliveira Viana, para citar dois exemplos. Afora isso, prossegue Williams, Capanema obedeceu a um movimento pendular no tocante às ideias, posto que "suas proposições ora se aproximavam do corporativismo católico, ora do liberalismo reformador",[35] sem contar o fato de que Capanema manteve interlocução com personalidades variadas no espectro político, tanto à esquerda quanto à direita.

Para responder à questão, Williams toma como base o discurso de posse de Gustavo Capanema no Ministério da Educação e Saúde Pública. "(...) em alguns pontos o ministro quis demonstrar que pretendia redirecionar os rumos da cultura nacional através do aparato estatal central".[36] Dito de outro modo, é Gustavo Capanema em estado puro. O ministro que sempre prefere o poder busca influir na formação cultural nacional. "O referencial maior desse projeto seria a identidade entre o Estado forte, moralizador e ativo e a nação também forte e moralizada."[37] Mais do que qualquer outro ideólogo, cujas ideias muitas vezes estão distantes das esferas do poder, Gustavo Capanema, como poucos, interferiu de modo bastante efetivo. "Por isso tornou-se administrador e ideólogo da cultura", escreve Williams, e um exemplo desse perfil está presente na preocupação do ministro para com "a educação cívica, a nacionalização das colônias estrangeiras e ao incentivo dos cultos patrióticos".[38]

Tão pertinente quanto esses dois entendimentos já citados é a análise de Capanema como mecenas da cultura. Isso porque é exatamente nesse ponto que se observa a importância do ministro da Educação e Saúde do governo Vargas para o modernismo. Ao longo do governo Vargas, não houve um movimento artístico oficial. Todavia, não é exagero considerar que o modernismo se tornou o movimento artístico hegemônico no período. E não há coincidências aqui: o modernismo era apreciado por Gustavo Capanema, o ministro da Educação responsável pelas políticas de cultura.

Desse modo, assim como ele fez com o teatro, Capanema também patrocinou, via política estatal, toda uma agenda estética que celebrava o modernismo.

E esse apoio não era simplesmente simbólico. Capanema encaminhou verbas públicas a Portinari e aos arquitetos Lucio Costa e Oscar Niemeyer, entre outros. Várias obras-primas das décadas de 1930 e 40 foram financiadas pelo ministério graças à aprovação do ministro. É difícil imaginar qual teria sido a trajetória do modernismo no Brasil se Capanema não houvesse atuado como mecenas, conferindo recursos políticos e financeiros e a legitimidade fundamentais para que os modernistas pudessem consolidar sua expressividade artística. No que tange à formação de um acervo de arte a ser legado ao público, Capanema era um mecenas *par excellence*.[39]

Mais relevante do que a definição de qual foi o papel majoritário de Gustavo Capanema como ministro da Educação na área da cultura é o entendimento de que sua influência foi além das palavras e do protocolo. Suas ações não apenas reforçaram o valor e a estima de determinados artistas do período, como também acabaram por endossar o modernismo como movimento artístico de uma era, garantindo, aos seus representantes e autores, uma liberdade criativa por meio da política estatal. Em certa medida, os modernistas jamais precisaram pedir abertamente qualquer subsídio, ou, ainda, não foram forçados a trabalhar pelo regime; em vez disso, e graças à participação de Capanema, eles puderam ousar criativamente sem perder a dignidade num regime autoritário. O ministro foi um mediador decisivo para que polos aparentemente contrários pudessem coexistir: de um lado, os artistas que, mesmo à esquerda, não compactuavam com o regime varguista; de outro, o poder central podia ilustrar sua imagem com esse movimento de vanguarda.

"Graças a Capanema", escreve Darcy Ribeiro, "o movimento modernista deixa a marginalidade vanguardista que vegetava em São Paulo para florescer, integrando todos os gêneros em obras audaciosas".[40]

* * *

A proximidade de Capanema para com os intelectuais transformava esses homens de espírito em personagens que compunham uma galeria de notáveis ao lado da Era Vargas. Para Capanema, a relação jamais fora de puro afeto. Havia, sim, alguma afinidade, sobretudo porque a liderança que o ministro exercia junto a seus colaboradores permitia alguma liberdade criativa. Mas não é certo que eles defendiam Capanema com paixão, exceto, talvez, por Drummond, que fez isso tanto pela amizade fraternal como em um movimento também em benefício de sua própria biografia. O que aconteceu, e é disso que se tratará nos capítulos adiante, é que Capanema era tolerado pela posição que ocupava.

Se é possível falar de um símbolo desse relacionamento dos intelectuais com o governo Vargas, o eleito é o edifício-sede do Ministério da Educação e Saúde. A construção do Palácio Capanema foi, ao mesmo tempo, o exemplo e a síntese do que a gestão de Gustavo Capanema teve de melhor e de pior, algo que também é representativo de um estado de coisas a respeito do Brasil.

Para a concepção e elaboração do projeto, a participação ativa de intelectuais e artistas foi fundamental. Isso não apenas para a edificação do prédio, mas, essencialmente, para o seu valor de estima, algo que ultrapassou seu tempo, fazendo com que o palácio permaneça até hoje como um marco definitivo da cultura brasileira, como se sempre estivesse estado ali. O Palácio Capanema, como hoje é chamado, tem na sua origem a dedicação e a diligência do político que esteve à frente do Ministério e contou com a atuação decisiva à época de dois jovens arquitetos brasileiros. A partir daquele projeto, Lucio Costa e Oscar Niemeyer se tornariam referência no Brasil e no exterior.

8

Palácio Capanema

Publicado em 1942 no jornal carioca *A manhã*, o poema "Azul e branco", de Vinicius de Moraes, tentava capturar o sentido de um edifício, que já se anunciava como inovador, pela aliança entre musicalidade e visualidade, conforme anotou Eucanaã Ferraz em ensaio publicado em 2013 no caderno "Ilustríssima", da *Folha de S.Paulo*. Conforme escreve Ferraz, o poema reconstitui em verso as composições em azul e branco, retomando a azulejaria tradicional, que foram preparadas por Candido Portinari. O texto de Ferraz, além de mencionar o poema de Vinicius de Moraes, ainda cita o trabalho de outro artista, Burle Marx, que projetou a "ambiência urbana criada pelo edifício, seu pátio, suas ilhas verdes".[1]

Toda essa deferência não é por acaso. De perto ou de longe, o prédio do Ministério da Educação e Saúde é um "marco estético mundial".[2]

Quando tomou posse, Gustavo Capanema tinha alguns objetivos que desejava alcançar. No horizonte, havia o projeto de educação para o país, que seria reformulado, assim como existia a perspectiva igualmente urgente de dar conta das condições de saúde pública no Brasil. Em que pesem tais preocupações, é correto afirmar que a construção de uma nova sede para o Ministério da Educação e Saúde se transformou em um marco dessas mudanças que a administração Getúlio Vargas implementaria ao longo de sua gestão. O "ao longo" aqui não é força de expressão. Tratou-se de uma obra que foi concebida com o olhar atento de especialistas e interessados. Mais do que um prédio, foi o símbolo de uma das principais disputas ideológicas daquela geração. Icônico, representou a renovação estética que colocaria a arquitetura brasileira no radar do circuito internacional e, de quebra, antecipou uma escola que se tornaria hegemônica durante o século XX.

Entretanto, nada disso aconteceu automaticamente. Em verdade, é possível mesmo afirmar que o prédio, tal como se conhece hoje, jamais poderia ter sido construído.

As regras eram claras. Em 21 de abril de 1935, pouco menos de um ano depois que havia tomado posse, os jornais noticiaram a abertura do concurso para a seleção do projeto de construção da nova sede do MES. O *Correio da Manhã*, que no mesmo dia publicava informações sobre o "rearmamento da Alemanha", destacava que "A construção de uma sede definitiva para o Ministério da Educação e Saúde Pública é um problema que vem preocupando o sr. Gustavo Capanema, desde que o mesmo assumiu a direção dessa pasta".[3] O jornal ressaltava que, no dia seguinte (portanto, em 22 de abril de 1935), o *Diário Oficial* publicaria o edital que estabeleceria as regras para os projetos que visavam à construção daquele prédio.

A princípio, o concurso receberia as candidaturas até 31 de maio de 1935. A construção estava destinada a ser erguida "em uma das quadras da Esplanada do Castelo", mais especificamente nas cercanias das ruas Araújo Porto Alegre e Pedro Lessa, bastante próxima das ruas Graça Aranha e Imprensa. Um dado importante é que o texto do *Correio da Manhã* informava o valor da premiação:

> Os prêmios serão conferidos de conformidade com a classificação que for estabelecida pela comissão. E o concorrente classificado em primeiro lugar na Prova final receberá o prêmio de 40 mil-réis, e o classificado em segundo lugar receberá o prêmio de 30 mil-réis. Os outros três candidatos, admitidos a concorrer na segunda prova, receberão cada um 6 mil-réis. Estes prêmios serão pagos imediatamente depois do julgamento.[4]

Alguém já disse que o diabo mora nos detalhes. No caso do concurso para a construção do prédio do MES, os detalhes do edital também seriam decisivos. Isso porque o texto não garantia que o primeiro colocado seria contratado. O texto assim estabelecia: "Por não julgar idôneos os trabalhos apresentados, poderá a comissão escolher, na primeira prova, menos de cinco concorrentes. Pela mesma razão, poderá, na mesma prova, não escolher nenhum."

Esse aspecto *sui generis* do concurso parece não ter refreado o interesse de escritórios de arquitetura participarem do processo de seleção. Os projetos que se apresentaram para o concurso refletiam o estado da arte da arquitetura brasileira das três primeiras décadas do século XX. Conforme contextualiza Lauro Cavalcanti no livro *As preocupações do belo*, a partir do relatório disponível no Arquivo Capanema no CPDoc/FGV, entre 1901 e 1929, a Escola Nacional de Belas-Artes formou 37 profissionais. Até aquele momento, no entanto, a profissão de arquiteto não era regulamentada, algo que aconteceria apenas em 1933, por intermédio do Decreto-Lei nº 23.569 — já na administração de Getúlio Vargas.

Essa informação é importante porque, no contexto dos anos 1930, amiúde às reformas que já haviam sacudido o ambiente das artes na literatura e na música, o estatuto da arquitetura também estava prestes a ser alterado. E o motivo repousava no fato de que a corrente estética que vigorava até aquele momento defendia um retorno às formas de um Brasil colonial, como explica Cavalcanti. Essa corrente havia ganhado força em São Paulo, tendo como destacados expoentes o português Ricardo Severo e o francês Victor Dubugras. Os dois se associaram, em algum momento de suas respectivas trajetórias, a Francisco de Paula Ramos de Azevedo, dono do maior escritório paulistano de arquitetura e construção.

Em um curto espaço de tempo, os "neocoloniais" contavam com o prestígio de já terem projetado monumentos para o governo paulista, além de terem interferido na paisagem residencial do Rio de Janeiro e de São Paulo.

Toda essa "força" ajuda a entender o porquê de os três primeiros colocados do concurso respeitarem essa tradição neocolonial, pela ordem: Archimedes Memória, Rafael Galvão e Gerson Pinheiro. Em outubro de 1935, acontece a reunião que definiria os premiados. Capanema lidera os trabalhos e comanda a apuração dos votos, que têm em primeiro lugar Archimedes Memória; em segundo, Rafael Galvão; e, em terceiro, Gerson Pinheiro. Cada jurado anexou seu parecer justificando o voto, indicando, além disso, quais seriam suas opções para primeiro, segundo e terceiro lugares. Nesse momento, Capanema quis preservar sua condição de liderança no processo, e não participou da seleção como eleitor. De acordo com a ata da reunião de encerramento do concurso para escolha do projeto do edifício do MES, "o sr. dr. Gustavo Capanema deu início aos trabalhos, declarando não ter examinado detalhadamente os projetos porque quis deixar inteiramente aos técnicos tal incumbência. Indagou se todos tinham opinião definitiva sobre os projetos, tendo sido por todos respondido afirmativamente".[5]

A vitória de Archimedes Memória, em certa medida, era esperada não necessariamente pelas virtudes de seu projeto, mas porque respeitou a escola neocolonial e porque seu autor já havia sido o responsável pela assinatura de importantes prédios públicos no Rio de Janeiro, além de, à época, ser professor e diretor da Escola Nacional de Belas-Artes e ter ligação com a cúpula do Partido Integralista. Dito de outra maneira, Memória era uma figura conhecida e seu projeto, ao menos do ponto de vista técnico, oferecia as melhores soluções. "Têm a vantagem de ótima regulação térmica natural e a solução excelente da circulação", conforme as palavras de um dos votantes.[6]

Esse entusiasmo não era compartilhado por todos os arquitetos. Na verdade, havia um grupo específico — o dos "modernos" — que não havia gostado nada dos resultados. Na revista da Diretoria de Engenharia da Prefeitura do Distrito Federal, dirigida na época por Carmen Portinho, esposa do arquiteto Affonso Reidy, foram publicados projetos modernos que participaram do concurso — assinado por Jorge Moreira, Ernani Vasconcelos e por Affonso Reidy. A revista ainda veicularia matéria que dava conta do projeto que havia sido vencedor em Praga, na Tchecoslováquia, para a construção da Caixa de Aposentados. O texto sinalizava que o projeto vencedor, com influência da arquitetura de Le Corbusier, ignorou as regras do edital.

As queixas não foram só na revista e, como destaca Lauro Cavalcanti, a mobilização dos modernos se deu em uma esfera com mais poder de decisão.

> O segundo flanco de reação dos "modernos" à desclassificação, certamente mais efetivo do que o artigo em revista de circulação restrita, se deu junto ao gabinete do Ministro, em cuja equipe encontravam-se os mais fortes aliados: Carlos Drummond de Andrade, Manuel Bandeira, Rodrigo Melo

Franco de Andrade e Mário de Andrade. A tarefa de persuadi-lo não parece ter sido muito árdua: Capanema estava bastante descontente com as formas que a sede de seu ministério assumia, caso realizado o projeto de Memória. Nada mais contrário a seu desejo de tradução arquitetônica de uma ação voltada para o futuro e a formação do novo homem brasileiro do que uma sede mesclando estilo neoclássico e elementos decorativos alusivos a uma fictícia civilização marajoara que haveria existido durante a Antiguidade, na região norte do Brasil.[7]

Em outras palavras, embora o ministro da Educação tenha permanecido à parte da discussão a respeito da escolha do projeto vencedor para a construção do prédio do Ministério da Educação e Saúde, intimamente, ele não estava satisfeito com o andamento do processo. Era o sinal de que Capanema poderia interferir em um momento-chave, mas sempre respeitando o que estava previsto no edital.

No mesmo dia em que o diretor nacional da Educação deixou o cargo, a 9 de janeiro de 1936, consta nos registros disponíveis até hoje no CPDoc que foram pagos os prêmios aos projetos vencedores. No mês seguinte, no entanto, Gustavo Capanema faz o movimento que restabelece a ordem e a preferência que ele desejava. Em carta ao presidente Getúlio Vargas, Capanema diz o que até então parecia um segredo de polichinelo:

> Nenhum desses projetos premiados me parece adequado ao edifício do Ministério da Educação. Não se pode negar o valor dos arquitetos premiados. Mas exigências municipais tornaram difícil a execução de um projeto realmente bom. Julguei de melhor alvitre mandar fazer novo projeto. Solicito verbalmente a sua autorização. E pedi à Prefeitura Municipal que dispensasse as exigências, que impediam a realização de uma bela obra arquitetônica.[8]

Nesse trecho da carta, Capanema admite que, não gostando do resultado do concurso, solicitou outro projeto, e que pedia a autorização de Getúlio Vargas exatamente para se proteger das críticas que já sabia que receberia. Esse movimento não desrespeitava as regras que estavam postas, mas era uma decisão que provocava ruídos e uma reação da parte do grupo que havia sido preterida.

Na mesma carta endereçada a Getúlio Vargas, Gustavo Capanema já apresenta aquele que seria o responsável pela elaboração do projeto:

"Encarreguei, assim, o arquiteto Lucio Costa da realização do trabalho. Este arquiteto chamou colaborar consigo outros arquitetos de valor. E entraram a executar o serviço, que está bem adiantado."

Na sua versão dos acontecimentos, o arquiteto Lucio Costa justifica os escolhidos:

O Carlos Leão, pessoa culta e fina, chamei porque era meu sócio e amigo. Affonso Reidy e Jorge Moreira, colegas de Escola Nacional de Belas-Artes, haviam apresentado bons projetos. Moreira disse que só aceitaria colaborar caso viesse também o Ernani. Oscar, colaborador meu, argumentou que também merecia estar no grupo.[9]

De longe, parece que todos os que quiseram participar tinham uma chance. Muitos anos depois, esse registro pode ser a mais perfeita tradução do patrimonialismo e da cultura do compadrio, um penduricalho de país atrasado, mas que teimava em permanecer na nação que tentava se apresentar como civilizada.

Archimedes Memória, por sua vez, manifestou seu descontentamento com o arranjo que estava sendo costurado. Afinal, ele fora o vencedor do concurso original; havia sido elogiado pela banca examinadora e fora pago pelo primeiro lugar, mas não seria o seu projeto o escolhido para ser executado. Memória decidiu, então, escrever uma carta a Getúlio Vargas, deixando clara a sua insatisfação com o que estava acontecendo. Escreveu assim o arquiteto:

Acabamos de saber, entretanto, com grande surpresa nossa, que o sr. ministro da Educação, tendo encaminhado, sem concorrência, ao arquiteto Lucio Costa, vários projetos, entre eles o do futuro palácio para a sede do Ministério, acaba de lhe autorizar que lhe seja paga por este projeto a importância de 100 contos de réis, segundo informações que me chegaram ao conhecimento. E sobe de ponto esta surpresa por se não encontrar justificativa desse ato na moral comum, de vez que se sabe ter sido o arquiteto Lucio Costa desclassificado na primeira parte daquele concurso.[10]

Por mais que o texto de Memória soe como uma dose elevada de ressentimento, não é possível descartar o quanto esse assunto parecia exótico e não encontrava argumentos plausíveis para a escolha de Capanema. Além disso, é certo que Memória não reclamava por dinheiro, mas acusava a questão pecuniária para denunciar a incongruência da decisão do ministro. Como arremate do texto, Memória apontou para o "perigo vermelho como motivação subterrânea da parte do ministro da Educação e Saúde". Segundo Memória:

> Não ignorou o sr. ministro da Educação as atividades do arquiteto Lucio Costa, pois, pessoalmente, já o mencionamos à S. Exa. Entre vários nomes dos filiados ostensivos à corrente modernista que tem como centro o Clube de Arte Moderna, célula comunista cujos principais objetivos são a agitação no meio artístico e a anulação de valores reais que não comunguem com seu credo. Esses elementos deletérios se desenvolvem à sombra do Ministério da Educação, onde têm como patrono e intransigente defensor o sr. Carlos Drummond de Andrade.

O aspecto que chama a atenção na carta de Arquimedes Memória a Getúlio Vargas é que o arquiteto não apenas sustenta que os modernos se comportavam como se membros de uma seita ou clã que não admite posições diferentes das quais se notam hegemônicos — *grosso modo*, a estética modernista —, como também acusa Carlos Drummond de Andrade de ser o verdadeiro líder desse grupo sectário. De acordo com essa leitura dos eventos, Archimedes Memória sugere que Capanema é uma espécie de testa de ferro de algo mais abrangente — afinal, o Clube de Arte Moderna seria uma célula comunista. No capítulo a seguir, o leitor poderá compreender a gravidade dessa acusação, mas basta assinalar que não fazia seis meses, em novembro de 1935, a Intentona Comunista havia acontecido, evento que acelerou a radicalização de Vargas rumo à repressão das liberdades civis. A propósito de Getúlio Vargas, qual foi sua reação?

* * *

Getúlio Vargas atendeu ao pedido de Gustavo Capanema. Como informa Murilo Badaró, Vargas também ignora a carta indignada de Archimedes Memória. Os pedidos do ministro da Educação, no entanto, não ficariam só nisso. Isso porque Capanema requereria a participação de um arquiteto estrangeiro, obedecendo, aqui, não apenas à recomendação que fora apresentada por Lucio Costa em uma carta, mas, sobretudo, abraçando de vez a estética do modernismo na arquitetura. Existem indícios, no entanto, que esta não era uma escolha necessariamente óbvia para o ministro da Educação.

Como explicam Schwartzman, Bomeny e Costa no livro *Tempos de Capanema*, o ministro acalentava, já fazia algum tempo, o desejo de trazer para o Brasil ninguém menos do que o arquiteto Marcello Piacentini, um italiano que fora responsável pela assinatura do projeto da Cidade Universitária de Roma, uma referência para o regime fascista. A intenção de Capanema, portanto, era que Piacentini repetisse aquela construção no Brasil. E o convite foi feito, como revela a carta do ministro das Relações Exteriores, José Carlos Macedo Soares, à embaixada de Roma. O arquiteto italiano, talvez sem muita expectativa ou ressabiado, vem ao Brasil, mas passa apenas onze dias no país em agosto de 1935 — exatamente no período em que o concurso estava acontecendo. E é também nesse momento que o Conselho Regional de Engenharia e Arquitetura, ao ficar sabendo do convite, reage, lembrando que o governo, em todos os níveis, só poderia contratar profissionais diplomados pelas escolas oficiais ou equiparadas do país para serviços de arquitetura e engenharia, observando que "a Constituição de 1934 vedava aos estrangeiros o exercício das profissões liberais no país", explicam Schwartzman, Bomeny e Costa.

O governo provara do próprio veneno. Capanema, no entanto, não recuou totalmente. Em resposta, escreve que Piacentini fora convidado como um consultor, oferecendo dados e sugestões para solução idêntica. Para deixar o clima menos pesado, Capanema instaura uma comissão de arquitetos, cujo objetivo era dar um parecer final ao projeto do italiano. Ente outros, Lucio Costa é um dos pareceristas. E a comissão recomenda ao ministro a vinda ao Brasil do arquiteto francês Le Corbusier como contraponto à presença de Piacentini.

Fosse por convicção, fosse por não querer se agastar com o grupo dos modernos, Capanema solicitou Le Corbusier a Getúlio Vargas — ressaltando que se tratava de um pedido daquela comissão.

Como analisam Schwartzman, Bomeny e Costa, a querela não era apenas de natureza estética. No contexto do acirramento da disputa político-ideológica dos anos 1930, Piacentini representava, com seu estilo tradicional e pesado, a aproximação do fascismo, enquanto Le Corbusier, com seu elogio às "formas puras e funcionais", simbolizava a conexão para com o grupo de Lucio Costa — o mesmo que seria acusado por Archimedes Memória de comunista.

A chegada de Le Corbusier ao Brasil acontece em julho de 1936. A bordo do dirigível *Hindenburg*, ele chegou ao Rio de Janeiro, ficou no escritório e trabalhou, dedicando-se ao projeto da Cidade Universitária, que jamais saiu do papel. Nesse mesmo mês de julho, Piacentini escreveu a Capanema, como que cobrando uma resposta do governo brasileiro a respeito do projeto que havia formulado. No meio do fogo cruzado, Capanema respondeu que, como previsto na lei, o projeto havia sido encaminhado a arquitetos brasileiros. Embora melindrado, Piacentini aceitou continuar colaborando, mas afirmou que não poderia vir ao Brasil, uma vez que sua participação aconteceria em outros termos, diferentemente do que havia sido acordado. O arquiteto italiano envia, em seu lugar, Vitorio Mopurgo, seu assistente.

Simultaneamente, a equipe liderada por Lucio Costa ficou com o prêmio de consolação: o edifício do Ministério da Educação e Saúde.

* * *

Se, em um primeiro momento, a disputa pela construção do edifício-sede do Ministério da Educação e Saúde soa apenas como uma controvérsia paroquial entre vencedores e perdedores, com o tempo a imprensa começaria a fazer reverberar algumas das críticas pesadas que Capanema passaria a receber. Assim, mesmo um pouco antes de completar o segundo ano de mandato, as ações de Gustavo Capanema passaram a ser escrutinadas com severidade e um dos flancos abertos para esse tipo de tratamento hostil por parte da imprensa teria como alvo preferencial a construção do edifício do MES, além do projeto da Cidade Universitária.

No ano de 1936, aliás, o projeto da Cidade Universitária era bombardeado com mais frequência. Assim, é com ironia em alta voltagem que o *Correio da Manhã* destila um veneno nada suave em um texto em que comenta as ações de Gustavo Capanema como ministro.

> Quem não se ilude com as aparências das anunciadas iniciativas do titular daquela pasta compreende logo que se trata de qualquer coisa para a satisfação de uma ânsia de publicidade, que transforma a mais inútil, talvez, das secretarias de Estado [...] num arremedo de propaganda de Circo de Barnum.[11]

Esse mesmo texto acusa o projeto da Cidade Universitária de ser uma construção "destinada à glorificação de um ministro".[12]

Ainda em 1936, Capanema seguiria sendo fustigado por conta do projeto da Cidade Universitária. As críticas que o ministro recebia tinham como fundamento a ideia de que, insistindo para que o projeto recebesse apoio legislativo, Capanema visitava com alguma frequência os parlamentares para convencê-los da relevância de sua proposta. As críticas também apareceram a partir de uma crônica política que atribuía a Capanema a capacidade de sonhar grande demais, razão pela qual seria motivo de chacota até mesmo do presidente Getúlio Vargas, que teria chamado Capanema de Estadista do Pensamento.

De fato, para um ministro cuja atribuição era cuidar da elaboração dos projetos da educação, Capanema passava tempo demais nas articulações, cuidando de convencer os parlamentares das virtudes de suas iniciativas. Ocorre que Capanema parece ter compreendido com alguma rapidez que, para além da formulação de suas propostas, era necessário que estas fossem aprovadas. E aqui seu papel político era elementar, para não dizer fundamental. Esse dia a dia da política era algo que estava na lista de preferências pessoais que Capanema soube transformar em uma de suas principais competências, apesar das críticas que recebia de todos os lados, inclusive do presidente.

Nesse sentido, é importante assinalar que, enquanto era apontado pelos jornais como personalidade exótica, Capanema insistia em fazer cumprir uma agenda política mais importante do que o projeto da cidade universitária. Trata-se da reforma da educação, uma pauta importante, cujo consenso foi sendo consolidado aos poucos pelo ministro, exatamente nessas incursões e palestras para os parlamentares.

* * *

Enquanto isso, o edifício-sede do Ministério da Educação e Saúde era construído. Ou melhor, o projeto que efetivamente ia sair do papel começava a ganhar contornos mais definitivos. No livro *Colunas da educação: a construção do Ministério da Educação e Saúde*, assinado por Maurício Lissovsky e Paulo Sérgio Moraes de Sá, existe uma retrospectiva detalhada das idas e vindas que marcaram a construção do prédio. A obra registra que, a partir da chegada de Le Corbusier ao Brasil, sob o guarda-chuva do Ministério da Educação e Saúde, o arquiteto inicia uma série de conferências cujos títulos eram "A Revolução Arquitetônica consumada traz uma solução à urbanização das cidades contemporâneas", "A desnaturalização do fenômeno urbano", "Os lazeres considerados como ocupação verdadeira da civilização da máquina", "A casa — prolongamento dos serviços públicos", "Os novos tempos e a vocação do arquiteto", "Programa de uma faculdade de arquitetura" e "O Congresso internacional de arquitetura moderna: a legislação em novas bases".

As conferências acontecem porque existe a necessidade de conferir legitimidade ao convite oficial feito ao arquiteto. Conforme se lê na documentação disponível no CPDoc, e que depois foi explorada tanto por comentaristas como por estudiosos, Le Corbusier não poderia vir assinar a autoria do projeto sob pena de o governo infringir a mesma lei que impugnara a atuação de Marcello Piacentini para a Cidade Universitária. Mesmo assim, no breve período que passou no Rio de Janeiro, o arquiteto trabalhou em conjunto com a comissão brasileira no projeto do palácio. Em agosto de 1936, Le Corbusier voltou para França, não sem antes entregar a Capanema seu relatório acerca do projeto, além de deixar combinado com o ministro que acompanharia de Paris as etapas seguintes.

Em relação ao projeto arquitetônico em si, pode-se afirmar que houve uma acomodação dos interesses apresentados por Le Corbusier quando de sua estada no Brasil. Entre outros pontos, o arquiteto francês desejava que o prédio do MES fosse edificado à beira-mar. Le Corbusier e equipe buscavam caracterizar o período de modo a consolidar uma solução ao mesmo tempo original e arrojada: um bloco linear suspenso, paralelo à praia, que abrigaria os escritórios e as repartições e um bloco mais baixo, parcialmente suspenso, que abrigaria o salão de exposição e o auditório.

Ocorre que, para que esse projeto pudesse vingar, seria necessário alterar a localização do terreno onde o prédio seria construído. A negativa de Capanema nesse sentido é indicativo de que o ministro não era um mero observador e que, se por um lado cedia, também mantinha o pé em posições que considerava inegociáveis. Assim, na carta em que responde à apreciação de Le Corbusier, Capanema escreve que "no caso de execução do projeto, algumas modificações de detalhes a introduzir que, na verdade, constituem nuanças. Essas nuanças adquirem grande importância no momento de execução".[13]

A quatro dias de seu retorno para a França, Le Corbusier faz modificações bastante significativas no projeto, desta feita no espaço onde o edifício seria realmente construído. Posteriormente, Lucio Costa se recordaria dessa emenda na proposta inicial.

> Ele ainda tentou adaptar a sua concepção ao terreno original, surgindo então um impasse, porque sendo o lote mais estreito na desejada orientação sul não haveria como dispor, nessa orientação, a metragem total de piso requerida pelo programa, uma vez que as autoridades da Aeronáutica limitavam o gabarito a dez pavimentos. Teve assim que implantar o bloco no sentido norte-sul, com as fachadas para leste e oeste, o que resultou numa composição algo contrafeita que não agradou nem a ele nem a nós.[14]

Na incerteza de construir seu projeto ideal, Le Corbusier, em poucos dias, realiza o estudo para o terreno original e, em 15 de agosto de 1936, retorna a Paris.

Um dia antes, Capanema enviou uma carta a Le Corbusier, agradecendo cordialmente os serviços prestados ao Ministério da Educação "seja realizando em uma série de conferências sobre os problemas atuais da arquitetura, seja emitindo sua opinião sobre o projeto do prédio do Ministério da Educação e Saúde e sobre a Cidade Universitária". Um trecho da carta é revelador sobre o legado da visita de Le Corbusier ao Brasil: "Creia que esse contato foi um prazer para os artistas, professores e intelectuais brasileiros, que ouviram e que manifestaram, geralmente, o maior apreço pelas suas ideias e realizações."[15]

De fato, o contato de Le Corbusier com os arquitetos brasileiros foi bastante proveitoso, em especial para Oscar Niemeyer, que, de acordo com os depoimentos concedidos ao longo de sua trajetória, assim como conforme os estudos elaborados a posteriori, foi "adotado" pelo arquiteto francês. À época com 28 anos, Niemeyer esteve sempre junto a Le Corbusier, sempre à disposição para a realização das perspectivas pensadas pelo francês. Em um relato que traz uma espécie de arrazoado pessoal da construção do Palácio Capanema, Lucio Costa destaca que "o gênio incubado de Oscar Niemeyer aflorou durante o convívio, ainda que breve, com o arquiteto francês".

Em *As preocupações do Belo*, o autor Lauro Cavalcanti avança na interpretação do encontro entre Le Corbusier e Oscar Niemeyer. Cavalcanti observa que, para a historiografia arquitetônica, trata-se do ponto mágico de um momento mítico, sendo Le Corbusier uma espécie de Moisés que entrega as tábuas da modernidade a Oscar Niemeyer, aqui no papel de aprendiz. É essa passagem que confere à arquitetura brasileira o seu "reconhecimento e prestígio internacionais". O Palácio do Ministério da Educação e Saúde, nesse caso, representa o totem desse momento de transição da arquitetura brasileira. E seria para sempre reconhecida como obra de relevância ímpar para a cultura nacional.

É evidente que essa estima não se deve apenas ao momento da elaboração do projeto; assim como a relação entre Niemeyer e Le Corbusier não determina toda a força daquela construção. A importância desse projeto também está associada à presença de uma galeria de artistas notáveis cujo trabalho também estava incrustado no Palácio Capanema. O ministro tinha o interesse de levar adiante a concepção do "homem novo", em uma dinâmica que tem relação com um projeto de identidade nacional que estava em conformidade com os preceitos dos modernos não somente no campo da arquitetura. Novamente de acordo com o que escreve Lauro Cavalcanti, tais postulados caminhavam lado a lado com os pressupostos estabelecidos pela vanguarda literária da época, a começar pelas ideias de Oswald de Andrade, em especial no "casamento da vanguarda erudita com elementos tradicionais e populares".[16] Essa associação também alcançaria autores como Graciliano Ramos e Carlos Drummond de Andrade. Gustavo Capanema, sempre atendendo às exigências formais do cargo que ocupava, escreve a Getúlio Vargas informando das obras de arte que seriam colocadas na sede do ministério. É nesse contexto que Capanema passou a encomendar trabalhos artísticos para preencher o repertório do edifício--sede do Ministério da Educação e Saúde. Entram em cena a atuação e o trabalho de artistas, como Celso Antônio, responsável pela composição da estátua do homem brasileiro. A participação dele, aliás, é bastante curiosa porque revela um tanto da mentalidade de Gustavo Capanema assim como sugere o que está em jogo naquele projeto.

O homem brasileiro, de acordo com o esboço de Celso Antônio, é barrigudo e possui feições sertanejas, além de ser desprovido de compleição física mais atlética. Incomodado com o que vê, Capanema faz consulta a uma espécie de colegiado com a seguinte pergunta:

Como será o corpo do homem brasileiro, do futuro homem brasileiro, não do homem vulgar ou inferior, mas do melhor exemplar da raça? Qual a sua altura? O seu volume? A sua cor? Como será a sua cabeça? A forma de seu rosto? A sua fisionomia?[17]

O "colegiado" era formado por Oliveira Viana, Roquette Pinto, Rocha Vaz e Fróes da Fonseca. Como ressalta Lauro Cavalcante, a resposta unânime dá conta de que o modelo deveria ser o homem branco. Rocha Vaz, inclusive, fundamentou sua resposta com base nas ideias de Oliveira Viana e sustenta que o modelo devesse representar "não só os tipos *brancaidos*, resultantes da evolução *arianizante* dos nossos mestiços, como também representantes de todas as raças europeias aqui afluentes, sejam os colonos aqui fixados, sejam descendentes deles".[18]

A consequência mais drástica dessa consulta é que Celso Antônio não aceita que seu trabalho seja avaliado pela comissão de cientistas. Mais uma vez, Capanema exerce o poder que tem em mãos, determinando que a escultura de Celso Antônio poderia ser concluída no ateliê federal que o artista ocupava, "mas em caráter particular". Ou seja, o trabalho não seria mais utilizado para o edifício-sede. Encerrava-se, assim, o entendimento do Ministério da Educação e Saúde para com Celso Antônio.

Em substituição a este trabalho, Gustavo Capanema busca o artista ítalo-brasileiro Victor Brecheret. É nesse contexto que Mário de Andrade cumpre o papel de mediador, assumindo as vezes de porta-voz de Capanema. Nesse momento, todavia, Brecheret estava imerso na realização de outra obra: o "Monumento às bandeiras", que seria inaugurado em 1954, mas que era um projeto que havia sido idealizado ainda nos anos 1920, também no conjunto de obras caudatárias da Semana de Arte Moderna. Brecheret, portanto, não se sentia à vontade para assumir a execução da escultura solicitada pelo ministro. Ele chega até mesmo a propor a Capanema uma redução dessa escultura, o que não é aprovado. A saída, então, foi buscar pelo pintor e escultor Ernesto de Fiori, cuja especialidade era o corpo humano. De Fiori tenta atender ao pedido ministerial, mas nenhuma das figuras agradou a Capanema.

Como nenhuma imagem satisfez, no final a escultura não foi finalizada. Em contrapartida, Celso Antônio concluiu outra peça, "Mulher reclinada", localizada no jardim do edifício do Ministério da Educação e Saúde. Outra

CAPANEMA

escultura, desta vez de Adriana Janacópulos, também é parte do acervo do ministério — a obra é "Mulher sentada". Outros artistas também acrescentaram suas criações ao MES, como é o caso de Bruno Giorgi, que assinou a realização da escultura de um jovem coral, simbolizando a juventude brasileira, e de Roberto Burle-Marx, o paisagista cujo nome não esconde a relação de parentesco com o pensador alemão. Burle-Marx concebeu o grande jardim público, outro marco de excelência, que só fez aumentar o sucesso de estima que o Palácio Capanema viria a ter. De todas essas colaborações, a que mais se destaca foi a de Candido Portinari. Conforme analisa Lauro Cavalcanti, o artista plástico preparou um grande afresco a propósito dos principais ciclos econômicos da história brasileira. Em certa medida, tais ciclos reforçam a leitura historiográfica da vida econômica do país, para além de ilustrar artisticamente a passagem do tempo.

Embora vários artistas tenham participado do projeto e da construção do edifício-sede do Ministério da Educação e Saúde, poucos nomes ficaram tão associados a ele como Portinari. De algum modo, isso pode ter a ver com o fato de que nenhum outro artista tenha se destacado tanto em termos criativos na edificação do prédio. O pintor foi o responsável, também, pelos murais em azulejos azuis e brancos nas fachadas do térreo e pilotis. São esses painéis que vão merecer a homenagem de Vinicius de Moraes antes de ele se tornar o poetinha da Bossa Nova. Os versos de Vinicius de Moraes representam um momento de alta intensidade da cultura brasileira, uma vez que poucas vezes haveria outro consórcio equivalente entre poder público e classe artística — em termos de influência.

Talvez isso só tenha acontecido novamente dessa maneira, no Brasil, por ocasião da construção de Brasília, o que só reforça a originalidade da iniciativa de Capanema e a sua influência na vida cultural brasileira a médio e longo prazos.

O fato de contar com o envolvimento dos nomes mais arrojados no tocante à criação artística, da mesma forma que obteve o endosso de um arquiteto reconhecido internacionalmente, como Le Corbusier, não livrou o Palácio Capanema das críticas. Na verdade, a participação de forma tão enfática por parte do ministro para a execução do projeto trouxe bastante publicidade negativa para o edifício, como se fosse fruto de uma obsessão desmedida ou objeto de interesse de um sujeito dono de ideias disparatadas.

José Octavio Capanema se recorda desse período. Isso porque seu tio, à época, sofria de forma silenciosa com a tenacidade das críticas da imprensa. O prédio do Ministério da Educação e Saúde chegou a ser apelidado de Capanema Maru, em uma alusão à virtual semelhança do prédio para com os navios japoneses de nomes com sufixo *Maru*, que, no início do século XX, faziam a ligação do Japão com o Brasil. "Houve uma série desses aborrecimentos, e ele falava a respeito disso para a gente. Desde o nascedouro, o Gustavo foi a alma do prédio. A construção durou anos."[19] Nas lembranças de José Octavio, o tio Gustavo tinha no projeto do Palácio do Ministério da Educação e Saúde a materialização de sua visão universal da cultura, uma obra, enfim, que mostrava o quanto ele estava preparado para o cargo.

Existe, no entanto, uma fina ironia na biografia do Palácio Capanema, uma espécie de toque final nesse capítulo, como anuncia o próprio José Octavio em entrevista muitos e muitos anos depois que o prédio enfim fora inaugurado. "Depois de concluído, você sabe quantos dias ele usou o prédio como ministro? Foi um negócio de dez dias, uma coisa assim. Porque o Getúlio caiu e ele foi demitido do Ministério com todos os outros."[20]

E assim aconteceu. Com todas as críticas, idas e vindas, polêmicas, projetos e contratações, o edifício do Ministério da Educação e Saúde, que começou a ser construído em 1936, só seria concluído em 1943. Ao que tudo indica, de fato, Capanema ficou pouco tempo no prédio, mas talvez um tanto mais que o sobrinho assinalou na sua entrevista. De qualquer modo, como ministro, Capanema não seria o "usufrutuário" do palácio por muito tempo.

Apesar de não ter aproveitado tanto do edifício-sede, pode-se afirmar que, do ponto de vista do legado, o prédio é o que mais se aproxima de uma obra cujo grande defensor, desde o início e contra todas as críticas, foi Gustavo Capanema. O palácio, que hoje leva o seu nome, não existiria se não fossem seus esforços para colocar em pé aquele projeto. Para que se tenha uma ideia, naquele período, outros prédios públicos foram erigidos e ficaram prontos, como a sede do Ministério da Fazenda, que, nem de longe, teve a mesma reputação que o Palácio Capanema.

Por falar em reconhecimento, ainda na década de 1940, o Palácio Capanema começa a ser valorizado pela sua representatividade. Lauro Cavalcanti assinala que, no segundo semestre de 1942, no processo de preparação do livro e da exposição *Brazil Builds*, o arquiteto Philip Goodwin e o fotógrafo Kidder Smith passam seis meses no Brasil. Anos depois, a revista francesa *L'Architecture d'aujourd'hui* dedica um número especial sobre a arquitetura moderna brasileira. E já no ano seguinte o SPHAN aprovava o tombamento do prédio do MES.

A história do Palácio Capanema, por si só, valeria um livro. Alguns já foram publicados dando conta do relato acima, que está mais ou menos consagrado, com ênfase neste ou naquele personagem, a depender deste ou daquele enfoque. Ainda assim, cabe mencionar o tratamento específico de algumas obras, cuja relevância atravessa o tempo, como é o caso do livro de Roberto Segre, que, quando esteve no Brasil, em 1967, ficou estupefato com a experiência inicial que teve ao visualizar o prédio do MES.[21]

O reconhecimento e a relevância do prédio fariam com que uma geração inteira de arquitetos se inspirasse naquela construção. Para além de Lauro Cavalcanti, que escreveu alguns livros sobre o palácio, é possível citar nomes como o de Eduardo de Almeida, que assim declarou:

> Muito antes do termo sustentabilidade estar na moda, a solução apresentada no Palácio Capanema já enfrentava essa questão, com o brise-soleil, a proteção do sol, o jardim na cobertura. Eles [os arquitetos] fizeram um projeto para o futuro. Tanto que ainda é uma referência não para a arquitetura da época, mas para hoje. Ainda é um prédio para o qual devemos olhar e refletir sobre o que não estamos conseguindo fazer aqui.[22]

Para Eduardo Almeida, o que o prédio inspira é o modelo de equipamento público, que, ao mesmo tempo que possibilita uma arquitetura leve e bem resolvida, ainda é a grande referência da arquitetura nacional.

* * *

Quando, na década de 1930, Gustavo Capanema assume o posto de ministro, ele não tinha como saber que o prédio pelo qual tanto lutou para que respeitasse uma percepção da cultura brasileira se tornaria uma obra bastante admirada não só pelo valor institucional, mas, sobretudo, pela questão estética.

Curiosamente, como revelaria José Octavio Capanema muitos e muitos anos depois, seu tio, nos seus últimos dias de ministro, teria ficado aborrecido com o fato de ter de passar o cargo a Raul Leitão da Cunha, que o substituiria no Ministério da Educação e Saúde. De acordo com o relato de Capanema-sobrinho, Gustavo Capanema disse: "Não entrego ao senhor da Cunha a pasta ministerial. Cedo-lhe as chaves do prédio onde está instalado o Ministério da Educação."[23]

Embora a declaração tenha bastante a ver como as pessoas, por vezes, se confundem com os cargos, no caso de Capanema existe um componente central, como revela José Octavio:

> Ele era uma pessoa extremamente fina, educada, comportada. Então, ele deve ter ficado bastante magoado, pois, apesar de todo esse esforço, não permaneceu tempo suficiente como o ministro a ocupar o prédio do MES.[24]

Quem visita o Palácio Capanema hoje encontra as referências estéticas e arquitetônicas que estavam sendo restauradas quando do episódio Ocupa Minc em meados de 2016. Todavia, na entrada do prédio, as palavras que estão registradas da parede não são do ministro da Educação, mas de Getúlio Vargas. E nos arquivos existentes no prédio que hoje abriga a sede do Iphan são poucas as informações do ministro que não apenas investiu para que o edifício ficasse pronto, reunindo inteligências e talentos diversos e que, por fim, acabou dando nome ao lugar. Ninguém questiona o protagonismo de Capanema nessa matéria, mas Getúlio Vargas soube criar em torno de si um aparato forte o bastante de culto à personalidade — e, nesse caso, o edifício-sede do Ministério da Educação e Saúde é só mais um item, e Gustavo Capanema, até aquele momento, um competente auxiliar — importante, mas auxiliar.

Mesmo assim, a colaboração de Capanema para a manutenção de Vargas no poder seria ainda mais decisiva em termos políticos.

9

O poder ameaçado

Ao mesmo tempo que o Palácio do Ministério da Educação e Saúde era construído, a disputa política no país ficava ainda mais acirrada. Aliás, não só no Brasil. Na década de 1930, os regimes totalitários saíram do armário, por assim dizer, e a sanha autoritária ganhava contornos dramáticos tanto na União Soviética, liderada por Josef Stalin, quanto na Alemanha, comandada pelo chanceler eleito Adolf Hitler. Hitler e Stalin exerciam o poder com autoridade e veemência e, embora de modo distinto, acabariam por influenciar algumas das principais lideranças políticas no Brasil. Por aqui, ao menos desde a década de 1930, a agenda autoritária já estava em curso a partir da referência do *Duce* italiano Benito Mussolini, espécie de arquétipo para a liderança de Getúlio Vargas.

Em 1935, quando Capanema estava prestes a completar um ano no cargo de ministro da Educação, o "perigo vermelho" já rondava o imaginário político dos líderes que se posicionavam ao lado das forças da reação. Nesse sentido, não foi gratuita a palestra proferida por Alceu Amoroso Lima no Ministério da Educação e Saúde. Como ideólogo de certo pensamento católico que se aproximava do poder, com franco acesso ao Ministério da Educação, o crítico literário se estabeleceu em um espaço que só poderia existir naquela conjuntura política. E os eventos subsequentes mostraram que essa preocupação com o "perigo vermelho" era justificável.

A expressão "Intentona Comunista" é o nome pelo qual ficaria conhecida a tentativa de tomada do poder pelas armas promovida pela Aliança Nacional Libertadora. A ANL havia sido criada em março de 1935, tomando como exemplo as frentes populares que surgiam na Europa para impedir o avanço do nazismo. A particularidade da ANL tem a ver com o combustível que alimentou a sua formação. O movimento congregou setores diversos da sociedade — militares, católicos, socialistas e até lideranças que não estavam satisfeitos com o andar da carruagem no governo Vargas.

Ainda que tenha sido uma tentativa frustrada de tomar o poder — o próprio nome, "intentona", tem como origem essa ideia, conforme atesta o documentário *35: Assalto ao poder*, dirigido por Eduardo Escorel —, não se pode dizer que os eventos de novembro aconteceram de um dia para o outro. Houve uma articulação constante ao longo de alguns meses, sem mencionar a participação decisiva de personagens que teriam seu nome assegurado na História do Brasil.

Luís Carlos Prestes foi um deles. O "cavaleiro da esperança", que havia sido o principal esteio da Coluna Prestes nos anos 1920, estava de volta ao epicentro dos acontecimentos. Assim, no dia da criação da ANL, Prestes foi nomeado presidente de honra.

A política brasileira, nesse sentido, estava em linha com a dinâmica internacional. E até mesmo no VII Congresso da Terceira Internacional Socialista, tradicional encontro do Partido Comunista Soviético, a iniciativa da ANL era elogiada. Para ser mais exato, o elogio era feito ao Partido Comunista Brasileiro por ter oferecido um terreno para que esse fruto se desenvolvesse.

O *Comintern* não ficaria só nas palavras de estímulo. O casal Arthur Ernest Ewert e Elza Saborowiskï fora enviado ao Brasil em março de 1935. A iniciativa não deixava dúvida. Era de interesse do *Comintern* aproveitar a janela que surgia. Nas palavras de Ewert: "trazia a missão especial de estabelecer a ligação do Partido Comunista Brasileiro com a grande massa, isto é, o proletariado, com os camponeses e com a pequena burguesia e essa missão me foi confiada por vários partidos comunistas."[1]

Para o historiador Daniel Aarão Reis, no entanto, o endosso do *Comintern* não deve ser encarado de forma tão definitiva. No livro *Luís Carlos*

Prestes: um revolucionário entre dois mundos, Reis reconstrói esse episódio apontando as incongruências da organização revolucionária, pois "seria necessário desmistificar certa aura de mistério e perfeito profissionalismo que, até os dias de hoje, cerca narrativas a propósito dos militantes da Internacional Comunista".[2] Ainda de acordo com o autor, até o fim daquela aventura revolucionária, homens e mulheres seriam comprometidos com os enfrentamentos apocalípticos previstos no IV Congresso, realizado em 1928.

Luís Carlos Prestes estava definitivamente envolvido com o assalto ao poder que aconteceu em novembro de 1935. Junto com Olga Benário, que mais tarde seria Olga Benário Prestes, o "cavaleiro da esperança" veio para o Brasil com o objetivo de "participar das grandes lutas e, se fosse o caso, liderá-las no sentido de uma verdadeira revolução social".[3] Já no Brasil, depois de encontros e desencontros em termos de organização, Prestes escreveu um manifesto "bastante radical" e que "não media palavras", como reforçaria seu biógrafo.[4] Assim conclamaria Prestes: "A situação é de guerra e cada um precisa ocupar seu posto [...] Abaixo o fascismo! Abaixo o governo odioso de Vargas! Por um governo Popular Nacional e Revolucionário!"[5]

O discurso inflamado de Prestes sinalizava a brecha para consolidar sua força. Foi a partir do manifesto que o então presidente agiu no sentido de colocar a ANL na ilegalidade. É exatamente nesse contexto que se dá a angústia de Carlos Drummond de Andrade, o poeta que, apesar de *gauche* na vida, servia ao Ministério da Educação e Saúde de um presidente cada vez mais ambicioso pelo poder. De tal maneira que a ideia de uma oposição que se pretendia revolucionária precisava ser asfixiada.

A escalada autoritária recrudesceria daí em diante. Em novembro de 1935, a Intentona Comunista aconteceria, tendo o primeiro levante militar sido deflagrado no dia 23 na cidade de Natal. No dia 24, foi a vez do Recife e, finalmente, no dia 27, a revolta ocorreu no Rio de Janeiro. Os revolucionários desejavam apear Vargas do cargo buscando o suporte inicial de destacamentos militares de várias regiões. Além disso, o movimento contava com o apoio dos operários, que, insatisfeitos com o governo Vargas e estimulados pela possibilidade de um governo popular e revolucionário, desencadeariam greves em todo o território nacional.

Como se sabe, não foi o que aconteceu. Na verdade, a Intentona deu ainda mais munição para o tolhimento das liberdades, desta feita sob o argumento que se tornara legítimo, porque contava com apoio do grupo político que defendia Vargas, que era necessário restabelecer a manutenção da lei e da ordem.

Tal como registra Hélio Silva, tomando como referência o relato de Alzira Alves Abreu, a reunião ministerial que aconteceria em 7 de dezembro guardava novas propostas de alteração do regime constitucional vigente com o objetivo de reprimir e combater o comunismo, "tanto nas Forças Armadas quanto entre os civis",[6] conforme as palavras de Vicente Rao, então ministro da Justiça. Já o ministro da Viação, Marques Reis, pedia por punição rigorosa, além de censura aos comunistas. Enquanto isso, o ministro da Agricultura, Odilon Braga, em uma sugestão que certamente escapava ao escopo de sua pasta, embora estivesse afinado com o clima político daquele momento, assinalava que era necessário criar um organismo especial, cuja função seria "orientar e mobilizar a opinião pública para complementar as medidas já solicitadas".[7]

Se até mesmo os ministros da Agricultura e da Viação se manifestavam, por que Gustavo Capanema ficaria calado? O titular da pasta da Educação e Saúde não fugiu da responsabilidade — e, mais importante, soube assinalar com precisão em qual aspecto daria sua contribuição: ao criticar a educação no país, Gustavo Capanema afirmou que o Plano Nacional de Educação deveria dar diretrizes desde a escola primária até a superior e cuidar da formação das elites. É nesse contexto que Capanema apresenta sua crítica à Universidade do Distrito Federal, "de orientação comunista". Capanema aproveitava o momento para executar a UDF, ao menos tal como ela existia até então. Conforme salientam Schwartzman, Bomeny e Costa, o que se observa é "o expurgo que se segue ao fracasso da insurreição da Aliança Nacional Libertadora".[8]

Junto com a UDF, saiu de cena toda uma geração de intelectuais que perderam o espaço graças a uma nova agenda de poder que ora se fortalecia. Um caso exemplar nesse sentido é o de Luís Camilo de Oliveira Neto, que, formado em química industrial pela Escola de Engenharia de Belo Horizonte, foi primeiro professor antes de ocupar o posto de perito químico no breve período em que Gustavo Capanema era interventor em Minas Gerais. No ano seguinte, quando Capanema se tornou ministro da Educação e Saúde, Camilo foi nomeado diretor da Casa de Rui Barbosa e, em 1936, o "ano Capanema", passou a integrar o Conselho Nacional de Educação. Em 1938, Camilo tornou-se professor catedrático de história do Brasil da Universidade do Distrito Federal. Luís Camilo, portanto, pertenceu aos quadros daquela instituição cujo objetivo era formar quadros intelectuais do país, tudo isso num momento de acirrada disputa ideológica. No ano de 1939, Luís Camilo assumiu a reitoria da UDF, mas, em que pesem seus esforços, não conseguiu evitar que a instituição fosse extinta, tendo sido incorporada à Faculdade Nacional de Filosofia. A partir daí, a relação de Camilo e Capanema deixou de acontecer no mesmo ambiente, haja vista enquanto o primeiro ter ido fazer parte dos quadros do Ministério das Relações Exteriores, o segundo ter seguido ministro.

A essa altura, apesar de seu perfil discreto e de seus gestos calculados, pode-se afirmar que Gustavo Capanema já se sentia à vontade no cargo que ocupava. Com autonomia, as ações do ministro ganhavam destaque nos jornais, algo que é bastante significativo em um governo cujo presidente era Getúlio Vargas (que atraía toda atenção para si, sendo sempre o protagonista), sem mencionar o fato de que Capanema, como ministro, tinha em mãos uma pasta que não era da Fazenda ou da Guerra, ministérios que sempre tiveram relevância até então. É curioso observar o quanto da atuação de Capanema estava relacionada ao trabalho de costura política nos bastidores, para fazer com que suas medidas fossem colocadas em prática. Embora o ministério de Vargas naquele momento contasse com outros políticos experientes, Capanema sabia que, para ser cumpridor das tarefas cuja incumbência pairava sobre si, era necessário agir politicamente, conquistando apoios e obedecendo à tradição que concede aos mineiros essa ampla capacidade de articulação.

Ainda assim, mesmo participando de eventos públicos diversos com uma agenda de inaugurações em que estava ao lado de Vargas, Capanema parecia estar convicto de que não fazia política. Um bom exemplo disso se mostra visível quando fez visita ao presidente do Senado, Medeiros Netto. Na ocasião, Capanema fora ao Senado para tratar dos conselhos técnicos referentes à sua pasta. Na prática, o ministro precisava que fosse ativada a formação desses conselhos, condição sem a qual não seria possível colocar em funcionamento as soluções que havia preparado para os segmentos da Educação e da Saúde.

Nesse mesmo dia, estava ali Lindolfo Collor, político que ocupava a Secretaria de Finanças no Rio Grande do Sul. Collor havia ido ali para retribuir uma visita que havia sido feita por Medeiros Netto. A cobertura do *Correio da Manhã* dá conta dessa visita ao presidente do Senado e registra, ainda, a presença de um político paulista, que ali fora interpelado por jornalistas a propósito de comentar a situação política de seu estado natal. Alcântara Machado responde então que seu costume era outro, a saber: ele separava a ação política da ação partidária. Nesse momento, Machado indaga a Capanema: "Não entende que deve ser assim, dr. Capanema?"[9] Capanema, então, respondeu: a despeito de ter um temperamento vinculado à política, nos dois anos em que ocupara o ministério não tomara conhecimento da política, abstendo-se de ler até o noticiário dos jornais.

Se é verdade ou não que Capanema ignorava os jornais (ou ao menos declarava fazê-lo), os jornais não ignoravam o ministro da Educação e Saúde. Seus passos eram acompanhados de forma meticulosa, registrando as vezes em que ele ia à Câmara apresentar projetos do MES, apontando quando ele se tornara motivo de chacota por conta do projeto da Cidade Universitária, além de noticiar os momentos em que Capanema estava sob suspeição.

Acerca desse último caso, aliás, em julho de 1936, às vésperas de comemorar dois anos à frente do ministério, a Câmara dos Representantes do Rio de Janeiro acusou Capanema de ilegalidade em relação aos contratos de abastecimento de água do Distrito Federal. A crítica ao titular da pasta da Educação e Saúde se baseava no argumento de que o seu ministério havia preparado um contrato de regulamentação de abastecimento de água no Distrito Federal sem o devido cuidado. E a consequência mais drástica seria o risco de a população ficar sem água.

A Câmara Municipal ficou dividida. De um lado, aqueles que hostilizavam a prefeitura; de outro, aqueles que defendiam o governo. Para defender o governo do cônego Olympio de Mello (que havia substituído Pedro Ernesto na prefeitura do Rio de Janeiro), Alberico Moraes atacou

Gustavo Capanema com ferocidade, afirmando que "a política de Minas, no que encarna de pior na atualidade, está investida contra os interesses do povo carioca."[10] Além disso, Moraes acusou Capanema de "filhotismo" e disse que os atos do ministério eram nada menos do que desastrosos, ressaltando a má conduta de Capanema no episódio da regulamentação do abastecimento de água na cidade.

Esse caso ainda desgastaria Capanema por mais algum tempo, sobretudo porque o veto fora dado pelo Tribunal de Contas. O ministro saiu em defesa da ampliação algumas semanas depois da crítica furiosa de Alberico Moraes, mas o processo de fritura permaneceria em outras frentes.

Começaram a tramitar os projetos relacionados à educação. Em maio daquele ano, foi instalada a comissão responsável para promover a reforma ortográfica. Dois meses depois, enquanto o projeto da Cidade Universitária se tornava motivo de piada, com direito a registro nos jornais, o ministro que afirmava não fazer política ia à Câmara apresentar suas ideias para a reforma do Ministério da Educação e Saúde. É bem verdade que Capanema foi até lá participar de uma reunião conjunta das Comissões de Educação e de Saúde Pública, mas havia sido o próprio ministro o autor da iniciativa. Nessa ocasião, Capanema defendeu, em meio à balbúrdia que prevalecia nas sessões, que o projeto de educação que havia sido apresentado no ano anterior fosse deixado de lado em favor da renovação da proposta de Reforma do MES, desta vez atendendo "ideias e pontos de vista pelos quais os legisladores manifestaram simpatia".

A discussão prosseguiria em agosto do mesmo ano. A criação do Conselho Nacional de Educação provocou algum ruído no Senado Federal porque, na percepção de alguns legisladores, o Senado deveria ser parte interessada, algo que não vinha sendo respeitado pelo governo, que, por sua vez, já havia feito a nomeação de alguns integrantes dessa comissão.

Nesse momento, a intervenção de Capanema no dia a dia da Câmara dos Deputados já não é mais vista com tanta naturalidade. Enquanto a sátira política se refestelava com a origem indígena do nome Capanema (união dos vocábulos "caa", erva, e "panema", daninha, que, de acordo com o *Correio da Manhã*, explicava por que os bons resultados na Educação e na Saúde ainda não tinham aparecido), a presença do ministro provoca constrangimento na Câmara dos Deputados, em especial na já citada Comissão de Educação da Câmara.

O resultado desse crescente clima de superexposição foi que o antes discreto e cumpridor Gustavo Capanema ganhou os holofotes da imprensa, mas como alvo de uma saraivada de críticas cada vez mais contundentes. Um exemplo bastante significativo indica o quanto Capanema podia servir até mesmo como para-raios das críticas a Getúlio Vargas:

> O sr. Gustavo Capanema tem uma capacidade inata para fazer as coisas erradas e para persistir no erro, por mais que lhe mostrem a porta por onde poderia salvar-se. De acordo com a lei, o Senado deveria ser ouvido antes, mas o sr. Capanema não tem tempo para ler a Constituição novamente, e já se esqueceu da leitura rápida que fez do Pacto Fundamental. O presidente, por sua vez, também concordou.[11]

Não se pode negar que o *Correio da Manhã* cumpria o papel de vigilante das demandas do poder público. Todavia, Capanema era o alvo preferencial enquanto Getúlio, que sustentava o ministro no cargo, era visto como alguém que no máximo "concordava", sem direito a nenhum tipo de adjetivação ou juízo de valor.

Ao longo do segundo semestre de 1936, o clima entre Capanema e o legislativo era praticamente hostil. O *Correio da Manhã* acompanhava a atuação de Capanema com bastante atenção e igual dose de crítica, como se lê no trecho a seguir:

> É do conhecimento público o motivo por que o Senado não adotou a designação dos membros que compõem o Conselho Nacional de Educação. Segundo se disse e se provou, foi a falta de colaboração do Poder Coordenador na lei que criou o Conselho, contra dispositivo expresso na Constituição. A culpa de ter sido levado à sanção do presidente da República um ato legislativo inacabado, e, portanto, nulo, foi do sr. Gustavo Capanema. Não obstante a isso, o ministro da Educação, em entrevista à imprensa, acaba de declarar que as designações dos membros do Conselho Nacional de Educação deixaram de fazer-se por culpa do Senado, que "não se pronunciou sobre o assunto". Decididamente, o ministro abusa do direito de cultivar o paradoxo![12]

Com efeito, a situação de Capanema junto aos deputados não era melhor do que no Senado. À diferença dos senadores, no entanto, a crítica à atuação de Capanema se deu de modo muito mais objetivo. "A investida do sr. Capanema constitui, na história da República, o ato mais ostensivo de pouco acaso pelo poder legislativo, ao qual ele está dando ordens e tratando com uma displicência que já se tornou desrespeitosa."[13]

Em dezembro de 1936, portanto, Capanema não era um campeão de popularidade de acordo com certa cobertura da imprensa ao mesmo tempo que parecia cultuar uma animosidade que só fazia crescer junto aos parlamentares. Embora estivesse cumprindo uma agenda propositiva em relação à saúde pública, ora participando de inaugurações de hospitais, ora se envolvendo com iniciativas relevantes — como a III Conferência Pan-americana de Diretores de Saúde Pública, defendendo, aqui em particular, a adoção de medidas de longo alcance —, sua posição se encontrava fragilizada em termos de estima e reputação. E a situação estava longe de melhorar.

A posição de Gustavo Capanema estava prestes a se tornar ainda mais frágil. E isso não necessariamente estava ligado à falta de habilidade ou capacidade administrativa. Era, sim, reflexo do acirramento da luta política. Às vésperas de 1937, o Estado Novo estava ao redor. E o cargo de Capanema corria perigo.

Enquanto o ministro tentava fazer a costura política no corpo a corpo com os deputados, sua cabeça estava a prêmio — e seu cargo no ministério já servia como moeda de troca para a cooptação de um grupo político importante naquele momento: a facção integralista.

Os integralistas eram considerados a versão verde-amarela do fascismo. Suas cores se confundem com um ideal nacionalista, com claro componente avesso ao regime e às instituições democráticas. O integralismo rejeitava, por exemplo, o pluripartidarismo; colocava-se como antagonista definitivo do comunismo e, ao mesmo tempo, defendia o fim do capitalismo especulativo. Esse cardápio exótico se completava com a expressão indígena "anauê", espécie de saudação corrente entre os iniciados, além do marcante símbolo grego sigma. A agenda dos camisas-verdes se tornava bastante efetiva com o uso maciço dos meios de comunicação disponíveis à época — junto com os itens mencionados acima, a estratégia buscava nada menos do que unificar o comportamento dos seus seguidores.

Mais do que estabelecer uma caracterização, que, hoje em dia, pode ser percebida como esdrúxula, os integralistas queriam arregimentar adeptos porque ambicionavam chegar ao poder. E para o cargo maior defendiam a ascensão de uma liderança forte. Nesse caso, o nome que se destacava era o de Plínio Salgado. Mas quem foi Plínio Salgado — e, mais importante, como ele se encaixa nessa história de Gustavo Capanema?

O jornalista e escritor Plínio Salgado nasceu na cidade de São Bento de Sapucaí, interior de São Paulo, em 1895. Como outros intelectuais de sua geração, Salgado começou como colaborador dos jornais de sua cidade ao mesmo tempo que se dedicava ao magistério. A princípio, seu pensamento foi influenciado pelos filósofos materialistas, mas, com a morte da esposa, depois de pouco mais de um ano de casado, ele atravessou um período de transição decisivo. Os registros biográficos sobre a sua vida ressaltam que foi nesse momento que ele se voltou para a religião, sobretudo com a leitura de pensadores católicos do naipe de Jackson de Figueiredo e Raimundo Farias de Brito.

Já nos anos 1920, a conversão foi outra. Morando em São Paulo, ele fez amizade com o escritor Menotti del Picchia. Tanto Plínio Salgado como Menotti del Picchia trabalharam no *Correio Paulistano*, o primeiro como colaborador eventual e o segundo como redator-chefe. Foi nessa época que Salgado se dedicou de forma quase integral ao trabalho literário. Embora não tenha abraçado de corpo e alma o modernismo no momento de sua explosão, seu trabalho está alinhado com a corrente "verde-amarelo" do movimento, em companhia de Cassiano Ricardo, do próprio Menotti del Picchia e de Cândido Mota Filho. Esse vínculo com o modernismo aos poucos seria esquecido na exata medida em que Plínio Salgado se aproximava da vida política. Já no fim dos anos 1920, ele se elegeu deputado federal pelo Partido Republicano Paulista e, em 1930, foi partidário da candidatura de Júlio Prestes à presidência da República.

O relato da trajetória política e intelectual de Plínio Salgado não estaria completo se fosse deixada de lado sua relação com o advogado e empresário Alfredo Egídio de Souza Aranha. Foi graças a ele que, em 1930, Salgado viajou para o Oriente Médio e para a Europa, desempenhando a função de preceptor do filho de Souza Aranha. A viagem é fundamental para Salgado, uma vez que na Itália ele se impressionou com o fascismo italiano com a força do *Duce* Benito Mussolini.

De volta ao Brasil, escreveu em defesa de Washington Luís já nos estertores da Primeira República. Com a vitória dos revolucionários, no entanto, ele empresta seu apoio a Vargas, em um movimento que seria bastante útil ao então recém-empossado chefe do Governo Provisório.

Entre 1931 e 1932, Salgado articulou politicamente, envolvendo-se, primeiro, com o jornal *A Razão*, do qual era redator-chefe. Em seguida, em fevereiro de 1932, fundou a Sociedade de Estudos Políticos, espécie de *think tank* que funcionava como embrião para a Ação Integralista Brasileira (AIB). Em fevereiro de 1934, Plínio Salgado assegurou a liderança do grupo, tornando-se, enfim, chefe nacional da AIB.

O crescimento da AIB não ficou fora do radar de Getúlio Vargas. Agora presidente de um governo constitucional, Vargas percebeu que os adversários avançavam no tocante à conquista de popularidade. Para tentar dirimir qualquer vantagem que pudesse minar sua liderança, o presidente buscou trazer para perto de si Plínio Salgado — e essa estratégia atingia diretamente Gustavo Capanema.

Como relata José Silvério Baia Horta no livro *Gustavo Capanema* (2010), ainda no primeiro semestre de 1937, o Plano Nacional de Educação foi encaminhado por Vargas à Câmara dos Deputados. No que pode ser lido como uma derrota para Capanema, a proposta para que o projeto fosse votado em bloco foi rejeitada. O documento foi para a Comissão de Educação e Cultura no mês de setembro. Em que pese a relevância dessa matéria, à época em que a comissão discutia o projeto, outra disputa estava em curso.

Ainda em 1935, logo após Anísio Teixeira ter sido defenestrado do cargo de secretário de Educação do Distrito Federal, Francisco Campos assumiu seu posto. Ele não ficou muito tempo na função e, em 1937, tornou-se ministro da Justiça de Getúlio Vargas. Campos é o arquiteto e o redator responsável pela Constituição de 1937, marcada pela força definitiva do poder central junto aos municípios e do executivo em relação ao legislativo e ao judiciário.

Capanema não ficaria ileso a esse ambiente de mudanças. Na verdade, o seu cargo se tornara objeto de interesse direto de Francisco Campos, uma vez que o ministro da Justiça entendia que o papel do Ministério da Educação era muito mais estratégico. Conforme analisa José Silvério Baia Horta, cabia ao sistema educacional transformar-se em um "poderoso instrumento de propagação da ideologia do Estado Novo e de mobilização da juventude".[14] Nesse contexto, de acordo com Francisco Campos, a União seria a responsável por "traçar as diretrizes a que se deve obedecer à formação física, intelectual e moral da infância e juventude".[15] No entendimento do ministro da Justiça, como destaca José Silvério Baia Horta, era dever do Estado "promover o adestramento da juventude, de maneira a prepará-la ao cumprimento de suas obrigações para com a economia e a defesa da nação".[16]

Em princípio, não havia nenhuma discordância entre os ideais de Gustavo Capanema e os de Francisco Campos. Para além da relação de amizade, que anos mais tarde renderia homenagem do aluno Capanema ao mestre Francisco Campos, ambos estavam alinhados no entendimento de qual deveria ser o papel do Estado: sempre forte e atuante, em contraponto ao ideário defendido pelo liberalismo.

Mesmo assim, Francisco Campos não considerava que, uma vez ministro, Capanema seria capaz de tocar a reforma da educação na direção que a nova Constituição exigia. O titular da pasta da Justiça passou, então, a trabalhar pela substituição de Gustavo Capanema. Em seu lugar deveria entrar Plínio Salgado. Com efeito, Campos e Salgado já estavam em contato havia algum tempo. De acordo com José Silvério Baia Horta, em setembro de 1937, Francisco Campos encontrou-se com Plínio Salgado duas vezes. E Getúlio Vargas não estava alheio a essas conversas.

Os movimentos se intensificavam. No mês de outubro, foi a vez de Getúlio Vargas se reunir com Plínio Salgado. Existem relatos distintos dos personagens envolvidos neste episódio. Em carta enviada a Getúlio Vargas em janeiro de 1938, Plínio Salgado escreveu que, a partir da conversa com o presidente, teve a impressão de que o integralismo viria a se tornar o cerne do partido único, confiando, ainda, que a organização da juventude seria patrocinada pelo ministro da Educação. De sua parte, Getúlio Vargas contou uma história diferente dessa entrevista. De forma sucinta, escreveu em seu diário que era Plínio Salgado que desejava ter com ele. E que, ao final, entenderam-se bem. A estratégia de Vargas consistia, enfim, em buscar o apoio do integralismo com o objetivo de promover o golpe, adiando as eleições por tempo indeterminado e mantendo-se no poder como o condutor do Estado Novo. A fim de ganhar tempo com Plínio Salgado, Vargas acenou com a possibilidade de oferta de uma posição relevante nesse novo contexto, a saber: o Ministério da Educação e Saúde, e a chance de incorporar ao projeto político a agenda do integralismo.

Gustavo Capanema, por sua vez, percebia que o ministério escapava pelos dedos. Sem base de sustentação política (tendo em vista a relação desgastada com os parlamentares), o ministro estava atento à tentativa de tomada de seu poder, mas não tinha meios para resistir ou mesmo contra-atacar.

Com isso, a chegada de Plínio Salgado ao ministério parecia iminente. Vargas registrou, inclusive, em dezembro de 1937, quase um mês após o golpe do Estado Novo ter sido concretizado:

> Os integralistas, passada a revolta ou os mal-entendidos das primeiras horas, estão procurando acomodar-se. O Plínio Salgado mandou-me uma longa explicação, por intermédio do subchefe da Casa Militar. Ele deseja aceitar o Ministério da Educação e está preparando para isso a sua gente.[17]

Enquanto isso, a angústia de Gustavo Capanema permanecia. Em uma carta endereçada à sua mãe, confidente de todas as horas, ele revelou o seu drama e parecia aceitar o inevitável: "O presidente chegará amanhã do Sul. Espero que logo depois fique de uma vez resolvido se vou ou não deixar o Ministério."[18]

A situação de Gustavo Capanema só melhorou, de fato, quando Vargas se voltou contra os integralistas.

Em um cálculo típico de Getúlio Vargas, os integralistas foram úteis enquanto seu apoio foi decisivo para que o Estado Novo fosse instaurado. Quando, enfim, a posição de Vargas estava estabelecida, Plínio Salgado e seus seguidores não tinham mais importância. E Vargas, em um gesto que parece ter tranquilizado Capanema, não fez mais menção de substituí-lo. O presidente, agora incorporando a figura do ditador, até fez comentário da mudança de estado de espírito de Gustavo Capanema:

> Despacho com os ministros da Justiça e Educação. [...] Com o segundo [tratei] de vários assuntos de educação e assistência. Achei-o mais animado. Parece que a conspiração integralista dissipou-lhe o receio de deixar o ministério.[19]

De acordo com o relato de Vargas, o medo que Capanema tinha de deixar o Ministério da Educação e Saúde não tinha nenhuma base ou justificativa aparente que não a própria insegurança do ministro.

No texto que aparece no arquivo de Gustavo Capanema destinado ao presidente Getúlio Vargas, assim está apresentado o cenário que antecede aos eventos do Estado Novo:

> As forças armadas, que constituíam as únicas instituições de sentido verdadeiramente nacional, numa fase em que os partidos só expressavam interesses facciosos e propósitos desintegradores, compreenderam e decidiram que era de absoluta necessidade e de toda urgência opor um dique definitivo à tenebrosa torrente que nos arrastava para o precipício da guerra civil e da convulsão nacional.[20]

Ao elaborar uma interpretação desse episódio, Capanema sequer mencionou qualquer tipo de desavença política daquele período. É curioso, aliás, que no livro que se propõe a estabelecer um autorretrato do Estado Novo, o ministro da Educação e Saúde prefira registrar uma versão edulcorada do 10 de novembro de 1937. "Foi assim, como um imperativo de salvação nacional, que se instituiu o novo Estado brasileiro, em 10 de novembro de 1937."

Nessa época, o clima já havia se tornado hostil aos opositores de Vargas. E é muito provável que o caso mais notório seja o da judia Olga Benário Prestes, que, em setembro de 1936, foi deportada para a Alemanha Nazista comandada por Adolf Hitler. Essa história já foi explorada na biografia assinada por Fernando Morais e em filme dirigido por Jayme Monjardim. Ainda assim, talvez nunca seja demais recordar que Olga Benário Prestes foi enviada para a Alemanha no sétimo mês de gravidez; que sua ida aconteceu mesmo depois de ela ter apelado para que tivesse sua filha no país. Não adiantou. O ambiente já estava bastante intoxicado pela disputa política na sua mais alta intensidade. Depois do nascimento de sua filha, Olga foi assassinada na câmara de gás no campo de concentração em Bernburg, em abril de 1942.

A alusão à Alemanha de Adolf Hitler não obedece somente a essa circunstância. Isso porque, sem guardar nenhum tipo de remorso pelos eventos ocorridos em 1937, Gustavo Capanema planejava elaborar uma obra com o objetivo de louvar os dez primeiros anos de Getúlio Vargas no poder. O modelo inspirador aqui era o alemão, mais especificamente a revista *Neue Deutschland*, cujo exemplar estava entre os documentos do ministro no arquivo enviado ao CPDoc. Nos primeiros meses de seu ministério, Gustavo Capanema já havia trocado informações acerca do método de propaganda alemã com Luís Simões Lopes, à época chefe de gabinete da Secretaria da Presidência da República.

> O que mais me impressionou em Berlim foi a propaganda sistemática e metódica do governo e do sistema nacional-socialista. Não há em toda a Alemanha uma só pessoa que não sinta diariamente o contato do nazismo ou de Hitler, seja pela fotografia, pelo rádio ou pelo cinema.[21]

Simões Lopes, já nos idos do Estado Novo, seria o presidente do Departamento Administrativo do Serviço Público (DASP), um componente-chave na estratégia da ditadura varguista.

Esse flerte da primeira metade da década de 1930 se transformaria, portanto, em um relacionamento sério à medida que o nazismo avançava. De algum modo, isso também afetou outros segmentos em tese apartados dessas querelas políticas.

Um episódio ilustrativo dessas relações perigosas aconteceu exatamente no âmbito da educação. Gustavo Barroso era um dos principais nomes do integralismo no Brasil. Perto dele, figuras como Plínio Salgado pareciam moderados — e o próprio Barroso se referia desta forma a Salgado. Suas convicções não deixavam dúvidas de que se alinhava quase de modo automático às correntes mais sectárias de seu tempo. Declaradamente antissemita, Barroso é autor de livros que demonstravam de forma franca e aberta o quanto estava comprometido com uma visão de mundo que percebia com clareza qual era o inimigo a ser confrontado — para Barroso, esse inimigo era representado pelos judeus. Graças à sua capacidade intelectual, Barroso, que era membro da Academia Brasileira de Letras desde a década de 1920, foi durante um tempo diretor do Colégio Pedro II no mesmo período em que Capanema era ministro da Educação. E é nessa fase que ele se aproveita dessa posição para exercer todo tipo de pressão junto aos alunos de ascendência judaica. Certa feita, uma prova estava marcada no exato dia em que se celebrava o ano novo judaico. Os alunos judeus, então, pediram para que a prova fosse remarcada. Barroso, no entanto, foi implacável. Disse não à solicitação, não se importando com a pressão dos alunos. Como ministro, e exatamente porque o governo federal tinha capacidade de interferir nessas questões, sobretudo porque se tratava de um colégio tradicional na capital federal do país, Gustavo Capanema poderia ter interferido e feito com que o diretor adiasse a prova. Entretanto, o ministro nada fez. Em vez disso, foi solidário com Barroso.

Olhando em retrospecto, o jornalista Alberto Dines ressalta que o clima no país era de baixa tolerância: "O Brasil era um país fascistizado",[22] o que de certa maneira ajuda a entender as escolhas que eram feitas pelo governo Vargas em geral, e por Gustavo Capanema em particular.

Ao escrever sobre os momentos que antecederam o golpe do Estado Novo, Hélio Silva resgata o contexto da política internacional, que, por sua vez, percebia o comunismo como uma ameaça verdadeira. Como medida preventiva, a experiência totalitária era inexorável.

Para conseguir concluir o intento de se perpetuar no poder, Vargas precisava de novos eventos. Nesse sentido, o Plano Cohen, "documento divulgado pelo governo brasileiro, atribuído à Internacional Comunista", cujo conteúdo indicava um plano para a tomada do poder pelo "perigo vermelho", vinha a calhar.

Gustavo Capanema, talvez ciente desse ardil, e a despeito dos temores de ser substituído na pasta da Educação, se equilibrava como era possível. Não seria a única vez que ele apoiaria um golpe de Estado. Pode-se argumentar, aqui, que esta decisão se baseava na sua natureza reacionária, ou, ainda, de um político que desde sempre entendeu e se ajustou conforme as circunstâncias, sem, ao mesmo tempo, se distanciar de suas convicções ideológicas.

Sempre alinhado ao poder, Capanema superou até mesmo a tentativa de Francisco Campos de deixá-lo de fora, o que, seja pelas circunstâncias, seja pelo jogo duplo de Vargas, não chegou a ganhar força a ponto de ser uma ideia irresistível. Servindo a Vargas, tal como o apóstolo Paulo escreveu aos Coríntios, Gustavo Capanema poderia dizer: "quando sou fraco, então sou forte." O fato de estar sempre próximo ao poder ajudava mais pela prudência do que qualquer vínculo com a Igreja Católica, que o havia colocado ali.

Os anos de 1936 e 1937 foram de grande provação para Capanema. Polêmicas em várias frentes, contestado pela imprensa, tolerado por alguns intelectuais, tendo a confiança absoluta apenas de seu amigo Carlos Drummond de Andrade. Se o seu período como ministro se encerrasse ali, com a chegada do Estado Novo, certamente não seria lembrado adiante como o principal ministro da administração Vargas, ou, ainda, como um divisor de águas, verdadeira referência no tocante à gestão cultural.

Em contrapartida, ao permanecer no cargo, Capanema não apenas acrescentou ao seu currículo a participação efetiva em um regime de exceção, como, também, emprestou diretamente prestígio à ditadura varguista. Muitos e muitos anos depois, esse período de graves restrições de liberdades individuais seria percebido de forma muito mais complacente quando comparado à ditadura de 1964, por exemplo. Afora isso, o Estado Novo foi especialmente importante para que Capanema desempenhasse um papel ativo nas reformas educacionais e sanitárias. Embora tenha se notabilizado pela capacidade de privilegiar o diálogo e de fazer da política não só a arte do possível, mas, principalmente, a estratégia de conseguir realizar seus objetivos a partir do convencimento de seus interlocutores, ao menos naquele contexto particular dos anos 1930, suas iniciativas para a obtenção de apoio para realizar as mudanças necessárias não vingaram. Com o Estado Novo, o quadro seria outro, e Capanema estava prestes a colocar em prática algumas mudanças relevantes para o ensino do país.

Como aconteceria em outros momentos semelhantes, talvez não tenha sido a convicção ideológica que fez Capanema endossar o Estado Novo. Antes, era Capanema se adequando ao figurino das circunstâncias, cavando uma oportunidade, mesmo que para isso fosse necessário dar as costas para a Constituição. Não poderiam ser outras as palavras do manuscrito intitulado "Getúlio Vargas e sua política", documento que consta no arquivo do ministro da Educação e Saúde. À sua maneira, o texto sintetiza o que o Estado Novo representava para aqueles que buscavam se manter no poder: "Reatou-se em novembro de 1937 o caminho histórico de outubro de 1930. A Revolução transformou-se em ordem criadora."[23]

10

Capanema se move

Com a incerteza envolvendo sua permanência no cargo superada, ao mesmo tempo que Getúlio Vargas assumia o controle absoluto do teatro de operações da política nacional, o caminho estava aberto para Gustavo Capanema, enfim, realizar as reformas nas áreas da educação e da saúde. Não que como ministro ele estivesse totalmente livre das pressões que outrora o preocupavam; a diferença repousava no fato de que, daquele momento em diante, Capanema passaria a se sentir mais à vontade com o cargo. Desta forma, ele poderia se movimentar de maneira mais estratégica, a despeito do fato das críticas virulentas nos jornais prosseguirem — mesmo com a imprensa sob censura, sem mencionar o fogo-amigo de seus colegas de ministério. Até o fim de sua gestão, Gustavo Capanema assistiria à reforma do ensino secundário ser aprovada (1942), dando desde então contornos definitivos à divisão entre ginásio, que se estabeleceria com quatro anos, e um segundo ciclo, de três anos, com a opção entre o clássico e o científico.[1]

Em certa medida, o ano de 1938 começaria sem sobressaltos para ele. O ministro encaminhava sua agenda de eventos públicos como se não tivesse sido abalado por nenhuma mudança. Quem o observasse a distância, sem atentar para as minúcias da conjuntura política, talvez não desconfiasse de que o seu ministério era o epicentro da disputa pelo coração do Estado Novo.

Foi na área da educação que algumas das mudanças mais significativas do governo Vargas seguiram adiante. É correto assinalar que em consonância com a construção do Palácio, a grande obra de Gustavo Capanema estava sendo gestada. E para que essa mudança na educação ganhasse forma, Capanema fazia a sua parte, a saber: continuava a frequentar os espaços políticos para dar sequência aos debates que resultariam em projetos de lei. Logo no mês de janeiro daquele ano, foi criada a Comissão de Educação Física do Ministério da Educação e Saúde. Nos meses seguintes, esse "edifício" era aos poucos forjado com iniciativas aparentemente desconectadas umas das outras, mas que, ao fim e ao cabo, resultariam no projeto de educação de sua administração. Pode-se colocar no conjunto de ações o plano de construção de escolas profissionalizantes e a distribuição de livros às escolas particulares. Neste último caso, é sabido que, com a entrada de Capanema no ministério em 1934, as escolas particulares não apenas tiveram mais espaço para funcionar, como também recebiam incentivos para a sua operação. Já em relação ao ensino profissionalizante, essa foi uma proposta que teve grande espaço no governo. Havia mesmo a intenção de implementar o ensino técnico como alternativa para a formação de mão de obra qualificada no Brasil.

As propostas que estavam em discussão na segunda metade da década de 1930 davam sequência às reformas do ensino secundário que começaram a ser debatidas ainda quando Francisco Campos era ministro da Educação e Saúde, no início dos anos 1930. Campos entendia que "o mundo vive hoje sob o sinal do econômico, como já viveu outros tempos sob o sinal do religioso e do político". De acordo com esse entendimento, portanto, tornava-se essencial que os indivíduos se preparassem do ponto de vista técnico e profissional com o objetivo de ingressar na chamada sociedade das profissões.

É bem verdade que já na Primeira República havia um clima favorável a essa mudança no perfil do conteúdo ministrado em sala de aula e principalmente na proposta de preparar os indivíduos para o processo de industrialização e de urbanização que começava a ganhar fôlego/forma naquele momento. No livro *História da educação no Brasil* (1978), Otaíza Oliveira Romanelli salienta que cabia ao Distrito Federal a criação de instituições de ensino superior e secundário nos estados já na Constituição de 1891.[2] De acordo com a análise da autora, no entanto, a prática resultou em uma separação ainda mais drástica da educação: a classe dominante tinha acesso a escolas secundárias acadêmicas e escolas superiores, enquanto a educação do povo ficava limitada à escola primária e à escola profissional.

Nesse contexto, é possível considerar o impacto das mudanças impulsionadas pela abolição da escravatura. A história da Escola Técnica tem como ponto de partida a necessidade de atenção aos "desafortunados" e aos "populares urbanos", a classe que mais tarde se transformaria nos "trabalhadores assalariados".

Os pesquisadores Celia Regina Oranto e Ronaldo Mendes Pamplona também analisaram o impasse envolvendo a educação profissional no Brasil e, recorrendo ao período do Brasil Império, observam que, já no século XIX, a educação profissional no Brasil era dotada de conotação compensatória.[3] Em uma leitura ainda mais crítica dessa proposta, Ana Maria Dantas Soares e Lia Maria Teixeira de Oliveira vão além, apontando um vício de origem, a saber:

> O ensino técnico no Brasil tem sua história marcada por uma concepção dualista/separatista que remonta ao Império, onde aos cegos, surdos e aleijados, em um primeiro momento, incorporando-se depois os menores carentes, era destinado um ensino profissionalizante, com o sentido de ofertar-lhes, como uma benesse do Estado, uma possibilidade de inclusão à força de trabalho.[4]

Quando, na década de 1930, a Reforma Capanema estava em pauta, o ensino técnico também era um assunto que ganhava força e teria um lugar reservado nas atribuições que passaram a ser incorporadas pelo Estado dali em diante.

* * *

No texto em que apresenta as realizações do Ministério da Educação e Saúde, Gustavo Capanema não mede as palavras para deixar claras as diferenças entre o antes e o depois, como se observa no fragmento a seguir:

> Criou-se o Ministério da Educação e Saúde, para o fim de coordenar e impulsionar, em todo o país, o desenvolvimento dos trabalhos relativos a esses dois importantes problemas: a educação e a saúde, e deram-se ao novo Ministério todos os elementos de ação para a realização de uma obra de alcance nacional.[5]

Em outras palavras, como aconteceu em outras áreas ao longo do governo Vargas, também na educação houve um movimento que sinalizava a centralização, isto é, tanto a tomada de decisão quanto as iniciativas que envolviam aspectos paralelos à educação, a partir de então, seriam concretizadas na esfera federal. E é aqui que Gustavo Capanema passa a ocupar um posto-chave na administração Vargas. Ainda que por caminhos tortos, o seu ministério foi o epicentro de uma mudança de mentalidade, que envolvia, de um lado, a ressignificação do papel do Estado como elemento necessário para a vida brasileira; e, de outro, a ideia de que este mesmo ator podia fazer uso de quantos instrumentos fossem indispensáveis para que seus objetivos fossem alcançados — mesmo que, para tanto, as liberdades fossem invadidas.

O Estado Novo como recurso de governabilidade surge nessa perspectiva. Foi "um imperativo de salvação nacional", registraria Capanema no texto "Getúlio Vargas e sua política",[6] mas, em verdade, tratou-se de um desvio de rota fundamental para que Vargas pudesse impor sua agenda sem contestação. Do ponto de vista constitucional, o texto apreciado em 1934 e a partir do qual seu governo se alicerçava apresentava um empecilho. Alguns de seus biógrafos e outros historiadores observam que desde o início Vargas queria reformular o documento. A janela de oportunidade começou a aparecer com os eventos de 1935 e, em 1937, o golpe se deu sob o manto da manutenção da ordem.

Francisco Campos foi um personagem importante desse período. Ele fora o responsável por redigir o documento que substituiria a Constituição de 1934. Fora Campos, também, o responsável pela concepção de um ideário que buscava tornar o Estado ainda mais forte do que ele já era. Isso porque, para Campos, a ideologia do liberalismo não se adequava ao momento pelo qual o Brasil passava. Ou ainda: para o ministro da Justiça, cumpria ao Estado o papel de grande articulador da vida cívica. E isso se fazia necessário exatamente porque, para enfrentar os momentos de crise, se tornava fundamental uma baliza estável, uma reforma sólida e, portanto, um Estado forte.

Ao explicar a importância dessa visão de mundo para o projeto de educação da Era Vargas, o pesquisador Sergio de Sousa Montalvão ressalta que se estabeleceu "a vontade de construir um homem novo, uma nova mentalidade, uma nação voltada para o futuro que preservasse também a memória, o passado e a tradição".[7] E não só: para que essa nação fosse possível, era essencial estabelecer símbolos que fossem dignos de louvor. Dessa forma, argumenta o pesquisador, "a política varguista inventou diversas tradições no período entre 1930 e 1945, que unidas aos momentos de exaltação à figura do Estado e do presidente da República, procuraram oferecer um novo sentido à história nacional".

A Reforma Capanema, portanto, precisa estar vinculada a essa dinâmica mais complexa. A proposta de reformular as plataformas de ensino sempre esteve associada a um plano mestre, que era consolidar uma agenda que tivesse o Estado como o grande benfeitor.

Algumas alterações são bastante indicativas dessa proposta, enquanto outras, nem tanto.

É curioso observar, por exemplo, a iniciativa que Capanema nomeou de "ação nacionalizadora", que foi empreendida principalmente nos estados do Rio Grande do Sul, Santa Catarina, Paraná e São Paulo. O propósito dessa iniciativa era nacionalizar o ensino primário nos estados de acentuada imigração de origem estrangeira.

De fato, havia grande preocupação em relação às regiões do Brasil onde o conteúdo ensinado não se estruturava a partir do ensino nacional. Em determinadas escolas do sul do país, os alunos eram tutelados a partir da língua e tradição cultural estrangeira.

O movimento em direção do nacionalismo, nesse caso, não era um fato isolado na área da educação. Também no campo do trabalho e do emprego se notavam iniciativas nesse sentido. Já na década de 1930, uma vez criado o Ministério do Trabalho, o governo Vargas quis organizar a presença de estrangeiros no Brasil nas chamadas atividades laborais. Com o argumento de não permitir que os desocupados das indústrias e do comércio de outros países viessem, dentro das nossas fronteiras, desalojar das suas ocupações os trabalhadores nacionais, o então ministro do Trabalho de Getúlio Vargas, Lindolfo Collor, defendeu o Decreto nº 20.291, de agosto de 1931, que logo ficaria conhecido como "Lei dos 2/3". Em linhas gerais, a medida exigia que em cada estabelecimento com três ou mais empregados fosse mantida uma proporção de 2/3 de brasileiros para 1/3 de estrangeiros.

O grande plano que estava sendo organizado girava em torno do projeto do Homem Novo, obedecendo aqui não somente aos preceitos que foram apresentados por Francisco Campos, mas à iniciativa de Gustavo Capanema de continuar a agenda do ministro anterior, sobretudo porque o plano em questão harmonizava com o projeto nacionalista do Estado Novo. A educação, certamente, era o eixo central para a execução dessa estratégia.

Esse "novo homem brasileiro" que precisava ser construído era um contraponto à imagem do indivíduo, um personagem que poderia ser associado ao liberalismo, já que a ideologia que sustenta o homem novo era aquela que, no título (Estado Novo), exigia uma estrutura sólida de anteparo às necessidades da população.

Conforme analisa Angela Maria de Castro Gomes, "promover o homem brasileiro e defender o progresso e a paz do país eram objetivos que se unificavam em uma mesma e grande meta: transformar o homem em cidadão/trabalhador, responsável por sua riqueza individual e também pela riqueza do conjunto da nação".[8]

O grande feito do governo Vargas, portanto, foi conseguir arregimentar a mão de obra necessária para dar força e legitimidade à proposta do Estado Novo. Para alcançar tal objetivo, o papel do Ministério da Educação e Saúde foi o de conceber um tecido capaz de articular esse ideário junto à opinião pública a ponto de estabelecer uma tradição política no Brasil.

No livro *Repensando o Estado Novo*, Angela Maria de Castro Gomes disserta a respeito da construção do Homem Novo — que se dá pelo "reconhecimento de que a civilização e o progresso são um produto do trabalho".[9] E a autora prossegue: "Só o trabalho — esta ideia fato — pode constituir-se em medida de avaliação do 'valor social' dos indivíduos e, por conseguinte, em critério de justiça social."[10]

Ela argumenta que o Estado Novo varguista, com o grande auxílio dos articulistas da revista *Cultura Política*, passa a ressignificar o trabalho como virtude e não como punição. "A recuperação social do trabalho — a humanização do trabalho — identifica a mentalidade de quem vê na máquina um elemento superior ao homem, seu primeiro inimigo."[11] Nas palavras de Castro Gomes, em *Repensando o Estado Novo*:

> [...] Para o Estado Nacional, a resolução da questão social inclui todos os problemas de caráter econômico e social que dizem respeito ao bem-estar do povo, pois, para o governo Vargas, o trabalho não é só um meio de ganhar a vida, mas, sobretudo, um meio de servir à pátria.[12]

Pasta estratégica, o Ministério da Educação e Saúde era responsável por oferecer ao trabalhador brasileiro uma série de cuidados que, em administrações anteriores, sequer mereciam atenção do governo. Destaque-se a chamada medicina social, que sintetizava um conjunto de iniciativas relacionadas à higiene e psicopatologia, por exemplo. A proteção e o cuidado para com o trabalhador tinham como objetivo sub-reptício fazer com que este cidadão estivesse adaptado tanto do ponto de vista físico como também emocional para o trabalho.

> O papel da medicina social, tão bem concretizado pela ação dos institutos de Previdência e Assistência Social, consistia explicitamente em preservar, recuperar e aumentar a capacidade de produzir do trabalhador.[13]

Em um artigo escrito para a revista *Cultura Política*, de 1943, Rudolf Aladar Métall, advogado e consultor do governo Vargas para a área de Previdência Social, assinalou que a saúde do trabalhador era o "único capital com o qual ele concorre para o desenvolvimento social".[14]

Toda essa assistência, é claro, passava pelo entendimento de que a educação deveria servir como base para quaisquer que fossem as aspirações do trabalhador brasileiro. A ênfase à educação estava condicionada à consolidação de valores fundamentais para o projeto de Getúlio Vargas no poder. Novamente de acordo com a análise de Angela de Castro Gomes, a intervenção do Estado Novo, fixando os postulados pedagógicos fundamentais à educação dos brasileiros, tinha em vista uma série de princípios, dentre os quais o culto à nacionalidade, o louvor à disciplina, à moral e também ao trabalho.

Um dos caminhos escolhidos para fazer com que esses valores alcançassem, de fato, os corações e mentes da juventude que à época se preparava para o mercado de trabalho foi o ensino técnico profissionalizante, que, naquele período e naquele contexto, recebeu bastante apoio.

Ao comentar a participação do Ministério da Educação e Saúde nesse ponto, Capanema salienta:

> remodelaram-se algumas das escolas federais de ensino industrial e procedeu-se à construção de novas escolas deste gênero, sendo que estão em vias de conclusão seis novos grandes estabelecimentos, um no Distrito

Federal, outro em Manaus, outro em São Luís, outro em Vitória, outro em Pelotas, outro em Goiânia, num custo total de 42.000 contos.[15]

Exatamente porque ocupava um posto-chave na administração federal e porque era parte interessada na realização desse projeto, as palavras de Gustavo Capanema sinalizam para uma conjuntura em que a atuação do MES garantiu vantagens absolutas para o Ensino Técnico Industrial. Ocorre que isso não necessariamente está de acordo com toda a verdade a esse respeito.

No livro *Tempos de Capanema*, Schwartzman, Bomeny e Costa observam que o ensino profissional não recebeu, de Capanema, a mesma atuação que o ensino secundário e o ensino superior. Conforme destacam os autores, "os empresários e o ministério não viam este ensino da mesma maneira".[16]

O entendimento de Capanema dava conta de que era preciso estabelecer, como prioridade, a fundação de grande número de escolas profissionais especializadas, "a rede escolar, falha e reduzida, não crescia de acordo com as exigências da indústria".[17] O plano de Capanema endossava, nesse sentido, a existência de estabelecimentos como a Escola Normal de Artes e Ofícios Venceslau Brás, localizada no Rio de Janeiro.

Os empresários, por seu turno, entendiam que o sistema de aprendizagem industrial deveria estar mais imediatamente voltado às demandas específicas da indústria. Esse projeto tinha como referência principal a experiência da Escola Profissional Mecânica do Liceu de Artes e Ofícios de São Paulo e do Serviço de Ensino e Seleção Profissional da Estrada de Ferro Sorocabana. Embora o caminho natural fosse a vinculação dessa proposta junto ao Ministério da Educação, a principal interface que o empresariado encontraria para apoiar a proposta era o Ministério do Trabalho.

Era a senha para um conflito de bastidores entre as pastas da Educação e do Trabalho.

De um lado, Capanema tentava manter sob seu controle todas as ações relacionadas à educação. Parte da explicação para esse interesse tinha a ver com a sua personalidade. Gustavo Capanema era centralizador e, racional e metódico, gostava de manter seus planos até o fim, como se fosse uma mistura de teimoso e obstinado. A outra parte da explicação tem a ver com a experiência recente de Capanema, que havia pouco saíra ileso dos disparos do fogo amigo, autorizados por Getúlio Vargas e coordenados por Francisco Campos, cujo objetivo era tomar-lhe o cargo de ministro da Educação e Saúde. À época, ele ficou nas cordas e, ao que parece, desde então decidiu agir de modo mais incisivo e ocupar os espaços antes que outros tomassem o seu lugar.

À medida que o governo Vargas mostrava seus dentes na ditadura do Estado Novo, Capanema aprendia, enfim, o funcionamento daquelas engrenagens. Era de política, enfim, que se tratava o seu trabalho — e isso não era resolvido apenas com boas intenções ou sentimentos elevados.

Em contrapartida, o Ministério do Trabalho compreendia que a discussão a respeito do ensino técnico profissionalizante era por demais relevante para permanecer na alçada da pasta da Educação, por mais contraditório que isso possa parecer. De acordo com a análise do então ministro do Trabalho, Valdemar Falcão, cabia à pasta do Trabalho coordenar as ações que visavam promover o aprimoramento da mão de obra — e, nesse caso, as empresas deveriam manter, além de refeitórios para seus trabalhadores, "cursos de aperfeiçoamento profissional".

O auge dessa disputa aconteceria em 1940, quando Vargas teve diante de si dois projetos que buscavam regulamentar o ensino técnico. Uma proposta advogada por Valdemar Falcão, enquanto a outra era defendida por Capanema. É bem verdade que, a princípio, o ministro da Educação pareceu concordar com o que defendia o seu colega na pasta do Trabalho, mas logo Capanema buscou voo solo para fazer valer seu domínio na área da educação.

Valdemar Falcão fez questão de se encontrar pessoalmente duas vezes com Getúlio Vargas a fim de persuadir o ditador de que sua proposta era a mais plausível. Vargas, afinal, foi convencido pelo ministro do Trabalho, o que provocou em Capanema, para além da frustração de quem havia sido derrotado, protestos que denunciavam a sua não aceitação do veredito. Assim, na tentativa de reatar o encaminhamento, Capanema alegou que a proposta do Ministério do Trabalho atentava contra a Constituição de 1937, segundo a qual "o ensino profissional é o primeiro dever do Estado". Em uma carta que enviaria a Vargas sublinhando a sua discordância para com o projeto do ministro do Trabalho, Capanema enfatizou, ainda, que o Estado precisava participar da obrigação de ofertar ensino profissional e, por isso, também deveria atuar como supervisor dessa iniciativa. Assim escreveu o titular da pasta da Educação e Saúde: "É lógico admitir que o ônus de sua educação não seja somente dos empregadores, parcialmente interessados nela, mas também do Estado, que é o interessado maior pela educação popular."[18]

O mesmo ministro da Educação que não fizera nenhuma objeção mais grave à entrada das escolas particulares no consórcio do ensino, desta feita, saía em larga defesa do Estado como ator majoritário no ensino técnico. Capanema não apenas advogava em nome de uma causa para com a qual estava ideologicamente vinculado. O ministro parecia aqui estar também interessado em ocupar espaços e angariar mais poder, entendendo, portanto, que ou se fazia indispensável ou seria consumido na disputa intestina dos assessores mais próximos de Vargas.

Seja como for, no texto que apresentou uma prestação de contas a respeito do ensino técnico, Capanema traz apenas sua versão, subdividindo-o em "ensino industrial" e "ensino comercial". Sobre o primeiro, Capanema, de antemão, assinalou que "o ensino industrial era dos menos férteis", em que pesem as iniciativas de Nilo Peçanha. E ao dizer quais eram os problemas da proposta que já estava em funcionamento, o ministro não hesitou em apontar para as incapacidades administrativas. "Ao ensino industrial nunca se deu plano, nem ordem, nem diretriz."[19] Ao comentar a solução, sua análise não poderia ser mais enviesada: "o governo realizou, neste setor do problema educacional, uma obra que se caracterizaria pelo método e pelo vigor. A matéria foi costurada sob todos os aspectos. E a tudo se procurou dar segura solução."[20]

Capanema falou, ainda, da construção das grandes escolas técnicas pelo país, como as que foram erigidas em Manaus, São Luís, Vitória e Goiânia. De igual modo, o ministro também dissertou a respeito dos estabelecimentos de ensino industrial formado pelas escolas de aprendizagem, "frequentadas pelos trabalhadores das indústrias".[21] Da maneira como comentou os pormenores dessa iniciativa, fica parecendo que foi o governo, atendendo às expectativas do Ministério da Educação, que assumiu total controle dessa proposta, sem nenhuma participação de outros atores sociais.

Adiante, ainda no mesmo depoimento, Capanema exaltou a legislação que marcou a criação do Serviço Nacional de Aprendizagem Industrial (Senai). "Já em 1945, [o Senai] se traduzia nestas cifras: matrícula de mais de 10 mil aprendizes e outros trabalhadores menores e ainda mais de 5 mil trabalhadores adultos."

Ocorre que, ao contrário desse discurso oficial, a agenda do Ministério da Educação e Saúde saiu derrotada nessa disputa pelo controle do ensino industrial. Em *Tempos de Capanema*, as condições e os termos da derrota são apresentados, e é importante registrar e destacar como é que Capanema enfrentou essa adversidade.

Na ocasião da já citada solenidade de assinatura da criação do Senai, Capanema fez um discurso que serve para reforçar a importância da centralização, destacando vantagens vinculadas às estratégias pedagógicas. Em outro ponto do mesmo discurso, o ministro saiu em defesa de uma formação mais ampla, com vistas a evitar que o educando se transforme em máquina. Do ponto de vista literário, se assim se pode observar, essa passagem tem um efeito que não pode ser ignorado: "o trabalhador não se transformará em máquina, uma vez que nós tentemos realizar, a um só tempo, os dois objetivos — sua preparação técnica e sua formação humana".[22] O aspecto mais curioso, convém notar, é que boa parte desses paradigmas continuam sendo tema de controvérsia ainda hoje em dia, passado tanto tempo daquele seu discurso.

Assim, em que pese a tentativa de Capanema tomar para si o controle da iniciativa do Senai, e em que pese o desejo do ministério em relação ao projeto, este se deu de forma muito menos elaborada, com a indústria assumindo a proposta e oferecendo as diretrizes com mais pragmatismo, que, em outras palavras, significava delegar o ensino industrial às entidades que participavam do setor, seguindo, assim, "as necessidades e os interesses da economia nacional".[23]

Em síntese, apesar de Capanema contar o Senai como uma iniciativa que fez parte direta de sua administração, na verdade, foi uma derrota para a sua ambição de controlar esse segmento. Ao mesmo tempo, o Sistema de Ensino Industrial não evoluía conforme o esperado. A expectativa era a consolidação de um conjunto de ações ligadas à formação de mão de obra. Essa preparação, porque buscava entendimento com Roberto Mange, coordenador de Assuntos Interamericanos em Washington, procurava estabelecer pareceres articulados à área de Defesa. Mange escreveu a Capanema, dizendo: "Deveriam ser organizados, na rede de escolas industriais, técnicas e de engenharia do Brasil, à semelhança do que se vem fazendo nos Estados Unidos, com os chamados Defense Training Courses, cursos monotemáticos intensivos e de curta duração além de assegurar rapidamente à defesa de guerra o contingente de mão de obra especializada e de auxiliares técnicos de que se necessita para atender ao seu previsto desenvolvimento."[24]

A coincidência das datas não pode ficar de fora desse registro. O pedido de Roberto Mange a Gustavo Capanema acontece no mesmo período em que o Brasil ingressa na Segunda Guerra Mundial junto com os Aliados. É aqui que a comissão passa a ter certa urgência. Em junho de 1943, no entanto, conforme consta no livro *De homens e máquinas: Roberto Mange e a formação profissional*, organizado pela Senai-SP, Gustavo Capanema ainda acataria "o pedido de que o andamento dos trabalhos ocorresse na forma mais rápida possível", tendo em vista o interesse que o assunto provocava.

Afora isso, como sustentam Schwartzman, Bomeny e Costa, o Senai logo abandonaria o propósito de treinamento de aprendizes e se encaminharia para o treinamento profissional dos empregados da indústria. Com a saída de Capanema do Ministério da Educação e Saúde, em 1945, o Senai conseguiu enfim se ver livre da supervisão do Ministério da Educação no tocante à agenda de preparação de seus menores trabalhadores.

Já em relação ao ensino comercial, Gustavo Capanema enfatizou a regulamentação que deu força "às várias modalidades de causas que pudessem atender ao desenvolvimento do comércio e dos negócios do país". O ministro, então, ressaltou o papel da reforma, levada adiante em 1943, quando se fez a discriminação de cursos nessa área. Aqui é mais uma vez interessante observar o destacamento para os cursos de propaganda, de contabilidade, de estatística e de secretariado. Em que pesem esses esforços, é possível afirmar que nem de longe a reforma do ensino comercial parece ter o mesmo relevo que as ações coordenadas em direção ao ensino técnico-industrial. Aliás, a propósito dessa estratégia que o Ministério da Educação decidiu levar adiante a iniciativa da criação de uma Escola Modelo no Rio de Janeiro. A ideia nesse caso era tomar como referência a experiência adotada pela Universidade de São Paulo, que, quando da sua fundação, trouxe para o país uma verdadeira comitiva de professores estrangeiros. Já em 1935, como registra *Tempos de Capanema*, o ministro "sugeria a contratação de trinta professores estrangeiros que preparariam os professores brasileiros para o ensino industrial". O custo desse investimento seria de 1.080 contos de réis. Os professores estrangeiros que seriam contratados deveriam ser franceses, alemães, italianos e ingleses, e tais

CAPANEMA

mestres deveriam ter especialidade em mecânica, marcenaria, decoração, cerâmica, litografia, eletricidade, decoração, serralheria e instalação.

O projeto não ficou estacionado em 1935, mas não andou como se esperava. Após um período de contato na Alemanha, o representante brasileiro em Berlim recebeu dos alemães uma resposta que, naquele instante, não estava à altura das expectativas do governo brasileiro, afinal, a sugestão foi que o Brasil contratasse um especialista escolhido entre os organizadores do admirável ensino profissional do Terceiro Reich. Ainda de acordo com a mesma recomendação, o governo brasileiro deveria receber desse mesmo especialista as indicações das medidas mais urgentes e, depois, a orientação acerca de quais instrutores deveriam ser contratados.

Algum tempo depois, já no contexto do Estado Novo, integrantes do Ministério da Educação e Saúde debatem sobre a eficácia ou não de se publicarem anúncios com vistas a atrair mestres de fora do país. A prudência fez com que Rodolfo Fuchs, que era assessor técnico do ministério, se posicionasse contrário à iniciativa de se publicarem tais anúncios haja vista existir a probabilidade de o governo somente conseguir atrair, na melhor das hipóteses, os medíocres, uma vez que apenas os descontentes com seus cargos e os desempregados seriam atraídos pelo anúncio. A contraproposta de Fuchs vai na linha de se estabelecerem contatos pessoais para que contratações possam acontecer.

A Segunda Guerra Mundial já estava em curso, e foi em seu início, quando o Brasil ainda não havia tomado posição junto aos Aliados, que a Comissão Especial, formada por Francisco Belmonte Montejos, engenheiro formado pela Escola de Engenharia de Porto Alegre, em 1925, colaborador de confiança de Capanema; Joaquim de Faria Góes, ex-colaborador de Anísio Teixeira; e o já citado Rodolfo Fuchs, propôs a contratação de "27 técnicos para o Liceu Nacional a ser inaugurado no Rio de Janeiro". A despeito do fato de que, na concepção original da proposta, em meados da década de 1930, o ministro da Educação e Saúde ter falado em mestres oriundos de diversos países europeus, até aquele momento, somente a Suíça se tornava um polo exportador daquela mão de obra por conta da guerra.

Ainda em 1940, Getúlio Vargas autoriza a ida de Roberto Mange à Suíça com o objetivo de selecionar os professores que fariam parte do grupo de instrutores que viria para o país. Depois de tantas idas e vindas, somente em 1942 os técnicos suíços chegaram ao Brasil para trabalhar. Na farta documentação do arquivo Capanema no CPDoc, não existe uma análise mais profunda dessa iniciativa. De igual modo, no livro *Estado Novo, um autor-retrato*, Capanema não comenta a atuação dos técnicos suíços. De qualquer modo, são os relatos extraoficiais, apresentados por técnicos frustrados com as condições de trabalho e com a precariedade da infraestrutura, que dão o tom de como o experimento deixara a desejar. As críticas giravam em torno do modo como os professores não recebiam auxílio adequado no tocante ao ensino do idioma, avançavam para a falta de critério na aquisição das máquinas para as escolas e até mesmo apontavam a ausência de cronograma que pudesse dar conta de informações simples, como início e término das aulas, para além dos feriados. Outra carta criticava o fato de que muitos dos técnicos que aqui chegaram obtiveram informações, para dizer o mínimo, parciais a respeito das condições de vida no país. No primeiro semestre de 1940, os jornais suíços anunciavam com destaque que o Brasil procurava por profissionais de ensino. Embora o texto fosse bastante objetivo, não há nenhuma menção à estrutura então existente no país enquanto sobram sugestões de que o plano é de primeira grandeza.

A reclamação dos técnicos suíços alcançava, também, a concepção então existente no Brasil acerca do significado da educação formal no país. É o que se se pode depreender do fragmento a seguir do professor Werner Amancher:

> Como de maneira alguma nos quiseram atribuir competências e como as leis delimitavam nossa iniciativa, ficamos praticamente com as mãos amarradas. Do resto incumbiu-se o pessoal doméstico que nos olhou como uma espécie de invasores. Acham incompreensível como se podia exigir de um aluno de 12 anos de idade que dentro de três e meio ou quatro anos aprendesse cinco a seis profissões, sacrificando simultaneamente a metade do dia para fins escolares [...] Por que e para que fomos contratados ninguém sabe com exatidão.[25]

A contestação não era oriunda apenas dos professores europeus. Um dos docentes norte-americanos que estava no Brasil por conta do esforço de cooperação entre Brasil e Estados Unidos, também com vistas para o ensino industrial, era igualmente crítico às condições de trabalho no país. Robert Brant, americano recrutado para atuar junto à Escola Técnica Nacional, escreveu uma carta a

Francisco Montojas, pedindo que seu contrato fosse rescindido, tendo em vista que não havia materiais necessários para o seu trabalho.

Com tantas críticas dos próprios instrutores, a ideia de trazer mestres de fora contrariou as expectativas e não foi um sucesso absoluto. Pode-se dizer que, a despeito do fato de o ensino técnico ter se estabelecido no país de modo efetivo ao longo da administração Vargas, a gestão Capanema esteve aquém de suas possibilidades nessa matéria, seja porque centralizou as ações (e não obteve êxito), seja porque ao tentar coordenar a estratégia educativa junto ao ensino industrial e comercial foi superada pela resolução mais pragmática do Ministério do Trabalho, Indústria e Comércio, e isso a despeito de inúmeros apelos de Gustavo Capanema para que Getúlio Vargas fizesse o contrário. Nesse sentido, a análise de Schwartzman, Bomeny e Costa sobre essa matéria não poderia ser mais pertinente:

> Os antecedentes históricos do ensino industrial no Brasil dramatizam, em escala reduzida, toda a ambição, as dificuldades e os fracassos que marcariam os projetos educacionais do ministério de Capanema. [...] Capanema terminou por conseguir implantar, na aparência, seus grandes projetos — A Lei Orgânica, a importação de estrangeiros —, mas somente para deixar que a própria realidade se lhe escape pelos dedos.[26]

Embora as questões relativas ao ensino técnico industrial e comercial tenha ocupado bastante espaço na agenda do ministro ao longo dos anos, houve outras preocupações importantes que exigiram atenção de Gustavo Capanema. As ações do ministro convergiram para o enaltecimento do governo de Getúlio Vargas em sua totalidade, seja no tocante à realização profissional, cuja transformação, anos mais tarde, seria toda ela atribuída a Vargas como espécie de pai fundador — nesse último caso uma interpretação que se converteria em fato definitivo e inconteste; seja, também, na formação dos estudantes, com um instinto de nacionalidade que era forjado também nas escolas — e aqui a proposta do Ministério da Educação e Saúde cai como uma luva, sobretudo porque condicionava os estudantes à proposta encampada pelo governo.

Antes da chegada de Vargas ao poder, o ensino de educação física não era obrigatório no contexto do ensino secundário. É com Francisco Campos, no início dos anos 1930, que a matéria entra em pauta, uma vez que o então ministro considerava a atividade física importante, afinal "se destinava a um maior número de jovens e influenciava a formação da personalidade do adolescente durante a fase mais propícia do crescimento físico e mental".[27]

Quando assume o Ministério da Educação e Saúde, Gustavo Capanema entende a relevância dessa proposta, oferecendo, assim, um tratamento mais sofisticado e, com isso, justificativa para o investimento nesse tipo de intervenção, tendo em vista que a medida provocaria "um sentimento de indissolúvel apego e indefectível fidelidade para com a pátria".[28] Com base nesses dizeres fica mais fácil compreender a abordagem do ensino da educação física. O que está em primeiro plano não é a atenção concedida aos cuidados para com a saúde física dos estudantes, ainda que a melhora dessas condições seja um ganho colateral. O que está em jogo, naquele momento, é a consolidação no imaginário de valores como o patriotismo, um dos símbolos da ideia do Homem Novo. Assim, o método adotado era o do Exército francês. Em síntese, o que ganha relevo é a saúde da pátria.

Se, por um lado, o método do Exército francês cumpre o papel de desenvolver a atividade física em conformidade com a estratégia militarista, por outro, a estratégia estava em conformidade com a mensagem que Getúlio Vargas endereçara ao Congresso Nacional, em uma exortação à ordem e à disciplina.

> Persiste a necessidade de continuarmos vigilantes e aparelhados para reprimir mais surtos de anarquia, e desenvolver, sem tropeços, a obra de educação e de restabelecimento da disciplina, destinado a reforçar as bases do regime.[29]

Para além do discurso, o governo Vargas concebeu uma série de instituições responsáveis pela formulação de um programa e da preparação de profissionais da área, a saber: Escola de Educação Física do Exército, criada ainda em 1932, com o objetivo de "formar instrutores, mentores, mestres de armas, médicos especializados e que teve relevante papel a propósito da formulação do currículo e da disseminação da Educação Física nacional".

No Ministério da Educação e Saúde, a Divisão de Educação Física pertencia à linhagem que colocava a prática de esportes como peça-chave de uma engrenagem maior, de modo que a prática esportiva estava relacionada não somente às condições físicas do indivíduo, mas também a aspectos proscritos hoje em dia, como a melhora do tipo racial ou mesmo à formulação do sentimento cívico nacional. Não surpreende, nesse sentido, que a já citada Divisão de Educação estivesse sob tutela de um preposto do Exército, o major João Barbosa Leite. Essa não seria a única vez em que se poderia notar uma interseção entre o Ministério da Guerra e o Ministério da Educação e Saúde.

Com o tempo, a Divisão de Educação Física ganhava terreno. Sob influência direta do Ministério da Guerra, um dos mais estratégicos naquela configuração de poder do governo Vargas, a preocupação com a formação de caráter do homem nacional foi transferida para o campo das leis, assim como na formação de agentes que estivessem subordinados a essa iniciativa, tais como professores, técnicos, médicos e terapeutas.

A criação da Escola Nacional da Educação Física e Desportes na Universidade do Brasil, em 1939, é o fruto mais visível da ramificação plantada no coração do Ministério da Educação e Saúde, sobretudo porque atendia de modo exemplar ao projeto nacionalista do Estado Novo. Pela primeira vez, buscava-se uma solução genuinamente nacional para o ensino da educação física; afastava-se, portanto, do projeto estrangeiro: procurava-se consolidar o ideário nacionalista também nesse campo. E não é mera coincidência que isso tenha vindo a público no final dos anos 1930: àquela época, a bipolaridade nacional e estrangeira chegava ao ápice mais ou menos no período em que Vargas estava no poder.

Como outras iniciativas existentes no governo Vargas, forjadas no contexto do Ministério da Educação e Saúde, também a ação relacionada ao ensino de educação física contou com apoio intelectual de relevo. Um dos primeiros nomes era Inezil Penna Marinho, responsável pela criação de uma rede de instituições ligadas à Divisão de Educação Física entre 1937 e 1944. Outro elemento importante nesse cenário era a *Revista Brasileira de Educação Física*, cujo projeto editorial ambicionava alcançar uma audiência que ainda não havia sido capturada por esse imaginário.

Se, a princípio, o ensino da educação física estava fortemente associado aos interesses do Exército, com o tempo a disciplina se tornou relevante porque pertencia a uma estratégia mais sofisticada no tocante à consolidação do ideário nacionalista junto à sociedade brasileira. Em um contexto em que o Estado Novo tinha uma influência decisiva em diversas áreas da vida do indivíduo, não era incomum que o governo também interferisse em relação à prática da atividade física. Eis um dado curioso: no momento em que este livro está sendo escrito, existem diversas campanhas que exortam a população à prática de atividade física. Todavia, o propósito dessa atividade no século XXI tem como objetivo mobilizar a população a fim de que o ideal de qualidade de vida seja alcançado; já nos tempos de Capanema, a prática da educação física obedecia a outro propósito, ainda que o aspecto da saúde fosse também contemplado. A construção do Homem Novo exigia do governo Vargas que todas as ações convergissem para a formação de um caráter bastante peculiar. Nesse caso, o caráter se referia ao ideal nacionalista e que entendia o Estado Novo como um benfeitor definitivo no que se referia ao cuidado da população brasileira.

Nesse sentido, tampouco surpreende o fato de que o Estado Novo buscasse atrair em segmentos tão específicos quanto aparentemente não associados. Tanto na esfera do trabalho, oferecendo um tecido social que visava amparar o trabalhador desassistido por causa do avanço da máquina, quanto na esfera da política habitacional, proporcionando condições para que o trabalhador adquirisse sua casa própria — fosse em relação à preparação da mão de obra para o mercado de trabalho, como o ensino técnico industrial e comercial sendo ativado pelo Estado, fosse, ainda, na área da educação física, com o governo determinando a prática da atividade física no contexto da educação. Não importava muito o segmento: o que interessava era, afinal, que o Estado Novo buscava cercar a população de cuidados a fim de que cada indivíduo se percebesse representado e atendido pelo governo. No caso da educação física, a sua prática estava sujeita à formação da personalidade — algo que deixaria um legado imaterial que se confundiria com a percepção da população acerca de sua própria identidade.

* * *

Nesse processo de educação e formação do novo, não é possível ignorar o papel desempenhado pelo compositor e maestro brasileiro Heitor Villa-Lobos. Sua trajetória como artista, por vezes, chega mesmo a se confundir com o ideário nacionalista da cultura brasileira. Nascido no Rio de Janeiro em 1887, Villa-Lobos foi um dos expoentes da estética modernista na música brasileira. Seu trabalho envolveu a criação de obras que dialogavam com as tradições regionais da cultura nacional e, em conformidade com a estética modernista, desenvolveu uma obra que a crítica especializada considera nada menos do que original, tendo sido capaz, inclusive, de mesclar fragmentos do cancioneiro popular e indígena ao repertório da música de concerto.

Na trajetória de Gustavo Capanema, assim como seu deu com Candido Portinari, Villa-Lobos também pertenceu à galeria de artistas e intelectuais que fizeram parte do círculo de confiança do ministro, tornando-se um dos mais ativos colaboradores do Ministério da Educação e Saúde — mas aqui é importante destacar que as afinidades eletivas iam além da relação de trabalho. Se Carlos Drummond de Andrade, Abgar Renault e Pedro Nava eram amigos da juventude de Gustavo Capanema quando este último era estudante em Belo Horizonte, Villa-Lobos foi o amigo que Capanema, cuja personalidade não necessariamente se destacava pela conversa que não tinha como tema o trabalho, fez já na fase em que ocupava a pasta da Educação e Saúde no governo Vargas. De fato, para além da cerimônia que envolvia os laços profissionais, a amizade aqui pode ser atestada pela peça "Bachianas nº 7", dedicada especialmente a Capanema. Ela estreou em 13 de março de 1944, sob a batuta do próprio maestro Heitor Villa-Lobos.

Antes disso, a participação da Villa-Lobos na gestão de Capanema se deu exatamente pelo caminho da educação. Para além de compositor e maestro, Villa-Lobos foi educador, autor de muitas obras direcionadas precisamente para o estudo do canto orfeônico. Era nesse movimento que Villa-Lobos participava como organizador e regente. O próprio Villa-Lobos assinou um *Guia de Canto Orfeônico*, no qual defendia a necessidade dessa proposta.

> Após longos anos de estudo na experimentação da sensibilidade rítmica da mocidade brasileira, quer individual ou coletiva, onde se observa uma relativa faculdade de assimilação intuitiva, embora enfraquecida e duvidosa quando implantada sob regimes de uma marcação rigorosamente metronômica, para definir os tempos regulares de qualquer compasso, cheguei à conclusão da absoluta necessidade de serem ministrados à juventude, exercício constante de marchas, cantos, cântico ou cantigas [...] Lembro aos leitores que quase todos os brasileiros, em conjuntos populares, são capazes de marcar obstinadamente os temas fortes de qualquer marcha, como inconscientemente o fazem nesses dias de carnaval, o que não se

verifica quando há necessidade de uma grande e uniforme demonstração popular de solidariedade cívica para cantar o hino nacional, por se sentirem, talvez, constrangidos ou receosos do desequilíbrio coral da multidão ou então por não terem recebido na juventude a conveniente educação do "ritmo da vontade".[30]

Villa-Lobos, portanto, não apenas entendia que era necessário ministrar o ensino de música, como também salientava que o objetivo deveria ser, no limite, de atender a uma espécie de sentimento cívico. É interessante observar que, muito embora o trabalho do maestro esteja hoje muito relacionado com a atuação de Capanema como ministro da Educação, a sua relação com o *establishment* político remonta a uma experiência anterior, justamente com um dos contrapontos da liderança de Gustavo Capanema. No início dos anos 1930, quando Anísio Teixeira esteve à frente da Secretaria da Educação do Distrito Federal, entre 1931 e 1934, Villa-Lobos já participava de projetos relacionados à cultura e à educação. No ano de 1932, por exemplo, o maestro foi chamado para liderar a Superintendência da Educação Musical e Artística, a qual era responsável pelo planejamento e orientação do estudo da música nas escolas. Anos mais tarde, ainda sob o guarda-chuva de Anísio Teixeira, Villa-Lobos seria um dos professores da Universidade do Distrito Federal.

Já no contexto do Estado Novo, portanto, a atuação de Villa-Lobos junto a Gustavo Capanema não seria novidade; antes, pode ser entendida como um desdobramento natural da sua experiência anterior em relação à política cultural. Desta feita, no entanto, com uma sensível diferença: o raio de influência do Ministério da Educação e Saúde era muito maior, sem contar o fato de que o maestro teria o suporte do Departamento de Imprensa e Propaganda, além do endosso de Getúlio Vargas.

Em novembro de 1936, outra estrutura é acrescentada nesse edifício, com a criação do Conservatório Nacional de Canto Orfeônico que estava ligado ao Departamento Nacional de Educação e que deveria estar articulado com a Escola Nacional de Música da Universidade do Brasil. O propósito do Conservatório era justamente proporcionar candidatos ao magistério de canto orfeônico para os cursos primário e secundário. Em linhas gerais, portanto, o ensino de música no Brasil estava sob a tutela de Heitor Villa-Lobos. E o objetivo da ministração do canto orfeônico junto aos jovens era o estabelecimento de um vínculo afetivo dos alunos nessa atividade musical. Existe aqui uma intenção para além das veleidades estéticas do maestro. A ideia era que o canto orfeônico funcionasse como um fio condutor da disciplina e de uma referência de comportamento que estava em conformidade com a agenda do Estado Novo.

A sofisticação dessa iniciativa pode ser medida quando se observa o aparato utilizado para ratificar o impacto das aulas de canto. De um lado, havia um conjunto de atividades fora da sala de aula cuja meta era consolidar a relação dos alunos com a música. De outro lado, as famílias desses estudantes recebiam questionários que perguntavam aos pais em que medida a música influenciava o comportamento dos alunos.

Todo esse esforço ambicionava oferecer não apenas um caráter uniforme às manifestações culturais dos estudantes, de modo a formatar sua personalidade, como também a realçar tom cívico das manifestações. Ou por outra: é possível observar a existência de uma busca por um sentido maior no canto orfeônico, que era exatamente o louvor e a exaltação de Getúlio Vargas. Na biografia que escreveu a respeito de Villa-Lobos, o autor Vasco Mariz destacou o projeto que o maestro havia desenvolvido anos antes com Anísio Teixeira para as escolas do Rio de Janeiro como uma espécie de embrião para que a "música se impusesse como necessidade imprescindível à educação".[31] Mariz ressaltou, ainda, que "para isso, teve todo o apoio do presidente Getúlio Vargas e do ministro Gustavo Capanema".[32]

Com efeito, a proposta de Villa-Lobos à frente dessa empreitada estava de acordo não só com o propósito de fazer com que o ensino de música fizesse parte do currículo escolar, mas, principalmente, formar um grande público para os concertos.

Daí o interesse de Villa-Lobos em utilizar o canto orfeônico como tema. Nas palavras de Vasco Mariz, o biógrafo de Villa-Lobos:

> Era o instrumento de educação cívica, moral e artística. O canto orfeônico nas escolas tinha como principal finalidade colaborar com os educadores para se obter a disciplina espartana dos alunos, despertando, ao mesmo tempo, na mocidade um são interesse pelas artes em geral.[33]

Em que pese o fato de muitos considerarem, à época, a contribuição de Villa-Lobos apenas acessória, o maestro levava bastante a sério sua participação como defensor da expressão artística como exemplo máximo da nacionalidade. Existe, inclusive, um episódio que provocou bastante ruído junto à imprensa. Villa-Lobos decidiu que o Hino Nacional não deveria ser executado nas escolas até que os professores adotassem uma interpretação considerada modelo. Houve quem acreditasse que o maestro estivesse agindo em causa própria, como se quisesse, ele mesmo, assinar uma nova versão do Hino Nacional. Vasco Mariz comentou, no entanto, que o maestro desejava justamente o contrário. Villa-Lobos buscava restabelecer a pureza do Hino Nacional, "obrigando a sua execução impecável". Noves fora a polêmica, em 31 de julho de 1942, o Decreto-Lei nº 5.545 encerrou a discussão. A posição de Villa-Lobos havia se consolidado como vitoriosa.

No mesmo ano de 1942, o trabalho do maestro mereceu uma espécie de precaução por parte de Gustavo Capanema. Em novembro daquele ano, a partir do Decreto-Lei nº 4.993, foi criado o Conservatório Nacional de Canto Orfeônico. Conforme escreveu Vasco Mariz,

> Seu objetivo maior era formar candidatos ao magistério nas escolas primárias e secundárias, estudar e elaborar as diretrizes técnicas que deviam presidir o canto orfeônico no Brasil, promover os trabalhos de musicologia sobre a música brasileira. Realizar a gravação de discos de canto orfeônico, bem como de músicas patrióticas e populares que deveriam ser cantadas nos estabelecimentos de ensino do país. O ensino era ministrado por técnicos nacionais e estrangeiros, especialmente contratados, podendo o Ministério da Educação designar servidores para funcionarem como servidores e assistentes.[34]

Um pouco antes disso, o sucesso do canto orfeônico pode ser medido em um evento que marcou mais um capítulo do culto à personalidade de Getúlio Vargas. Em 1940 e 1941, sob a batuta de Villa-Lobos, 40 mil estudantes estavam presentes no estádio de São Januário — à época, o maior do Rio de Janeiro —, para a celebração do líder do Estado Novo. Muitos e muitos anos depois, o crítico musical José Ramos Tinhorão se recordaria de um daqueles 7 de setembro no Rio de Janeiro. "De repente, chega o maestro com sua cabeleira, sobe em um pódio de madeira arrumado no meio do campo. A um sinal dele, o estádio inteiro começou a cantar", disse Tinhorão em entrevista concedida à *Folha de S.Paulo*.[35] O crítico avaliava, ainda, que, embora Villa-Lobos tenha se deixado usar pela política cultural do Estado Novo, o maestro tinha efetiva participação e interesse em divulgar a música, que falava da natureza e do Brasil. Era um jogo duplo, analisaria, enfatizando que Capanema, por seu turno, ao menos ofereceu uma contribuição cultural ao país.

* * *

É farta a bibliografia e a lista de estudos acadêmicos acerca das relações que o regime varguista manteve com os atores sociais (no caso, intelectuais, artistas, jornalistas e escritores) ao longo de seus primeiros quinze anos no governo. Getúlio Vargas fez uso de forma magistral desse relacionamento para consolidar em torno de si um imaginário poderoso, capaz de superar sua própria permanência no comando do governo, que, não fosse pouco, representou nada menos do que dezoito anos no poder — uma era superada pela chamada Primeira República e pela Ditadura Militar. Apesar desse contexto, no tocante ao exercício do poder, a questão da imagem de Vargas é, curiosamente, atribuída quase que exclusivamente à iniciativa que ele desenvolveu junto ao Departamento de Imprensa e Propaganda, o DIP. Com efeito, o órgão teve papel preponderante em relação ao sufocamento da oposição, sobretudo na imprensa, que também desempenhava papel central na formação de consenso junto à opinião pública.

O embrião do DIP pode ser rastreado a partir de outros dois órgãos. O primeiro era o Departamento Oficial de Publicidade, criado em 1931; e o segundo era o Departamento de Propaganda e Difusão Cultural, em 1934. De acordo com os registros disponíveis no CPDoc, no contexto do Estado Novo nascia o Departamento Nacional de Propaganda, que, a partir do decreto presidencial de 1939, seria substituído pelo DIP.

A atuação do DIP se estendia em diversas frentes, alcançando territórios como o do teatro, cinema, turismo, para além, claro, da imprensa. O papel do órgão, no entanto, não se restringia à censura, uma vez que orientava uma série de atividades articuladas às manifestações cívicas, às festas patrióticas, aos concertos e às exposições. Já em relação à imprensa, o DIP coordenava a distribuição de conteúdo ao mesmo tempo que controlava o acesso à informação. A versão nacional do Grande Irmão tinha o monopólio do meio e da mensagem.

Assim, no rádio, o DIP instaurou o famigerado *A voz do Brasil*, um penduricalho de ditadura que permanece até os dias de hoje, sem que nenhum dos governos desde aquela época manifestasse qualquer desejo efetivo de tirá-lo dali. No cinema, o braço do DIP chegava com uma série de produções documentais, sobre o Brasil e sobre os brasileiros.[36]

Como se tratava de um aparato oficial do governo, o DIP seguia uma agenda institucional que se adequava às necessidades do momento. Exemplo disso pode ser percebido a propósito da relação existente entre Brasil e Estados Unidos, uma colaboração que teve o objetivo de bloquear a influência alemã no Brasil. A presença de personalidades como Orson Welles, Walt Disney e Nelson Rockefeller deve ser entendida nesse contexto. A relação de Nelson Rockefeller com o Brasil não foi somente episódica, haja vista o empresário e assessor especial para as Américas do governo americano ter estreitado laços com figuras relevantes do alto escalão da vida pública e política nacional, como o próprio Gustavo Capanema. Rockefeller foi um personagem importante no tocante à oferta de recursos do governo norte-americano para o Brasil na área da saúde. Embora fosse membro do *staff* político dos Estados Unidos e dono de uma riqueza anterior ao seu nascimento, Rockefeller era um liberal progressista. Desse modo, tal como escreve Antonio Pedro Tota no livro *O amigo americano*, Rockefeller teve uma educação totalmente fundamentada em princípios elevados e ao longo de sua formação foi desenvolvendo o interesse em "promover o progresso entre os povos mais atrasados".[37] Em 1940, chegando ao Brasil na semana da Pátria, em meio às festividades que tinham como alvo realçar as grandes festas do Brasil, Rockefeller se movimentou, exibindo-se não só pelos gestos e pelas palavras, mas também pelas iniciativas que desenvolvia. De um lado, deixou-se fotografar ao lado da primeira dama, Darcy Vargas, do presidente Getúlio Vargas, além do ministro Gustavo Capanema, celebrando o desfile patriótico. De outro lado, o "jovem milionário que se dedica à causa pública", como registrava o jornal *O Estado de S. Paulo*, já mediava acordos de cooperação entre Brasil e Estados Unidos, como o Amazon Development Sanctuary Project, com o objetivo de combater doenças tropicais. Como contextualiza Antonio Pedro Tota, a iniciativa de Rockefeller trazia em seu conjunto outro propósito, que era manter abastecido o parque industrial norte-americano de um item à época tão importante quanto o petróleo: a borracha. O Brasil entrava como um ator estratégico nesse contexto porque, no auge da Segunda Guerra Mundial, os Estados Unidos não podiam mais contar com o látex oriundo da Ásia.

Tornava-se fundamental, portanto, rearticular as conexões entre os maiores produtores da América do Sul.

A agenda de Nelson Rockefeller, no entanto, não ficou associada apenas às questões sanitárias ou de interesse pela matéria-prima. O jovem milionário e coordenador do Office of the Coordinator of Inter-American Affairs passou também a mobilizar suas atividades no plano da cultura. Essa movimentação foi estudada pelo historiador Antonio Pedro Tota. Em uma passagem que sinaliza muito bem o que estava em jogo, o autor de *O amigo americano* observou quais eram as intenções daquela iniciativa. "Se hoje a construção de um muro separando a América mestiça, pobre, católica, da América branca, rica e protestante é bandeira de um setor conservador considerável da sociedade americana, em 1941, a orientação era bem diferente",[38] analisa o historiador. Assim, atuando como porta-voz do Office of the Coordinator of Inter-American Affairs, promoveu o *american way of life* com o auxílio de recursos, como os programas culturais, científicos e de notícias. Nesse sentido, o Office contava com um aparato para lá de sofisticado com o propósito de disseminar valores caros aos interesses dos Estados Unidos e, dessa maneira, sedimentar a estratégia da política da boa vizinhança, uma abordagem que tinha respaldo no avanço dos Aliados contra o eixo no contexto da Segunda Guerra Mundial. Embora Capanema tenha se alinhado com os valores germanófilos (muito devido à sua formação enquanto estudante de colégio com matriz alemã), ele não pareceu ter demonstrado nenhum sentimento de insatisfação quando essa aproximação aconteceu.

Em 1942, Walt Disney criou um personagem que buscava sintetizar algumas características dos tipos brasileiros, estabelecendo o Zé Carioca como uma espécie de embaixador da boa vizinhança. Não houve nenhum tipo de ruído ou crítica por parte do ministro, ainda que muitos desses filmes tivessem sido produzidos em estreita colaboração com o Departamento de Estado para a exibição não só no circuito comercial, mas também em universidades, escolas e instituições culturais dos países da América Latina.

A surpresa dessa não reação se deve ao fato de que Gustavo Capanema, centralizador por natureza, não havia autorizado nenhum tipo de interferência do Ministério da Guerra em seus domínios. Para Capanema, qualquer iniciativa que flertasse com a área da educação e que não tivesse surgido originalmente de sua pasta era esquecida ou dinamitada pelo próprio ministro.

Não há dúvida, a propósito dessa interferência, que um dos grandes rivais de Capanema tenha sido Eurico Gaspar Dutra. Assim como Francisco Campos (ministro da Justiça), Dutra acreditava que a formação acadêmica e intelectual deveria ter, sim, valores cívicos cuja influência tinha como exemplo a experiência do exército. Durante um bom tempo, sobretudo no contexto do Estado Novo, existiu uma disputa latente em relação a qual grupo teria o monopólio dos corações e mentes, um exemplo bem destacado do que o pesquisador Darlyle Williams chama de "guerra cultural" no Brasil.[39]

A ambição de Capanema de controlar a estrutura da educação no país esbarrava no próprio aparato burocrático do governo Vargas. E o exemplo mais acabado dessa disputa pelo poder da influência estava visível no DIP, que, com o tempo, foi ganhando um espaço inimaginável quando se compara com aparelhos burocráticos de comunicação contemporânea. Assim, no caso de Rockefeller, o aparato varguista não só funcionava como atuava em conjunto com algumas propostas do Office norte-americano. Algumas experiências, aliás, foram aproveitadas diretamente dos Estados Unidos, como a transformação do aniversário de Getúlio Vargas em parte de uma comemoração cívica. Conforme registra Antonio Pedro Tota, a ideia tinha como fonte de inspiração o "Dia do Presidente", e no Brasil foi apresentada pelo cineasta Orson Welles.

A visita de Welles ao país é, talvez, um dos pontos altos dessa experiência de cooperação entre Brasil e Estados Unidos. Sempre de acordo com a análise de Tota, o cineasta fez um pouco de tudo enquanto esteve no país: de namorar brasileiras a entrevistar Osvaldo Aranha, à época ministro das Relações Exteriores, passando, é claro, pelos registros das paisagens e do povo brasileiro. De acordo com o historiador, as imagens que Orson Welles fez do Brasil não estão em conformidade com o estereótipo dos filmes que eram produzidos naquela época.

E na já citada celebração do Dia do Presidente o nível de harmonia entre o DIP e o Office of the Coordinator of Inter-American Affairs era tamanho que, em relatório oficial do órgão norte-americano, existe o entendimento de que dificilmente aquela experiência amistosa entre esses organismos do Brasil e dos Estados Unidos se repetiria com o mesmo êxito.

Naquele momento, os ânimos entre os dois países estavam apaziguados, de modo que boa parte da retórica brasileira contra o liberalismo havia sido deixada de lado, muito embora também não tenha sido feito nenhum aceno favorável ao modelo político dos Estados Unidos. De qualquer modo, os americanos ofereciam presentes às autoridades brasileiras, como um aparelho de rádio ao general Eurico Gaspar Dutra, ou a edição em capa dura do *Brazil Builds*,[40] concedido por Nelson Rockefeller ao chanceler Osvaldo Aranha. O livro tem um valor simbólico inestimável para a arquitetura brasileira, haja vista o projeto do Palácio Capanema, junto com seus realizadores, estar presente na obra, que traz uma versão da mostra de obras e maquetes que esteve em cartaz no Moma em Nova York algum tempo antes. Pode-se afirmar, nesse sentido, que essa exposição representou uma espécie de batismo de fogo para o sucesso de estima do Palácio Capanema para a crítica especializada e para uma audiência internacional.

Nesse momento, talvez não seja exagero afirmar, a política cultural do governo Vargas havia se estendido a todas as ramificações da vida nacional. Ou por outra, na contramão do que havia acontecido ao longo da Primeira República, no governo Vargas, em especial no ápice do Estado Novo, as manifestações culturais não apenas eram controladas pelo Estado, mas, também, tinham como principal objetivo promover e reforçar o culto à personalidade de Getúlio Vargas.

O modelo do mecenato Capanema, forjado a partir do princípio de que cabe ao Estado a oferta de subsídios ou mesmo de um tecido de proteção aos artistas, escritores e pensadores, começa a ganhar força nesse momento, em parte porque foi nesse período que o modernismo, como escola artística e referência estética, se consolidou de vez como paradigma para a criação cultural, em parte porque algumas das principais obras de arte do século XX no Brasil foram concebidas naquele período, tendo, portanto, os seus criadores estabelecido um vínculo afetivo especial para com aquele período.

Nesse sentido, é possível que não haja imagem que traduza com maior simbolismo o significado desse período do que a construção do Palácio Capanema, que, anos adiante, seria identificado como um totem da cultura brasileira no período Vargas. Uma imagem quase definitiva.

O "quase" no parágrafo anterior está relacionado ao fato de que, embora os intelectuais, artistas e homens de letras estivessem a serviço do governo Vargas, em especial via Ministério da Educação e Saúde, houve um momento de contestação — e isso justamente dos escritores, a classe que que, no início dos anos 1940, havia concedido a Getúlio Vargas uma das principais honrarias da vida cultural do país: a cadeira de imortal na Academia Brasileira de Letras. Em agosto de 1941, Getúlio Vargas foi eleito para a cadeira 37, sucedendo o escritor paulista Alcântara Machado. É certo que Vargas, em que pese sua cultura livresca, não era reconhecido pelo seu talento literário; antes, a sua eleição se deu pelo fato de ele ser a mais perfeita tradução de um medalhão,[41] ou seja, uma figura cuja influência supera a eventual ausência de talento ou mesmo de uma obra literária, ainda que seus discursos tenham sido utilizados como referência para ingressar na ABL.

Eleito em 1941, Vargas só foi tomar posse no final de 1943, tendo sido recepcionado por Ataulfo Paiva. Quando isso aconteceu, os escritores Otávio Tarquínio de Sousa, Sérgio Buarque de Holanda, Astrojildo Pereira, Mário de Andrade, Oswald de Andrade e Érico Veríssimo já tinham fundado a Associação Brasileira de Escritores. A entidade surgiu com o propósito de marcar posição contra a falta de liberdade de expressão imposta pelo Estado Novo. Como sói a quase todo organismo forjado por intelectuais, para além da iniciativa, faltava uma atuação mais célere da ABE, tanto que foi somente em 1944, no penúltimo ano da ditadura do Estado Novo, que a associação enfim decidiu que era hora de realizar um congresso. O I Congresso Nacional de Escritores aconteceu em janeiro de 1945, no Theatro Municipal de São Paulo, e não resta dúvida de que foi uma demonstração de insatisfação que fez engrossar o coro contra o regime varguista. Os participantes, dentre os quais Murilo Rubião, Aníbal Machado, Jorge Amado, Dyonélio Machado, entre outros, assinaram um manifesto na ocasião, exigindo, assim, "a legalidade democrática como garantia da completa liberdade de pensamento, e a instalação de um governo eleito pelo povo mediante sufrágio universal direto e secreto".

Com efeito, o fim do Estado Novo se aproximava e com isso chegava ao fim também o período em que Capanema esteve à frente do Ministério da Educação e Saúde. Todavia, no início de 1945, o ministro ainda não fazia ideia de que sua gestão estava perto do último capítulo. Continuou, assim, a trabalhar de forma incessante para colocar em prática as realizações de seu ministério. Afinal, aquela parecia ser a posição definitiva de Capanema como homem público.

11

O fim é um novo começo

Os anos 1940 marcaram uma sensível transformação política no Brasil e no mundo. Do ponto de vista internacional, a ascensão da Alemanha nazista era uma realidade já não mais passível de ser ignorada. Assim, se em 1939 Adolf Hitler mostrara os dentes com a invasão à Polônia, a chegada dos alemães à França em maio de 1940 esgotou toda a possibilidade de autoengano quanto às reais intenções do chanceler alemão. Esse movimento internacional, como se verá a seguir, também teve consequências junto à política brasileira.

Enquanto isso, do ponto de vista doméstico, o Estado Novo avançava com força total, transformando toda a agenda nacional em um *produto/tema* de interesse de suas iniciativas. De repente — embora não tenha sido assim tão imediatamente —, o governo passou a ter o monopólio de uma série de iniciativas nas áreas sociais e culturais do país. Uma comparação bastante ilustrativa da conjuntura do Estado Novo em relação ao período da Primeira República não deixa nenhuma dúvida quanto a essa estratégia. Na década de 1920, a questão social era caso de polícia, para retomar a frase célebre de Washington Luís; na era Vargas, tornou-se a causa de um político. Na Primeira República, as manifestações culturais estavam na contramão do consenso, como mostram Lima Barreto e Euclides da Cunha; no Estado Novo, Vargas alcançaria status de imortal na Casa de

Machado de Assis, a Academia Brasileira de Letras. Em linhas gerais, o poder era exercido com muito mais força agora e, consequentemente, sua abrangência era ainda maior do que antes.

De certa maneira, essa fotografia da vida política brasileira também obedecia a uma conjuntura internacional cujo lastro havia se estabelecido ao longo dos anos 1930, tanto na Europa como nos Estados Unidos. Também os políticos daqueles países fizeram esforços no sentido de ampliar o raio de ação dos respectivos Estados Nacionais, mormente em resposta à crise provocada pelo *crash* da bolsa de 1929.

Esses governos *que não ousavam se chamar de totalitários* estavam ligados a fenômenos de massa nas mais variadas partes do mundo, mas é interessante observar como Alemanha, Itália e Brasil produziram líderes que se aproximavam pelas decisões e também pelas afinidades políticas. Na década de 1930, por exemplo, é possível afirmar que, com relação ao governo brasileiro, para além deste buscar inspirações políticas em torno da *organização institucional*, existia uma evidente aproximação ideológica em relação aos regimes totalitários — algo que fez o governo reprimir sublevações com base no uso da força —, tendo na figura de Filinto Müller o exemplo mais acabado de chefe de polícia convicto das posições em louvor ao nazismo.[1]

Esse mesmo governo Vargas, tão autoritário e repressor de um lado, era capaz de promover ações que *protegiam* o trabalhador brasileiro, como se o governo, de fato, estivesse alcançado um feito inédito no âmbito da consolidação do tecido social. As medidas na área trabalhista transformaram a vida da população e da sociedade brasileira, mas essa edificação só foi concebida graças ao laço da cultura. Em outras palavras, Vargas soube, como poucos políticos, fazer com que todas essas transformações estivessem amarradas a seu nome e antes mesmo da famosa carta-testamento, que seria escrita muitos anos depois, ele já havia saído da vida para entrar na história porque sua administração no Estado Novo o transformou em uma espécie de semideus. E isso não é fruto apenas do trabalho de Lourival Fontes, o hábil comandante do Departamento de Imprensa e Propaganda; trata-se, também, de uma consequência da ação de Capanema à frente do Ministério da Educação e Saúde.

Foi graças também a essa condição que, talvez, o governo Vargas tenha se mantido inabalável ante a mudança na conjuntura internacional.

É correto afirmar que o auge da manifestação de força de Getúlio Vargas tenha sido nos primeiros anos da década de 1940, quando, hoje se sabe, o Estado Novo caminhava para o fim.

De qualquer forma, naquela época, não era mesmo possível saber. Tudo isso porque, em que pese o fato do Brasil ter assumido um lado efetivo na Segunda Guerra Mundial após 1942, Vargas conseguiu trazer o apoio dos Estados Unidos para o país. Tal apoio já havia sido engendrado, como se viu no capítulo anterior, com a visita de Nelson Rockefeller no Brasil na segunda metade dos anos 1930, em um movimento que representava a dinâmica efetiva da política de boa vizinhança de Franklin Delano Roosevelt para com o Brasil. Havia interesse estratégico dos EUA já nos anos 1930 e no início dos anos 1940 esse relacionamento se estreitou graças à conjuntura internacional, bastante abalada pela guerra que estava em curso. Para além disso, até onde foi possível, o Brasil se manteve neutro na disputa, conforme registram Schwarcz e Starling em *Brasil, uma biografia*.[2]

Com o apoio que passava a receber de Roosevelt, Vargas não apenas trocou de posição, em um movimento que reforçava a expressão política de zigue-zague, mas faria com que o país se engajasse no conflito, e isso foi conquistado com o envio dos pracinhas da FEB à Europa para combater junto aos Aliados contra o Eixo, muito embora o país já atuasse com a escolta a navios mercantes de diversas bandeiras no Atlântico Sul a partir de 1942. A despeito da influência relativamente baixa no tocante à contribuição brasileira no campo militar, do ponto de vista simbólico esse movimento significou muito — afinal de contas, o governo Vargas contava com germanófilos assumidos e envergonhados em seu núcleo duro.

Gustavo Capanema era um deles.

Já ministro, Capanema fez de tudo para impor sua linhagem germanófila. Exemplo disso foi que seu projeto de formação dos alunos bebia, e muito, na fonte da experiência alemã na década de 1930, sobretudo pós-1933, quando o ovo da serpente do nazismo começava a mostrar sua verdadeira face. Esse flerte com o nazismo, no entanto, conforme pesquisa realizada para a elaboração deste livro, precisa ser compreendido como tal: apenas um flerte. Em que pese a gravidade disso, não se pode afirmar que o projeto político capitaneado por Hitler fosse a agenda do governo varguista. Mais do que isso, até: o instinto que controlava os gestos e as atitudes de Getúlio Vargas no geral, e de Gustavo Capanema em particular, se fundamentava muito mais em uma estratégia de sobrevivência e de exercer o poder — a qualquer custo — do que necessariamente uma bandeira carregada de uma estampa ideológica forte. Dito de outro modo, conforme se observa a manutenção do governo Vargas entre 1930 e 1945, quando foi necessário, o chefe político das forças revolucionárias da oposição em 1930 apelou a todos os recursos à mão para, em primeiro lugar alcançar e, em segundo, se perpetuar no poder por tempo indeterminado: pegou em armas, promulgou uma Constituição, rompeu com essa Constituição, articulou e deu um golpe, alegando um perigo externo, fez acordo com grupos que não necessariamente endossavam os valores da democracia representativa, além de estabelecer medidas de natureza autoritária para preservar a si e ao seu regime. É importante frisar que, para conseguir tudo isso, contou com o apoio significativo da população, que, à sua maneira, concordava e aceitava as decisões do líder que se transformou em ícone da cultura popular e inescapável representante máximo da vida política brasileira.

O papel desempenhado pelos órgãos que orbitavam o Ministério da Educação e Saúde foi decisivo para que Vargas atingisse tal feito. Gustavo Capanema, nesse sentido, foi mais do que um auxiliar. Não surpreende, portanto, o fato de ele ter permanecido tanto tempo à frente do ministério. Sem Capanema, Vargas não teria resistido tanto, pode-se assim afirmar, muito embora a história oficial do período coloque Capanema como um ator coadjuvante, próximo da burocracia apenas, enquanto o presidente Getúlio Vargas alcançava o *status* de senhor do universo, um verdadeiro demiurgo que deu sentido ao caótico e precário país que emergia da Primeira República. Em uma época que a figura do marketing político inexistia, Vargas soube se posicionar como o ator que fazia dobrar os sinos das circunstâncias, um animal político muito mais hábil que seus aliados e que seus adversários. Ocorre que mesmo essa mitologia em torno de seu nome estava intimamente associada ao poderoso controle do imaginário promovido, sem dúvida alguma, sob a liderança do presidente, mas executado, entre outros, por Capanema no Ministério da Educação e Saúde.

Nesse contexto, flertar com o nazismo e depois descartá-lo, perseguindo agora uma opção declaradamente favorável pelos Estados Unidos, não era somente um movimento com consequências na esfera da política externa brasileira, mas também significava uma mudança substantiva na política interna — e com consequências diretas para a pasta que Capanema controlava.

Um dos primeiros impactos pode ser vislumbrado no final da década de 1930. Como dito anteriormente, à época, estava em curso um debate sobre a nacionalização das escolas primárias, nos núcleos da população de origem estrangeira, em especial nas colônias alemãs e italianas do sul do país. Para o governo Vargas, o item nacionalização das escolas não era somente um tópico a ser debatido pelos especialistas e pela opinião pública. Tratava-se, antes, de um ativo estratégico. Em outras palavras, o que estava em jogo não era apenas o desejo de formular um currículo nacional unificado com vistas a oferecer um sentido para a educação do país e dos brasileiros. Tudo isso era bastante relevante, mas o governo ambicionava a centralização das escolas por questões relacionadas ao interesse nacional. Em dezembro de 1939, a Comissão Nacional de Ensino Primário, que havia iniciado sua atuação em abril daquele ano, assim se posicionou acerca da motivação para nacionalizar as escolas: era uma necessidade articulada ao momento histórico vivido pelo país. Conforme escrevem Schwartzman, Bomeny e Costa: "o projeto nacionalista do Estado Novo valorizava, em outras palavras, a uniformização, a padronização cultural e a eliminação de quaisquer formas de organização autônoma da sociedade, que não fosse na forma de corporações rigorosamente perfiladas com o Estado. Daí seu caráter excludente e, portanto, repressor".[3]

O momento histórico em questão tem a ver com as muitas influências ideológicas às quais os estudantes podiam estar submetidos e, nesse ponto, a nacionalização da rede escolar primária de todo o país obedece ao interesse de forjar um sentimento de "perfeita integração das novas gerações no espírito da variedade, da comunhão e da segurança nacional", conforme determina o artigo 8º do anteprojeto. Em complemento, como assinala José Silvério Baia Horta, o hasteamento da bandeira e o canto do Hino Nacional se tornariam obrigatórios a partir de então, além do comparecimento dos alunos às solenidades cívicas. Não por acaso, a memória afetiva de quem frequentou a escola nesse período sempre fez questão de registrar o quanto o caráter patriótico estava presente na educação — isso era devido a uma política institucional e centralizadora. Para ser mais específico, vale a pena ressaltar que nenhum secretário de Educação do estado sequer contestou a obrigatoriedade do hasteamento da bandeira e do canto do Hino Nacional, como registra José Silvério Baia Horta.

Não custa dizer, também, que nesse momento uma das principais canções do país, "Aquarela do Brasil", era composta por Ary Barroso. No livro *A canção no tempo*, Jairo Severiano e Zuza Homem de Mello defendem que esta música se tornou uma espécie de hino extraoficial do Brasil, pois

> os versos enaltecedores de nosso povo, nossas paisagens, tradições e riquezas naturais, a melodia forte, sincopada, de sonoridades brilhantes, tudo isso mostrado em um crescendo do prólogo ao final apoteótico, que procura transmitir uma visão romântica e ufanista da realidade brasileira.[4]

Mais do que analisar o significado e o conteúdo da canção de Ary Barroso, os autores sabiamente identificam um elemento-chave para que a música tivesse tanto alcance na época e mesmo depois. Graças às suas estruturas formais e à sua mensagem, "'Aquarela do Brasil' veio ao encontro dos interesses da ditadura getulista". Ainda que a música não tenha sido encomendada pelo onipresente Departamento de Imprensa e Propaganda, ela fazia parte do caldo de cultura cívico e oficial do Brasil daquele momento.

Se no âmbito da música popular o tom das canções era esse, não surpreende que as escolas adotassem uma posição em ampla conformidade com os poderes constituídos, estabelecendo-se, assim, um amálgama entre os conteúdos ensinados em sala de aula e a agenda nacionalista do governo como projeto para a educação.

O rompimento para com a influência germânica se daria, no entanto, em duas frentes. Isso porque quando o governo anuncia a proposta de nacionalização das escolas, tratava-se de uma proposta ancorada nos ideais alemães, em especial quando faz menção à questão da segurança nacional. À medida que os anos 1940 avançam, essa ambição relacionada ao ensino vai perdendo força. Na avaliação de José Silvério Baia Horta, isso acontece porque Capanema consegue fazer a leitura da transição política que está em curso no âmbito da conjuntura internacional. Aos poucos, portanto, Capanema se afasta do grupo com tendências totalitárias e de nacionalismo exacerbado do governo Getúlio Vargas.

É possível que a essa altura o próprio Vargas desejasse se afastar da ala mais radical, germanófila e protofascista, que em algum momento fez parte dos principais quadros de seu governo. Mesmo antes de executar a última manobra de sua estratégia política de zigue-zague, Vargas já havia escanteado os extremistas do quilate de Plínio Salgado, por exemplo, muito embora tivesse aprovado prisões arbitrárias no alvorecer do Estado Novo. Depois de 1940, Vargas mais uma vez fez uma escolha pautada pelo pragmatismo de quem desejava se manter no poder em vez de atender a uma agenda ideológica de maneira clara.

Ocorre que, depois de 1940, apesar dos esforços de Vargas, o que se viu foi a perda da capacidade de manutenção do regime e do poder, ainda que o aparato do Estado Novo estivesse azeitado. Getúlio Vargas ainda se mantinha popular, as cerimônias que louvavam suas conquistas e feitos prosseguiam, e os adversários permaneciam domesticados, mas o desgaste provocado pelo tempo no cargo já se fazia notar. E a prova cabal disso se dava nas relações tentaculares que o governo tentava estabelecer com organismos aparentemente distantes da esfera de poder, mas que estavam conectados desde o início.

* * *

Uma visita à página oficial da União Nacional dos Estudantes (UNE)[5] na internet permite que sejam identificados os aspectos mais intestinos do sistema de cooptação e de sua normalização ao longo da história. O texto que dá vida ao passado da entidade retoma o contexto político e educacional do século XIX para apontar o século XX como o período de redenção e emancipação da juventude estudantil. De acordo com essa narrativa, antes mesmo da UNE nascer com esse nome, seu embrião já era gestado nos "primórdios" de 1901, "quando é criada a Federação dos Estudantes Brasileiros, entidade pioneira que teve pouco tempo de atuação". Em seguida, o mesmo texto encaminha a história da UNE a partir da "rápida organização coletiva dos jovens", sobretudo com a realização do I Congresso Nacional de Estudantes em São Paulo.

O relato nada diz a respeito da década de 1920. Todavia, sinaliza que os anos 1930, marcados pela "polarização do ambiente nacional", foi o período em que os estudantes atuaram em organizações como a Juventude Comunista e a Juventude Integralista. Muitos e muitos anos depois, o escritor Jorge da Cunha Lima, que ocupou posições importantes na vida cultural e política do país, falaria acerca da importância dessas entidades — no caso dele, a Juventude Católica — para a formação dos políticos de sua geração. No que tange à UNE propriamente dita, foi somente em 1937 que a entidade ganhou o nome pelo qual é conhecida até hoje. Sempre de acordo com o texto oficial, "desde então, a UNE passou a se organizar em congressos anuais e a buscar articulação com outras forças progressistas da sociedade".[6] Só que, no ano de sua fundação, as forças progressistas tinham sido suplantadas pela força da reação governamental, e mesmo a sua criação dependeu de um arranjo político costurado pelo ministro Capanema.

Em seu livro sobre o período Vargas,[7] o historiador Thomas Skidmore destaca que a bênção concedida pelo governo para a organização da UNE impediu que a entidade se mobilizasse contra a sugestão de permanecer no poder — e isso já em 1943, quando Vargas tentava uma sobrevida em relação à sua estada no cargo.

É claro que a narrativa oficial da UNE se aproveita desse exemplo, muito embora adequando a biografia da entidade a uma conjuntura favorável e vencedora:

> Os primeiros anos da UNE acompanharam a oscilação da Segunda Guerra Mundial (1939—1945). Os estudantes brasileiros opuseram-se desde o início ao nazifascismo de Adolf Hitler, pressionando o governo do presidente Getúlio Vargas, e chegaram a entrar em confronto direto com os apoiadores do fascismo, os integralistas, que buscavam maior espaço para a ideologia no país.[8]

Com efeito, tal briga de fato aconteceu, e os estudantes, já naquele momento, praticaram atos pelos quais secundaristas do século XXI seriam bastante celebrados.

No entanto, para a historiadora Maria Paula Araújo, autora do livro *Memórias estudantis*: da fundação da UNE aos nossos dias, a questão relacionada à data de nascimento da UNE não está tão clara. "Para uns, ela foi criada em 1937, para outros, em 1938."[9] Na versão que dá conta da fundação da entidade em 1937, Gustavo Capanema aparece como a figura política necessária para a UNE. De acordo com a historiadora, mesmo antes da criação da UNE, a Casa do Estudante — entidade sem fins lucrativos e que a antecedeu — já contava com o apoio financeiro oriundo do governo federal, ainda que não tivesse uma agenda política oficial de endosso aos propósitos do governo. Tratava-se de uma entidade de apoio e solidariedade aos estudantes, escreve a historiadora. Nesse sentido, a proposta da criação da UNE, "às vésperas do Estado Novo e sob a chancela do Ministério da Educação e Saúde, tinha o propósito político de organizar nacionalmente a entidade e submeter politicamente a força desse segmento social que começava a se expandir".

Por esse motivo, novamente de acordo com a autora, há quem considere dezembro de 1938 legítima data de fundação da UNE. Essa UNE de 1938 teria em seu DNA não só uma agenda política mais definida, mas um compromisso verdadeiro de "participar do debate de grandes temas nacionais".

Conforme essa segunda versão da trajetória da entidade, a realização do Congresso de dezembro de 1938 desautorizava o Congresso de 1937. Dito de outro modo, o que estava acontecendo à época era o rompimento com a articulação amparada pelo governo federal.

A tensão entre estudantes da UNE e o governo Vargas só fez aumentar a partir da "segunda fundação" da entidade. E a prova mais destacada dessa disputa acontece em 1942, quando a sede do Clube Germânia (sociedade quase bicentenária localizada no Rio de Janeiro que tem por objetivo fomentar o intercâmbio social e cultural entre o Brasil e a Alemanha) é ocupada pelos estudantes contrários aos apoiadores do nazifascismo. Consta que, à época, o clube não apenas abria seus salões aos simpatizantes do nazismo, como também seus frequentadores comemoravam com fogos de artifício cada vitória do Eixo.

A ocupação do Clube Germânia, pode-se dizer, não aconteceu em total anuência com o ministro Gustavo Capanema. A despeito das afinidades eletivas do ministro da Educação com a Alemanha, há que se considerar que, por natureza, Capanema sempre foi um fiador da ordem estabelecida. Dessa forma, uma ocupação não fazia exatamente parte do léxico do ministro, mesmo que tivesse sido comunicado oficialmente pelos estudantes acerca daquela ocupação. É significativo, aliás, observar uma das imagens de Capanema com integrantes da UNE, uma foto datada de 1938. Em meio aos estudantes, sentado, Capanema parece nada menos do que desconfortável. Isso porque, embora não fosse muito dado a sorrisos nas fotografias, nesse caso em especial ele está visivelmente incomodado com a entidade que já naquele momento parece fora de controle.

Em 1942, para evitar mais ruído, Capanema assume a dianteira no que pode ser chamado de estratégia de redução de danos. Assim, como registra

Maria Paula Araújo, ele cria uma comissão "que fez um levantamento de todos os bens do clube (quadros, bronze, cristais). Todos esses bens foram colocados em duas salas do terceiro andar", escreve a historiadora.[10]

De sua parte, Getúlio Vargas buscou estabelecer contato com a entidade sem a mediação de Capanema. Talvez porque sentisse o aumento da temperatura com a crescente mobilização dos alunos ou talvez porque não confiasse na capacidade do ministro de controlar o levante estudantil, o fato é que Vargas mantinha interlocução aberta com José Gomes Talarico, jornalista e um dos fundadores da UNE, conforme relatado no texto sobre a origem do II Congresso Nacional dos Estudantes. A relação entre Vargas e Talarico é importante porque sinaliza que, em alguns casos, o próprio Vargas participara do processo de cooptação, que, no mais das vezes, teria sido também liderado por Capanema. Só para que se tenha ideia de quão sólido era esse processo de cooptação: em 1945, Talarico seria um dos fundadores do PTB e nos anos 1950 foi um dos apoiadores da campanha de Getúlio Vargas à Presidência, tendo, depois, participado do governo de Getúlio Vargas como chefe do serviço de imprensa.

* * *

O fim do Estado Novo se aproximava na exata medida em que Vargas percebia aumentar a mobilização contra o seu governo, podendo vir tanto dos intelectuais quanto dos estratos menos organizados da opinião pública. É por esse motivo que ele buscava manter o apoio das classes trabalhadoras, retomando pontos que tinham sido firmados ainda no contexto da movimentação em torno da Revolução de 1930, e aqui nesse quesito tanto a criação da Companhia Siderúrgica Nacional como a formulação de uma política para a questão do petróleo são exemplos de iniciativas que concorrem para a tentativa de manutenção do poder. Entretanto, o desembarque já havia começado à medida que algumas vozes se levantavam e pediam por um regime democrático, como foi o caso do Manifesto dos Mineiros, que contou "com 92 assinaturas de personalidades de Minas Gerais".[11] Como registram as historiadoras Lilia Moritz Schwarcz e Heloísa Starling, "Vargas [...] considerou a sério a nova conjuntura e preparou a transição para um regime constitucional, apoiado em amplos setores da população, sobretudo aqueles que se beneficiavam da legislação social e trabalhista".[12]

O fato de Vargas preparar uma transição não significa que ele deixou de articular até o fim para tentar permanecer no poder. Tentou, de um lado, estreitar laços com as forças armadas, apoiando a candidatura de Eurico Gaspar Dutra para as eleições que se avizinhavam (a assinatura do Ato Adicional à Constituição de 1937 delimitava que novas eleições deveriam ser marcadas em três meses a partir de 28 de fevereiro de 1945); e, de outro, assinou a anistia do líder comunista Luís Carlos Prestes, que, por sua vez, contava com maciço apoio popular. Em uma reviravolta digna dos grandes *thrillers* políticos, Prestes não só anunciou apoio ao governo de Getúlio Vargas, o mesmo contra quem conspirara e que mandou sua mulher, Olga Benário, para a morte em uma câmara de gás, como também se mostrou favorável ao adiamento das eleições.

A menção a Prestes pode parecer lateral ou sem importância, mas tudo tem a ver com o momento cultural e político que o Brasil atravessava. Isso porque Prestes era uma liderança que cativava seus simpatizantes, militantes e os intelectuais que cerravam fileiras no partido, como é o caso de Jorge Amado, Carlos Drummond de Andrade, Candido Portinari e Di Cavalcanti. Embora Drummond fosse se desligar da militância partidária, Portinari seria candidato a deputado federal pelo PCB.

Como apontam Schwarcz e Starling, Vargas buscava o apoio de Prestes como um trunfo, ainda que não fosse a parte mais importante do jogo político que estava em curso. Mas era bastante significativo, de qualquer modo, que o governo estivesse perdendo apoio exatamente entre os grupos que tentara recuperar indiretamente com o aceno de Prestes.

"Os intelectuais começaram a se distanciar do regime",[13] escreve Robert Levine em *O pai dos pobres?*: O Brasil e a Era Vargas. Levine atribui o fim do Estado Novo à perda de apoio dos militares ao governo Vargas, quando este optou por endossar um sistema político aberto e populista.

Lira Neto, o último biógrafo de Getúlio Vargas, estica o episódio de fritura e decomposição da primeira etapa da Era Vargas reconstituindo os momentos de maior tensão a fim de estabelecer um painel mais completo da conjuntura política, mas não escapa de colocar o olhar na perspectiva dos personagens mais consagrados daqueles tempos interessantes — Góes Monteiro, Bejo Vargas, Lutero Vargas, além do próprio Getúlio Vargas.

Conforme anota Lira Neto, recuperando o registro de Rubens Vidal Araújo, Vargas saiu de cabeça erguida, altivo, embora os generais tivessem mandado cortar a luz, a água e o gás do Palácio Guanabara.[14] Destacam-se, a seguir, dois trechos que salientam o tamanho que Getúlio Vargas se permitiu emoldurar no complexo panorama da vida política nacional. No manifesto que escreveu ao povo brasileiro, como ressalta Lira Neto, Vargas chama a atenção para a política de amparo aos trabalhadores ao mesmo tempo que destacava que o povo estava com ele, Vargas. "Ele me fará justiça."[15] Esse é o primeiro trecho. O segundo é o desfecho que Lira Neto escolhe para encerrar *Getúlio: do Governo Provisório à ditadura do Estado Novo*, segundo livro de sua trilogia sobre Vargas. Escreve o autor que Getúlio fez uma peroração algo premonitória quando perguntado pelo sobrinho acerca de seu futuro. As palavras foram as que seguem: "Deves ter ouvido dizer que a política se assemelha a um jogo de xadrez [...] Eu sou uma pedra que foi movida da posição que ocupava [...] vamos começar um novo jogo — e com todas as peças de volta ao tabuleiro."[16] Entre essas peças, vale a pena acrescentar o nome de Gustavo Capanema.

* * *

Enquanto o Estado Novo fazia um pouso forçado, Capanema tentava manter a situação sob controle. Já rufavam os tambores em torno das eleições que haviam sido antecipadas, e o ministro da Educação e Saúde se ocupava em permanecer discreto. Segundo escreve Murilo Badaró,[17] Capanema tinha plena consciência da inevitabilidade dos acontecimentos e de suas consequências no contexto da política nacional. Badaró revela que Capanema até mesmo ia ao encontro de Vargas, em ocasiões em que ambos conversavam sobre a conjuntura política, mas já não partilhavam de detalhes mais decisivos porque o ditador suspeitava das intenções dos mineiros em geral, sobretudo de Benedito Valadares, acerca da sucessão presidencial.

No que tange a Capanema, o ministro parecia preocupado em concluir sua grande obra, o prédio do Ministério da Educação e Saúde. Até aquele instante, Capanema já virara motivo de chacota absoluta por parte dos chargistas, que acusavam o edifício de não ficar pronto nunca.

Um comentário do jornal *O Radical*, do Rio de Janeiro, é um exemplo desse tipo de tratamento e de admoestação que Capanema recebia da imprensa. O texto começa com a seguinte assertiva: "O nosso ministro da

Educação já passou à posteridade como um boa bola, na feliz expressão da gíria indígena." E prossegue, elevando o tom das críticas quanto ao que qualifica de bússola perdida em relação à condução do "barco da educação".[18] Para *O Radical*, Capanema "governava ao sabor de suas loucuras" e não havia nada que pudesse deter sua desarvorada irresponsabilidade.

E a marreta do artigo continuava a castigar a administração Capanema, apontando para o edifício como o principal dos males. Em uma época em que a ditadura do Estado Novo ainda estava em pleno funcionamento, chama a atenção a intensidade e o caráter pessoal das críticas, que caracterizavam o ministro de Estado como o timoneiro da casa dos "cavalos--marinhos", em alusão aos azulejos desenhados por Candido Portinari. Consta que Capanema teria ficado irritado com a suposta semelhança dos azulejos com as formas de seu rosto e por isso teria mandado tirá-los. Fato ou ficção, o que chama a atenção nesse episódio é que, mais uma vez, o tom das críticas ao ministro por conta da construção do Palácio Capanema, no que poderia finalmente ser chamado de polêmica no anedotário político dos dias que correm, atingiu um tom de ataque pessoal ao ministro, que, fosse por sua personalidade, fosse por falta de aparato no ministério, não respondeu, assumindo uma postura olímpica sobre o caso. Tal postura não pode ser confundida, no entanto, com ausência de sangue nas veias. Nas entrevistas concedidas a propósito de seu tio mais célebre, José Octavio Capanema fazia um paralelo com a própria saúde a fim de explicar um pouco da situação do tio, que, com hipoglicemia, precisava ser socorrido com uma quantidade razoável de balas e doces para que os níveis de glicose não sucumbissem. Capanema vivia entusiasmado com o prédio, a ponto de supervisionar o trabalho de sua elaboração reiteradas vezes.

Em seu acerto de contas com o passado de funcionário público — o chefe de gabinete do ministro da Educação de um governo ditatorial — Carlos Drummond de Andrade também recupera os últimos momentos do Estado Novo. É curioso observar, aliás, como o poeta reorganizou a cadeia de eventos, redistribuindo o peso de cada um daqueles acontecimentos conforme um critério subjetivo. Dito isso, tal como se lê em seu *Observador no escritório*, existe uma consciência do autor em ser um observador, mas o que ele não diz é que esse observador privilegiado tem uma posição e, portanto, não é só alguém que anota os acontecimentos. Fosse de outra maneira, o próprio texto de Drummond não trairia o autor, quando este se coloca em primeira pessoa a propósito do encontro com Luís Carlos Prestes. "Ontem, entrevista com Luís Carlos Prestes, no presídio. Tomamos um táxi, eu Célia Neves, Oswaldo Alves, três intelectuais sem militância política, mas desejosos de viver politicamente os novos tempos que se anunciam, e vivê-los com seriedade."[19] O registro é de 16 de abril de 1945 e nesse mesmo ano são muitas as notas, que, mesmo quando tratam de outros assuntos, se conectam com a discussão política.

Em verdade, mais uma vez atentando para as datas dos registros, nota-se a explicação para tamanha mobilização político-ideológica de um não militante. Drummond pede o desligamento de suas funções no Ministério da Educação e Saúde em 14 de março de 1945. Seu registro do episódio não é menos digno de nota, como se verá no trecho a seguir:

> Deixei ontem meu posto no gabinete de Capanema. Desfecho natural da situação criada pela volta das atividades políticas no país. Meu chefe e amigo, cheio de compreensão e afeto, despede-se de mim oferecendo-me uma preciosidade bibliográfica: a edição das *Memórias Póstumas de Brás Cubas*, com sete águas-fortes originais de Portinari, feita para os Cem Bibliófilos do Brasil. E quer que eu preste serviços ao Iphan, sob a direção do nosso Rodrigo [Melo Franco de Andrade].[20]

Em poucas linhas, o que se tem é uma mostra bastante significativa do comportamento político padrão no Brasil. Drummond aceitou abrir mão da sinecura no ministério, mas só faz isso quando sente que o clima político no país estava mais favorável. De igual modo, entendeu que a sua saída da chefia do gabinete era um movimento natural, como se houvesse embaraço em permanecer no cargo, mas não pareceu constrangido em continuar a prestar serviços ao Iphan, sobretudo do *nosso* Rodrigo (Melo Franco de Andrade, amigo de Capanema e de Drummond). A confusão entre público e privado não poderia ser mais familiar e, ao mesmo tempo, mais natural, a ponto de não provocar nenhum incômodo. Talvez por isso, poucos dias antes de pedir demissão, Drummond não via nenhum impedimento em participar de encontros com intelectuais para dar força a uma ideia que ele próprio havia sugerido: a União dos Trabalhadores Intelectuais Livres. Só no fim do governo Vargas, depois de ter trabalhado mais de uma década como chefe de gabinete de Capanema, Carlos Drummond de Andrade se sentia livre.

Em que pese a tentativa do poeta de, no epílogo de sua vida, consolidar uma versão definitiva a respeito de sua participação no governo de Getúlio Vargas exatamente no período em que o Estado Novo estava em curso, houve outros relatos, de fato e de ficção, que trataram desse tema delicado de modo mais irônico ou ainda mais agudo. O escritor Moacyr Andrade, por exemplo, publicou romances que se destacam por andar no fio da navalha entre a sátira e a crítica social, às vezes fazendo as duas coisas ao mesmo tempo, como no caso de *Memórias de um chauffeur de praça*. À época de sua publicação, na década de 1960, a obra conquistou algum destaque, muito embora não tenha sido editada originalmente como romance. A princípio, obedecendo a certa tradição do jornalismo brasileiro, o texto ganhou na sua primeira edição as páginas do *Estado de Minas* durante três meses. Seja como for, o texto de Moacyr Andrade chama a atenção porque consegue transformar em comédia uma série de acontecimentos cotidianos com a presença de personagens anônimos e ilustres. Gustavo Capanema e Carlos Drummond de Andrade figuram em *Memórias de um chauffeur de praça* como o secretário Borborema e o poeta modernista De Monte, respectivamente. De uma só vez, a pena de Moacyr Andrade é ferina e informativa, como fica claro no trecho a seguir:

> O poeta modernista De Monte já celebrara também a moça misteriosa em versos magníficos, que até foram publicados no jornal oficial com moldura de vinhetas, por ordem especial do secretário Borborema, protetor das artes e das letras. A publicação dos versos sobre a "moça fantasma" no jornal oficial, quebrando a tradição cinquentenária de sua austeridade de órgão venerando, foi tida pelo povo como confirmação oficial da aparição, quando em verdade não era senão homenagem do dr. Borborema ao poeta seu amigo, porque descobrira nos versos um "sabor goethiano" pronunciado e Goethe era a paixão literária daquele secretário de governo.[21]

Já no livro *O desatino da rapaziada*, do jornalista e escritor Humberto Werneck, a relação de Drummond com Capanema é apresentada em uma perspectiva mais ampla, relacionando o período em que ambos se conheceram na juventude, apontando os detalhes da parceria entre os dois durante o governo Vargas, e falando menos do período em que ambos deixaram o poder no fim do Estado Novo. Assim, embora o livro de Werneck não tenha como objetivo estabelecer uma análise das consequências políticas da parceria entre o poeta e o ministro, é a partir desse relato que se reforça o entendimento de que a amizade de ambos tinha uma identificação de natureza moral que dificilmente seria reeditada em outro período. Dito de outro modo, Werneck preserva a versão que aponta o relacionamento entre Drummond e Capanema fundada essencialmente nos laços de amizade (e não menciona o fato de que Drummond se beneficiou no período).

Se, por um lado, é certo que naquele momento essa discussão não fazia parte do repertório político daquela geração, hoje há farta bibliografia e comentários que justamente dão conta da perversidade dessas relações que se baseavam de forma exclusiva na dinâmica da amizade. Além disso, Capanema e Drummond faziam parte dessa geração que foi atraída pelo magnetismo de Vargas que ocupara o poder com ampla capacidade, ou seja, o desejo era fazer política de maneira diferente. O que Humberto Werneck, Pedro Nava e outros memorialistas do período registraram, no entanto, é que aquela geração fez coisas diferentes porque era excepcional, uma vez que era imbuída de valores e princípios certamente adequados aos propósitos daquele tempo, mas que não primavam por um ideário republicano ou nobre. A questão de disputa pelo poder e pela permanência nesse espaço também serve de motivador e de elemento agregador para os ocupantes daquele condomínio. Humberto Werneck pondera, ainda, que essa relação entre Capanema e Drummond é um exemplo da dinâmica que fez com que uma geração de escritores mineiros saísse de Minas Gerais com os políticos. Trata-se, é sempre bom registrar, da "tese" de Affonso Romano de Sant'anna, também este escritor mineiro. Esse dado é importante porque é indicativo de como em um determinado período histórico do país a elite cultural soube harmonizar com a elite política sem nenhum prejuízo de consciência, sempre lastreadas nos laços de amizade.

De volta ao *Observador do escritório*, mesmo fora do governo havia alguns meses, é o poeta e ex-chefe de gabinete Carlos Drummond de Andrade quem ajuda a identificar os bastidores do fim do Estado Novo. Ou, por outra, como é que se deu o fim do Estado Novo a partir do Ministério da Educação e Saúde. De forma oblíqua e irônica, Drummond abre o texto destacando com perspicácia o discurso final de Getúlio Vargas, que afirma ter cedido aos generais para evitar derramamento de sangue. Sobre isso, assim escreve o poeta: "Substância que raramente se derrama em nossos golpes e revoluções, pois tanto uns quanto outros preferem conservá-los nas veias."[22] Com domínio preciso da linguagem aliada a uma capacidade de sínese invejável, o poeta em poucas linhas faz uma descrição e um alinhamento das posições políticas que disputam o poder. No trecho a seguir, Drummond apresenta o desfecho do governo articulando, de uma só enfiada, o tom literário e a narrativa histórica:

> Getúlio, esgotada sua capacidade de manobra (de que é prova a nomeação do mano para chefe de polícia), rendeu-se sem um tiro. Foi logo escolhido para substituí-lo o ministro Linhares, presidente do Supremo Tribunal Federal, que tomou posse de madrugada... No Ministério da Guerra, enquanto Getúlio, filosoficamente, ia dormir, já que não podia fazer outra coisa, apagada a sua estrela de quinze anos.[23]

Em outra passagem do mesmo texto, ao comentar o dia seguinte do "fim da era getuliana", Drummond escreve que a cidade se mostrava indiferente à queda do homem. Como a questão da amizade fica sempre em primeiro plano, o poeta preservou um tom muito mais solene a Gustavo Capanema. Segundo ele, no dia 30 de outubro, o ministro estava calmo, esperando quem fosse substituí-lo para entregar a pasta. O amigo não perderia a chance de retocar uma vez mais a imagem do ex-chefe. "Calmo, levou-me ao auditório, onde Portinari pinta dois grandes murais, em companhia de Enrico Bianco e Athos Bulcão. Interessou-se pelo trabalho dos artistas, como se nada de pessoal lhe houvera acontecido."[24]

A imagem acima é de um homem público exemplar, que, resignado, coloca as questões de Estado sempre à frente, como se estivesse cumprindo sua função sem jamais ter desejado estar ali por outro motivo. Ao falar sobre esse mesmo episódio — isto é, a passagem da pasta para o ministro que fora escolhido para substituí-lo —, José Octavio Capanema disse que o tio-ministro se mostrava bem mais arisco e indignado. "Não entrego ao senhor Leitão da Cunha a pasta ministerial. Cedo-lhe as chaves do prédio onde se encontra instalado o Ministério da Educação",[25] teria dito Capanema, já ciente de que o cargo lhe escapava pelos dedos. Onze anos depois de ser empossado como ministro pelas circunstâncias fora de seu controle, Gustavo Capanema aprendera a se mover na função de homem público, abraçando de forma integral as causas e o caráter transitório da agenda política e ideológica de Getúlio Vargas.

Como poucos de sua geração, Capanema descobriu que, tão importante quanto alcançar o poder, era ter controle das rédeas para permanecer no cargo. Assim, embora não tenha tido o mesmo peso histórico de nomes como Osvaldo Aranha ou de Flores da Cunha nos primeiros instantes do Governo Provisório, Capanema soube se adaptar conforme a temperatura e a pressão do momento. Só por isso, e o só pode constar como ironia, ele foi o ministro mais longevo de Vargas e o ministro da Educação que mais tempo ficou à frente da pasta no país, um feito digno de nota na política nacional, um ambiente hostil para quem quiser ocupar funções oficiais: de acordo com levantamento feito pelo jornalista Eduardo Oinegue,[26] considerando os 127 anos de República no Brasil, houve uma substituição a cada 42 dias.

A importância de Capanema é, não sem razão, atribuída aos feitos na área da educação e cultura, mas tais notações só podem ser concedidas hoje em dia porque ele permaneceu no cargo tempo suficiente para isso. Em outras palavras, ecoando uma crítica que se tornou lugar-comum ao longo da história do Brasil, as políticas públicas não se tornam efetivas porque não é possível estabelecer nenhuma continuidade. Pois foi com Capanema, obviamente no contexto do Estado Novo, que essa continuidade não somente foi possível, como influenciou gerações e gerações a seguir, algo que Capanema jamais poderia imaginar quando assumiu o cargo em julho de 1934.

Em outubro de 1945, no entanto, esse tipo de raciocínio tampouco seria possível. O substituto de Gustavo Capanema foi o médico Raul Leitão da Cunha. Tendo concluído o curso de medicina na Faculdade de Medicina do Rio de Janeiro, viajou para a Europa, e lá se especializou em anatomia patológica. De volta ao Brasil, ainda na primeira década do século XX, enquanto Capanema era um garoto de calças curtas na cidade de Pitangui, Leitão já assumia a cátedra de histologia da Faculdade de Medicina do Rio de Janeiro. Nos anos seguintes, ocupou cargos diretivos nas áreas de saúde pública e foi delegado geral de exames do curso secundário. Coincidentemente, sua trajetória política começa mais ou menos no mesmo período em que Capanema ingressa na vida pública. Em 1928, Leitão da Cunha é eleito vereador pelo Distrito Federal e fica na função até 1930, ano da Revolução liderada por Vargas.

Carlos Drummond de Andrade e Gustavo Capanema foram amigos a vida inteira, ainda que no campo da política não pudessem ser mais distantes: o poeta, *gauche* na vida; o político, um conservador.

Arquivo Gustavo Capanema – Série Correspondentes, FGV CPDOC, GC b Andrade, C., página 1

Texto de Drummond sobre Capanema, "O ministro que desprezou a rotina". A dúvida, no entanto, permanece: Drummond também falava de si ou apenas elogiava o amigo?

Arquivo Gustavo Capanema – Produção intelectual, FGV CPDOC, GC pi Andrade, C. 0000.00.00, página 1

Os noivos, Maria Regina Massot e Gustavo Capanema, na ocasião do casamento, a 8 de julho de 1931.

Arquivo Gustavo Capanema, FGV CPDOC, GC foto 419

Capanema não esperava assumir a interventoria de Minas Gerais tão cedo; tampouco imaginava que fosse ser preterido por Getúlio Vargas.

Arquivo Gustavo Capanema, FGV CPDOC, GC foto 025

Apesar de manter uma rotina intelectual acima da média, Capanema, ao final da vida, não alcançou a desejada cadeira na Academia Brasileira de Letras.

Arquivo Gustavo Capanema, FGV CPDOC, GC foto 410-3, fotógrafo: Elpídio

A Igreja Católica ganhou bastante influência com Gustavo Capanema à frente do Ministério da Educação e Saúde. A foto é de Alonso Bispo.

Arquivo Gustavo Capanema, FGV CPDOC, GC foto 211

A imagem era para ser um registro de comemoração. Capanema, no entanto, não sorria com tanta facilidade nas fotos oficiais.

Arquivo Gustavo Capanema, FGV CPDOC, GC foto 091

Getúlio Vargas, Benedito Valadares e Capanema: o presidente preteriu o interino para a interventoria, dando margem à piada como registro histórico: "mas será o Benedito?"

Arquivo Gustavo Capanema, FGV CPDOC, GC foto 083

Gustavo Capanema e Carlos Drummond de Andrade: o ministro e o poeta formaram uma parceria duradoura no MES.

Arquivo Gustavo Capanema, FGV CPDOC, GC foto 046

O Palácio Capanema, como ficaria conhecido o prédio do Ministério da Educação e Saúde, por ocasião do lançamento da pedra fundamental.

Arquivo Gustavo Capanema, FGV CPDOC, GC foto 103-1

Capanema sempre foi um alvo fácil para os desenhistas; aqui, um registro de Francisconi.

Arquivo Gustavo Capanema, FGV CPDOC, GC foto 416-2

Nelson Rockefeller roubou a cena da política local quando esteve no Brasil.

Arquivo Gustavo Capanema, FGV CPDOC, GC foto 261

Fora do Ministério da Educação e Saúde, Capanema se reinventa como parlamentar, tornando-se figura decisiva nos bastidores da política.

Arquivo Gustavo Capanema, FGV CPDOC, GC foto 412

Quando Vargas voltou ao poder, Capanema tornou-se o líder da maioria, atuando de modo incisivo na Câmara dos Deputados.

Arquivo Gustavo Capanema, FGV CPDOC, GC foto 338

Aliomar Baleeiro, assim como outros deputados da UDN, era um adversário estridente na tribuna na época de Capanema como parlamentar.

Arquivo Gustavo Capanema, FGV CPDOC, GC foto 386

Mineiros, Tancredo Neves e Gustavo Capanema eram habilidosos na costura política, e Tancredo chegou a dizer que Capanema quase foi primeiro-ministro em 1961. Quase.

Arquivo Tancredo Neves, FGV CPDOC, TN foto 0195

Raul Leitão da Cunha teria alguma participação política durante o Governo Provisório, uma vez que fora eleito deputado pelo Distrito Federal à Assembleia Nacional Constituinte como quadro do Partido Democrático. Como constituinte, participou da promulgação da Carta Constitucional de 1934. Anos depois, já no período do Estado Novo, foi reitor da Universidade do Brasil, criada nessa época. Em 1940, ele assumiu o cargo de diretor da Faculdade Nacional de Filosofia, que havia recebido o endosso de Capanema e utilizada como resposta às críticas dos intelectuais liberais que à época espezinhavam Capanema por conta da Universidade do Distrito Federal. Raul Leitão da Cunha recebeu as chaves de Capanema em fins de outubro, mas não ocupou o cargo tempo o bastante para sequer fazer sombra à administração que o precedeu. Em janeiro de 1946, com a chegada de Eurico Gaspar Dutra ao poder, Raul Leitão da Cunha foi substituído por Ernesto de Sousa Campos. Pouco mais de um ano depois, Leitão da Cunha morreu no Rio de Janeiro. Ele tinha 66 anos.

* * *

Publicado pela primeira vez na década de 1980, *Tempos de Capanema*, de Simon Schwartzman, Helena Bomeny e Vanda Maria Ribeiro Costa, permanece até os dias de hoje como o principal inventário das ações de Gustavo Capanema à frente do Ministério da Educação e Saúde. A publicação é uma referência porque foi o primeiro estudo a ousar interpretar a vasta documentação disponível de Gustavo Capanema no CPDoc. As iniciativas relacionadas à educação ocupam boa parte do tempo e da análise dos autores. Além desses pontos, no entanto, existe um trecho que costuma ser subestimado quando se nota a trajetória de Capanema como ministro de Vargas. E é exatamente o trecho que trata dos costumes, que, de uma só vez, permite observar com atenção e cuidado um pouco da personalidade do ministro, isto é, do que ele efetivamente pensava e de como seus valores estavam próximos de um reacionarismo atávico ou mesmo instintivo.

Em uma entrevista concedida em 2011, o sociólogo francês Alain Touraine citava o feminismo como uma das bandeiras que dão o tom da vida contemporânea.[27] Nas palavras do pensador, um novo feminismo está, nas primeiras décadas dos anos 2000, representando um novo modelo de sociedade, não importando muito a função ocupada pela mulher na vida contemporânea. Na entrevista em questão, Alain Touraine não citou Capanema. E, com efeito, o ministro da Educação não é lembrado por ocasião de suas ações em relação ao papel que a mulher desempenha na sociedade. É precisamente por esse motivo que talvez seja importante retomar a posição de Capanema sobre o lugar das mulheres.

Foi em dezembro de 1937, na conferência proferida por ocasião do centenário do Colégio Pedro II, que Gustavo Capanema proferiu as seguintes palavras:

> Os poderes públicos devem ter em mira que a educação, tendo por finalidade preparar o indivíduo para a vida moral, política e econômica da nação, precisa considerar diversamente o homem e a mulher. Cumpre reconhecer que no mundo moderno um e outro são chamados à mesma quantidade de esforço pela obra comum, pois a mulher mostra-se capaz de tarefas as mais difíceis e penosas, outrora retiradas de sua participação. A educação a ser dada aos dois há, porém, de diferir na medida em que diferem os destinos que a Providência lhes deu. Assim, se o homem deve ser preparado com têmpera de teor militar para os negócios e as lutas, a educação feminina terá outra finalidade, que é o preparo para a vida do lar. A família constituída pelo casamento indissolúvel é a base de nossa organização social e por isso colocada sob a proteção especial do Estado. Ora, é a mulher que funda e conserva a família, como é também por suas mãos que a família se destrói. Ao Estado, pois, compete, na educação que lhe ministra, prepará-la conscientemente para esta grave missão.[28]

É certo que é necessário colocar em perspectiva histórica as palavras de Capanema. No início do Estado Novo, o discurso do ministro da Educação de um governo que se impunha pela força não seria condizente com uma proposta de emancipação das mulheres. Ocorre que, de igual modo, não se podem desconsiderar o peso e a medida de seu discurso. Mesmo sendo pai de uma garota que viria a ser defensora de seu legado no futuro, e com figuras femininas fortes como a esposa e a mãe, Capanema se aliava organicamente a um modo de conceber a realidade que predeterminava a função da mulher — e, por extensão, a educação que deveria ser ministrada com propósitos diferenciados. E o resultado prático foi que essas ideias, de fato, tiveram consequências na feitura do Projeto do Plano Nacional de Educação de 1937, segundo o qual o ensino feminino seria dividido em doméstico geral, doméstico agrícola e doméstico industrial. Dentro do conteúdo previsto, havia o ensino da moral familiar, direito de família, economia doméstica e até mesmo a puericultura. Conforme explicam os autores de *Tempos de Capanema*, "este sistema paralelo de ensino não chegaria a ser criado".[29] De qualquer modo, algumas ideias acerca do papel da mulher são preservadas, e vale a pena destacar a disciplina de economia doméstica.

Outro aspecto que vale a pena ser mencionado é o estatuto da família. Ainda de acordo com o livro sobre o ministro, o projeto do ensino feminino obedecia a uma proposta muito mais ampla. A ideia do decreto-lei que viria a ser assinado por Getúlio Vargas em 1941 tinha como alvo a proteção da família brasileira. No que tangia à participação de Capanema nessa proposta, o estatuto atentava para a necessidade de "aumentar a população do país e a de consolidar e proteger a família em sua estrutura tradicional".[30] Capanema entendia que cumpria ao Estado estabelecer uma proteção a essa instituição a fim de que ela não ficasse suscetível às ameaças de corrupção e de degradação. O projeto patrocinado por Gustavo Capanema incentivava o casamento e até mesmo concedia um abono como contrapartida financeira às famílias com muitos filhos, enquanto dos solteiros, viúvos e casados sem filhos havia a sugestão de cobrança de impostos.

Se, no século XXI, a discussão a propósito da equiparação salarial entre os gêneros é pauta para documentos importantes em termos internacionais, tais como os Objetivos do Desenvolvimento Sustentável, no auge do Estado Novo, na primeira metade do século XX, o estatuto proposto pelo ministro da Educação e Saúde não apenas previa que os pais de família tivessem preferência a propósito da investidura de cargos públicos, como às mulheres estaria reservada a posição que contemplava empregos próprios da natureza feminina, sempre em conformidade com os limites da conveniência familiar.

Como se observa, a ambição do projeto de Gustavo Capanema não era simplória. Ao ministro, uma vez mais, interessava ter o controle absoluto da elaboração e, principalmente, da execução do projeto, o que fez com que ele também cuidasse para que não houvesse nenhuma ponta solta. Na percepção do ministro, o perigo para a sobrevivência das famílias estava em toda parte. Em função disso, cabia outra vez ao Estado o estabelecimento das medidas que coibiriam o avanço de uma agenda capaz de provocar uma espécie de suicídio social, conforme palavras do pe. Leonel Franca, um dos principais interlocutores de Gustavo Capanema. O ministro sugeria, assim, que a censura impedisse "pela cátedra, pelo livro, pela imprensa periódica, pelo cinema, pelo teatro e pelo rádio, ou ainda por qualquer outro meio de divulgação, se faça, direta ou indiretamente, toda e qualquer propaganda contra o instituto da família ou destinada a estabelecer restrição à sua capacidade de proliferação",[31] sustentava o texto. Ao mesmo tempo, o Estado deveria preparar o clima social propício à formação, à derivação e ao prestígio familiar.

Tratava-se, portanto, de mais uma iniciativa que remontava à seleção de Capanema como ministro da Educação e Saúde. De modo exemplar e agindo como um mero cumpridor, Capanema jamais negociou ou arredou pé de nenhum pedido ou convicção da Igreja Católica e de forma bastante destacada se descobriu uma espécie de formulador de leis cujo alvo eram a manutenção de certa imagem de ordem e de tradição afeita a princípios que ele considerava fundamentais em concordância com o grupo que o colocara no cargo.

É interessante observar que Gustavo Capanema de fato acreditava que estava salvando a sociedade de sua autodestruição e que o caminho necessário para essa salvaguarda passava pela implementação do Estatuto da Família, que, por sua vez, tinha espaço tentacular para atingir outras áreas, provocando alterações até mesmo no direito penal e no direito civil, bem como em áreas até hoje sensíveis, como a da previdência e a da assistência social. O argumento adotado pelo ministro se pautava, para além da questão moral, em outras razões. Assim, o crescimento demográfico estaria ameaçado se as famílias não fossem protegidas, em especial porque "as boas correntes imigratórias vão escasseando",[32] escreveu Capanema.

Como já foi dito, a década de 1930 não contava com próceres da intelectualidade advogando a céu aberto a causa do feminismo. Todavia, não é porque a defesa do feminismo não havia se tornado algo popular que o Estatuto da Família proposto por Capanema, por exemplo, seria poupado das críticas. Entra em cena aqui a figura de Rosalina Coelho Lisboa, jornalista e militante do integralismo cuja trajetória poderia render muitas biografias. Isso porque sua vida foi tudo, menos óbvia. Também nascida em 1900, educou-se com a ajuda de preceptoras estrangeiras e passou a ser colaboradora da revista *Careta* aos 15 anos. Quatro anos depois, já era viúva e, para sobreviver, passou a escrever para diversos jornais e revistas com diferentes pseudônimos. Com pouco mais de 20 anos, mais ou menos na época em que se consagrava com um prêmio concedido pela Academia Brasileira de Letras (pelo livro *Rito pagão*), ela já havia se casado com James Irwin Miller, vice-presidente da United Press na América do Sul.

Em uma época em que a atuação da mulher era bastante restrita, assim como o acesso à educação de qualidade, Rosalina se tornou uma entusiasta dessas duas causas. Nos estertores do governo de Washington Luís, a jornalista contestava a plataforma política do último presidente da Primeira República, defendendo a igualdade de direito entre homens e mulheres e a participação das mulheres no mercado de trabalho. O fato de defender essas bandeiras não fazia de Rosalina uma ativista de esquerda. Na verdade, quando se envolvia no debate a respeito da educação, a jornalista também combatia o comunismo. Ainda no começo do governo Getúlio Vargas, ela participou de iniciativas que, de algum modo, sustentavam a estratégia varguista de controle do espaço político nos meios de comunicação e de manutenção do projeto Vargas no poder.

Com todo esse histórico, Rosalina, respondendo a uma carta de Osvaldo Aranha sobre o tema, observa que houve, sim, melhoria da condição feminina ao longo da administração de Getúlio Vargas. Nesse sentido, a jornalista ressalta que seria um retrocesso limitar o campo de trabalho da mulher, conforme sugeria o estatuto da família. E acrescenta, criticando o argumento de Gustavo Capanema, que é a vaidade dos homens, "terrível e cruel", que não permite às milhões de mulheres alcançarem condições de igualdade. A posição de Rosalina, que certamente deveria colocá-la como expoente na luta pelos direitos das mulheres, não é a única contrária ao argumento demográfico de Gustavo Capanema. Em outra frente, o Estatuto da Família proposto por Capanema seria bombardeado internamente, em uma espécie de dossiê elaborado por um assessor graduado de Getúlio Vargas. Como consta em *Tempos de Capanema*, muito desse documento conversa favoravelmente com outro artigo, desta feita com autoria identificada de Oliveira Viana, cujo título é "Política da população".[33] O argumento de Viana salienta que é a economia, e não os valores culturais e morais, que pode impedir a ocorrência de mais casamentos. Diz assim o texto: "a nossa política da população, no que toca ao aumento da nupcialidade, será uma decorrência imediata de nossa política de fomento de novas fontes de riqueza, de novos campos de trabalho, de criação de novas indústrias, ou de abertura de novas terras à colonização".[34]

Oliveira Viana comenta, ainda, a respeito do impacto que uma medida como essa teria junto ao orçamento da União. Nesse caso, o autor rebate não somente a proposta de Gustavo Capanema, mas também o anteprojeto de Osvaldo Aranha e Francisco Campos. O projeto apresentado pelo Ministério da Educação e Saúde é derrotado, enfim, quando a Comissão Nacional de Proteção à Família acata alguns pontos do documento proposto por Capanema e agrega a determinados elementos da proposta da dupla Campos-Aranha, mas deixa de lado os aspectos mais polêmicos da proposta. Ao não abraçar o ideário em defesa da família tradicional, o Decreto nº 3.200 garante às mulheres menos restrições às condições de trabalho, na contramão do que desejavam os grupos de pressão que estavam a favor do projeto concebido pelo ministro da Educação e Saúde. Após uma tentativa frustrada de ressuscitar essa agenda, com a forte tomada de posição por parte da Associação de Pais de Família, foi mantida a regra que determinava a equivalência dos candidatos casados e candidatos viúvos em eventual disputa de vagas pelo funcionalismo público, por exemplo. Para os grupos que advogavam em defesa da família, essa igualdade de direitos se revelava imoral e antirreligiosa, nas palavras, à época, do Instituto de Direito Social de São Paulo.

A disputa demonstra, pela ordem, o raio de influência que Gustavo Capanema buscava alcançar no governo Vargas; o quanto seu avanço encontrava oposição no coração desta administração e, por fim, a tentativa incessante da Igreja Católica em pautar as ações do governo, acessando, para tanto, o ministro, que tanto por convicção como por formação sentia-se sujeito aos seus interesses.

O legado de Gustavo Capanema à frente do Ministério da Educação e Saúde sempre é precedido por uma lista de intelectuais e de artistas célebres, que ora estiveram ao seu lado, ora na sua retaguarda ao longo dos onze anos de ministério. Falar a respeito de legado, no entanto, não pode ser relacionado somente às ações ligadas à cultura, muito embora Capanema tenha sido o fundador de um modelo de iniciativa cultural capitaneado pelo Estado que virou referência no país. Em 2016, às vésperas do impeachment de Dilma Rousseff, o então ministro da Cultura, Juca Ferreira, criticou a possível junção das pastas que desde a década de 1980 tornaram-se independentes, educação e cultura. Quando ministro, Capanema não conseguiu transformar o seu ministério em pasta da cultura, mas até hoje uma versão dá conta de que ele foi, sim, o titular oficial dessa pasta, que, por isso, contou com a atuação constante dos principais intelectuais de sua geração. Pois é exatamente aqui que outro paradigma foi estabelecido: artistas brasileiros tomaram gosto pela ideia de que cabe, sim, ao Estado uma iniciativa no sentido de fomentar a vida cultural do país.

Mas é no lado da educação que as ações de Capanema à frente do Ministério da Educação e Saúde devem ser comentadas com mais cuidado. Isso porque, do ponto de vista quantitativo, é inegável a constatação de que houve avanços bastante significativos. Para ficar em alguns exemplos: em 1933, o Brasil contava com 2.221.904 alunos no ensino primário, ao passo que, em 1945, esse número saltou para 3.496.664. Ainda de acordo com a estimativa do IBGE, eram 66.420 estudantes secundaristas em 1933, enquanto, em 1945, esse número cresceu exponencialmente, com 256.664 alunos. Já no tocante ao ensino superior, o número de cursos aumentou de modo sensível: de 248 para 325.[35] Foi no ensino superior, aliás, que Capanema exerceu de modo mais intenso o papel de personalidade centralizadora. Como um soberano, reuniu em torno de si todos os elementos necessários para controlar as engrenagens do poder e não abriu mão de ver sua agenda em primeiro lugar quando da disputa com a Universidade do Distrito Federal, de seu duplo intelectual, o educador Anísio Teixeira.

* * *

Uma vez fora do poder, esse mesmo legado passou por um processo de avaliação e de crítica severa, por parte de segmentos da imprensa. Em dezembro de 1945, uma reportagem de muitas páginas trazia lateralmente um tanto de veneno mordaz contra Gustavo Capanema. Em um texto assinado por David Nasser, verdadeiro polímata das letras brasileiras, alguns nomes são citados pelo autor do artigo como possíveis figuras a serem consideradas para o cargo de presidente da República. Os interlocutores citados por David Nasser mencionam Eurico Gaspar Dutra como possível nome, haja vista que "ficou tanto tempo no governo e saiu pobre".[36] Logo em seguida, um dos personagens do texto de Nasser faz uma ponderação bastante *sui generis*: "É verdade que o Capanema também saiu sem um níquel e eu não votaria no Capanema para nada neste mundo. O Brasil, depois de tantos assaltos, precisa de um homem honesto como Dutra",[37] consta no texto.

Esta não seria a única vez que Capanema receberia um petardo disparado das hostes dos Diários Associados, mais especificamente de *O Cruzeiro*. Em uma longa reportagem sobre os deputados constituintes de 1946, Capanema foi citado como o ministro da falta de Educação. Em um ardil próprio dos que têm uma pena venenosa, o autor do texto, o já citado David Nasser, se vale de um desafeto de longa data de Benedito Valadares para espezinhar Capanema. Se hoje em dia parece frágil a conduta de jornalistas que se utilizam das características físicas para atacar seus adversários políticos, na época de *O Cruzeiro* esse parecia ser o estratagema mais adequado para informar e capturar a atenção do leitor. Que outro modo se poderia explicar o trecho a seguir?

> Passeávamos sobre as cabeças peludas quando nossos olhos escorregaram sobre uma superfície limpa e branca. Era a cabeça privilegiada de Gustavo Capanema, que por tantos anos foi ministro da falta de Educação [...] Tentei aprofundar-me, interpretar aquele crânio diamantino. Em pouco vi-me no vácuo. Os pensamentos de Capanema vagueavam, como almas perdidas, e as sentenças jamais proferidas eram como listas de luz cortando-lhe a caixa do encéfalo.[38]

O mesmo David Nasser assinou outro texto ainda mais forte no ano de 1947, dando conta dos natais passados que pertenciam ao condomínio varguista. O título da reportagem não poderia ser mais indicativo. Em *Falta alguém em Nuremberg*, o autor aponta para "carrascos e assassinos" na impunidade.[39] O alvo principal, bem entendido, era Filinto Müller, responsável por sevícias aos presos políticos à época do Estado Novo. Capanema é citado, desta feita como um ministro apavorado,[40] uma vez que suava frio ante o perigo da revolução comunista.

A crítica às ações de Capanema no Ministério da Educação e Saúde também aparece mais de uma vez ao longo do governo Dutra, quando Capanema já era parlamentar. Em mais de uma ocasião, Capanema é apresentado como o responsável pelo estado de coisas na educação brasileira. É o ministro da "Deseducação", vaticina novamente Nasser, que, em janeiro de 1947, aponta para outro furo do tecido social brasileiro, a saber: a saúde pública. Em uma grande reportagem acerca da tuberculose, Nasser escreve em um estilo que não deixa dúvida acerca de que o ministro é o responsável pela crise que o país atravessa nesta área.

Erram os nossos políticos — quase todos lamentavelmente sem educação política — em procurar nossos problemas quando eles se apresentam visíveis, implacáveis, gigantescos. O problema do Brasil é um caso clínico. Terra sem hospitais, com milhões de doentes, o Brasil necessita com urgência de 100 mil leitos para tuberculosos.[41]

Ao apontar os exemplos que ilustram essa calamidade, Nasser escreve a respeito do Hospital-Sanitário de Santa Maria, em Jacarepaguá, que de início contou com apoio de Capanema, mas que não teve continuidade. Aqui, Nasser é taxativo ao identificar o culpado:

> Gustavo Capanema, esse que foi o ministro da Deseducação no Brasil e tudo fez no cargo pela disseminação de todas as doenças no Brasil (aqui fizeram entrada, durante o Ministério Capanema, de várias e estranhas enfermidades, inclusive a brucelose e uma doença javanesa, que aterrorizou Pernambuco e o resto do norte).[42]

Tratando do tema educação, em um texto que se destaca pelo viés ideológico à esquerda de seu conteúdo, David Nasser acusa Capanema de atuar no sentido de "impedir a educação nacional, porque é mais fácil dominar a massa inculta".[43] Essa matéria falava especificamente dos prisioneiros de Ilha Grande. Só que não foi apenas nesse segmento que Nasser cuidou de bombardear o legado do ex-ministro. Em outra reportagem publicada ainda em fins da década de 1940, quando Capanema já era parlamentar, David Nasser voltou à carga e produziu um retrato da educação brasileira, disparando sem meias palavras contra o ministro da Educação e Saúde do governo Vargas: "Não se pode negar que enquanto permaneceu no lugar, o Sr. Capanema dedicou todas as horas de sua vida ao desempenho da função pública. Mas o problema continuou de pé, insolúvel e gigantesco. Este é o mistério que ainda não foi decifrado."[44]

David Nasser não poupou o arsenal para dinamitar o que Capanema fizera à frente do MES.

> Rodeava-se de uma plêiade de artistas e — faça-se exceção — foi um incentivador de talentos. Sob esse aspecto, procura se apresentar, hoje em dia, ao julgamento de seus contemporâneos. Está errado. Gustavo Capanema foi um péssimo ministro da Educação. Não foi, aliás, ministro da Educação. Estimulou a desordem. Provocou confusão.[45]

O jornalista aponta os erros da gestão Capanema, começando pelo descuido com as escolas primárias, tendo em vista que o então ministro preferiu a construção do palácio em vez de dar atenção devida aos equipamentos de ensino. Além disso, Nasser atacou um problema que, anos depois, seria citado como uma das causas para o descalabro na educação no país: a remuneração dos docentes. Nos tempos de Capanema, Nasser escreve que os professores primários ganhavam "salários miseráveis, indignos, incompatíveis com a dignidade do cargo e com as necessidades prementes da vida cada vez mais cara. Que fez o ministro da Educação em benefício das mestras brasileiras? Nada."[46]

Ainda no mesmo texto, de acordo com a interpretação de Nasser, um Brasil semianalfabeto era o plano máximo de Vargas, que, como já frisara o repórter, preferia governar "um povo de incultos". Nasser continuava a exumação. Sem necessariamente trazer prova para algumas de suas acusações, o jornalista repercutiu que inúmeros colégios passaram a vender, quase abertamente, certificados de aprovação. O repórter ressaltou, ainda, que o professor que ousasse reprovar o mau discípulo era demitido sumariamente. Já no tocante ao ensino superior, Nasser tampouco poupou Capanema. "A má administração, a balbúrdia dos decretos-leis reformando os cursos, prejudicou sensivelmente os estudos." Na melhor das hipóteses, os alunos que não saíram prejudicados foram aqueles que se salvaram das "loucuras de Capanema".[47]

Nasser hesita em chamar Capanema de corrupto, ainda que de forma oblíqua faça um *innuendo*:

> esforço-me por acreditar que ele escapou à corrupção geral, embora não consiga explicar o mistério das cidades universitárias, que eram projetadas em tal lugar e sem mais nem menos, mudadas para lugares diferentes em três tempos [...] creio que o antigo ministro era instrumento dócil nas mãos dos perspicazes negocistas que rodeavam Vargas.[48]

Para o jornalista, na melhor das hipóteses, Capanema era um personagem cuja ingenuidade tocava as raias do sublime.

Mesmo em análises posteriores, a administração Capanema jamais seria tão criticada como nas páginas de *O Cruzeiro* na segunda metade da década de 1940.[49] Aparentemente, nem mesmo os adversários políticos do ex-ministro foram tão contundentes quanto a publicação da cadeia dos Diários Associados. Exemplo disso aparece quando se lê o texto de Arlindo Silva,[50] que compara as ações de Clemente Mariani, o segundo político a ocupar o Ministério da Educação e Saúde no governo Dutra, com as ações de Gustavo Capanema. Ao falar acerca da alfabetização de adultos, o jornalista não teve dúvida quando era para qualificar o ex-ministro. "Capanema fazia a confusão para Getúlio poder viver", escreveu o jornalista. Em outra passagem do mesmo texto, disparou: "Capanema foi o grande titular das reformas. Fazia hoje, desfazia amanhã." De acordo com Arlindo Silva, isso assim acontecia porque Getúlio Vargas dependia da ignorância da população para permanecer no poder — mesma tese adotada nos textos de David Nasser. Em contraponto a Gustavo Capanema, dizia o jornalista, Clemente Mariani, "em dez meses já havia sido um ministro com 'm' grande". Afinal, salientava a reportagem, o novo plano de governo era simples e os estados repartiam o ônus da iniciativa com o governo federal. A expectativa era, de acordo com o texto, de uma segunda abolição no Brasil.

Em outro ataque à administração Capanema, o jornalista José Leal, escrevendo para a mesma publicação, descreve o ministro da Educação e Saúde de Vargas como "obtuso" por causa do alto número de sifilíticos no país. "Em cada ano, a sífilis engrossa o seu exército de inutilizados e não se sabe de nenhum procedimento contra ela."[51] Assim como nos textos da pena de David Nasser, aqui Capanema tampouco foi preservado: "Capanema esteve à frente do Ministério da Educação até outubro de 1945, e tudo ficou em conversa, como todos os juramentos estadonovistas", diz o texto.[52]

* * *

Apesar dos ataques que recebeu e de sua personalidade não necessariamente carismática, é forçoso observar que Gustavo Capanema se transformou ao longo do tempo em unanimidade política. Dito de outro modo, mesmo com essa saraivada de críticas, em uma perspectiva histórica, seu trabalho junto ao Ministério da Educação e Saúde é observado com admiração e sua simples menção oferece um prestígio ao debate, uma vez que remete ao período em que o gabinete do Ministério da Educação era chefiado por ninguém menos que Carlos Drummond de Andrade e contava com um conjunto estelar de artistas e intelectuais. Isso fez com que o ministro da

Educação fosse alçado ao mesmo patamar de vultos da cultura brasileira — na literatura, na música, nas artes visuais, no cinema, sem mencionar na vida pública. Uma geração que mudou a vida cultural do país de forma permanente. A título de exemplo, vale a pena retomar a trajetória de Anísio Teixeira, um dos principais contrapontos de Gustavo Capanema na área da educação. Para a posteridade, Anísio Teixeira seria reconhecido, sobretudo entre especialistas, como a grande autoridade educacional no país. O fato de Anísio ter combatido algumas das ideias de Capanema no tocante à reforma da educação não abalou para o público geral o significado do tempo em que Gustavo Capanema esteve como ministro da Educação.

Em 1945, Gustavo Capanema sairia do governo, mas não abandonaria a política. Agora como deputado constituinte, voltaria com tudo para tentar domesticar o poder.

PARTE III

12

Mais do que ministro

Único romance de Tomasi de Lampedusa, o livro *O Gattopardo* frequenta com bastante recorrência o imaginário e o folclore político brasileiro. Mesmo quem não leu o referido romance, considerado pelos críticos literários e pelos leitores em geral um legítimo clássico da literatura do século XX, já recitou ou mesmo ouviu algumas das linhas que são atribuídas ao personagem principal do romance: "Se queremos que tudo continue como está, é preciso que tudo mude."[1] A força da frase repousa no fato de que ela pode ser apropriada não apenas no contexto original — da perda da nobreza, que viria a ser substituída por outros senhores do poder —, mas também em outros períodos e ambientes, não necessariamente de ficção, que emula certa aproximação com a realidade. Quando se pretende afirmar que as mudanças ocorridas não surtiram o efeito desejado, a frase do personagem de *O Gattopardo* serve de escudo àqueles que se presumem céticos para com a realidade, como quem diz "eu bem que avisei".

No fim do ano de 1945, alguém podia celebrar uma mudança: o Estado Novo chegara ao fim; os políticos que antes ocupavam os postos mais importantes da República haviam sido desalojados dos cargos; uma nova dentição se mostrava animada com a perspectiva de ocupar o poder. Do ponto de vista do ambiente político, as mudanças também se faziam reparar: depois de oito anos de cerceamento das liberdades, o fim do Estado Novo marcava, enfim, a virada de página e o reconhecimento da importância da associação e articulação em torno de novas ideias e a possibilidade de reconstrução da democracia. Caberia, nesse contexto, a presença de partidos políticos que ou até então estavam banidos, como era o caso do Partido Comunista Brasileiro, ou se estabeleciam como novidade no espectro político do país, como era o caso da UDN. A União Democrática Nacional se estabeleceria como alternativa conservadora no campo político-ideológico, desempenhando um papel relevante para a cultura política do país, tendo na figura de Carlos Lacerda um de seus principais representantes — ainda que nomes como Adauto Lúcio Cardoso, Oscar Dias Cardoso, Afonso Arinos, entre outros, também se destacaram nos embates políticos que seriam protagonizados a partir dali.

Getúlio Vargas permanecia um personagem de forte influência. Tanto foi assim que de suas costelas saíram dois partidos fundamentais para a política brasileira no decorrer do século XX. O primeiro deles era o Partido Trabalhista Brasileiro, cujo DNA contemplava toda a estrutura que fora granjeada com o Estado Novo via Sindicalismo. Em um esperto jogo de palavras, Lilia Moritz Schwarcz e Heloísa Starling observam que "o PTB não foi concebido para ser um partido *dos* trabalhadores, mas era, sem dúvida, um partido criado *para* os trabalhadores".[2] Em linhas gerais, foi o PTB que herdou a identificação social que Vargas consolidara em seus anos de poder.

Essa não seria a única frente que guardaria a posição de Getúlio Vargas. Concebido como uma máquina política profissional desde a sua origem, o Partido Social Democrático também foi forjado nesse período, sendo capaz de articular a estrutura administrativa estadual, de um lado, e a manter o controle dos municípios, de outro. Tal como observam Schwarcz e Starling, entre seus integrantes estavam "os mestres na capacidade de confabular e conchavar. Tancredo Neves, Juscelino Kubitschek, Amaral Peixoto, José Maria Alkmin, Ulysses Guimarães".[3] Todos esses nomes, de uma forma ou de outra, compõem uma galeria original de políticos brasileiros — ora porque ocuparam cargos de liderança, ora porque estiveram presentes nos momentos de decisão; seja porque se movimentaram em águas turvas da política brasileira, seja porque permaneceram no poder em meio às inúmeras intercorrências da história do país. Não por acaso, um político mineiro que já ocupara um cargo ministerial no governo de Getúlio Vargas também fazia parte dos quadros do PSD: Gustavo Capanema.

* * *

Em um país de turbulências políticas constantes, malgrado o consenso vigente de pacificação e ordem, as eleições de 1945 aconteceram sem tumultos ou imprevistos. Os historiadores do período, de um modo geral, consideram até que o processo eleitoral em fins de 1945 possibilitou que houvesse uma abertura democrática, ou de uma reconciliação com a tranquilidade — esta palavra, como registra o historiador Thomas Skidmore em *Brasil*: de Getúlio a Castello, seria uma das senhas para a administração do presidente Dutra, eleito na ocasião como sucessor de Getúlio Vargas.

O presidente eleito era também dependente de Getúlio Vargas, isto é, do apoio do ex-presidente, que, a despeito do fato de ter sido apeado do poder, continuava com grande prestígio — e uma das evidências de sua relevância reside no fato de ele ter sido eleito senador da República por dois estados da Federação, a saber: São Paulo e Rio Grande do Sul.

Eurico Gaspar Dutra fora eleito com 55% dos votos; em segundo lugar ficou o brigadeiro Eduardo Gomes, protagonista de um episódio que seria emblemático no folclore político brasileiro. Gomes declarara que não se interessava pelo voto da "malta de desocupados", em alusão à faixa da população que participava dos discursos de Vargas durante o Estado Novo. Tomando a deixa como referência, Hugo Borghi, um prócer varguista, acusou o candidato udenista de ser elitista e de estar contra os trabalhadores. Na campanha que fez pelo rádio, uma frase era atribuída ao brigadeiro Gomes: não precisava do voto dos marmiteiros. No livro *Getúlio Vargas*: da volta pela consagração popular ao suicídio o autor Lira Neto observa que Carlos Lacerda antecipara o impacto dessas declarações — e, no caso, foi ignorado por Gomes. Em terceiro lugar, ficou Yeddo Fiúza, o candidato comunista que pertencia à ala democrática da esquerda.

Como ressalta Skidmore, as eleições de 1945 foram marcadas por um significativo componente ideológico no tocante à agenda programática dos partidos. Isso porque a UDN, por exemplo, "recomendava um retorno aos princípios do liberalismo tanto em política como em economia",[4] enquanto o PSD, em que pese o nome, nada tinha a ver com um partido social-democrata europeu. Ainda de acordo com Skidmore, estava "mais próximo, na tradição política brasileira, das máquinas políticas estaduais que ostentavam o título de Partido Republicano na República Velha".[5] Ernani do Amaral Peixoto, apelidado de "primeiro-genro", em uma frase que seria adaptada muitos anos depois por Gilberto Kassab e em outra versão por Marina Silva, afirmou que o PSD estava "à esquerda da direita e à direita da esquerda". Graças a essa capacidade camaleônica de adaptação, o PSD obteve, além da Presidência, votos consideráveis na eleição para o Congresso.

Ao comentar a trajetória pública de Gustavo Capanema, o escritor e membro da Academia Brasileira de Letras Arnaldo Niskier observa que Capanema havia chegado ao topo como ministro da Educação e Saúde do governo Vargas, e é mesmo possível conceber que, para muitos analistas, Gustavo Capanema de fato chegara ao ápice precocemente, sobretudo pelo tempo de permanência na função. No entanto, o fim do período como ministro significava uma nova oportunidade em vez de representar o fim da linha para Capanema, agora que ele estava junto com os outros mineiros no PSD. E não é pouca coisa considerar que o período de maior relevância do partido também é correspondente à época em que Capanema esteve como uma figura de destaque na agremiação. Se por um lado ele jamais alcançaria o poder máximo como político de vulto a ponto de ser considerado um nome viável para um cargo executivo, por outro, ele sempre representaria uma figura que seria consultada com muita frequência a propósito das saídas jurídicas e políticas no tocante aos impasses constitucionais. E a razão para tanto está relacionada ao fato de Gustavo Capanema ter encontrado um espaço privilegiado e de destaque na Câmara dos Deputados. Antes de tudo isso acontecer, no entanto, ele teria de ser eleito. Em que pese o prestígio, essa não era necessariamente tarefa fácil.

Os motivos que explicam o caráter hostil e instável para a candidatura de Gustavo Capanema têm a ver com a disputa política na sua região de origem. Capanema fora eleito vereador no fim dos anos 1920, quase nos estertores da República Velha. Naquele contexto, a luta por votos era menos concorrida, haja vista a paisagem da política brasileira da República do café com leite. No contexto do pós-Estado Novo, o ar era mais rarefeito, uma vez que novos atores entravam em cena, como era o caso da UDN e do próprio PSD, partido ao qual era filiado.

Em *Gustavo Capanema: a revolução na cultura*, Murilo Badaró sustenta que, naquele momento de incertezas, Capanema teria se arrependido por não ter aceitado a proposta de Getúlio Vargas para se tornar ministro do Supremo Tribunal Federal. E até mesmo Ernani do Amaral Peixoto, em seu depoimento concedido ao CPDoc — disponível no livro *Artes da política*: diálogo com Amaral Peixoto —, assinala que a situação não era das mais favoráveis a Capanema. De acordo com esse último registro, aliás, o ex-ministro da Educação e Saúde só conseguiu ser eleito graças ao empurrão de Getúlio Vargas, que, demiurgo, fez chegar a alguns municípios a ordem para que Capanema fosse votado. O motivo: Getúlio precisava de Capanema na Constituinte.

Assim, no dia 2 de dezembro de 1945, Gustavo Capanema recebeu 12.131 votos. A título de comparação, o deputado mais votado fora o desafeto dos natais passados, Benedito Valadares, que obteve 41.663 votos. Outro dado importante para a fotografia política do país: reproduzindo o quadro nacional, Dutra venceu as eleições em Minas Gerais por uma boa margem; de certo modo, era o batismo de fogo do PSD como condomínio político essencial para a vida pública brasileira.

* * *

Na vasta documentação que guarda de Gustavo Capanema, o arquivo do CPDoc na Fundação Getulio Vargas armazena, entre anotações diversas e papelada oficial, uma série de recibos que dão conta da rotina pessoal e dos gastos cotidianos e corriqueiros do ex-ministro. Vale citar, por exemplo, comprovantes de compras de jornais e revistas, bem como de livros. Murilo Badaró escreve que Capanema era homem de "boas contas",[6] embora modesto. Já Maria da Glória Capanema salienta que seu pai não ganhou. dinheiro com a política,[7] a despeito do apartamento que morava na Zona Sul carioca antes de esta região pertencer ao cancioneiro popular. Essas informações são importantes porque recuperam um contexto da vida de Capanema entre o ministério e a eleição para a Câmara dos Deputados. Isso porque, como já se disse, mesmo entre seus defensores e correligionários o ex-ministro jamais foi celebrado como um campeão de votos. Uma vez eleito, portanto, comemorou porque, afinal, permaneceria na política, para um papel para o qual se sentia cada vez mais preparado.

E a preparação, no caso, fazia sentido ante o desafio que logo se impôs ao Congresso no ano de 1946: preparar uma nova Constituição. Capanema preferira manter-se dedicado de forma integral a esses trabalhos, e a partir daqui o seu protagonismo ganhava ainda mais relevo, tendo em vista que, a partir daquele instante, se transformaria em uma espécie de intérprete decisivo dos mecanismos internos da Constituição.

Nas diferentes análises da Constituinte de 1946, em que pese o engajamento político deste ou daquele analista, um consenso parece resistir. A Constituição de 1946 preserva, e muito, o legado que fora forjado ao longo dos quinze anos do Governo Vargas. No livro *Cidadania no Brasil*, o historiador José Murilo de Carvalho escreve que "A Constituição de 1946 manteve as conquistas sociais do período anterior e garantiu os tradicionais direitos civis e políticos".[8] O autor observa, ainda, que a influência de Getúlio Vargas era muito grande. Já na longa análise que recupera um panorama político após a saída de Getúlio Vargas, Boris Fausto e Sérgio Buarque de Holanda, em seu *História geral da civilização brasileira* — v. 10, fazem questão de assinalar que "as oposições vencedoras a 29 de outubro representavam elites econômicas e oligárquicas regionais afastadas do poder em 1930, ou que tinham sido durante o Estado Novo, e não tinham interesse algum em realizar nenhuma transformação de peso, que viesse a permitir a real participação das massas populares no processo de decisões políticas".[9] Em outras palavras, como se tratava de uma reação a um movimento iniciado no fim dos anos 1920 e início dos anos 1930, com o fim da República Velha, a classe política que ora alcançava de novo a ribalta não faria alterações no sentido de aprimorar os mecanismos da democracia. Pelo contrário, ainda de acordo com a mesma análise: "Derrubara-se o homem, mas os mecanismos políticos, o aparato burocrático, o sistema do poder elitista e autoritário iriam permanecer, modificados em alguns aspectos de sua forma, mas idênticos quanto ao conteúdo."[10]

Em que pese o argumento segundo o qual a Constituição de 1946 adotasse como princípio certa abordagem próxima ao ideário do liberalismo, permanecia com vigor uma herança totalmente centralizadora. Assim, ao mesmo tempo que assegurava a articulação trabalhista de acordo com a existência de sindicatos, havia a prerrogativa de que os sindicatos deviam estar subordinados ao Estado.

Ao escrever sobre essa Constituição no livro *História concisa do Brasil*, o historiador Boris Fausto destaca que, para além do fato de o Brasil ter sido definido como uma "República Federativa, com um sistema de governo presidencialista", havia a determinação que garantia a ampliação da cidadania para todos os brasileiros, de ambos os sexos, desde que alfabetizados.

Ao lado de tais avanços, como o citado no parágrafo anterior, permanecia uma agenda que tinha no seu DNA uma premissa quase reacionária, sobretudo quando vista com os olhos contemporâneos. No capítulo sobre o divórcio, por exemplo, apesar da longa confrontação entre os grupos partidários e contrários à aprovação desta matéria, o vaticínio da Igreja Católica prevaleceu. Conforme as palavras de Boris Fausto: "ficou definido que a família se constituía pelo casamento, de vínculo indissolúvel".[11]

Toda essa estrutura da Constituição não pode ser compreendida em profundidade se for ignorado o papel desempenhado por Gustavo Capanema como relator da Constituinte de 1946. Aqui, é interessante atentar para o fato de que esta que seria a quinta Constituição brasileira foi marcada já no início por uma disputa que, à primeira vista, pode parecer menor, mas que dá bem o tom de qual seria a *música de fundo* que embalaria as discussões dali em diante. Os constituintes fizeram questão de anotar que estiveram reunidos "sob a proteção de Deus". Não sem protestos. Houve quem não aprovasse tal menção, e a discórdia foi acalorada, com a menção a Deus sendo devidamente registrada. Como relator da Constituição, Gustavo Capanema se posicionou para defender não apenas os interesses caros à Igreja Católica, que estavam em linha com sua visão de mundo, mas essencialmente um conjunto de valores e conquistas que foram consolidados ao longo da administração Vargas em anos anteriores. Nesse sentido, é interessante retomar a desconfiança de Gustavo Capanema para com o liberalismo enquanto ideologia política. Em verdade, ao longo de toda a sua trajetória como homem público, Gustavo Capanema faria questão de se posicionar claramente na contramão desses valores liberais. Como estudioso dos sistemas políticos, Capanema sempre se manteve afastado dos argumentos que sustentavam as virtudes do liberalismo, acreditando, no mais das vezes, que tal ideologia não se adequava às características e às necessidades do Brasil. No texto de apresentação do livro *Estado Novo, um autorretrato*, de autoria do Ministério da Educação, existem algumas considerações acerca do liberalismo, atacando de modo franco a Constituição da Primeira República:

> Implantada quase de improviso, pelo desfecho feliz de uma subversão militar que fora talvez além do seu destino e precipitaria o processo evolutivo em que devia se elaborar a mutação da forma de governo, faltou à República

uma longa decantação histórica em que se filtrassem, no curso normal dos acontecimentos e das ideias, as suas virtudes institucionais. A Nova Constituição se fez ao sabor das teorizações do liberalismo europeu e das sugestões do federalismo norte-americano, sem as consultas a necessidades específicas e orgânicas da existência brasileira. Em vez de ajustar o molde político da nação, impôs-lhe a contingência de moldar-se ao seu feitio.[12]

Com efeito, é mesmo possível estabelecer uma conexão entre o pensamento de Capanema nessa época e a crítica acadêmica que anos depois certa fração da *intelligentsia* brasileira, mormente encastelada nas Universidades, faria da posição subalterna do Brasil ante os Estados Unidos. Nesse caso, no entanto, a admoestação de Capanema nada tinha que ver com uma abordagem à esquerda. Muito ao contrário. Talvez exatamente porque não encontrasse virtude na perspectiva do liberalismo tal qual praticado na Europa e nos Estados Unidos, o político enxergava que cabia ao Estado a centralização e o protagonismo das iniciativas políticas sempre em benefício do cidadão comum. Na percepção de Gustavo Capanema, os políticos deveriam, sim, estar à frente, exercendo um papel de liderança, sem nenhum prejuízo do ideal democrático. É nesse sentido, aliás, que deve ser lido um documento assinado pelo próprio Gustavo Capanema, destinado à Escola Superior de Guerra (ESG), no qual o político apresenta de forma bastante clara qual era a sua leitura a propósito dos regimes políticos então vigentes: "O mundo tende a dividir-se em dois campos políticos apenas: a democracia e o comunismo. Apagadas as grandes expressões do fascismo (a italiana e a alemã), os regimes fascistas que ficaram e um ou outro que ainda tenha surgido não parecem ser destinados a durar."[13]

O Gustavo Capanema que assina esse texto destinado à ESG é um político que tem, de um lado, o controle absoluto da engrenagem constitucional, haja vista ter sido ele o relator do texto de 1946. Por outro lado, esse mesmo político não podia imaginar que essa mesma ESG formaria quadros que, na década de 1960, faria desabar o edifício constitucional que ele havia ajudado a construir.

Com efeito, ainda em 1946, Gustavo Capanema ajudou a dar forma, corpo e vida à Constituição que, como notou o historiador Marco Antônio Villa,[14] era de aparência enganosa. Seu suposto liberalismo escondia um reacionarismo de origem; as mudanças e até mesmo a ampliação da cidadania escamoteavam o ingrediente fundamental da Era Vargas, da qual Capanema aparecia como uma espécie de guardião, malgrado o fato de o agora deputado atuar pelo PSD mineiro, cuja relação com Getúlio Vargas não era tão direta se comparada ao PTB.

De todo modo, seja pelo método (com avanços no interior do país), seja pelo volume, o PSD foi, durante o governo Dutra, o mais perfeito exemplo de pêndulo do poder. A depender de sua movimentação, era possível saber o estado de ânimo ou mesmo a sobrevivência do governo, que, como era de esperar, foi perdendo viço à medida que Getúlio Vargas recuperava forças para voltar ao poder.

A participação de Capanema como um dos arquitetos da Constituição foi um dos primeiros passos para a conversão do político em uma versão precoce de *elder statesman* da política nacional. Dito de outro modo, Capanema pouco a pouco se transformaria em referência para os políticos de sua geração. De 1946 a 1964, todas as crises e impasses da vida política nacional teriam como ponto de convergência a figura de Capanema, que ora atuava como conselheiro formal e tantas outras vezes como um guia informal das questões de relevo do parlamento nacional. Assim, mesmo com as derrotas, ele ia adquirindo mais e mais relevância junto a seus pares, sendo admirado pela vasta cultura jurídica da mesma forma que esbanjava certa vivência de quem já havia passado por poucas e boas na vida política. Em certa medida, foi como parlamentar dos bastidores que Capanema se encontrou de vez na função de homem público — e isso ia ficando claro à medida que o tempo passava.

Enquanto isso, o governo de Eurico Gaspar Dutra perdia fôlego de forma escancarada. Novamente, a sombra de Getúlio Vargas se fazia presente de modo incontestável. A princípio, do ponto de vista econômico, sua administração se aproximava da UDN e promoveu medidas de austeridade afeitas à agenda liberal. Foi nessa época que o desempenho econômico passa a ser medido conforme a regra do Produto Interno Bruto, o PIB. Conforme registra Boris Fausto em *História concisa do Brasil*, "tomando-se como base o ano de 1947, o PIB cresceu em média 8% ao ano entre 1948 e 1950".[15]

Quando se observam os dados de hoje, imagina-se que esses números deveriam representar uma taxa de sucesso ao presidente da República. Tomando as métricas contemporâneas como base, por exemplo, seria possível afirmar que o presidente tinha farta aprovação, em especial porque os números significariam que as medidas econômicas vinham surtindo efeito e, por conseguinte, o país vinha crescendo.

Ocorre que naquele contexto não bastava que a economia estivesse em pleno funcionamento para que a temperatura e a pressão sobre o governo fossem menores. Ainda de acordo com Boris Fausto, "a pressão do movimento sindical facilitou a imposição de uma redução dos salários reais".[16] Em outras palavras, apesar de a Constituição de 1946 prever o direito à greve e garantir o funcionamento do Partido Comunista Brasileiro, em maio de 1947 o partido teve seu registro cassado. Uma fração dos historiadores observa que esse desfecho tem a ver com o caráter reacionário de Dutra, em contraste com a avaliação do brasilianista Thomas Skidmore em *Brasil*: de Getúlio a Castello, para quem a administração Dutra fora apolítica. Na contramão da análise do autor norte-americano, existe uma corrente que observa não apenas um posicionamento mais próximo das forças da manutenção do *status quo*, como também um eco dos ventos da Guerra Fria, que, em 1947, acabara de começar. Os Estados Unidos à época eram presididos por Harry Truman, o mesmo que mandara bombardear Hiroshima e Nagasaki e que, no início de 1947, realinhou a política externa dos EUA para o combate ao comunismo.

A cassação do PCB, no entanto, não obedeceu a um ato de vontade do presidente da República. Na verdade, havia mesmo uma brecha na Constituição de 1946. Como anota Marco Antonio Villa em *História das Constituições brasileiras*, estava assegurada a liberdade, mas havia uma ressalva: "Não será tolerada propaganda de guerra, de processos violentos para subverter a ordem política e social, ou de preconceito de raça ou classe", segundo o artigo 141, parágrafo 5º. E mais adiante a cláusula que representaria o cadafalso para o Partido Comunista Brasileiro. "É vedada a organização, o registro ou o funcionamento de qualquer partido político ou associação, cujo programa ou ação contraria o regime democrático, baseado na pluralidade dos partidos e na garantia dos direitos fundamentais do homem."

Como já foi dito, depois da saída de Vargas, o Partido Comunista Brasileiro ganhou força e seu resultado nas urnas surpreendeu os observadores políticos. Assim, para alguns analistas, olhando em perspectiva, não surpreendeu que o partido tivesse seu registro cassado. Como argumento para a denúncia junto ao Tribunal Superior Eleitoral, os deputados

Himalaia Virgulino e Barreto Porto afirmaram que os recursos recebidos pelo PCB eram provenientes do exterior. Nesse sentido, o funcionamento da legenda não estava em conformidade com a Constituição vigente naquela época — ocorre que, como relata Lira Neto,[17] esse argumento não era necessariamente consensual nem mesmo junto à UDN.

A princípio, nem a Procuradoria Geral da República nem os integrantes do PCB levaram a denúncia a sério. No entanto, houve pressão e o TSE, em outro parecer, alegou que havia problemas no estatuto do partido, destacando o seu caráter internacionalista. Com a cassação do PCB, recrudesceu a pressão junto aos sindicatos e, graças à votação do TSE no início do ano seguinte, os membros do PCB que eram deputados — entre eles, Jorge Amado, Carlos Marighella, Maurício Grabois, Gregório Lourenço Bezerra — perderam seus mandatos. Em agosto de 2013, em uma sessão simbólica, a Câmara dos Deputados devolveu os mandatos que haviam sido cassados. É preciso deixar claro, no entanto, que, se Capanema fosse vivo em 2013, provavelmente seria contra a "retomada" desses mandatos devido ao posicionamento ideológico que tinha em relação comunismo — sem mencionar o fato de que, à época em que a decisão fora originalmente tomada, não pareceu a Capanema que estivesse sendo cometida nenhuma injustiça.

De forma mais evidente, as digitais de Gustavo Capanema estão presentes em outra passagem da Constituição de 1946, mais especificamente no tocante à responsabilidade do presidente da República e dos ministros de Estado. O deputado Raul Pilla, ardoroso defensor do parlamentarismo no Brasil, entendeu que havia possibilidade para plantar uma semente deste sistema para o encaminhamento de um anteprojeto junto ao Poder Executivo no país. O argumento que permaneceria como definitivo, todavia, seria o de Gustavo Capanema. Ficava decidido, assim, que nos crimes de responsabilidade tanto o presidente da República como os ministros de Estado, uma vez que a Câmara dos Deputados julgasse procedente a acusação, o julgamento aconteceria no Senado Federal.

Caberia a Gustavo Capanema, portanto, a redação final da Constituição Federal — mais uma vez, o ex-ministro de Vargas não teria como saber que essa Carta Magna seria testada em diversas ocasiões da vida nacional durante a sua vigência.

* * *

Enquanto isso, o grande horizonte das políticas nacionais continuava a ser o processo eleitoral de 1950. E fatalmente essa decisão — ou melhor, o caminho para essa decisão — passava por Minas Gerais. Isso porque, a despeito de Getúlio Vargas se posicionar nos bastidores, vestindo o figurino de personagem adequado à democracia, os atores políticos se movimentavam conforme os sinais emitidos pelo caudilho. Como observa Thomas Skidmore: "Durante uma viagem que fez a Minas Gerais para proferir discursos nas eleições de 1947, por exemplo, Vargas endossou o governo Bias Fortes [...] enquanto, ao mesmo tempo, defendia a eleição de candidatos do PTB ao Congresso."[18] Para Skidmore, tratava-se de uma clara estratégia de alcançar o interior via PSD e de obter musculatura política nas cidades via PTB. Em uma leitura mais favorável à estratégia varguista, Lilia Moritz Schwarcz e Heloísa Starling comentam que, do ponto de vista do posicionamento político, "Getúlio saiu da situação para a oposição",[19] de modo que passou a apresentar uma contraproposta de governo ancorada na garantia do pleno emprego, no aprofundamento da intervenção industrializante (mais tarde chamada de desenvolvimentismo) e no combate à carestia sem prejuízo do crescimento econômico.

O caminho da volta ao poder de Getúlio Vargas ainda passava por Minas Gerais graças, também, às divisões do PSD mineiro, o partido de Gustavo Capanema. Também aos poucos, o PSD mineiro vai perdendo prestígio e espaço no governo de Eurico Gaspar Dutra. Um dos episódios mais sensíveis é o processo de desidratação política que culminou com a exoneração de João Beraldo do cargo de interventor de Minas Gerais. Em seu lugar, assumiu Júlio Ferreira de Carvalho, que, nem bem assumiu, seria substituído por Noraldino Lima, que, por sua vez, poderia ser apelidado de "o breve", pois ficou três dias na função, sendo sucedido por Alcides Lins, que esteve interventor entre dezembro de 1946 e março de 1947. De fato, havia instabilidade no cargo, sobretudo pelos impactos da crise econômica na região, agravada pelas medidas de Dutra. Só houve estabilidade a partir da chegada de Milton Campos, governador eleito em janeiro de 1947.

Milton Campos foi um dos grandes nomes da política mineira, sendo reconhecido pela sua capacidade intelectual e pelo tino administrativo. Como governador, ajudou a recuperar as finanças de Minas Gerais. Quando eleito, recebeu os cumprimentos do amigo Gustavo Capanema, que anos mais tarde lhe faria um discurso de homenagem, enaltecendo as suas virtudes políticas. Capanema, pode-se dizer com algum exagero, disse que Milton Campos soube proceder de tal maneira que seu comportamento poderia se converter em lei universal. [20]

A menção a Milton Campos, no entanto, se deve ao fato de que ele só chegou ao poder em Minas Gerais graças a uma dissidência que surgiu dentro do PSD mineiro, mais tarde batizada de "ala liberal" do partido. Essa cisão em escala estadual estabeleceria jurisprudência para o PSD agir de modo semelhante na escolha para presidente da República, em um episódio que ficaria para sempre marcado na história da política nacional.

* * *

Às vésperas da eleição presidencial de 1950, o deputado federal Gustavo Capanema foi ao encontro de Getúlio Vargas, quando o ex-presidente e agora senador da República estava no Rio de Janeiro. Após apresentar um diagnóstico do cenário político, Capanema sondou o ex-presidente a propósito da candidatura dele à Presidência da República e, por fim, informou da impossibilidade de oferecer um apoio mais aberto, uma vez que o PSD àquela altura já fizera a sua escolha: como Eurico Gaspar Dutra gostaria de fazer seu sucessor, a agremiação optou pelo político mineiro Cristiano Machado.

Mineiro de Sabará, Cristiano Machado nem de longe era um novato na política. Entre 1926 e 1929, fora prefeito de Belo Horizonte e foi no último ano de seu mandato, inclusive, que o tradicional Mercado Municipal da cidade foi fundado. Como já dito anteriormente, Cristiano Machado era da ala liberal do PSD, não tendo votado, por exemplo, na cassação do PCB. Ao mesmo tempo, o PSD mineiro deu a entender que era necessário indicar um nome próprio para a candidatura à Presidência da República, e em parte isso se deveu ao cálculo de Benedito Valadares, que acreditava ser possível reunificar o partido após a divisão que levou Milton Campos ao poder em 1947. A sorte estava lançada: pelo PSD, o candidato à sucessão presidencial, com a bênção do presidente da República, seria Cristiano Machado; na UDN, pela segunda vez consecutiva, seria a vez do brigadeiro Eduardo Gomes; e pelo PTB, com a ajuda do PSP de Adhemar de Barros, em São Paulo, seria a reentrada de Getúlio Vargas.

O resultado das eleições de 1950 mostrou a força de Getúlio Vargas, de um lado, e a capacidade de mistificação do PSD enquanto legenda nacional, de outro. Embora tivesse apoiado a candidatura de um correligionário ao cargo máximo da política nacional, nos bastidores o partido pulverizou esse endosso, de modo que fora dada a senha para o que ficou conhecido no folclore político brasileiro como processo de cristianização da candidatura do PSD, uma vez que, de fato, o partido abandonou o seu próprio candidato em prol de um nome que tinha mais chances de vencer as eleições. Ficou em terceiro lugar, obtendo 21,5% dos votos. Getúlio Vargas foi o vencedor, com 48,7% dos votos.

Malgrado o insucesso de seu candidato oficial, o PSD fez dezessete deputados federais. Entre os eleitos para a Câmara, estava Gustavo Capanema, que obteve 13.154 votos.

Nesta nova formação do governo Vargas, Capanema novamente ocupava um posto de destaque — só que agora, em vez do ministério, ele atuava na retaguarda do governo como líder da maioria no Congresso.

Cinco anos depois, Vargas faria cumprir sua promessa de que voltaria ao poder. De quebra, arrastava Capanema para a liderança no Congresso. Cinco anos depois, o vaticínio do personagem de *O Gattopardo* se mostraria verdadeiro, afinal: "Se queremos que tudo continue como está, é preciso que tudo mude."[21]

13

Domesticando o poder?

Getúlio Vargas foi um dos políticos brasileiros mais emblemáticos no século XX. Tão ou mais importante que as lideranças históricas desde o início da República, Vargas foi um dos poucos que, de fato, pode ser visto como um símbolo temporal. Existe, com efeito, um Brasil pré-Vargas e outro Brasil pós-Vargas. É bem verdade que outros presidentes também marcaram época, porém não foram tantos os que conseguiram fazer girar a roda da história, assim como foram poucos os que conseguiram galvanizar admiradores e detratores com a mesma intensidade. Nesse sentido, Vargas se tornou uma liderança realmente popular, convertendo-se em uma referência para os seus aliados e seguidores e no inimigo a ser derrotado, segundo seus algozes. Além disso, Vargas também conseguiu mobilizar o afeto e a ira da opinião "publicada", sendo capaz, mais de sessenta anos depois de sua morte, de mobilizar publicações diversas, debates de ideias quase intermináveis acerca de seu legado, assim como produções audiovisuais que são hábeis o bastante para recolocá-lo no centro das atenções muitos e muitos anos depois.

De todas essas produções culturais recentes, talvez seja interessante mencionar a cinebiografia *Getúlio*, filme que chegou às telas em 2014, no momento em que a pesquisa para este livro já estava sendo realizada. Dirigido por João Jardim, a fita recupera os últimos anos de Getúlio Vargas no poder, mais precisamente os "idos de agosto" de 1954. O Getúlio que o público vê nas telas é não só um personagem alquebrado, constrangido com as acusações, de acordo com o filme, injustas que vinha recebendo. Trata-se, antes, de um herói devolvido à arena pública, ao campo de batalha. Ele não parece ter prazer em estar ali, ainda que os registros históricos mostrem o quanto ele gostava do poder. Sua única saída, a opção que o colocaria para sempre na história do Brasil, tem sido considerada um gesto heroico, de resistência e que, conforme consta no letreiro final do filme, "atrasou o golpe militar em dez anos".

Antes de chegar à fatídica data de 24 de agosto de 1954, convém resgatar como se deu o desenvolvimento do governo Vargas, desta feita eleito pelo voto direto, chegando à Presidência no início de 1951. Nesse período, embora Vargas tenha se destacado como um protagonista na cena política, teve em Gustavo Capanema um aliado muito importante. O ex-ministro da Educação e Saúde ocupou a posição de líder da maioria na Câmara dos Deputados, sendo, portanto, responsável por assumir a dianteira das pautas do governo no Congresso, sendo corresponsável pelas vitórias, assim como amargando as derrotas quando a ocasião era de revés. Diferentemente da época do Estado Novo, quando o exercício do poder não contava com oposição aguerrida, agora, na Quarta República, Vargas e Capanema teriam de enfrentar adversários poderosos, o que colocaria à prova a capacidade de ambos para domesticar o poder.

Embora tenha conquistado ampla votação nas eleições de 1950, a chegada de Vargas ao poder não foi necessariamente tranquila. Isso porque, desde o início, o presidente contou com a resistência de ninguém menos do que Carlos Lacerda, o jornalista político que passaria para a história como o demolidor de presidentes, epíteto que serviria como título de um dos livros que narrou sua trajetória.[1]

O sentimento de animosidade para com Getúlio Vargas era vocalizado por Carlos Lacerda em sua *Tribuna da Imprensa*, espécie de trincheira editorial que Lacerda conduzia em oposição a Vargas. Em contrapartida, o presidente tinha em Samuel Wainer e na sua *Última Hora* um canhão para rebater os petardos lacerdistas e de Assis Chateaubriand no condomínio dos Diários Associados.[2] Para além dos meios de comunicação, o embate também seria travado no Congresso, só que nesse território Vargas contava com Capanema, um aliado de outra época. De acordo com o retrato recuperado por Murilo Badaró, Capanema recebeu uma oferta que não poderia recusar. O ex-ministro fora ao encontro de Vargas para cumprimentá-lo pela eleição e saiu do Catete como líder do governo na Câmara dos Deputados, ou, mal comparando, ele se tornara o Francis Underwood de Vargas, só que sem a pretensão de derrubá-lo do poder.

Getúlio Vargas, em seu retorno, não contava apenas com a disposição de Capanema para defendê-lo na Câmara dos Deputados. Outros mineiros também começaram a despontar para a cena política, provocando, assim, uma troca de guarda geracional. Em certa medida, Getúlio Vargas representava o último capítulo de uma geração que havia alcançado o poder a partir da Revolução de 1930. À época, Getúlio assumiu a Presidência com quase 50 anos. Duas décadas depois, às vésperas de completar 70, não há dúvida alguma de que ele sentia a passagem do tempo, algo que até mesmo Lira Neto, seu mais recente biógrafo, anotou. Nascido em 1900, Gustavo Capanema estava na faixa dos 50 anos. Encontrava-se em plena forma, apesar da magreza quase cadavérica e com uma careca que lhe rendia toda sorte de apelidos, oriundos principalmente dos adversários políticos e reproduzidos à larga no colunismo e no comentário político mais ferino.

Nenhuma dessas questões, no entanto, impediu que Capanema buscasse desempenhar com elegância e com perseverança a defesa do governo na Câmara dos Deputados. A memória afetiva de quem viveu aquele período não hesita em ressaltar que os tempos eram outros e que as palavras dos integrantes do parlamento brasileiro simbolizavam o que de melhor o produto intelectual bruto do país era capaz de conceber. E, aqui, é importante registrar: essa elegância não pode ser entendida como falta de intensidade, muito embora Capanema fosse acusado, alguns anos depois, de não ter sido a melhor escolha para aquele posto. Mas este é um assunto que será tratado mais adiante.

Na biografia que Badaró escreveu de Capanema, no tocante a esse momento da trajetória do político mineiro, sobram palavras de elogio e reconhecimento à capacidade oratória e retórica do ex-ministro. Segundo Badaró, Capanema fazia "desmoronar a argumentação do líder oposicionista",[3] Soares Silva, da UDN. Por já ter pertencido ao governo durante quinze anos, o agora líder da maioria entendia a natureza das demandas. Independentemente disso, nota-se, com efeito, o notável esforço que Badaró faz para justificar e absolver o biografado de ter participado de um consórcio do poder que seria qualificado por seus opositores como "mar de lama" no auge da crise institucional que antecedeu o suicídio de Vargas. Exemplo disso se dá quando Badaró escreve que "Capanema era ardoroso na defesa do governo, sem romper com seus valores".[4] Tomando como base a conduta do deputado, é mesmo legítimo se perguntar até que ponto tais valores não se confundiam com o próprio exercício do poder. Ou, por outra, pela graça de pertencer ao poder. Uma hipótese para essa pergunta poderá ser vista adiante, mas é preciso retomar a disputa pela governabilidade e a forma como Capanema seria colocado à prova no parlamento.

Como já foi dito, o parlamento brasileiro na década de 1950 era bem diferente do que seria no século XXI. Em primeiro lugar, porque, com todas as suas vicissitudes, os deputados àquela época contavam com um prestígio diferente da pouca cerimônia hoje vigente. Se no passado os parlamentares eram acusados de "preguiçosos" em contrapartida à condição de vida dos mais trabalhadores, hoje em dia não há nenhuma cerimônia para que esses servidores públicos que conquistaram seu espaço graças ao voto sejam questionados em praça pública, em um movimento que fatalmente provoca comparação com os políticos de outros tempos. Em outras palavras, talvez o escrutínio dos meios de comunicação fosse menor, assim como a exposição não tivesse tanto alcance; mas é fato que os políticos gozavam de uma estima na década de 1950 que fatalmente provocaria inveja junto à classe política de hoje em dia e ao mesmo tempo nostalgia na opinião pública e na sociedade brasileiras.

"Os tempos eram outros",[5] disse Almino Affonso. E Capanema pertencia a esse tempo passado. E não era dos menos prestigiados. Assim, mesmo a revista *O cruzeiro* apontava em destaque que Gustavo Capanema era o deputado que mais labutava entre os congressistas. "Trabalha dezoito horas por dia", anotou o texto.

Tamanho empenho tinha como endereço a salvaguarda dos interesses do ocupante da cadeira presidencial, Getúlio Vargas. Nesse sentido, o ex--ministro da Educação e Saúde do primeiro governo Vargas atuava em permanente estado de alerta para um tempo em que o presidente da República, diferentemente do que acontecia ao longo dos anos 1930 e na primeira metade dos anos 1940, já não contava com o ambiente sem resistência dos parlamentares. De repente, era como se os valores democráticos tivessem se incrustado também no Palácio Tiradentes. Agora, os antagonistas eram muitos e formavam até mesmo a famosa banda de música da UDN.

Composta, entre outros, por Adauto Lúcio Cardoso, Afonso Arinos de Melo Franco, Aliomar Baleeiro e por Carlos Lacerda, esse grupo de parlamentares da UDN se aproveitava dessa posição em conjunto para formar um estridente coral que aglutinava todo o seu descontentamento contra Vargas. A expressão banda de música pode infantilizar o papel dessa oposição, mas é fundamental perceber como esse movimento em conjunto foi decisivo para o curso dos acontecimentos que viriam encurralar o governo.

Em certa medida, o recado já havia sido dado em 1950 pelo próprio Carlos Lacerda, em uma das muitas frases do polemista que entraram para a história política nacional. "Getúlio não deve ser candidato. Se for candidato, não deve ser eleito; eleito, não deve tomar posse; empossado, devemos recorrer à revolução para impedi-lo de governar."[6]

O mais talentoso oposicionista que a política brasileira viu surgir no século XX, Carlos Lacerda era uma voz cuja reverberação alcançava uma grande fatia do público, mas, diferentemente do que certa narrativa simplista pode querer fazer parecer tantos anos depois, Lacerda não fazia nada disso sozinho. Contava com o apoio dos udenistas no parlamento, a tal banda de música. Semelhantemente, também, a oposição era contradita em igual proporção e intensidade pelas vozes da situação, encabeçada aqui por Gustavo Capanema, como o líder da maioria pelo PSD.

Se o desenlace da história fosse linear e sem reparos, seria possível dizer aqui que Capanema cumpriu seu trabalho com galhardia e eficácia, a ponto de ter resistido bravamente aos ataques, legítimos ou desonestos, oriundos da oposição; ou, por outra, seria possível dizer que Capanema, como líder da maioria na Câmara, resistiu o quanto pôde, mas que a situação do presidente da República tornou-se insustentável, e que ele, como líder da maioria, nada tinha que fazer para impedir o inevitável.

Ocorre que os fatos são subversivos. Capanema bem que poderia ter suportado. De igual modo, Getúlio Vargas talvez pudesse ter resistido à tentação do suicídio. Não foi o que aconteceu. De um lado, a defesa de Capanema não foi tão eficaz quanto Getúlio precisou; de outro, Vargas encontrou no suicídio uma válvula de escape para dar a sua própria versão — que permanece definitiva — dos acontecimentos.

Aos fatos, portanto.

Na década de 1950, como líder da maioria, Capanema nem sempre teve embates definitivos e fundamentais com a já citada banda de música. É certo que esse grupo tentou, sim, obstruir e criticar o avanço da agenda do governo, mas, novamente em comparação com os dias de hoje, a temperatura e a pressão na Câmara dos Deputados, por exemplo, jamais excedeu um certo tom de cordialidade entre os adversários e, por conseguinte, de manutenção de certos limites no tocante à disputa política. Eram tempos de esgrima, quando havia alguma gentileza e elegância entre os interlocutores, enquanto a disputa dos tempos que viriam a seguir seria próxima de uma briga de rua no apocalipse.

Certa feita, em fevereiro de 1952, Getúlio Vargas foi alvo de uma crítica pesada por parte de Aliomar Baleeiro, da UDN. Capanema sentiu que era hora e contra-atacar. A versão na íntegra desse discurso consta nos arquivos digitalizados da Câmara dos Deputados, disponíveis, portanto, a todo e qualquer interessado na história da República brasileira.[7] Capanema alude à filosofia para defender Vargas. Aliomar Baleeiro, Armando Falcão e Barreto Pinto Aguiar agiam para tentar desestabilizar Capanema. O que se lê é, com efeito, uma discussão de alto nível sobre as virtudes de um homem público e dos limites da crítica da época, uma vez que, embora os oposicionistas não tenham poupado Getúlio Vargas, as acusações sempre tomavam como referência o fato inexorável de que Vargas havia comandado o país com o uso da força. O mais interessante aqui é que Gustavo Capanema não fugia dessa acusação, mas parecia sugerir que essa era uma questão de importância menor, ou que não deveria implicar nenhum tipo de preocupação junto aos oposicionistas ou à sociedade brasileira. Como justificativa disso, Capanema não se furtava a tomar a si próprio como referência. Sim, porque ele havia sido ministro e tinha tido liberdade para atuar na pasta da Educação, diferentemente do que acusaram os deputados da oposição, quando, naquele instante, afirmavam que o titular da pasta da Fazenda, Horácio Lafer, agia como um títere de Getúlio Vargas.

A oposição não baixou guarda, mas naquele dia em especial Capanema defendeu Vargas com a convicção e a segurança de um líder da maioria, não hesitando em nenhum momento. Se esta fosse a referência-padrão, não seria exagero afirmar que Vargas teve o melhor dos tribunos a seu dispor.

Um dos motivos pelos quais essa não era a referência, no entanto, se deve pelo simples fato de que nem sempre as disputas entre oposição e situação se alongavam para além da estridência. Houve ocasiões, com efeito, em que questiúnculas eram debatidas, e nesses dias Capanema discursava a respeito do imposto dos selos, por exemplo. O Projeto de Lei n° 2.564/52 primeiramente fora encaminhado em outubro de 1952 e seria vetado pelo presidente da República em fevereiro do ano seguinte. O grande destaque, todavia, é que mesmo nesses dias em que não havia motivos para antagonismos de parte a parte (entre udenistas e pessedistas), os partidos protagonizavam grandes enfrentamentos, aludindo a questões que muitas vezes ultrapassavam a indicação inicial dos discursos.

Era quase como um duelo preestabelecido conforme a um princípio norteador: o adversário precisa ser constantemente combatido. Muitas vezes, a discussão se afastava do tema inicial, alcançando um nível de divagação filosófica que pode ser visto por alguns como exemplo modelar da verdadeira vocação do debate de ideias. Nesse sentido, Aliomar Baleeiro e Gustavo Capanema disputavam cada centímetro do espaço político, batalhando com todo o arsenal de seus respectivos repertórios. Baleeiro, assim, reclama de Capanema:

> **Aliomar Baleeiro:** Às vezes, o dever de defender por solidariedade política e partidária, causa deveras ingrata, leva um homem da correção moral do Deputado Gustavo Capanema, a proferir, dentro desta Casa austera, os conceitos que acabamos de ouvir.
>
> Sr. Presidente, para que eu próprio acreditasse mais tarde no que ouvira, tomei nota: Não me estou colocando nem se deve colocar o assunto numa posição ética, numa posição moral, mas numa posição política. Foram essas as palavras do S. Exa. [Gustavo Capanema].
>
> Não estou aqui, disse S. Exa., como um pregador, como um moralista, e sim como um político prático, pragmático — digamos o nome exato — maquiavelino.

> **Gustavo Capanema:** Maquiavélico, no sentido...

> **Aliomar Baleeiro:** O nobre Deputado deu um pontapé na moral para defender essa causa injusta que o expôs o presidente da República, como o tem, desgraçadamente, o exposto em outras causas temerárias.

> **Gustavo Capanema:** Aceito o qualificativo de maquiavélico, mas no verdadeiro sentido da palavra, no sentido inicial do pregador da política do Príncipe, e não no sentido incorreto que se lhe atribuiu depois.

Aliomar Baleeiro: Da política do egoísmo.

Gustavo Capanema: A tal ponto que, certa vez, um amigo meu, intelectual italiano, me dizia com espírito: "Maquiavel nunca foi maquiavélico."[8]

Havia momentos em que a capacidade de improviso e o grande repertório intelectual de Capanema o fazia se sair muito bem dessas encruzilhadas. Em outros momentos, no entanto, isso não era mesmo possível, uma vez que as acusações eram muitas, assim como pelo fato de o ataque da oposição ser verdadeiramente enfático. O contexto político dos anos 1950, contudo, antecipava um ambiente para o qual o deputado não parecia estar tão preparado.

* * *

Ao recuperar o período da administração Vargas entre 1951 e 1954, o historiador Boris Fausto observa que o presidente era o timoneiro em meio a vagalhões, sendo "forçado a manobrar em um mar de correntes contraditórias".[9] Onde estavam tais correntes? De um lado, precisava dar conta do aumento do custo de vida dos trabalhadores nas grandes cidades; de outro, era necessário cuidar do acordo da inflação. As manobras de Vargas, nesse sentido, pouco ou nada ajudaram para amenizar a situação. Exemplo disso foi a escolha de João Goulart para o Ministério do Trabalho, um nome selecionado mais pelas afinidades pessoais do que pela capacidade de gestão da pasta, muito embora o mesmo Boris Fausto reitere que Jango era ligado aos meios sindicais. De todo modo, Jango foi marcado pela UDN, que, outra vez, fez oposição implacável e insuportável ao ministro de Getúlio Vargas.

Conforme registra Lira Neto em *Getúlio*: da volta pela consagração popular ao suicídio, o governo Vargas começava a demonstrar sinais mais claros de fadiga nos idos de março de 1953, quando "300 mil trabalhadores haviam cruzado os braços em São Paulo".[10] Criada ainda pelo governo Dutra, a lei que criminalizava a greve nos "serviços essenciais"[11] foi tirada da cartola. Como consequência, aconteceu a "marcha das panelas vazias" contra a carestia. Com o endosso de marceneiros, carpinteiros, operários, gráficas e vidreiros, a greve durou quase um mês, e o seu fim só aconteceu porque acordos foram assinados com cada categoria em separado.

De fato, o Brasil assistia à estrela política de Getúlio apagar; se antes o caudilho conseguia o apoio de parte significativa dos trabalhadores, em 1953 sua perda de prestígio aconteceria também junto a esse grupo. Estava claro que para a UDN era uma brecha que se abria, uma chance para a banda de música voltar a tocar em alto e bom som.

Getúlio Vargas sairia de cena cumprindo um desejo de seu coração: saindo da vida para entrar para a história; atirando contra as forças ocultas, o presidente deixou em sua carta-testamento um ataque aos interesses estrangeiros que se faziam presentes no Brasil de 1954. Ocorre que o estopim para a sua queda teve origem com o atentado contra Carlos Lacerda na rua Tonelero. Em *Getúlio*, dirigido por João Jardim, a cena inicial se dá com esse atentado frustrado. Lacerda sai atingido no pé. O major da Força Aérea Rubens Florentino Vaz, que fazia sua segurança, é morto. Era 5 de agosto de 1954. E o Brasil jamais seria o mesmo.

Entre os inúmeros relatos já feitos desse episódio, foram poucos, talvez, que tomaram como ponto de referência o parlamento brasileiro naquela ocasião. É de se imaginar a situação de Capanema no dia seguinte ao atentado. Em um dia normal, o líder da maioria já tinha de enfrentar uma oposição feroz e voraz, ávida por desmontar a política de Vargas. Com o atentado, a mesma banda de música não apenas tocava sua cantilena de forma animada, mas faria a sua melhor execução. Como condutor, nada de Lacerda, que, em recuperação, atacava o presidente da República direto do hospital. O adversário de Capanema agora era outro, embora não fosse desconhecido. Tratava-se de Afonso Arinos.

Em um texto publicado na *Tribuna da Imprensa*, de junho de 2004, o jornalista Helio Fernandes não apenas cita esse embate entre Afonso Arinos e Capanema como um dos grandes debates que presenciou, mas situa essa disputa como um dos principais momentos da vida pública e da política nacional. Nas palavras do jornalista:

> Naquela época o Parlamento não gozava das mordomias ou facilidades de que goza hoje. Não existiam microfones nas poltronas (na Câmara ou no Senado), apenas duas tribunas e um microfone de apartes. Numa das tribunas falavam os deputados da oposição, na outra os da situação. Os que queriam apartear usavam um único microfone, bem longe.[12]

Mais adiante, depois de contextualizar a cena política naquele momento, com Vargas sendo intimidado pelo "manifesto dos Coronéis", de um lado, e, de outro, com dificuldade para controlar a temperatura das animosidades — uma vez que, de acordo com o jornalista, "não sabia governar de maneira alguma com o Congresso aberto e o sistema democrático funcionando" —, o mesmo Helio Fernandes prossegue: "O debate Capanema-Afonso Arinos começou por causa da omissão de Vargas, mas já viera desde a sua posse. Para assumir, Vargas teve de nomear o general Estilac Leal para ministro da Guerra, acabando com a conspiração contra sua posse, comandada por Lacerda."[13]

Fernandes observa que à medida que Vargas ia perdendo força, a temperatura dos debates ia aumentado, como se a oposição sentisse o medo dos situacionistas. E ao falar especificamente do antagonismo de Afonso Arinos e Gustavo Capanema, ele salienta que "esse debate invulgar durou muito tempo [...] Os dois se expressavam de improviso, eram mestres da palavra falada, esgrimida, brandida, até retumbada".[14] As memórias de Helio Fernandes não deixam escapar um detalhe importante: "[Capanema e Arinos] eram amigos pessoais, jamais se hostilizaram pessoalmente. Professores, oradores, gladiadores."[15]

Em seu registro a respeito do episódio, Murilo Badaró também reforça que a disputa entre os dois foi marcada pela intensidade no parlamento, mas que ambos se frequentavam no Rio de Janeiro, saindo para jantar nos arredores da residência de Afonso Arinos no bairro de Botafogo. Em um dos trechos de suas memórias, Afonso Arinos escreve que, em um desses encontros, já nos idos de agosto de 1954, Capanema parecia se lamentar da má sorte que o destino lhe pregava. Os dois parlamentares foram amigos de colégio em Belo Horizonte; ambos concordavam em uma série de temas, mas quis o destino que eles representassem dois grupos políticos que, naquele momento, não se toleravam no poder. E nessa ocasião em particular, foi de Afonso Arinos o discurso que representou a primeira marretada definitiva contra Vargas. Helio Fernandes recupera:

> O debate sensacional terminou no parlamento no dia 22 e na própria vida no dia 24, ambos de agosto 1954. No dia 22, Afonso Arinos fez provavelmente o seu mais vibrante discurso. Fantástico é a palavra exata. No

CAPANEMA

dia 24, Vargas se matava, em um gesto extraordinário e definitivo. Foi a renúncia pela morte [...] Apenas com um tiro no coração, Getúlio destruía toda a oposição.[16]

O suicídio de Getúlio Vargas acontecia quase três semanas depois que Carlos Lacerda sofrera o atentado, atribuído, logo no início, ao Anjo Negro, Gregório Fortunato, chefe da guarda pessoal do presidente desde 1951. Mais tarde, ele confessaria ter incumbido Climério de Almeida, também da guarda pessoal do presidente, de executar Carlos Lacerda.

No parlamento, esse episódio foi o bastante para que a banda de música estivesse a postos. É bem verdade que Capanema ainda tentou conter o avanço da oposição, só que não havia trégua possível no horizonte. Os membros da UDN satirizavam e espezinhavam o líder da maioria com acusações contra Vargas a propósito da relação do presidente para com sua guarda pessoal. Diziam os oposicionistas que "os sicários agiram na certeza da impunidade",[17] em resposta ao discurso de Capanema que afirmava que o governo tinha apreço à liberdade e à vida de Carlos Lacerda.

De sua parte, Vargas teria dito, em primeira mão, quando soube do acidente: "Estes tiros me atingiram pelas costas."[18]

Enquanto isso, Capanema parecia efetivamente convencido de que Vargas não teria sido mesmo capaz de ser o mandante de qualquer atentado.

Insisto em dizer que essas acusações são injustas, e parecem um juízo temerário [...] Crimes de tal natureza têm acontecido no nosso país e por toda a parte. É uma das desgraças da política. Diante deles é preciso sempre clamar por justiça. Protestamos, meus senhores, contra o atentado de agora, e apelemos, sobretudo para o Poder Judiciário, no sentido de que oficie com a maior energia e não deixe impunes os criminosos.[19]

Ao longo de toda essa sessão, Capanema foi apartado muitas vezes. Tentou, no limite do possível, responder a todas as acusações, implicações, farpas, críticas e arrazoados disparados pela oposição. Seus admiradores trazem a versão de que, com elegância, sofisticação e serenidade, Capanema sobreviveu a tudo sem ter perdido as estribeiras. É interessante observar, aliás, a leitura que Murilo Badaró faz do episódio, salientando que "Capanema ponderava, refletia, aconselhava, convocava ao bom senso, certo de que qualquer palavra menos precisa faria com que os fatos ganhassem mais velocidade e fugissem ao controle das autoridades".[20] Em síntese, era um político sóbrio e, por isso mesmo, recomendado para intervir na crise se o objetivo fosse apaziguar os ânimos. Em 1954, no entanto, o desejo não era por um bombeiro. Antes, por um combatente capaz de jogar fogo nas hostes da oposição, alguém cuja personalidade fosse mais agressiva, aguerrido, tenaz e com as palavras capazes de contragolpear a oposição.

Capanema, no entanto, não era capaz disso tudo. As palavras são de Ernani Amaral Peixoto, o genro de Getúlio Vargas:

> Ele era brilhante, de uma seriedade extraordinária, dedicado, mas muito inocente em matéria de política [...] O Capanema era um homem muito bom, de caráter, mas não servia para os grandes embates [...] Não era um homem de enfrentar situações de crise.[21]

A observação crítica de Ernani do Amaral Peixoto tem a ver, sobretudo, com a hesitação de Capanema no dia seguinte ao atentado contra Carlos Lacerda. Para o "primeiro-genro", como também era chamado, Capanema ficou tímido demais em um momento de extrema gravidade política. Muitos foram os parlamentares, ressalta Peixoto, que disseram que o governo deveria ter decretado estado de sítio, um movimento que seria endossado no Congresso. "Mas o Capanema, que era o líder do governo, ficou um pouco tímido, e o presidente também achou que não era necessário."[22] De forma inversa ao que acontecia no Estado Novo, ao menos de acordo com essa leitura de Amaral Peixoto, Capanema obteve destaque enquanto Vargas era coadjuvante. Infelizmente para o ex-ministro da Educação, esse protagonismo o colocou como um personagem de estatura menor em um episódio crucial em 1954.

Dessa forma, de onde quer que se observe, Capanema sai menor do que entrou nessa crise. Para a oposição, a despeito dos seus muitos esforços, ele jamais conseguiu apresentar a defesa que o governo necessitava. De um lado, era acossado pelos correligionários, e de outro, humilhado por Afonso Arinos. Para a situação, só se confirmou o vaticínio de que Capanema estava em uma posição acima das suas possibilidades; era fundamental que na sua posição estivesse alguém cuja habilidade e ferocidade fossem mais destacadas, pois só assim seria possível contra-atacar a oposição. Capanema era muito respeitado pela sua inteligência, pela sua vasta cultura e por seu sofisticado conhecimento jurídico. Só que não era um político para a guerra de trincheira, o que era necessário, ao menos naquele momento, para um líder da maioria.

Capanema, assim como tantas outras personalidades públicas e políticas de sua geração, ficou extremamente abalado com o suicídio de Getúlio Vargas. Foi o filho, Gustavo Afonso Capanema, que o acordou e transmitiu a notícia que deixou a nação comovida na manhã de 24 de agosto de 1954. Em pouco tempo, Capanema acordou, fez a barba e foi com a esposa, Maria Massot, até o Palácio do Catete. Algum tempo depois, Capanema recebeu Benedito Valadares em seu apartamento e ali estavam os dois políticos cujas trajetórias haviam sido afetadas drasticamente pelas decisões e hesitações do mandarim que já não estava mais ali para determinar nada. De certa maneira, os dois agora estavam órfãos do político que deu vida às suas respectivas carreiras de homens públicos. Sem exagero, a cena refletia um tanto do Brasil naquele instante. Getúlio Vargas, entre odiado e admirado, criou instituições, adotou políticas, governou o país e deu um sentido para o país de modo a permanecer como um verdadeiro criador/pai dos brasileiros. Quando de sua morte, mesmo envolto em crise de governabilidade sem precedentes para a sua trajetória, Vargas não havia preparado substitutos à sua altura, assim como não havia dado pistas de que tomaria uma decisão tão drástica — decisão que, sem dúvida alguma, congelou a oposição e fez com que seus aliados políticos, que estavam nas cordas, recuperassem alguma força.

É nesse contexto que precisa ser avaliado o discurso apresentado por Gustavo Capanema em homenagem a Getúlio Vargas. Em seu relato sobre esse episódio em específico, Murilo Badaró dá sinais de que os colegas do parlamento temiam até mesmo por sua fragilidade — além de sua magreza típica, ele estava tenso nas últimas semanas por conta da crise do governo —, mas o fato é que Capanema ofereceu um longo discurso em desagravo a Vargas, destacando suas iniciativas, seu ímpeto, comparando-o até mesmo a Salomão, o rei sábio. De acordo com o paralelo traçado por Capanema, o coração de Vargas era tão grande quanto o do filho de Davi com Betsabá. O ex-ministro da Educação estava não somente prestando homenagem ao líder que ele devia toda a sua carreira política pós-1934, como também preparando terreno para a homenagem tanto em benefício da memória do morto, mas sobretudo em respeito a si mesmo. O discurso é poderoso no sentido de mostrar o quanto Vargas foi injustiçado com as acusações do crime da rua Tonelero. Disse o orador:

> Com o decorrer dos dias, a crise política se desenhou e foi-se agravando. Não era só o atentado miserável, não era só a tentativa de homicídio que se atiravam ao rosto do chefe da Nação. Surgiu um cortejo de mentiras, que foram envenenando a opinião pública. O presidente sentia, já agora, uma necessidade maior de defender a dignidade da Presidência.[23]

Capanema jamais foi diretamente colocado como partícipe da engrenagem corruptora, da mesma forma como não foi citado como beneficiário do mar de lama. Do ponto de vista das acusações, sempre esteve acima de qualquer suspeita, em que pese esta ou aquela informação sorrateira publicada na revista *O Cruzeiro* nos textos de David Nasser. De qualquer modo, no processo Delenda Getúlio, Capanema foi vítima e foi arrastado junto com a crise, ficando em posição desconfortável. Aquele discurso era também uma resposta dele, Capanema, aos ataques que sofreu ao longo daquela jornada. A certa altura, o líder da maioria se recordou de uma conversa que teve com Getúlio, quando o presidente lhe disse: "Não posso sair daqui com desonra. Tenho de aqui ficar enquanto for necessário, para a defesa de meu nome."[24]

E assim Capanema emendou dizendo que acreditava que Vargas tirou a própria vida em nome da honra. Com o seu discurso, o líder da maioria também advogava a si próprio, tomando como escada a homenagem a Getúlio Vargas.

> Dou a minha palavra de honra, invoco mesmo o testemunho da Divina Providência que estou relatando a verdade do nosso último encontro. Não sei como as coisas se desenrolaram nos últimos momentos. Até agora, conversa aqui, conversa ali, não pude ainda construir o histórico dos acontecimentos da madrugada e da manhã de hoje, mas posso tirar uma conclusão irrefutável: o presidente sacrificou-se por sua honra. A Presidência, essa comissão particular da Divina Providência, não se enxovalhou nas suas mãos. A Presidência não se tingiu de sangue nas suas mãos. A Presidência não se impurificou com a desonestidade em suas mãos.

CAPANEMA

Ao terminar suas palavras no púlpito da tribuna da Câmara dos Deputados, Gustavo Capanema automaticamente se inscreveu para o panteão de discursos eloquentes da história política do Brasil. É certo que não se trata de um discurso muito citado, mas o texto foi devidamente relacionado na obra de Helio Sodré, *História da eloquência universal*. Para além de todo esse simbolismo, as palavras do tribuno de Pitangui marcariam, enfim, a separação entre Capanema e Getúlio Vargas. Uma convivência que atravessou mais de duas décadas de jornada política, período em que Capanema foi ministro por onze anos, incluindo o tempo de Estado Novo, bem como a época mais recente quando fora líder da maioria de seu governo. Não é exagero afirmar, portanto, que a biografia política de Capanema é tributária a Vargas.

Esse fato, no entanto, não encerra a discussão a respeito dos laços de amizade em política. Mais do que cultivar os afetos, os políticos buscam o poder. Nesse sentido, Vargas teve em Capanema um servidor leal e cumpridor, mas usou o cargo do Ministério da Educação e Saúde para barganhar poder. Quando soube, Capanema ficou angustiado, mas, diferentemente do que fazem os amigos, não reclamou. Aguentou calado e firme, superando a crise em questão. A recompensa a propósito desse comportamento teria sido a posição de líder da maioria de Getúlio Vargas. Mesmo aqui, no entanto, não é possível considerar que o presente tenha sido apreciado nem pelo doador nem pelo agraciado. A julgar pelo depoimento já citado de Amaral "primeiro-genro" Peixoto, ninguém confiava em Capanema como um defensor definitivo das causas do governo. De outra parte, considerando o aperto que Capanema passou quando emparedado pela banda de música da UDN, é correto afirmar que, como tribuno, ele só se sentiu verdadeiramente à vontade quando não teve de defender o governo.

Em que pese tudo isso, nas muitas versões existentes, consolidou-se a ideia de que Capanema manteve ao longo de toda a vida um misto de respeito, temor e tremor por Getúlio Vargas. Com efeito, não faltaram motivos para tanto: ocupou a Presidência da República por dezoito anos no total, tendo tomado o poder em 1930 a partir de uma mobilização contra a ordem estabelecida da Primeira República. Afora isso, o presidente, com a ajuda do Departamento de Imprensa e Propaganda e do próprio Ministério da Educação e Saúde, havia se transformado em um político popular, ou, adotando termos mais precisos, em um líder de massas, o que fica visível a cada vez que surgem novas mistificações a propósito de Getúlio Vargas. Gustavo Capanema, nesse sentido, estaria cumprindo o curso natural da história ao se mover diante de uma figura que está no panteão da política nacional do século XX.

Ocorre que essa interpretação dos acontecimentos desconsidera um fator importante: que todos os políticos, mesmo aqueles que não ocupam cargos executivos, são extremamente vaidosos. Capanema, apesar da personalidade austera e dos gestos comedidos, não fugia à regra. Desse modo, talvez não fossem necessariamente temor e tremor os sentimentos do líder da maioria para com Getúlio Vargas. Como sói aos mineiros, a palavra que talvez mais bem defina a forma como Capanema percebia Vargas era *desconfiança*. Era desconfiança, afinal, que pautava o modo como o interventor se apresentou ao então chefe do Governo Provisório; que o ministro recebia o comando do presidente da República e ditador do Estado Novo; e como o líder da maioria no Congresso agia para defender o presidente a partir de 1951. Nada de novo sob o sol: a primeira reação de Capanema ao encontrar com Vargas foi de estranhamento — e alguém poderia dizer que "Narciso acha feio o que não é espelho".

Essa outra leitura da relação entre Capanema e Vargas se baseia, também, em um livro póstumo — *Pensamentos*, organizado por Maria da Glória Capanema, filha do ex-ministro —, com alguns pensamentos, no melhor estilo de aforismos, de seu pai. De fato, no CPDoc, existem muitas notas que contêm impressões e comentários escritos pelo político ao longo de sua vida pública. O livro citado traz uma frase lapidar de Capanema a respeito de Getúlio Vargas: "os dois momentos de maior prestígio no país inteiro: 1. Quando foi deposto em 1945; 2. Quando morreu em 1954."[25]

14

O plano B para a legalidade

Com a morte de Getúlio Vargas, o que se viu foi uma disputa por acomodação das forças políticas que permaneceram na arena. Nenhuma delas contava com a força ou o carisma de Getúlio. De qualquer modo, o que se batalhava era por legitimidade. Café Filho, o vice-presidente que então assumia, havia convocado o deputado Gustavo Capanema exatamente para conquistar esse valor. Nesse sentido, convidou o líder da maioria do governo Vargas a ficar na função. Capanema recusou o pedido. De acordo com Murilo Badaró, o motivo foi lealdade.[1] Um olhar para a fotografia política daquele momento, no entanto, abre margem para outras interpretações.

Em primeiro lugar, existe o fator partidário. A Constituição de 1946 permitia que os candidatos mais votados de chapas distintas fossem eleitos para a Presidência, não necessariamente tendo de pertencer ao mesmo partido. Dessa forma, enquanto Getúlio Vargas chegou ao poder como cabeça de chapa do PTB, Café Filho chegou ao Palácio do Catete pelo PSP, um partido que, a médio e longo prazo, tinha uma agenda própria — com a intenção de Adhemar de Barros se tornar presidente da República. Enquanto isso, Gustavo Capanema era o líder da maioria, mas fora eleito pelo PSD, cujo líder era o não menos influente Ernani do Amaral Peixoto. Assim que saiu da reunião com Café Filho, Capanema foi ao encontro de Peixoto e deste recebe a seguinte contraproposta: continuar como líder do PSD na Câmara.

Para além do fator partidário, há que se considerar a luta pelo espólio do poder. Em política, não existe espaço vazio. O PSD, de acordo com as diretrizes definidas por seus cardeais, manteria sua posição de independência do novo governo. De acordo com as palavras do pronunciamento proferido pelo próprio Capanema, em 30 de agosto de 1954 (menos de uma semana depois do suicídio de Vargas): "[O PSD decidiu manter] uma linha de independência em relação ao governo do Senhor Presidente Café Filho e aguardará o resultado das eleições do próximo dia 3 de outubro para formular seus rumos definitivos",[2] anunciou o líder pessedista. Em outras palavras, o PSD se organizava no sentido de ver a poeira sentar até as eleições que se avizinhavam.

Em terceiro lugar, como consequência, as articulações com vistas ao processo eleitoral daquele ano representaram o grande plano não apenas do PSD, mas também de Capanema em particular. E, de fato, a estratégia surtiu o efeito desejado. Capanema alcançou 24.125 votos, e o partido do qual fazia parte consolidou sua hegemonia, com 114 cadeiras na Câmara dos Deputados de um total de 320 assentos à época. Só para que se tenha uma ideia, a UDN alcançou a segunda maior bancada, com 74 cadeiras. Além disso, o PSD fez governadores em todas as regiões do país, reforçando seu controle em estados estratégicos como Rio Grande do Sul e, sobretudo, Minas Gerais, com a eleição de Bias Fortes. A eleição em Minas Gerais era estratégica porque Bias Fortes sucedeu ninguém menos do que Juscelino Kubitschek, que, conforme aquela conjuntura, já se cacifava para as eleições presidenciais de logo mais. A renovação política também alterava o quadrante do poder em São Paulo, onde Jânio Quadros sucedia Adhemar de Barros. Juscelino Kubitschek e Jânio Quadros, que em sequência seriam os presidentes democraticamente eleitos nos pleitos nacionais, tiveram suas trajetórias marcadas por Gustavo Capanema. Antes que isso acontecesse, no entanto, havia um longo período de chicanas e toda sorte de disputas políticas intestinas que pavimentaram o caminho para o poder.

Tomando como referência outro discurso de Capanema em fins de 1954, desta feita a propósito do desagravo em função das palavras do deputado José Bonifácio contra Juscelino Kubitschek, era certo que a campanha eleitoral para a Presidência já havia começado. Como já foi dito, ao menos uma parcela de historiadores e analistas do período afirma que o suicídio de Getúlio Vargas adiou um golpe em 1954.[3] De acordo com essa linha de interpretação dos eventos, a ação dos conspiradores de 1954 teria sido interrompida. Ocorre que as tentativas de ocupar o poder da parte de quem se opôs a Getúlio Vargas jamais cessaram. De forma permanente e incansável, nomes como Carlos Lacerda investiam pesadamente, fosse no parlamento ou na imprensa. O objetivo era se contrapor à ascensão do PSD, partido de Gustavo Capanema e de Juscelino Kubitschek, algo que, de certa forma, parecia irrefreável.

Só que a ascensão de JK e do PSD não representava que os partidos adversários, mormente a UDN, iriam abrir mão de resistir. Essa movimentação se deu em várias frentes. De volta da Europa, Carlos Lacerda disparou o primeiro petardo em direção à campanha pessedista, afirmando que a eleição de JK marcava um "retorno ao passado". Enquanto isso, a UDN preparava o seu candidato: Juarez Távora, novamente um militar, novamente um candidato desconectado dos interesses da população naquele momento. Sua agenda era a do tenentismo, enquanto Juscelino falava em menos intervenção estatal na economia.

As palavras de Carlos Lacerda, extraídas de seu *Depoimento*, valem como uma fotografia daquele instante:

> O Brasil estava anos-luz à frente dessa linguagem, uma linguagem que ninguém mais sentia. Em 1955, não havia mais penetração popular daquele ideário de 1922 e 1924, quando o país era mínimo, quando os grandes comícios tinham 200 pessoas, tentava-se reviver o país de Rui Barbosa, mas sem a grandeza e o gênio político e oratório de Rui. Enquanto isso, Juscelino transmitia ao país um sentimento de otimismo e dava aos seus ouvintes a sensação do desenvolvimento, a ideologia do desenvolvimento, a emoção de sentir que é "um país que vai pra frente", país que vai crescer, país que tem que confiar em si mesmo, que é um império fabuloso a desenvolver.[4]

Ao estabelecer essa comparação entre Juarez Távora e JK, Carlos Lacerda encaminhou a explicação no sentido de mostrar por que o udenista fora derrotado e o pessedista saiu vencedor nas eleições de outubro de 1955. O que é pouco lembrado, no entanto, é a passagem em que ele revela que JK não fazia o gosto dos pessedistas. De acordo com Lacerda, a posição do PSD, capitaneado nessa movimentação por Benedito Valadares, era a seguinte: "os próceres do PSD, todos, não queriam Juscelino; não queriam inclusive porque tinham medo de perder a eleição com ele, medo de não ter apoio do PTB; e sem o apoio do PTB, o PSD não ganharia a eleição nas cidades, ganhava no interior".[5]

Esse retrato está em harmonia com a outra parte dessa história, revelada tanto por Lacerda como por Murilo Badaró. E o principal personagem aqui é Etelvino Lins. Ex-governador do estado do Pernambuco pelo PSD, Lins teria sondado Gustavo Capanema para que o ex-ministro de Vargas se tornasse um candidato de união nacional. Importante: essa parte da história tem como fonte, para além de Murilo Badaró, o colunista político Carlos Castello Branco, que relatou o caso em uma de suas colunas[6] após a morte de Gustavo Capanema. De acordo com essa narrativa, foi nessa ocasião que Capanema teria perdido a oportunidade de ser presidente da República. Já o sobrinho de Gustavo Capanema, quando perguntado acerca da preferência do tio em buscar cargos de posições mais próximas ao executivo, disse que, "se aparecesse o cavalo selado, Gustavo Capanema certamente montaria".[7] Seja como for, essa não seria a única vez que Capanema figuraria como alternativa ao impasse pelo poder.

Esse ruído em torno do nome de Gustavo Capanema parece ter criado um ressentimento de Capanema dele para com JK — na verdade, um mal--estar que jamais foi devidamente esclarecido entre os dois, embora tenha dado força para inúmeras intrigas nos bastidores da política. A relação entre Capanema e Juscelino Kubitschek, como retrata a série *JK*, escrita por Maria Adelaide Amaral e exibida na TV Globo em 2006, remonta aos anos 1930, por ocasião da disputa entre São Paulo e Minas Gerais. Naquele momento, Capanema ocupara uma posição de destaque em função do cargo de secretário do Interior, enquanto Juscelino trabalhava como médico. Anos depois, as trajetórias políticas de cada um desses mineiros voltariam a se cruzar, e em uma dessas ocasiões se daria exatamente no processo eleitoral de 1955.

Como enfatiza Claudio Bojunga no livro *JK: o artista do impossível*, biografia de Kubitschek, Capanema e JK eram amigos e estiveram do mesmo lado em uma série de eventos relacionados à necessidade de negociação e de costura política, bem como em outras posições, que, olhando para a trajetória de ambos, não parece surpreendente, como no episódio da cassação dos parlamentares comunistas — ambos votaram a favor.

Em certa medida, JK e Capanema representavam a mesma estirpe ou linhagem política. Dois anos mais jovem do que Capanema, JK também veio do interior para a capital Belo Horizonte a fim de levar adiante seus estudos. Em vez de estudar Direito, cursou Medicina, mas nem por isso esteve apartado das grandes mutações políticas e culturais de sua geração, ainda que seu envolvimento para com as obras de espírito fosse de outra natureza. Capanema se mantinha como uma figura efetivamente concentrada e atenta para com a literatura e com as artes em geral, buscando a palavra certa para o discurso e preocupado no tocante ao nível do debate das ideias. De sua parte, JK parecia movido pela natureza de realizador, dedicado, portanto, à política como plataforma adequada para a transformação do país. Nesse sentido, mais do que Capanema, ele parece ter compreendido rápido como se adequar às necessidades para empreender as mudanças e as transformações que tanto desejava. A seguir, dois casos interessantes, que, a um só tempo, sinalizam como essas personalidades percebiam o fenômeno político.

Carlos Lacerda revela que, já no exílio, teve um encontro com JK e na ocasião aproveitou para questionar o presidente: como ele fazia para cultivar a prodigiosa memória? JK prontamente respondeu que não passava de um truque, de maneira que ele se esforçava para fazer com que todos à sua volta estivessem à vontade. Já Capanema, por sua vez, jamais esteve à vontade diante de grandes mobilizações populares. Conta seu sobrinho que, certa feita, durante uma campanha política, o tio hesitou ao pegar uma criança no colo, um truque certamente manjado, mas igualmente eficaz. Coube à sua mulher, Maria Massot, a intrepidez de ousar se mostrar interessada junto à população, cumprindo o necessário jogo político.

Essas duas personalidades políticas, em que pesem os perfis distintos um do outro, acreditavam que o governo deveria ser conduzido da mesma forma, ou seja, com a presença de notáveis no primeiro escalão. Como relata Claudio Bojunga, JK, assim como Capanema, preferia a concepção segundo a qual o governante deveria se cercar de intelectuais para administrar a coisa pública. Ainda nessa passagem, Bojunga ressalta, no entanto, que JK se distanciava de Capanema porque este desprezava os mecanismos democráticos, algo típico do pensamento elitista dos anos 1930. A história provaria que também nesse quesito JK poderia se aproximar de Capanema.

Em 1954, Capanema tentou alertar JK de que a candidatura do governador mineiro à Presidência era precipitada. De acordo com Bojunga, era [só] mais uma prova da célebre cautela política do deputado pessedista.[8]

Segundo o biógrafo de JK, no entanto, ainda em novembro de 1954, Capanema abriu mão de qualquer pretensão presidencial em favor de JK. Mais uma vez, convém ressaltar, isso não representava apoio incondicional da sua parte. Em um episódio em que fora fortemente criticado pelo presidente Café Filho, Juscelino se engajou para reagir: da sede do governo mineiro, retrucou ao presidente. JK contava, também, com o apoio de Gustavo Capanema na Câmara dos Deputados. Todavia, como não era afeito ao pugilato verbal, preferiu não reiterar o revide de JK.

A menção a Café Filho, aliás, não pode e não deve ficar associada como a alusão a um personagem qualquer. O presidente que assumiu o posto de Getúlio Vargas era uma peça elementar, e não meramente decorativa, na engrenagem que marcava a disputa pela Presidência da República. No seu *Depoimento*, Carlos Lacerda traça um perfil pouco abonador a respeito de Café Filho, chegando até mesmo a questionar sua capacidade intelectual:

> Acho que não faço injúria à sua memória dizendo que ele misturou [as questões políticas e a função institucional] por ignorância. Porque ele era profundamente ignorante; Café Filho tinha só o curso primário. Era um legítimo produto de comícios populares no Rio Grande do Norte, e de discursos candentes na Câmara. Mas não era um homem que tivesse um ideário.[9]

O diagnóstico de Lacerda acerca de Café Filho ajuda a explicar por qual motivo o presidente se tornaria um elemento manipulável nas mãos daqueles que ambicionavam o poder. De certa forma, isso ajuda a explicar por que até hoje sua biografia é contada pela vida dos outros.

O marechal Henrique Teixeira Lott entrou para a história pela porta da frente. Homem de juízos definitivos e conduta exemplar tanto na vida pública quanto na vida particular, ao menos em tese, a vida do marechal não deveria se destacar na história do Brasil, pelo exato e preciso motivo de que Lott sempre se pautou pela decisão mais previsível, mais legalista, a que estava em total conformidade com as regras democráticas. Como escreve Wagner William no livro *O soldado absoluto*, a história de Lott começa a se articular de modo decisivo com os rumos das eleições de 1955 ainda nos "escombros" do terremoto político provocado pelo suicídio de Getúlio Vargas. Para tentar estancar a sangria política que se alastrava com o pedido de demissão do ministro da Guerra, Zenóbio da Costa, era fundamental que Café Filho agisse de forma expedita. Em síntese, precisava nomear um ministro de Guerra a fim de evitar que uma crise institucional se amalgamasse ao clima de estupor e convulsão social que tomava o país. O nome escolhido foi o do general de divisão Henrique Batista Duffles Teixeira Lott, à época diretor geral de Engenharia e Comunicações do Exército, e membro da Comissão de Promoção do Exército. Lott tornava-se ministro em 26 de agosto, 48 horas após a morte de Vargas. A influência nos rumos da política nacional, no entanto, ultrapassou muito aquela data.

Como escreveu Jorge Ferreira em *João Goulart: uma biografia*, João Goulart e Tancredo Neves foram os herdeiros políticos de Getúlio Vargas, sobretudo quando se toma como base o fato de que tanto Jango quanto Tancredo receberam as cartas-testamento de Getúlio. Ocorre que, tanto para que Jango quanto para que Tancredo pudessem desempenhar o papel que lhes reservava a história, foi necessário que outros personagens agissem como protagonistas, muitas vezes até mesmo traindo um traço mais característico de sua personalidade. Esse foi o caso de Lott, o herói improvável.

Nas eleições de 1955, Juscelino Kubitschek foi declarado vencedor com 36% dos votos; Juarez Távora, pela UDN, obteve 30%; Adhemar de Barros, pelo PSP, ficou com 28%; já Plínio Salgado, pelos integralistas, alcançou 8%. Nas eleições de 1955, o candidato a vice eleito não foi do PSD, mas do PTB: João Goulart. Dez anos depois, a estrutura concebida por Getúlio Vargas ainda sobrevivia ao seu criador: PSD e PTB iriam comandar o país.

As eleições foram em outubro de 1955, mas o grande acontecimento político do ano se deu em novembro e veio em forma de ataque. Café Filho sofreu um infarto que o impossibilitou de permanecer no poder. Conforme as regras do jogo, quem deveria assumir era Carlos Luz, político pessedista de Minas Gerais que presidia a Câmara dos Deputados. Todavia, o que era para ser uma simples transição logo se transformou em um grande cataclismo político, tudo isso porque Luz estava sendo acusado de pertencer à ala do PSD que transitava entre os "golpistas".

Nos livros de História Geral, esse episódio é tratado de forma pouco pormenorizada, como se tivesse sido um soluço corriqueiro em uma tranquila transição democrática. Só que não foi bem assim.

Em verdade, Carlos Luz abertamente estava do lado dos políticos que desejavam uma mudança nas regras depois que o jogo já estava em curso.

Fazendo jus à alcunha de demolidor de presidentes, Carlos Lacerda deu a senha para a operação: "Não podem tomar posse",[10] escreveu Lacerda na *Tribuna da Imprensa,* sob o argumento de que para se eleger à Presidência era necessária a maioria absoluta dos votos. Aqui, novamente, é importante registrar: existe um consenso[11] entre os historiadores brasileiros de que um "golpe de Estado estava em andamento",[12] com o apoio sub-reptício do presidente em exercício, Café Filho. Para a consecução deste golpe, era fundamental o endosso das Forças Armadas, cujo aparato completo era composto de Marinha, Força Aérea e Exército. Desde o fim do século XIX, as Forças Armadas vinham ganhando um papel decisivo nos rumos políticos do país, de modo que sua participação conferia não apenas a garantia e que as mudanças ocorridas no meio do caminho não encontrariam quaisquer obstáculos mais severos, como também era prova inconteste de legitimidade junto à sociedade civil e à opinião pública.

No contexto de 1955, portanto, a presença das forças armadas era elemento chave para que o ardil dos udenistas e de Carlos Luz funcionasse. No ministério de Café Filho, o ministro da Marinha — Amorim do Valle — e o ministro da Aeronáutica — Eduardo Gomes — estavam ao lado de Prado Kelly, ministro da Justiça, com vistas a dar continuidade à conspiração arquitetada pelos udenistas. Mas no meio do caminho havia um "problema": o legalista Henrique Teixeira Lott, ministro da Guerra, cujo perfil sério e extremamente profissional provocava os melhores sentimentos em relação aos comandados. A sua presença era péssima notícia no tocante ao interesse de alterar o resultado das urnas. Carlos Luz teria que contornar ou atropelar a sua autoridade se, por algum motivo, quisesse impedir a chegada de Juscelino Kubitschek ao poder.

Foi então que, já presidente, Carlos Luz decidiu convocar o ministro da Guerra para uma audiência. Em um dos melhores trechos da biografia assinada por Wagner William a respeito de Henrique Lott, há uma síntese de sua personalidade que ajuda bastante a explicar por que as coisas aconteceram como aconteceram. Diz o texto: "Lott não cedia a favores e não mexia um dedo se a finalidade fosse simplesmente agradar. Intransigente, irritantemente perfeccionista, sem nenhuma aptidão para ajeitar situações."[13] Foi com esse tipo que Carlos Luz decidiu enfrentar da pior maneira possível, tentando submetê-lo a seu comando de forma insidiosa.

Lott foi à audiência, mas ficou esperando ser chamado. Enquanto aguardava, o ministro da Guerra viu que outros políticos que chegaram depois eram atendidos. Àquela altura dos acontecimentos, a imprensa já estava em polvorosa, registrando os detalhes da espera de Lott. Meia hora depois, Lott, enfim, foi chamado. O encontro buscava resolver um impasse entre o presidente em exercício e o ministro de Estado sobre um episódio envolvendo o coronel Bizarria Mamede. Conforme o entendimento de Carlos Luz, não havia motivo para a punição do coronel Bizarria Mamede, em uma ocasião que ficou marcada pelo discurso de Mamede atacando as pautas que Lott defendia, como o voto dos analfabetos e a questão da maioria absoluta para a eleição. Em uma reunião anterior, Carlos Luz já havia postergado sua decisão sobre a punição, alegando que teria de conversar com o procurador geral da República, Themistocles Cavalcanti.

Na audiência em que tomou um chá de cadeira de Carlos Luz, Lott confrontou o presidente, exigindo uma decisão. Como presidente, Luz recusou o argumento do ministro, que, por sua vez, entregou o cargo. Tudo contribuía, portanto, para um desfecho favorável ao grupo político que desejava impedir a posse de JK. Até mesmo o substituto de Lott na pasta da Guerra, o general Fiúza de Castro, já havia concordado em assumir o Ministério da Guerra — e estava no palácio do Catete desde a manhã daquele dia. Conforme relato de Wagner William, depois da demissão, o general Lott foi para casa.

Uma vez instalado em sua residência, Lott pareceu não se importar com a visita do general Odílio Denys, que fora avisá-lo de que a notícia de sua demissão já estava no ar mesmo antes da audiência com o presidente Carlos Luz. De igual modo, Lott deu de ombros e até mesmo se queixou para os seus familiares, que insistiam em um argumento definitivo: haveria derramamento de sangue, uma vez que a Marinha já se organizava para impedir que JK assumisse o poder, a despeito do fato de ter sido vencedor nas eleições. Naquela noite, Lott tentou dormir, mas não conseguiu. Vivia um dilema. Sempre fora um defensor convicto e ardoroso das instituições; sempre fora um legalista que jamais cogitou a possibilidade de contrariar a Constituição; acima de tudo, como afirmavam tanto seus aliados quanto seus adversários, suas decisões sempre foram pautadas pelos quesitos mais fundamentais do Exército, a saber: o respeito à hierarquia e à disciplina. Como declararia em uma entrevista concedida ao jornalista Otto Lara Resende:

a paixão pela legalidade me impedia qualquer gesto que implicasse em quebra das normas institucionais. Mas, por outro lado, meditava: minha decisão viria permitir a substituição de comandos expoentes e menos apaixonados por elementos exaltados, partidários da solução ilegal.[14]

Levando tudo isso em consideração, Lott fez um exame introspectivo e decidiu ir para confronto aberto. Leia-se: decidiu sair de uma posição legalista e ao mesmo tempo cômoda para "chefiar um movimento que afastasse o presidente, moralmente incapaz de exercer as altas funções, assim como outras autoridades militares favoráveis à solução legal".

De forma bastante detalhada, Wagner William destaca não só o comportamento, mas o passo a passo da tomada de decisão de Lott para preservar o resultado das urnas. Ganhava força ali o Movimento Militar Constitucionalista, o MMC. Na verdade, esse "destacamento" das Forças Armadas fora articulado no início de 1955, com vistas a "criar condições necessárias para garantir a realização das eleições presidenciais" de outubro do mesmo ano, conforme registro do CPDoc. A ação do MMC no tocante à posse de JK teve como partícula elementar a demissão de Lott do Ministério da Guerra. A partir dali, e a data era 10 de novembro de 1955, ficou decidido que seria dado um "contragolpe preventivo" sob a liderança de Lott.

A "novembrada de 1955" tem como elemento desencadeador a demissão de Lott e o seu aceite em participar de uma atividade que flertava perigosamente com a subversão e a ilegalidade. Trata-se de um exercício de pensamento interessante considerar o que teria acontecido com os envolvidos se a causa da qual eram participantes não fosse a vencedora.

A despeito da iniciativa dos militares, o sucesso da ação do MMC também tem a ver com a mobilização de uma parcela relevante da classe política contrária ao contragolpe. Assim, enquanto Lott acionava unidades do Exército em todo o país, buscando consolidar não só apoio militar à empreitada, como também orientando acerca dos próximos passos a serem tomados, uma fração relevante da classe política seguia informada acerca dos passos do contragolpe. No Supremo Tribunal Federal, o presidente da corte, José Linhares; o vice-presidente do Senado, Nereu Ramos; e o vice-presidente da Câmara, o eterno Flores da Cunha, estavam todos atentos e cientes do que se passava naquela madrugada de 11 de novembro.

É interessante observar que, também nesse episódio, foram adotadas diversas manobras e subterfúgios para mascarar o que estava em curso. Como ainda não havia tomado posse de fato, o quase-ministro Fiúza de Castro só pôde telefonar para o ainda ministro Lott para questionar a movimentação. A resposta não poderia ser mais esquiva e, exatamente por isso, objetiva e adequada para aquele momento político: "Ainda sou ministro da Guerra em exercício [...] estou adotando medidas para resguardar a ordem pública."[15]

Mesmo assim, o movimento pela derrubada do presidente da República para preservar a democracia não estaria concluído se não fosse pela participação de Gustavo Capanema. Mais uma vez atuante em um momento decisivo para a história política do país, Capanema foi o responsável pela elaboração de uma peça jurídica que declararia impedido o presidente Carlos Luz. Não há dúvida alguma de que tal forma jurídica provocaria choque e pavor nos segmentos da sociedade que defendiam a letra da lei em todas as suas nuances. Tudo isso porque no episódio envolvendo Carlos Luz não houve tempo hábil e necessário para que o presidente em exercício pudesse se defender.

Em poucas horas do dia 11 de novembro de 1955, a Câmara dos Deputados aprovou o afastamento de Carlos Luz. A sessão, conduzida por Flores da Cunha, foi aberta às 11 horas da manhã e, ato contínuo do pedido de destituição de Carlos Luz, passou à leitura da demanda de Lott de que o Congresso colocasse no poder o vice-presidente do Senado, Nereu Ramos.

Se tomarmos como referência uma narrativa apressada acerca desse assunto, veremos que toda a questão foi de solução simples, haja vista a altercação política não ter durado muitos dias ao mesmo tempo que o alarido militar foi ato isolado. Ocorre que esse episódio guarda uma atitude de Gustavo Capanema que fugia às suas características de não posicionamento aberto ou de adequação bovina à agenda do poder estabelecido. Pois o fato é que naquela manhã de 11 de novembro o jogo ainda não estava decidido. No Congresso, uma verdadeira batalha verbal tomava corpo ao passo que no mar um destacamento da Marinha se articulava para a tomada do poder pelo uso da força.

Em seu *Depoimento*, Carlos Lacerda esboça um quadro bastante interessante do que acontecia a bordo do cruzador *Tamandaré*, embarcação que estava sendo ocupada com o propósito de servir de bastião de resistência.

Não me lembro quem, não sei se o Silvio Heck, que era o comandante do *Tamandaré*, se o próprio ministro da Marinha, ou se o Pena Boto, que era o comandante da esquadra, propôs que tomássemos o *Tamandaré* que estava atracado no cais do Ministério da Marinha e tentássemos um desembarque em São Paulo, porque a guarnição da Marinha em Santos tinha comunicado ao ministro Amorim do Vale (da Marinha) que estava solidária com o presidente Carlos Luz.[16]

Ainda de acordo com o registro de Carlos Lacerda, havia a pretensão de resistir e, mais do que isso, de se opor ao contragolpe. Lacerda vai além no seu relato e, afora apontar a estrutura mambembe que aquele arranjo possuía, destacou que o presidente Carlos Luz jamais "deixou de tomar as decisões presidenciais", entre elas a de não responder aos ataques desferidos pelo Exército brasileiro. Foi, de fato, um momento cheio de dramaticidade de parte a parte. Lacerda ressalta a carência de recursos da embarcação, como a falta de comida adequada para os integrantes do *Tamandaré*, mas também fica clara a ausência de um comando mais executivo, com pulso e estratégia firmes o bastante para se contrapor à iniciativa de Lott e de seus liderados. O resultado final disso é que a jogada do *Tamandaré* foi uma aposta alta demais, daquela que seus autores não poderiam efetivamente dar conta. Em seu registro acerca do episódio, Carlos Lacerda mostra que Carlos Luz lutou com galhardia e consciência, compreendendo cada consequência de seus gestos. Todavia, o que sobra de seu relato é que naquele momento houve, sim, hesitação, algo que não foi poupado pelos adversários.

É interessante observar, no entanto, que há uma curiosa convergência em torno do depoimento de um personagem nesse episódio: o coronel Mamede. Assim, tanto nas memórias de Carlos Lacerda quanto na biografia de Lott, as palavras de Mamede soam como verdadeiros vaticínios: "O que nós queremos hoje poderá acontecer um dia com uma condição: a de se manter a unidade nas Forças Armadas",[17] recuperou Lacerda. Já Wagner William sublinha o seguinte: "Estamos sendo derrotados apenas nesta batalha, mas a guerra vai prosseguir por muitos anos ainda."[18]

A derrota em questão não aconteceu em alto-mar, ainda que os tiros de canhão tenham servido de alerta. Novamente, assim como quando defendeu a posição do presidente de Minas Gerais (Olegário Maciel, na década de 1930), Capanema se empenhou no sentido de impedir que Carlos Luz permanecesse no poder — e mais uma vez essa ação aconteceu sem que ele precisasse dar um só tiro. Capanema observou que, uma vez a bordo do cruzador *Tamandaré*, Carlos Luz estava impedido, justamente porque o presidente não informava o nome do navio da mesma forma como não comunicava a localização da embarcação. Para que se tenha ideia da gravidade da situação, a sessão foi marcada pela presença de soldados altamente armados.

Em um dos momentos mais tensos daquele dia, Gustavo Capanema tentava terminar o seu discurso enquanto era bombardeado pela oposição. Adauto Lúcio Cardoso, Afonso Arinos e Aliomar Baleeiro subiram o tom e buscaram assim obstruir o andamento dos trabalhos. Embora, como já visto neste livro, os entrevistados e alguns personagens destaquem que se tratava de um momento diferente da vida pública brasileira, com um parlamento orientado pelo que o jargão contemporâneo passou a chamar de "boas práticas", a fala do presidente da Câmara não poderia ser mais elucidativa do lugar onde se passou toda essa trama. Ao contrapor seu adversário, o deputado Flores da Cunha assim se manifestou em direção a Aliomar Baleeiro: "Cale a boca, baiano pernóstico, porque agora nós vamos votar de uma vez por todas."[19] Na Câmara, por 185 a 72 votos, a moção que impedia Carlos Luz de exercer a presidência foi aprovada. No Senado, por 43 votos a 9, a decisão foi sacramentada. Nereu Ramos, assim, substituía Carlos Luz, em um processo que a um só tempo evitou a tomada do poder dos adversários de Juscelino, como resguardou a posse do político mineiro.

Nas suas recordações acerca daquele episódio, Afonso Arinos destacou a participação de Capanema como a de uma figura dotada de uma personalidade jurídica diferenciada, capaz de elaborar os juízos mais complexos entre os políticos daquela geração. O aspecto mais interessante do trecho a seguir é a evidência que sinaliza a admiração entre adversários. Como se fossem os melhores inimigos um do outro, Afonso Arinos e Gustavo Capanema estiveram, entre 1946 e 1964, em trincheiras opostas, mas sempre buscaram apreciar o que o outro tinha a dizer. Assim observa Afonso Arinos:

> A política domina, soberana, a alma e a inteligência de Capanema. Creio que no Fórum de Pitangui ele já falava no discurso de Marco Aurelio no Forum Romano [...] Muitos pensaram que Capanema se deixa empolgar

pelas palavras e acham que ele complica tudo com sua mania de perfeição formal. Eu penso de forma diferente. Ele se deixa empolgar é pelas ideias, mas, como não escreve e sua atração é toda política, é no jogo discursivo que ele expõe, aumenta e multiplica as ideias. Daí o desajuste entre a vocação política de Capanema e a sua ação na política. A vocação se apresenta irreversivelmente sob uma forma que não condiz com a ação. Mas, quando se trata de dar uma solução política colhida em uma ideia, então vemos Capanema tomar a dianteira do momento. Assim se deu no caso do impedimento de Café Filho e Carlos Luz, fórmula a bem dizer sua.[20]

Em outras palavras, Capanema foi o autor intelectual, de acordo com o registro de Afonso Arinos, do contragolpe que apeou Carlos Luz do poder. E, tal como apontado por Arinos, as digitais de Capanema não ficaram só ali. Pouco tempo depois, em uma tentativa de dar sobrevida à manobra para impedir a chegada de JK ao poder, Café Filho quis voltar ao cargo de presidente da República. Ocorre que, àquela altura dos acontecimentos, Lott já tinha consciência de que Café Filho estava alinhavado com o grupo de Carlos Luz, ou, adotando uma nomenclatura que se tornaria esgarçada muitos e muitos anos depois, Lott sabia que Café Filho estava articulado com os golpistas.

Tornava-se necessário, portanto, afastar Café Filho. A pergunta que não queria calar era: "como?" Estudioso dos mecanismos legais então vigentes, Gustavo Capanema entendia que não havia saída possível para esse impasse dentro da perspectiva do regimento. Coube, então, à Câmara dos Deputados a decisão que reafirmaria o impedimento do presidente Café Filho. Na sequência, o Senado Federal, por placar de 35 a 16, referendou a decisão. Café Filho já não era mais o presidente da República. Só que ele não iria aceitar aquela decisão sem contra-atacar. No mesmo dia 22 de novembro de 1955, entrou com mandado de segurança junto ao STF. O objetivo era retomar a Presidência. Em mais um ardil dos militares em defesa das urnas com os políticos favoráveis à posse de JK, o presidente em exercício acatou a sugestão de Henrique Lott e, em 23 de novembro, encaminhou o pedido de estado de sítio, medida que, entre outros pontos, suspendia o julgamento do STF.

Tempos depois, o mesmo Lott afirmaria que tudo o que fez foi em nome do "interesse do Brasil", motivação que fez com que ele, um militar com longa trajetória legalista, cruzasse o Rubicão em nome de um político que, anos depois, se colocaria como um obstáculo à sua postulação à Presidência da República.

Em relação a Gustavo Capanema, não há dúvida de que no episódio de novembro de 1955 ele saiu maior do que entrou. Ou seja, tornou-se o fiador parlamentar de um estratagema que se mostrou eficaz no sentido de evitar que o resultado das urnas não fosse respeitado. Ocorre que isso também teve lá suas consequências, a principal delas sendo que ao menos uma parte do Congresso Nacional não teve pruridos ao concordar com o estado de sítio. Aliás, o próprio Capanema subiu à tribuna para referendar essa decisão.

"A manutenção [do estado de sítio] no texto da lei que estamos votando não contraria a Constituição; antes, harmoniza-se com o preceito constitucional que estamos encaminhando",[21] disse Capanema.

Em que pese o argumento, nem todos estavam de acordo com o partido tomado por Capanema nesse processo. E esse descontentamento apareceu no círculo familiar do político mineiro. Quem fala a respeito disso é José Octavio Capanema, o sobrinho, tomando como gancho as atitudes de Gustavo Capanema em 1955.

> Gustavo Capanema participou muito do episódio de 11 de novembro. E eu fui cobrar dele. Eu fui atrevido, porque eu me lembrava do Carlos Luz, que era o presidente que seria deposto. O Gustavo Capanema falou dessa maneira: "O presidente da República se encontra em lugar incerto e não sabido. Temos que prover um sucessor." Só que Carlos Luz era amigo pessoal dele. A lembrança que eu tenho de Carlos Luz era da morte da minha avó. Assim, quando o Gustavo estava num momento triste, num momento em que ele perdeu a mãe, que era tudo para ele, o Carlos Luz foi lá, na casa do meu avô, e deu um apoio moral muito grande ao Gustavo.[22]

José Octavio Capanema se recorda que essa foi a conversa menos cerimoniosa que teve com o tio ilustre: "Eu disse a ele: 'Não gostei de sua atuação. O Carlos Luz, um amigo seu de tantos anos, que esteve ao seu lado na morte da vovó, e agora ele foi expulso pelas armas?"[23] José Octavio afirma que, sempre racional e argumentativo, Gustavo Capanema tentou convencer o sobrinho de suas motivações. Falou, falou e falou, sem provocar qualquer mudança nas convicções de seu interlocutor. "Quando foi lá pelas tantas, ele falou comigo assim: 'Você está convencido. Eu não vou tentar convencer o convicto. Fique com sua opinião.'"[24]

JK tomaria posse dali a alguns meses. Todavia, as escaramuças políticas de 1955 não ficariam em fogo brando por muito tempo. Logo, os mesmos protagonistas de 1955 seriam colocados novamente na arena política.

* * *

Se houvesse um panteão de políticos brasileiros do século XX, certamente, Juscelino Kubitschek figuraria entre o seleto grupo de notáveis. Em um país pouco afeito à memória de seus presidentes da República, JK permanece como presidente popular. Diferentemente de outras lideranças políticas, sobre ele já foram produzidos livros, biografias, perfis, documentários, filmes e até minisséries, algo que sem dúvida alguma faz com que sua lembrança resista à visita cruel do tempo, sobretudo em um período em que as narrativas históricas se consolidam a partir da imagem.

É preciso acrescentar, para compreender a relevância que o seu governo alcançou, o fato de que, sob JK, o Brasil experimentou uma mudança drástica que por muitos anos à frente determinaria o destino do país. Foi sob JK, afinal, que o Brasil conheceu o slogan "50 anos em 5"; foi sob JK que a urbanização se tornou ainda mais efetiva, em especial com o avanço da indústria automobilística; foi sob JK que a capital do país saiu do Rio de Janeiro e seguiu para Brasília — esta última, sem dúvida alguma, uma das transformações mais controversas que o Brasil já conheceu.

A mudança da capital para Brasília foi importante não apenas pelo quesito geográfico da nova capital, situada no centro-oeste do Brasil. A mudança também teria relevo porque o projeto arquitetônico e urbanístico de Brasília forjou para as gerações futuras um sentido perene da criatividade brasileira no século XX. Ao lado do futebol campeão em 1958, da vitória de Maria Esther Bueno em Wimbledon no ano seguinte, da literatura brasileira com João Guimarães Rosa e da música popular com Tom Jobim e Vinicius de Moraes, a imaginação brasileira teria um de seus momentos de ouro com a construção da nova capital federal, conforme projeto e orientação de Oscar Niemeyer e Lucio Costa.

Na década de 1950, o arquiteto e o urbanista não eram meros incautos na execução de projetos públicos. Depois da bem-sucedida, em que pesem os percalços, edificação do prédio do Ministério da Educação e Saúde, Lucio Costa e Oscar Niemeyer atuaram em outros trabalhos. Um deles foi o complexo arquitetônico da lagoa da Pampulha. Essa construção tem início com o prefeito Octacílio Negrão de Lima, que foi o administrador da cidade antes de Juscelino Kubitschek. Foi Negrão de Lima, cujo nome dá título à avenida que margeia a lagoa, que decidiu colocar em andamento o projeto do engenheiro Henrique de Novaes. Para dar conta do abastecimento de água na capital mineira, o prefeito ordenou que fosse repensado o córrego da Pampulha. Quando assumiu a prefeitura, JK tinha outras ideias para aquele espaço, em especial: "O que tinha em mente era capitalizar, em benefício de Belo Horizonte, a beleza daquele recanto",[25] disse JK, em livro publicado em 1975, pouco antes de sua morte.

A relação do complexo da Pampulha para com Brasília reside no fato de que Niemeyer, o arquiteto responsável pela capital no Planalto Central, também assinou o projeto da Pampulha. Em um depoimento registrado por Niemeyer em seu livro de memórias, ele ressalta a importância da Pampulha para o seu trabalho como arquiteto. "A Pampulha foi o começo da minha vida como arquiteto", escreveu no livro *As curvas do tempo*: memórias.[26] Tal começo, com efeito, seria impossível sem a participação de Gustavo Capanema ainda nos idos de 1940.

Assim como acontecera com o então ministro da Educação e Saúde em meados dos anos 1930, quando promoveu um concurso para a construção de um edifício público e, insatisfeito com o resultado, decidiu interceder, JK também se viu em situação semelhante e, para além da ampliação da barragem, decidiu organizar um concurso com vistas à construção de um cassino. Como o projeto vencedor ficou muito parecido com o Hotel Quitandinha, situado em Petrópolis, JK pediu um conselho a Gustavo Capanema. Foi nessa oportunidade que Niemeyer e JK foram apresentados um ao outro — e o mediador foi Gustavo Capanema.

Tomando como referência este exemplo, Pedro Nava, em uma passagem já reproduzida neste livro, atribui a Capanema, indiretamente, a construção de Brasília. Talvez aqui exista um excesso de amizade e um tanto de superdimensionamento no papel histórico de alguns personagens desse episódio. Seja como for, Capanema desempenhou um papel de recomendação que, passado tanto tempo, é registrado por arquitetos e historiadores daquele período.

* * *

Em que pesem as transformações culturais dessa época, foi no desempenho econômico que o governo JK chamou a atenção, destacando-se, igualmente, no contexto das relações internacionais, com a Operação Pan-Americana. Aproveitando-se das críticas sofridas pelo então vice-presidente dos Estados Unidos, Richard Nixon, durante visita deste aos países da América Latina, o presidente brasileiro propôs a Dwight Eisenhower uma agenda multilateral de desenvolvimento econômico, buscando, assim, um novo tipo de parceria entre os países das Américas. O projeto seria frustrado com a ascensão de Fidel Castro em Cuba no fim dos anos 1950, em que pese o fato de JK ter recebido elogios na imprensa por essa atuação na época e por analistas internacionais ainda hoje em dia.

Em comparação ao turbilhão do ano anterior, Capanema teve uma atuação bastante discreta em 1956. Sua influência permaneceu no campo regimentar, ainda que nos bastidores seu nome seguisse bastante cotado como um trunfo. Em julho de 1957, sua aparição merece destaque quando faz a saudação do presidente português, o general Craveiro Lopes. Na tribuna, Capanema aproveita para fazer uso de seu discurso para se mostrar afiado como orador.

Se, do ponto de vista formal, notam-se argúcia e brilhantismo, do ponto de vista do conteúdo, não há conceito necessariamente original. Sobram elogios ao povo português, sua fibra e seu legado para com o Brasil. Carece, por exemplo, qualquer consideração sobre a conjuntura política dos dois países. Prestes a completar 57 anos, Gustavo Capanema é o retrato mais bem-acabado da figura do medalhão, personagem da lavra de Machado de Assis. Tendo vivido grandes momentos na vida pública nacional entre 1930 e 1955, sua figura certamente se aproximava do político experimentado, do conselheiro para todas as crises, fundamentado tanto na sua vivência parlamentar quanto no fato de ter sido ele, Gustavo Capanema, o relator da Constituição que estava em vigor. Em momento de tensão e crise política, os serviços do deputado experiente seriam sempre mais do que necessários. Já em um período de aparente tranquilidade, como o interregno entre 1956 e 1960, Capanema retornaria para os bastidores, onde sabia fazer costura política como poucos.

* * *

A influência de Gustavo Capanema no tema educação parecia intocada. Tanto foi assim que, em 1956, ele serviu como embaixador extraordinário e chefe da delegação brasileira na IV Conferência da Unesco, que aconteceu em Nova Délhi, na Índia. Em um resgate histórico sobre o evento, não existem muitas menções a respeito desse encontro, nada além dos protocolares salamaleques oficiais e dos registros fotográficos do Arquivo Capanema no CPDoc. Ao falar sobre a participação brasileira, nem mesmo Murilo Badaró, sempre atento para apontar para o alto a estima de seu personagem, faz mais do que uma breve descrição das palavras de Capanema na conferência. É interessante observar, ainda assim, que as palavras do ex-ministro da Educação parecem não guardar nenhuma relação com o período em que ele havia estado à frente da pasta no governo Getúlio Vargas. O embaixador extraordinário falou sobre o atraso do ensino primário nas nações não desenvolvidas, conclamando a intervenção técnica e financeira da Unesco nessa faixa da educação. Não parece que ele tenha mencionado nenhuma palavra para o fato de sua intervenção como ministro da Educação em detrimento do ensino primário.

* * *

Vieram, então, as eleições gerais no Brasil em 1958. Conforme observa Marieta de Moraes Ferreira em texto para o CPDoc, o pleito daquele ano sinalizou que os ventos políticos começaram a apontar de forma mais favorável para o PTB em detrimento do PSD — e aqui é importante destacar que essa aliança partidária, forjada ainda quando Getúlio Vargas estava vivo, representava a consolidação de um projeto político em contraponto à agenda da UDN, partido que subia o tom, mas que não conquistava o eleitorado graças à formidável estratégia arquitetada por Vargas. Em 1958, no entanto, esse edifício começaria a sofrer um forte abalo.

Até aquele momento, o governo JK se destacaria pela ousadia de pensar o impossível e de inspirar a população brasileira com a construção de Brasília. Enquanto isso, o país se desenvolvia na velocidade do Plano de Metas, ou, dos 50 anos em 5. Em linhas gerais, estabeleceu-se um conjunto de iniciativas com vistas a determinar um planejamento a fim de evitar desequilíbrios no balanço de pagamentos. O alvo, conforme o estudo feito à época pelo BNDE, era a eliminação de obstáculos estruturais. Antes mesmo da posse, o governo JK contava com esse antídoto com o objetivo de contra-atacar preventivamente a oposição hostil que teria à sua frente. Havia ambição no delineamento de tais metas, muito embora não houvesse harmonia entre a distribuição dos investimentos públicos e dos recursos privados destinados ao Plano de Metas. Assim, enquanto energia, transportes e indústria de base absorviam algo em torno de 93% dos recursos alocados, educação e alimentação ficavam à margem desses investimentos. No plano externo, a disputa entre Estados Unidos e União Soviética permitiu que o presidente brasileiro tirasse proveito dessa situação e, ao pedir ajuda ao presidente norte-americano, Dwight D. Eisenhower, para que as relações entre as nações do norte e as do sul, em uma iniciativa que desembocou no chamado "Comitê dos 21", cuja proposta mirava para a elaboração de novas medidas de cooperação econômica interamericana.

Sim, o governo JK estaria entregando o que prometia ao mesmo tempo que a vida da população era sensivelmente afetada pelas melhorias e por uma sensação de bem-estar que, anos depois, seria devidamente romantizada.

Nada disso, todavia, foi capaz de prevenir o pêndulo da balança do poder. Nesse movimento inevitável, não foi só o partido do presidente, o PSD, que saiu mais enfraquecido no que pode ser entendido como movimento natural da política. Também Gustavo Capanema perdeu. Pela primeira vez em muitos anos de vida pública, ele fora derrotado nas eleições.

Na análise de Murilo Badaró, a derrota de Capanema nas eleições de 1958 contém todos os ingredientes já mencionados aqui em parágrafos anteriores. Tem a ver, portanto, com as mudanças sociais e econômicas que estavam em curso, simbolizadas, sobretudo, com a chegada à nova sede da capital federal; tem a ver, também, com um novo tipo de demanda social por parte da população. O autor chega até mesmo a falar em um "processo de emancipação e, como consequência, de libertação da influência do

CAPANEMA 289

Estado".[27] O dado mais curioso é que tudo leva a crer que Badaró não quis estabelecer aqui uma relação de causa e efeito entre essa última hipótese e a derrota de Capanema nas eleições. De qualquer modo, talvez não seja apenas coincidência o fato de que aconteceu uma onda de mudança no perfil do eleitorado exatamente no mesmo ano em que Capanema foi derrotado. Tampouco pode ser descartado o fato de que, homem do século, Capanema já estava nesse momento sobrevivendo a si mesmo como ator político de influência sem jamais ter perdido o poder. Pela primeira vez desde 1933, quando fora preterido por Getúlio Vargas para a interventoria de Minas Gerais, Capanema não se via longe das luzes da ribalta.

Não que o político pessedista, assim como qualquer outro observador mais atento, já não tivesse percebido o que estava prestes a acontecer. Antigos aliados, bem como parceiros de outras disputas, haviam reparado nos ventos da mudança e começavam a se articular em conformidade com a nova dinâmica do poder. Logo após o dia das eleições, restou a Capanema esperar pelo pior. À medida que chegavam notícias de que os votos eram poucos para a sua reeleição, seu sofrimento e angústia só faziam aumentar. Badaró assinala que, silenciosamente, Capanema nutria alguma nesga de esperança quanto à mudança nos resultados em determinados municípios, onde a apuração ainda não havia iniciado. É preciso acrescentar aqui outro aspecto relacionado ao processo eleitoral daquele ano. Conforme registra Marieta de Moraes Ferreira,[28] em 1958, o impacto da mudança na legislação eleitoral — que passou a demandar uma fotografia de identificação no título de eleitor — fez com que o "eleitorado fantasma" perdesse fôlego. De certa maneira, não seria exagero considerar que a máquina de conquistar votos do PSD no interior do Brasil também tinha sido abalada por essa resolução. Em suas recordações daquele período, o então presidente do PSD, Ernani do Amaral Peixoto, quando perguntado se sua ausência tinha contribuído para o partido perder poder nas eleições daquele ano, confirmou que o fato de ter estado em Washington como embaixador do Brasil nos Estados Unidos teve influência no resultado. E mais: a longo prazo, as eleições de 1958 foram desastrosas para o partido. "Inclusive eu perdi as eleições no Senado", muito embora também contemporizasse ao assinalar que o "partido se manteve mais ou menos equilibrado".[29]

Fato é que, aos 58 anos de idade, Gustavo Capanema obteve votos apenas para ficar na terceira suplência da bancada federal do Partido Social Democrático. De certa forma, se confirmaria a maledicência do seu colega de PSD, o também mineiro Último de Carvalho, que, de tempos em tempos, gostava de espezinhar Gustavo Capanema, dizendo que, embora sua casa fosse repleta de livros, "voto mesmo que é bom ele não tem".[30]

A propósito da relação de Capanema com o eleitorado, a própria família e até mesmo Capanema reconheciam a sua fragilidade na dinâmica para a obtenção de votos. Existe todo um arsenal de gestos estratégicos comunicativos que os políticos, já naquela época, precisavam dominar, a fim de que fosse possível mobilizar a atenção da opinião pública, ou, em outras palavras, para cativar e cultivar o eleitorado. José Octavio Capanema observa, a propósito, que cabia à sua tia, Maria Massot, lidar com esses gestos junto aos eleitores em época de eleição.

Se, por um lado, Capanema não pertencia ao grupo de políticos notoriamente identificados com o que se habituou a chamar de populismo, também é correto assinalar que, além de ser um mestre de articulação dos bastidores, ele não tem contra si nenhuma alegação de ter buscado algum tipo de vantagem para si enquanto ocupava o parlamento. Dito de outro modo, embora fosse obcecado pelo poder, o ex-ministro da Educação e à época deputado suplente só era capaz de se imaginar como um político em tempo integral. Com tudo isso, quando os resultados das eleições foram divulgados, a sua decepção foi grande e ele se deixou abater.

O abatimento tem a ver, também, com alguma insatisfação de Capanema para com o então presidente Juscelino Kubitschek. De certa maneira, o ex-ministro da Educação não considerava que JK estivesse à altura do cargo. Em um depoimento que foi veiculado logo após a morte de Capanema, já nos 1980, o jornalista Carlos Castello Branco revelou que, para o ex-ministro da Educação, JK seria no máximo um bom prefeito, e não necessariamente um grande presidente. "Ele será um prefeito, o maior prefeito do Brasil", disse o político para o jornalista.[31]

De sua parte, JK parecia saber que precisava agradar o colega de partido. "Um homem ilustre como você, Capanema, não pode ficar fora da vida pública."[32] As palavras do presidente eram alvissareiras quando recebeu a visita do político mineiro, agora deputado suplente. Nessa ocasião, JK ofereceu a Capanema um cargo como ministro do Tribunal de Contas da União. No registro elaborado por Murilo Badaró, Capanema ficou emocionado com o convite, lembrando, inclusive, que não era a primeira vez que a família Kubitschek oferecia ajuda à família Capanema — a primeira foi quando o político mineiro ficou sem a interventoria de Minas Gerais, ainda na década de 1930.

Nas lembranças de Maria da Glória Capanema, no entanto, seu pai, a princípio, não ficou lá tão satisfeito com a indicação feita por JK.

"Imagina, Maria, sabe o que o Juscelino queria comigo? Me nomear para o Tribunal de Contas."

Ao que Maria Massot respondeu, de pronto:

"Que bom, que ótimo!"[33]

Ainda de acordo com Maria da Glória, seu pai tinha "um certo descuido da vida pessoal, às vezes". O cargo para ministro do TCU, portanto, pode ter sido recebido como um prêmio de consolação, algo que é pouco para um político com uma vaidade tão grande quanto a sua discrição.

Em 20 de janeiro, Capanema fez aquele que seria seu último discurso. O caminho para o TCU já estava pavimentado. Só que ele não ficaria tanto tempo assim fora do Congresso. Como bem definiu a filha Maria da Glória: "Papai só gostava da política."[34]

15

O quase primeiro-ministro

Embora o governo JK tenha conseguido ficar marcado no imaginário coletivo como uma administração de realizações, cujo símbolo maior era a nova capital, Brasília, as eleições presidenciais de 1960 marcaram uma virada de página no cenário político do país. O condomínio da situação, formado por PSD e PTB, de repente perdia espaço e influência para a oposição udenista. Então, pela primeira vez em muitos anos, a UDN, o partido antagonista aos preceitos de Vargas e às premissas que se tornaram consensuais à classe política, ocupou o poder naquele período.

Ocorre que, para tanto, a UDN teve de se condicionar à personagem política singular de Jânio da Silva Quadros, o exótico político mato-grossense que se fez com votos da Vila Maria, bairro de classe média remediada em São Paulo. A ascensão meteórica de Jânio Quadros foi capaz de escantear outro fenômeno do populismo nacional: Adhemar de Barros.

Com efeito, a expectativa era de que Barros, e não Jânio Quadros, alcançasse o poder presidencial. Afinal, desde 1950, quando ofereceu apoio a Getúlio Vargas, Adhemar permaneceu no radar da política nacional. Acontece que, ao longo da década de 1950, para além das transformações sociais e econômicas já citadas no capítulo anterior, o Brasil assistiu ao avanço de uma agenda política muito mais afeita ao personalismo — e, por que não dizer?, magnetismo de determinadas personagens da política nacional. Nesse sentido, mais do que a imagem de realizador — definitivamente consagrada com a construção de Brasília, mas igualmente sedimentada com a iniciativa do Plano de Metas —, JK conquistou a atenção do eleitor graças ao seu magnetismo pessoal — um brilho que foi repetido e calculadamente reforçado na romantização de sua trajetória como líder político, algo visível tanto nas biografias que lhe foram dedicadas, como nos documentários, filmes e minisséries que têm o presidente bossa-nova como protagonista.

De modo semelhante, Jânio Quadros foi ao longo de toda a sua trajetória de homem público um político singular. Um personagem, de fato. Transitando entre o populista carismático e o pernóstico pedante, Jânio Quadros redefiniu o papel do candidato político na mesma época em que um movimento semelhante acontecia nos Estados Unidos. Enquanto nas eleições americanas a disputa entre o cerebral Richard Nixon contra o fotogênico John F. Kennedy era impactada pela exibição do debate na televisão, no Brasil, Jânio Quadros esmagou seus adversários — entre eles, o marechal Henrique Lott, que à época já estava na reserva — com uma estratégia agressiva e arrebatadora. Falando em português castiço, o político atraía a atenção da audiência com verdadeiras performances ao vivo em vez de discursos pautados pela razão e pela correção dos dados apresentados. Em uma tática que seria explorada ao máximo nos anos seguintes com roupagem novidadeira, Jânio Quadros se misturava aos populares, comia pão com mortadela e, portando óculos com armação de aro grosso, surgia nas aparições públicas com caspa nos ombros. Em uma comparação que, a essa altura, pode ser útil ao leitor, Jânio Quadros era uma espécie de anti-Capanema do ponto de vista da performance pública. Talvez por esse motivo, Capanema tivesse franqueado apoio a Teixeira Lott.

Em uma campanha marcada pelo tom de combate à corrupção, Jânio Quadros se notabilizou pela adoção da vassoura como símbolo de sua cruzada moralista. Como escreve Franklin Martins no primeiro volume da série *Quem foi que inventou o Brasil?*, "Na campanha de Jânio, a música jogou um papel muito importante".[1] De autoria desconhecida, o jingle "varre, varre, vassourinha" se transformou em marca registrada da sua candidatura, que, no final, foi a vencedora, levando a UDN, pela primeira vez, ao poder.

Quando Jânio Quadros assume, no início de 1961, Gustavo Capanema já está de volta ao parlamento. Mais do que isso, até. Como outros políticos e funcionários do governo, Capanema tentava se adaptar à nova capital federal, que havia sido inaugurada em 21 de abril de 1960. No caso do político mineiro, os indícios de que isso não era tão simples assim são expressivos. Além das palavras de Murilo Badaró, "Capanema não gostava da nova capital. Para lá se dirigia por imperativo de dever, mas as viagens não lhe davam nenhum prazer",[2] é a própria filha, Maria da Glória, que também revela a pouca afinidade de Gustavo Capanema para com a cidade projetada por Niemeyer e Lucio Costa, dois de seus ex-colaboradores à época da construção do prédio do Ministério da Educação e Saúde.

A rejeição de Capanema à capital federal inaugurada por JK tinha menos a ver com a mudança em si e estava mais relacionada às condições de saúde do ex-ministro da Educação do governo Vargas. O clima do planalto central não era favorável a Capanema, sem mencionar o fato de que, muito magro, ele não tinha grande resistência, um dado relevante quando se nota as pressões às quais Capanema era frequentemente submetido — que muitas vezes ele mesmo se submetia, diga-se.

Com Jânio Quadros na Presidência da República, dias mais turbulentos se avizinhavam. E novamente Gustavo Capanema iria desempenhar um papel digno de protagonista, ainda que nesse caso seu nome tenha ficado embaralhado em meio a tantos personagens relevantes envolvidos no tornado que foi a passagem de Jânio Quadros na Presidência da República.

A turbulência já se anunciava na posse. O historiador Hélio Silva reconstitui o episódio da passagem de governo, ocorrida no dia 31 de janeiro de 1961. "Juscelino preparava-se para o pior",[3] escreve Silva. O pior em questão remetia à conversa de bastidores que dava conta de um possível discurso agressivo de Jânio Quadros realçando as condições que assumia o poder. Juscelino não queria o ônus dessas acusações e prometia o contra-ataque. Jânio Quadros, no entanto, refugou. Diante das câmeras, fez um discurso curto e com elogios a JK. Quando Juscelino já estava no aeroporto, Jânio fez o que o então ex-presidente tanto temia: um palavrório inflamado, crítico, transmitido pela voz do Brasil, ao governo que acabara de suceder.

Quando Jânio Quadros estava em campanha, havia inúmeros indícios de que sua Presidência não seria tradicional. A começar pelo fato de o candidato encarnar um tipo de consórcio político que via na articulação PSD-PTB um resquício nefasto da influência de Getúlio Vargas. Em uma leitura sociológica do que aconteceu para que Jânio fosse eleito, o já citado

Hélio Silva aventa para um certo cansaço/esgotamento das forças políticas existentes naquela época. Acrescente-se a isso o caráter *sui generis* da candidatura de Teixeira Lott à Presidência da República pelo partido da situação. Em tese, Lott era o nome apoiado por JK. Da maneira que apresenta a história daquela eleição, no entanto, com a perspectiva do candidato derrotado, Wagner William defende a tese de que JK, na verdade, planejava retornar nas eleições seguintes, de maneira que não ofereceu seu endosso com tanta ênfase assim à candidatura.

O engajamento de Lott se pautou pelos mesmos princípios, nacionalistas e legalistas, que o fizeram agir para assegurar a posse de JK. Em um desses fatos que poderiam marcar a reviravolta dos acontecimentos, William revela que, em uma eventual Presidência, Lott certamente convocaria Gustavo Capanema para a função de ministro da Justiça, por exemplo. De algum modo, o político mineiro era amplamente reconhecido por seus pares como uma reserva moral nesse segmento. Além disso, Capanema se envolveria na campanha de Lott, a ponto de participar de um comício que quase terminou em tragédia. O episódio aconteceu em São João del Rei, onde Lott aproveitaria para demonstrar que contava com o apoio de Tancredo Neves, que à época concorria para o cargo de governador de Minas Gerais, conforme relata Plínio Fraga em *Tancredo Neves, o príncipe civil*. No palanque, que reproduzia a imagem do Palácio do Planalto, estavam, para além de Lott e Tancredo Neves, João Goulart, Clóvis Salgado, San Tiago Dantas, Benedito Valadares e Gustavo Capanema. A multidão se aproximava e em torno das 21 horas, o palanque cedeu. Houve fortes indícios de sabotagem do palanque, cuja estrutura teria sido serrada na noite anterior, mas não houve nenhuma investigação mais profunda, em que pese o fato de que janistas escarneceram, entre risos, do caso. A eleição de Jânio Quadros, assim como a inauguração de Brasília, portanto, sinalizava que os tempos eram outros. Diante desse cenário, caberia a Capanema fazer o que sabia como ninguém: adaptar-se em um cenário político hostil.

A partir daquele momento, Capanema já não contava apenas com o lastro de ter sido o ministro da Educação de um governo autoritário e sem oposição; da mesma forma, não era mais o deputado constituinte, responsável pelo texto final da Carta Magna, assim como não era mais o líder da maioria do governo; de igual modo, sua posição no parlamento não o colocava como uma figura necessária para a conquista e reafirmação do poder. De repente, os papéis que desempenhara ao longo de trinta anos de trajetória pública ficaram obsoletos. Ainda assim, ele soube se reinventar e teve um papel decisivo em uma das principais crises políticas da Quarta República.

O ressurgimento de Gustavo Capanema na arena política não se deu por acaso, ainda que o político mineiro não tenha necessariamente pedido por isso. Ocorre que a administração de Jânio Quadros acirrou os ânimos o bastante para provocar um clima de frequente tensão e instabilidade junto à classe política. Eleito sob a chancela e guarida de políticos conservadores, Jânio Quadros não foi o presidente que os udenistas gostavam de chamar de seu. Ao mesmo tempo, o presidente continuava a entusiasmar certa fatia da opinião pública graças às suas decisões exóticas que criavam um ruidoso alarido e aumentavam o folclore em torno de sua figura presidencial.

Assim, enquanto o país fervia em virtude de um momento econômico ruim, Jânio Quadros se destacava por decretos que representavam música para os ouvidos de uma parcela significativa da população. Por decreto, o presidente proibiu o funcionamento dos jóqueis clubes nos dias úteis, assim como proibiu o funcionamento das rinhas de brigas de galo. Sim, havia uma parcela da população que via tais decisões com bons olhos — uma espécie de cruzada "altamente moralizadora", nas palavras de Hélio Silva, ao passo que outros temiam com o viés autoritário desses decretos.

Tomando como referência uma análise mais recente, o autor Jorge Ferreira escreve em *João Goulart: uma biografia* que Jânio Quadros foi ficando a cada dia mais isolado no poder, cultivando uma antipatia que agregava não somente o bloco oposicionista — formado pelo PSD, PTB e PSP — mas também a UDN, que, como aponta Ferreira, "agia como cúmplice da oposição".[4] O motivo da desídia udenista, por sua vez, tinha nome e endereço.

Um dos principais focos de crítica de que Jânio Quadros foi alvo durante seu curto período como presidente da República tem a ver com a sua — a dele, no caso — ação no âmbito da política externa. O ministro escolhido por Jânio Quadros era o insuspeito Afonso Arinos de Melo Franco, que inauguraria durante a sua gestão a Política Externa Independente. Naquele contexto das Relações Internacionais, esta política representaria a busca por um destacamento autônomo do Brasil em um mundo dividido pelo acirramento da Guerra Fria. A opção que o Brasil almejava nesse período era por uma posição neutra. Nas palavras do próprio Afonso Arinos, "após várias observações a este respeito, eu passei a preconizar uma orientação de autonomia brasileira dentro do quadro democrático ocidental, sem, entretanto, abandono do mesmo".[5]

É nessa mesma passagem de seu livro de memórias *A escalada* que Afonso Arinos fala da visita que Jânio Quadros e sua comitiva fizeram a Cuba. Essa movimentação, em associação ao desconforto já criado com a inauguração da Política Externa Independente, alcançou temperatura máxima no dia em que Jânio Quadros decidiu condecorar Ernesto "Che" Guevara. Isso aconteceu cerca de cinco meses depois da viagem que a comitiva janista fez a Cuba. À época já comandada por Fidel Castro, não é impossível ou mesmo exagero afirmar que o exótico presidente brasileiro tenha ficado impressionado com o magnetismo inspirador de Che Guevara. Quem conta isso é o Afonso Arinos, chefe da diplomacia nacional, em suas memórias:

> No aeroporto de Havana, fomos recebidos pelo próprio Fidel, e todo o estado-maior revolucionário. Conheci superficialmente os seus principais líderes, e, por isso, sem condições para formar juízo seguro a respeito deles. O mais impressionante, depois de Fidel, era "Che" Guevara. Com a tez pálida, a barba anelada, a cabeça sempre coberta com uma boina inclinada que deixava escapar os cabelos longos, parecia um retrato famoso de César Borgia, que vi em algum museu italiano.[6]

Se o chefe da diplomacia ficou impressionado com a figura de Guevara, não se pode dizer algo diferente de Jânio Quadros, que lhe concedeu a Grã-Cruz da Ordem do Congresso do Sul, condecoração reservada às autoridades internacionais.

Em sua versão sobre o episódio, Carlos Lacerda retoma uma hipótese aventada por Clemente Mariani, político udenista que ocupara o Ministério da Fazenda no governo de Jânio Quadros:

> A teoria de Clemente Mariani em relação à condecoração que o Jânio deu ao Guevara, em Brasília, e que depois gerou todo aquele escândalo, é a de que, na realidade, os dois não tinham nada a se dizer, nada a falar um com o outro. E como Jânio tinha uma caixa cheia de condecorações, resolveu pespegar uma no peito do Che Guevara para ter assunto.[7]

De maneira alguma isso significava que Lacerda pegou leve com Jânio após essa iniciativa possivelmente atabalhoada. Na mesma passagem de seu depoimento, o demolidor de presidentes fez uma observação que não pode ser descartada em uma perspectiva mais ampla, sobretudo em tempos de acirramento dos ânimos por causa da Guerra Fria.

> [Eu] achava realmente tudo muito estranho, inclusive um certo tipo de frequência em torno do Jânio, de pessoas ligadas um pouco à esquerda festiva, e que não tinham importância nem como esquerda; não eram, em suma, gente importante e não tinham nenhuma significação nacional.[8]

É interessante observar que, ao longo de sua breve trajetória como presidente da República, Jânio Quadros se notabilizou por desagradar a todos rapidamente. Dono de uma personalidade forte, o político que tinha o poder maior no país queria saber de tudo e, mais do que isso, se intrometer em tudo. Seus decretos, folclóricos e de uso apenas do anedotário político, representam hoje seu principal "legado" junto à memória política nacional. Isso e o fato de ter sido talvez o primeiro político do período republicano até então a perder rapidamente o apoio do Congresso.

Heloísa Starling e Lilia Moritz Schwarcz observam que, a cada iniciativa, Jânio Quadros ficava ainda mais alheio ao poder. A propósito, embora sejam relatos com pontos de vista diferentes, há uma concordância curiosa com a síntese oferecida por Carlos Lacerda. "Só sei que foram se avolumando as impressões, minhas e de outros, de que o Jânio era um presidente sem assunto; e de que não tinha realmente um programa de governo."[9] A isso se deve acrescentar o fato de que o político vivia em pé de guerra com o Congresso, uma vez que, como explicam Starling e Schwarcz, "o presidente pretendia governar o país em seus próprios termos",[10] em uma rota de colisão com a Constituição de 1946.

Era esse o contexto quando a condecoração aconteceu, e Carlos Lacerda não deixou barato, atacando o presidente no rádio e na televisão. Era o mês de agosto de 1961, e mais uma vez havia uma tempestade no horizonte.

E o anúncio feito pelo deputado Dirceu Cardoso, que, na verdade, tão somente leu a mensagem do presidente Jânio Quadros, confirmaria as expectativas de que, na política brasileira, o mês de agosto é o dos mais cruéis. Jânio Quadros renunciou ao cargo de presidente da República no dia 25 daquele mês.

Fui vencido pela reação e, assim, deixo o Governo. Nestes sete meses, cumpri o meu dever. Tenho-o cumprido, dia e noite, trabalhando, infatigavelmente, sem prevenções, sem rancores. Mas, baldaram-se os meus esforços para conduzir esta nação pelo caminho da sua verdadeira libertação política e econômica, o único que possibilita o progresso efetivo é a justiça social, a que tem direito o seu generoso povo.[11]

Se fosse lida por alguém que não tivesse entendimento prévio do que acontecia nos últimos meses, é bastante provável que a carta-renúncia de Jânio da Silva Quadros fosse interpretada como se uma conspiração estivesse em curso no país, como novamente sugere o trecho a seguir:

Sinto-me, porém, esmagado. Forças terríveis levantam-se contra mim e me intrigam ou infamam, até com a desculpa da colaboração. Se permanecesse não manteria a confiança e a tranquilidade, ora quebradas e indispensáveis ao exercício da minha autoridade. Creio mesmo que não manteria a própria paz pública. Encerro, assim, com o pensamento voltado para a nossa gente, para os estudantes e para os operários, para a grande família do país, esta página de minha vida e da vida nacional. A mim, não falta a coragem da renúncia.[12]

Muitos anos depois, intérpretes da carta-renúncia de Jânio Quadros observaram que, por trás dos sinais de esgotamento explícitos, havia um interesse implícito: o desejo de retornar ao poder nos braços do povo, desta vez com um forte clamor popular. Existe, ainda, outra linha de análise desse episódio, mencionado por Mary del Priore e Renato Venâncio,[13] citando o livro *História do povo brasileiro*. O passo a passo da tragédia era o seguinte: 1) Renúncia; 2) tendo em vista que João Goulart, seu vice-presidente, estava em viagem à China comunista, os militares se levantariam e impediriam a posse, deixando o país acéfalo; 3) com o impasse, Jânio Quadros retornaria ao poder, "já dentro de um novo regime institucional", ou as Forças Armadas se organizariam para imantar esse novo regime.

Para que possamos compreender as entranhas desse ardil, é preciso resgatar dois fatores elementares dessa equação: a relação de Jânio Quadros e João Goulart e a articulação de Jânio com as Forças Armadas. No tocante ao seu vice, Jânio Quadros sempre teve um vínculo no mínimo contencioso. Como destaca Jorge Ferreira em *João Goulart*: uma biografia, Jango foi um dos alvos de suas duras sindicâncias que se estabeleceram a partir de medidas apresentadas pelo presidente. "Jânio Quadros estava decidido a apurar e a punir atos de corrupção e de desvio de dinheiro público",[14] escreve Ferreira. De nada adiantou o vice-presidente — que pertencia a outro partido, o PTB, é bom frisar — acusar a sindicância de má-fé. Jânio parecia implacável: Jango não respondia de forma legítima ou mesmo verdadeira. Tudo isso aconteceu logo nos primeiros dias após a sua posse.

Embora a relação com a classe política de um modo geral fosse ruim, com os militares Jânio Quadros parecia manter algum tipo de interlocução. No episódio da sindicância, por exemplo, cabia ao chefe da Casa Militar instituir as comissões que investigavam os malfeitos das administrações anteriores. E na própria carta-renúncia Jânio faz um aceno aos militares, agradecendo "de forma especial às Forças Armadas, cuja conduta exemplar, em todos instantes, proclamo nesta oportunidade".[15]

É de Thomas Skidmore, talvez, a explicação mais precisa acerca da não consecução da estratégia janista. Conforme analisa o historiador em *Brasil: de Getúlio a Castello*, é possível que Jânio Quadros tenha superestimado o fato de que com Jango na vice-presidência os militares fatalmente adeririam, em uníssono, a uma posição extremada. Além disso, Jânio tampouco esperava que o Congresso fosse aceitar a sua renúncia. De certa maneira, é correto afirmar que a classe política estava bastante bem preparada para lidar com essa decisão, e é aqui que Capanema entra em cena para ser, mais uma vez, uma peça-chave para a engrenagem do poder.

Conforme alguns historiadores e comentaristas observariam muitos anos depois,[16] no momento em que deixou Brasília e seguiu para São Paulo, Jânio Quadros esperava que houvesse uma reação popular em torno de seu nome. Talvez porque estivesse mais convencido dos efeitos de seus gestos retóricos do que a população que ambicionava comover, o agora ex-presidente possivelmente não chegou a cogitar que o *establishment* político levasse a sério a sua decisão — que, no mais das vezes, foi (e ainda é) unilateral. Eram 2h50 de 26 de agosto de 1961 quando o vice-presidente do Senado, Auro de Moura Andrade, recebeu das mãos do ministro da Justiça, Pedroso Horta, o ato de renúncia. De fato, o dia só estava mesmo começando.

Algumas horas depois, o Congresso já se reunia, tendo sido convocado excepcionalmente para tão somente tomar conhecimento oficial da carta-

-renúncia. E, como das outras ocasiões na Quarta República, lá estava Gustavo Capanema para prestar mais esclarecimentos no tocante àquela matéria.

O Congresso não assistiu apenas passivamente àquele espetáculo. Percebendo a oportunidade, aproveitou a ocasião para rechaçar qualquer ilação abstrata sugerida na carta de Jânio Quadros. "De sua parte, Almino Affonso questionava: que forças tão poderosas são essas que derrubam um presidente da República?"[17] Foi a partir desse momento, aliás, que a classe política identificou o ardil de Jânio Quadros. E, de pronto, reagiu: a renúncia havia sido validada, indicou Affonso. Em seu livro de memórias, Almino Affonso recupera não só o seu discurso à época, como também o aparte dos demais colegas de Congresso:

A Constituição Federal prevê a hipótese: assume o vice-presidente da República. O vice-presidente não está no país, assume o presidente da Câmara. O que não é possível é ficarem as Forças Armadas inquietas diante de um jogo de cartas que o país não aceita, não tolera, que é contrário de sua tradição política.[18]

Em um aparte, Gustavo Capanema emendou o discurso de Almino Affonso:

Nobre deputado [...], Vossa Excelência tinha dito que o senhor Jânio Quadros renunciou e a renúncia estava aceita. É esse "aceita" que eu gostaria, com a devida vênia, de retificar. A renúncia é, por definição, ato unilateral, irretratável.[19]

Como autoridade em meio a um Congresso renovado, Gustavo Capanema mais uma vez assumia uma posição de fiador da credibilidade para questões daquela magnitude. No momento em que os políticos mais experientes eram respeitados justamente pelo repertório intelectual e porque eram vistos como guardiães da Constituição, Gustavo Capanema se agigantava. Sua recomendação tinha uma força e uma representatividade a ponto de criar uma espécie de memória à parte naquela casa. Era o espaço ideal para um discurso afinado como aquele, e o político, então, prosseguiu:

A renúncia, portanto, não está aceita. A renúncia é um acontecimento histórico. Não temos competência constitucional para aceitá-la, para recusá-la, para aplaudi-la, para tomar qualquer pronunciamento em face dela. A única coisa que nos cabe é tomar conhecimento do acontecimento que foi a renúncia, ato unilateral e irretratável, repito, do sr. presidente da República. Nestas condições, o que se segue é a aplicação pura e simples da Constituição. Assume o governo o vice-presidente da República pelo resto do período e, como Sua Excelência, o sr. vice-presidente da República, já agora presidente da República, não está no país, assume o poder, em seu lugar, o presidente da Câmara, como a Constituição indica.[20]

Lido hoje, o discurso de Capanema soa, de uma só vez, legalista e bastante óbvio. Todavia, nos idos de agosto de 1961, essa não era uma questão tão óbvia assim. Isso porque, à época da renúncia de Jânio Quadros, o vice-presidente, João Goulart, não estava no país. No que mais tarde foi interpretado como mais uma manobra de Jânio para voltar ao poder de forma excepcional, a renúncia foi anunciada justamente no momento em que Jango estava apertando a mão de Mao Tsé-Tung. E isso complicava de forma severa o jogo de poder que estava sendo disputado.

Sim: o Congresso, sem nenhum grande tumulto durante a sessão que durou cerca de 20 minutos, estava, enfim, ciente de que Jânio Quadros havia renunciado. A posse do Governo Provisório — a ser presidido por Ranieri Mazzilli, presidente da Câmara — fora marcada para as 17 horas daquele mesmo dia. Deputado pelo PSD, Mazzilli não necessariamente significava nenhum obstáculo para o plano-mestre de um grupo de militares que ambicionava o poder. Com efeito, foi a partir da chegada de Mazzilli à Presidência, ainda que interinamente, que a posse de Jango passou a ser alvo de preocupação intensa de ambos os lados da disputa política. Pois mesmo antes de assumir o poder já havia quem quisesse ver Jango pelas costas. Do lado conspirador, o grupo de militares representados pela junta que controlava as iniciativas de Mazzilli, a saber, Denys, Moss e Heck. Para esse destacamento, era inadmissível que Jango assumisse o poder. E isso já havia ficado claro na mensagem que Mazzilli, já presidente, enviara ao Congresso: os três ministros militares manifestavam desconforto com o eventual regresso de João Goulart ao Brasil.

Como se tratava de uma disputa, também havia o outro lado. E novamente, ainda na esteira militar, surgia a vez de uma liderança com forte lastro político: o marechal Lott. Como registra Wagner William, foi para Lott que o então governador Leonel Brizola havia telefonado para dar a notícia dos desdobramentos da luta pela posse de João Goulart. Com o apoio de Lott, que mais uma vez se via em meio à batalha pela posse de um presidente da República, estava claro que as Forças Armadas não estavam agrupadas em um único bloco.

De acordo com o registro e a análise do historiador Thomas Skidmore: "Unidas, as Forças Armadas até poderiam impor uma solução política impopular. Divididas, jamais."[21] A posição firme de Lott em oferecer apoio à iniciativa de Leonel Brizola para garantir a posse de João Goulart impediu que fosse adiante uma saída não legalista. No Rio Grande do Sul, o governador Leonel Brizola já havia instalado uma verdadeira trincheira em defesa da posse de João Goulart ao redor do Palácio Piratini. Aqui vale a pena ressaltar que, aconselhado por Lott, Brizola recomendara a Jango que retornasse da China chegando pelo seu estado natal.

Enquanto isso, a ofensiva que almejava impedir a posse de Jango continuava em movimento. Tomando conhecimento de que Lott se convertera em defensor da posse do vice eleito em 1960, o então ministro da Guerra havia emitido ordem de prisão contra o marechal Lott. O motivo da prisão: um manifesto assinado por Lott. De parte a parte, a escalada dos acontecimentos indicava para um conflito civil inevitável. No Rio Grande do Sul, a chamada "cadeia da legalidade" se estabelecia. O Governo Federal já havia fechado três emissoras de rádio por divulgarem os discursos de Brizola. Em um movimento de contra-ataque, o governador ordenou que os estúdios da rádio Guaíba fossem para os porões do Palácio do Piratini. De lá, sob a proteção da Brigada Militar, os discursos continuaram a ser transmitidos a outras quinze emissoras de rádio do Brasil e do exterior. A situação se prolongou não por algumas horas, mas por vários dias, a ponto de vários jornalistas permanecerem quase duas semanas produzindo noticiário à base de café e sanduíche. Com isso, mais agitação e turbulência para os humores já sensíveis o bastante com o curso dos eventos. O ápice desse embate, que por pouco não se transformou em sangrenta guerra civil, se daria quando o ministro da Guerra emitiu ordem oficial: Leonel Brizola deveria ser impedido de continuar com os "atos de subversão". Entre os pontos da ordem oficial que merecem ser destacados, vale a pena ressaltar o seguinte trecho: "Empregue a Aeronáutica, realizando bombardeio, se necessário", conforme ordem emitida por Orlando Geisel.[22]

Na segunda-feira, 28 de agosto de 1961, o III Exército se posicionava a fim de não cumprir o despacho oficial. Em um telegrama que seria recebido pelo ministro Denys, constava o aviso: "O III Exército está com a Constituição e marcha para Brasília a fim de assegurá-la."[23]

À medida que o clima belicista não dava sinais de ceder nas hostes militares, no Congresso estava em curso um processo de construção conciliatória para a crise política. Trata-se de uma discussão bastante controversa, sobretudo quando se leva em consideração que a partir de cada um dos personagens envolvidos se estabeleceu uma versão para a alternativa escolhida pelos parlamentares.

Assim, conforme escreve Wagner William em *O soldado absoluto*, a emenda parlamentarista era "pomposamente desengavetada".[24] Em outras palavras, os militares reconheciam a solução parlamentarista e a Câmara cedia para dar "meia posse a Goulart".

Já de acordo com o relato de Jorge Ferreira no livro *João Goulart*: uma biografia, de Paris, Jango conversava com seus interlocutores e se mostrava, de um lado, disposto a não renunciar ao cargo, fazendo, inclusive, apelo à consciência dos congressistas. E, sim, ele aceitava o parlamentarismo.

Segundo o relato de Amaral Peixoto, à época presidente do PSD, o seu partido "apoiou a posse pelo princípio de não se sair do quadro institucional".[25] Peixoto recorda, ainda, da escolha de Tancredo Neves para ser o interlocutor de João Goulart. "Lembrei o nome do Tancredo, já que os dois se davam bem, desde quando foram ministros do dr. Getúlio."[26]

José Augusto Ribeiro, autor de *Tancredo Neves*: a noite do destino, esmiúça o papel deste personagem no processo da costura política necessária para que a conciliação, enfim, funcionasse. Jango já estava na embaixada do Brasil, e Montevidéu, e foi lá que ele recebeu Tancredo. Conforme relata Augusto Ribeiro, o político mineiro afirmaria anos depois que a conversa com Jango foi cheia de tensão.[27] Ainda assim, foi nesse encontro que ficaram estabelecidas as bases para a adoção do parlamentarismo. É interessante observar que, de acordo com José Augusto Ribeiro, Tancredo apresentou de forma bastante incisiva quais eram as alternativas de Jango: "Ele, Jango, tinha duas opções: chegar à Presidência com a emenda parlamentarista ou chegar a Brasília com as botas manchadas de sangue."[28] Ao que Jango respondeu: "se tiver de derramar sangue brasileiro, renuncio agora mesmo".[29] Aqui, ainda conforme o registro de Augusto Ribeiro, entrou em cena o papel de articulador político de Tancredo Neves. "Tancredo argumentou que renunciar não resolveria nada, apenas criaria uma crise ainda maior." Na leitura de Jorge Ferreira, "foi o quadro de uma guerra com muitas mortes que dobrou a resistência de Jango."[30]

Para Thomas Skidmore, o desfecho do episódio era mostra de que, mesmo entre os políticos de centro, o apoio a João Goulart era concedido com reservas. Na eleição de 1960, Jango havia derrotado Milton Campos. De acordo com o curso dos eventos, apoiar a posse de Jango com a restrição do parlamentarismo era a saída que amarrava as duas pontas soltas nos extremos polarizados da vida política nacional. Ainda segundo a avaliação de Skidmore, "A renúncia de Jânio foi tão inesperada que pegou os militares antigetulistas de surpresa. [...] Como resultado, o ministro da Guerra foi além do que lhe permitia seu apoio dentro do Exército e teve de recuar para uma posição conciliatória".[31] Gustavo Capanema era parte integrante desse grupo mais próximo da moderação, cuja maioria pertencia ao PSD.

Jango, enfim, aceitou a solução parlamentarista, mesmo tendo sido veementemente repreendido pelos seus aliados, pela opinião pública e até mesmo pelos familiares — Leonel Brizola era seu cunhado. Ainda assim, quando finalmente chegou a Brasília, no início de setembro, ele estava decidido a recuperar seu capital político, que, no processo de conciliação, estava agora dividido com o PSD.

* * *

Em suas memórias, Ernani do Amaral Peixoto revela: "É engraçado, porque o Jango sempre me tratou muito bem, embora desconfiasse muito de mim."[32] Para o presidente do PSD, isso estava relacionado aos interesses que Jango tinha quanto à disputa partidária. "Ele tinha receio do PSD, achava que éramos umas 'raposas', prontos a iludi-lo, a fazer qualquer manobra para deixa-lo mal."[33] O comentário de Amaral Peixoto encontra-se no segmento em que o entrevistado comenta a difícil relação entre o PSD e João Goulart, uma ponte que acabou ruindo na antessala dos idos de março de 1964.

Antes disso, porém, foi formado o chamado gabinete de "conciliação nacional", tendo como primeiro-ministro Tancredo Neves, do PSD, partido cuja representação na Câmara era majoritária. Só que antes de Tancredo ser escolhido, outros nomes foram aventados, como o de Auro de Moura Andrade e o de Gustavo Capanema. Novamente conforme depoimento de Amaral Peixoto, embora fossem três candidatos, a disputa ficou concentrada entre os dois políticos mineiros do PSD. "A bancada praticamente se dividiu entre o Tancredo e o Capanema",[34] disse.

O relato apresentado por José Augusto Ribeiro em *Tancredo Neves: a noite do destino* também menciona a posição de Amaral Peixoto, mas, tão importante quanto isso, reproduz uma revelação preciosa para reconstituir o episódio da seleção do primeiro-ministro. Antes de ser o escolhido, aparentemente, o próprio Tancredo Neves acreditava que o nome ideal para o gabinete de conciliação nacional de Jango deveria ser um parlamentar — e Tancredo àquela altura estava sem cargo político, uma vez que fora derrotado para a eleição de governador em 1960 e, em 1958, não havia se candidatado. "Achava que no parlamentarismo o primeiro-ministro deveria ser um parlamentar.", escreve Augusto Ribeiro.[35] Assim, quando Jango pediu a opinião de Tancredo a respeito de um possível nome para ocupar o posto de primeiro-ministro, Tancredo falou de Gustavo Capanema.

Em resposta, João Goulart não somente concordou com a sugestão, como também autorizou Tancredo Neves a convidar Capanema para a função. O que vem a seguir é digno de incredulidade ao mesmo tempo que faz jus à tradição folclórica que cerca a classe política. O que fez Tancredo, afinal, quando foi autorizado a convidar Capanema para a função de primeiro-ministro? De acordo com as palavras do próprio Tancredo Neves, ele foi dormir porque havia três dias que não descansava. Como sugere o chavão, o cenário político é muito dinâmico e, enquanto Tancredo descansava, um grupo de companheiros foi acordá-lo, ainda de madrugada, para trazer a notícia de que já estava tudo acertado com Jango e que seria ele, Tancredo, o primeiro-ministro. De acordo com as versões disponíveis, consta que Tancredo quis resistir ao pedido, no que foi confrontado pelo presidente em tom pessoal: "Você não vai me faltar nesta hora."[36] Mesmo tendo sido diretamente selecionado pelo presidente, Tancredo Neves queria que seu nome "fosse submetido a uma manifestação de confiança" do PSD. Então, à tarde, no mesmo 7 de setembro, os três nomes — Auro de Andrade, Gustavo Capanema e Tancredo Neves — foram submetidos à escolha do partido. Em um primeiro turno, Tancredo obteve 49 votos; enquanto Capanema, 39; e Auro de Andrade, 20. No segundo turno, só com Tancredo e Capanema, o primeiro ficou com 62 votos, enquanto o deputado quedou com 43 votos. Mesmo sem mandato, Tancredo Neves agora "se sentia autorizado" a ocupar a posição de primeiro-ministro e, por conseguinte, a formar um gabinete de ministros.

Muitos anos depois, em depoimento concedido para a *Folha de S.Paulo*, Tancredo Neves recuperaria o relato de que Capanema seria o nome escolhido para o cargo de primeiro-ministro, mas, curiosamente, esse episódio se tornou uma nota de rodapé diante de tantos eventos naquele período. Em certa medida, a versão de que Tancredo Neves era o melhor nome para o posto se consolidou como um fato inescapável da história política a partir daquele momento. Em outros registros biográficos a respeito de Capanema, esse caso sequer merece relevo, não sendo nem mesmo mencionado. Talvez isso não seja mesmo fruto do acaso. Cioso de sua própria história, não é absurdo imaginar que Capanema não tenha apreciado o epíteto "parlamentar que quase foi primeiro-ministro". Como registro da crise de 1961, talvez fosse mais adequado o papel de parlamentar legalista, ou de fiador das regras constitucionais para a posse de Jango depois da renúncia de Jânio Quadros.

* * *

Em relação à Presidência de João Goulart, durante muito tempo prevaleceu o consenso de que se tratou de uma administração errática, marcada não só pela indecisão, mas, principalmente, pela personalidade frágil de Jango, que aceitou ceder para poder ocupar o cargo que lhe era de direito com os poderes limitados por uma manobra parlamentar. Esse conceito prevaleceu mesmo após o plebiscito que devolveu os poderes políticos plenos a Jango. Tal versão de um presidente tíbio foi sobretudo reforçado pelos relatos que apresentam o golpe militar de 1964 como uma conspiração que aconteceu sem que o presidente tomasse qualquer atitude para impedi-la. Essa mesma narrativa sustenta que Jango foi um presidente que não ousou conduzir, mas que foi conduzido, de modo que se tornou presa fácil dos militares que ambicionavam o poder havia muito tempo, sem mencionar o fato de que os Estados Unidos também conspiravam a favor desse movimento que buscava tirar o presidente do seu cargo.

Acontece que, em contrapartida a essa versão dos acontecimentos, recentemente, mais e mais pesquisadores, historiadores, jornalistas e documentaristas têm apontado que o movimento que tirou Jango do poder não aconteceu apenas por conta do triunfo da vontade dos militares. Se é correto falar em conspiração, talvez seja mais preciso observar que outros atores também tiveram uma participação decisiva para que o objetivo fosse alcançado. Dito de outra forma, além dos militares, a sociedade civil — incluindo aí o empresariado e uma parte significativa dos meios de comunicação — endossaram essa posição em benefício de uma manobra para encurtar o mandato de Jango. Nesse intricado ardil, não poderiam faltar os políticos que também apoiavam a destituição do presidente da República a fim de evitar o caos e a crescente onda de insatisfação popular. Como outros políticos de sua geração, Gustavo Capanema também ficaria marcado por ter participado daquele Congresso que rompeu com o andamento da Quarta República — e para Gustavo Capanema isso teria um significado ainda mais íntimo e pessoal — logo ele, que prezava tanto pela família e pelos filhos.

* * *

No início dos anos 1960, a família Capanema já estava estabelecida de vez no Rio de Janeiro, que, à época, havia deixado de ser a capital federal. Em que pese esse fato, de consequências ainda não tão evidentes naquele momento, os filhos de Capanema já estavam com seus respectivos destinos mais ou menos traçados. Gustavo Capanema, o filho mais velho, já atuava como advogado e, para a surpresa da família, fora convidado por ninguém menos do que o governador do estado da Guanabara, Carlos Lacerda, para ser uma espécie de auxiliar especial no desafio de administrar o estado. A surpresa em questão se deu pelo fato de que Capanema-pai sempre esteve em um espectro ideológico contrário ao de Carlos Lacerda. Este, no entanto, não parece ter levado nenhum tipo de mágoa a propósito das querelas políticas de outras épocas. Para ser mais preciso, em vez de tentar prejudicar o filho de um dos principais auxiliares de sua nêmesis, Lacerda preferiu adotar uma saída republicana e fez do filho de Capanema um de seus ajudantes na administração pública.

Já a filha de Gustavo Capanema, Maria da Glória Capanema — que, ao longo de toda a sua infância e adolescência, acompanhou, tão perto e tão longe, a trajetória política de seu pai —, ainda vivia com a família, quando, no início dos anos 1960, conheceu aquele que seria seu esposo e pai de seus filhos, o então jovem bacharel em direito José Carlos Guerra.

> Naquela época, as filhas solteiras, moças, não ficavam sozinhas dentro de casa. Os pais não deixavam. Como mamãe começou a ir para Brasília para não deixar papai sozinho, foi lá que eu conheci José Carlos Guerra, que acabara de ser eleito deputado, aos 23 anos, pelo estado de Pernambuco.[37]

Ainda de acordo com o relato de Maria da Glória, José Carlos Guerra e Gustavo Capanema se conheciam, mas não tinham mantido contato mais profundo até Guerra se tornar namorado da sua filha. "Eles se conheciam pouco pessoalmente por causa da diferença de gerações."[38] Ainda assim, José Carlos tinha conhecimento de quem era Capanema mesmo antes de este se tornar seu sogro, pois a política sempre correu nas veias dos Guerra. Assim, José Carlos também viveu na capital federal boa parte de sua vida, gostava de política e acompanhava o noticiário pelos jornais. Com mais de trinta anos de vida pública, a reputação de Capanema contava com ampla estima de seus colegas parlamentares e também fazia parte do rol de personalidades que eram frequentemente mencionadas pelo colunismo político, comandado à época por jornalistas do quilate de Carlos Castello Branco, Villas-Bôas Corrêa, Sebastião Nery, entre outros.

De acordo com os registros desses jornalistas, é possível observar e acompanhar a movimentação de Gustavo Capanema ao longo do governo Jango. Ainda que não fosse mais uma figura de proa no embate entre situação e oposição, não se pode dizer que sua relevância estava totalmente descartada. Antes, é interessante atentar para o fato de que sua trajetória política no período serve como um exemplo bastante ilustrativo de como a classe política começou a desembarcar do governo de Jango e aderiu ao movimento que tiraria o presidente do poder.

Como já foi dito, esse movimento não irrompeu no dia 31 de março de 1964, ou ainda em 13 de março daquele mesmo ano por conta do forte discurso proferido por Jango na Central do Brasil a propósito das reformas de base. Àquela época, a engrenagem já estava sendo azeitada havia tempos e o mesmo bloco político que sustentou sua posse sob o contexto parlamentarista em 1961 não permaneceria franqueando apoio a Jango por muito tempo. Em contrapartida, é igualmente correto afirmar que o presidente da República, na maior parte das vezes perfilado como hesitante e frágil, também quis domar o poder à sua maneira. Esse embate, que teve desfecho inevitável em 1964, veio sendo forjado desde setembro de 1961. Isso porque, de sua parte, Jango jamais desistiu de retomar a Presidência no sistema presidencialista. Enquanto isso, havia um grupo de militares e uma parte da classe política que enxergava Jango como subversivo, e por isso também buscava minar o seu governo.

Nesse sentido, o gabinete de conciliação nacional, que contou com a presença maciça do PSD mineiro, não conseguiu desfrutar de muito tempo à frente do poder. Como primeiro-ministro, Tancredo Neves resistiu pouco mais de um ano à frente do cargo. Como sucessor, a escolha de San Tiago Dantas, sem dúvida alguma, ajudou a aumentar a desconfiança da classe política e de setores da imprensa no tocante à agenda de esquerda do governo de Jango. Foi San Tiago Dantas o responsável pelo aprimoramento da Política Externa Independente. Como já mencionado, no contexto da Guerra Fria, esse era um sinal e tanto a respeito de qual lado o governo poderia estar no espectro ideológico. Em outras palavras, ainda que não quisesse aderir, a oposição percebia o não alinhamento com os Estados Unidos como um gesto de aproximação em direção ao comunismo. Em uma leitura possível do que a condução de sua política externa representaria, talvez seja legítimo considerar que Jango estava junto à esquerda, mas não ousava dizer seu nome. De perto e de longe, os parlamentaristas seguiam atentos aos gestos de Jango.

Brochado da Rocha assumiu como primeiro-ministro em julho de 1962, mas não permaneceu mais de três meses na função, saindo por não ter conseguido que a votação do plebiscito sobre a manutenção ou rejeição do parlamentarismo acontecesse em outubro daquele ano, data das eleições. Quando foi para escolher o sucessor para o primeiro-ministro, Jango indicou Hermes de Lima, que acumulou a função com a de chanceler até janeiro de 1963, quando, enfim, o presidencialismo voltou com base no plebiscito que aconteceu naquele mesmo mês.

Em 1961, Gustavo Capanema fora cogitado para a função de primeiro--ministro. No entanto, embora seu nome não tivesse encontrado nenhuma resistência por parte do presidente da República, Capanema jamais fora pensado como alternativa nas duas ocasiões em que o cargo se tornou vago.

Ainda assim, em 1962, ele foi reeleito com pouco mais de 18 mil votos e no início de 1963 lá estava o político mineiro decidido a tentar alterar a estrutura da política por meio da Reforma da Constituição de 1946. A propósito disso, assim escreve Carlos Castello Branco em 18 de janeiro de 1963:

> Entende o deputado Gustavo Capanema, e com ele os líderes pessedistas e udenistas, que o resultado do plebiscito determinou a restauração dos poderes perdidos pelo sr. João Goulart, mas determinou também, como está expresso na Lei Capanema-Valadares que o convocou, a retificação do sistema de governo pelo qual o povo optou. O pressuposto seria a condenação de ambos os sistemas, na forma em que vigoraram, e o dever do Congresso, respeitando a vontade do povo e a manifestação da lei, é de reformar o texto legal que dá forma ao sistema vitorioso.[39]

Capanema, como anota Castello Branco, é amigo da ordem e ao mesmo tempo um moderado. Ainda assim, no ano de 1963, qualquer gesto, qualquer movimento, era percebido como uma articulação com segundas intenções. Dessa forma, mesmo que seu intento fosse somente ajustar alguns pontos soltos da Constituição, tanto o presidente da República quanto os membros da oposição enxergaram a proposição de Capanema com bastante cautela. Em uma nota publicada em 20 de janeiro de 1963, Castello Branco fala a respeito do adiamento da reforma sugerida por Capanema "até que desapareçam as suspeitas de que haja, da parte do deputado mineiro e dos que o apoiam, segundas intenções visando seja o presidente João Goulart, sejam os eventuais candidatos à sua sucessão, em 1965".[40]

Nem Castello Branco nem Gustavo Capanema poderiam imaginar, naquela altura dos acontecimentos, que o *status quo* da política nacional seria drasticamente abalado e transformado a partir de 1964. O ambiente político, que já estava tenso, tornou-se ainda mais hostil — e até mesmo Capanema, que sempre soube se manter do lado dos vencedores, seria indiretamente afetado pelos fortes ventos que sacudiriam o Brasil.

16

Capanema escolhe o caos

Quando, em janeiro de 1963, Jango recuperou os plenos poderes da Presidência da República conforme os ditames do presidencialismo, no ambiente externo a disputa não poderia estar mais acirrada. Não fazia tanto tempo assim, afinal, que Cuba se tornara um país alinhado com a União Soviética, acendendo o sinal amarelo dos Estados Unidos para uma eventual ascensão comunista na América Latina. A partir de alguns relatos já elaborados a esse respeito, como de Lilia Schwarcz e Heloísa Starling (*Brasil*: uma biografia), ou de Elio Gaspari (*As ilusões armadas*), ou de James Green e Abigail Jones,[1] nota-se que a influência dos Estados Unidos já se fazia perceber mesmo antes do desfecho dos idos de março de 1964.

Assim, de acordo com esse cenário, a agenda política e econômica de João Goulart como presidente da República passou a chamar a atenção dos emissários do governo americano presentes no Brasil, como era o caso do embaixador Lincoln Gordon, que foi uma peça-chave para o desenrolar dessa história. Além dele, a opinião pública e mesmo os políticos moderados começaram a temer que Jango, de fato, se preparasse para promover um golpe. Esse temor se tornaria ameaça real no segundo semestre de 1963, quando, conforme relata o jornalista Carlos Castello Branco:

Volta a criar-se rapidamente no país um clima de tensão [...] Não há fato novo. Há apenas entrevistas, discursos e declarações, interpretações sombrias, prognósticos de catástrofe, análises dramáticas de intenções e manifestações de suspeitas e desconfianças. Tudo o que estava nos bastidores, todo o arsenal de suposição e de previsões pessimistas, que justificaram, por exemplo, a convocação extraordinária do Congresso, vem agora à tona, como se houvesse a deliberação de partir do clima para os fatos, das imaginações para as realidades.[2]

Elio Gaspari, em *A ditadura envergonhada,* observa que no mesmo ano de 1963 Jango havia esboçado um golpe "solicitando ao Congresso a decretação do estado de sítio".[3] A inventiva foi rechaçada pela esquerda, "que repeliu a manobra". Por fim, Jango teve de sustar o projeto que enviara à Câmara dos Deputados.

Assim como Gaspari, outros autores como Hélio Silva e Thomas Skidmore chamam a atenção para as condições econômicas daquele período. Os sinais eram vários, da diminuição de renda dos brasileiros ao aumento da inflação, e a insistência do governo em gastar mais do que arrecadava. Nesse contexto, o embate entre Congresso e João Goulart, além de não trazer boas lembranças, mostrava que a crise política recrudescia, a despeito do fato de o presidente da República manter-se em contato permanente com os caciques políticos do PSD, como Amaral Peixoto e Gustavo Capanema.

Aos 63 anos, Gustavo Capanema parecia ter-se convertido em uma espécie de conselheiro informal do presidente da República, que o recebia e manifestava suas insatisfações com aquele contexto político. É bem verdade que outros interlocutores eram chamados e franqueavam seus ouvidos às queixas do presidente Jango, como o então líder da UNE, José Serra, que meses antes do golpe de 1964 esteve com o presidente da República — e dele ouviu muitas reclamações sobre o estado de coisas da política nacional. No livro de memórias que registra esse episódio, *Cinquenta anos esta noite,* José Serra faz menção a Anísio Teixeira como principal referência da educação brasileira no século XX. Não há nenhuma menção a Gustavo Capanema, apesar do fato de ter sido o ex-ministro de Vargas quem abriu a possibilidade de criação da UNE.

É certo que Capanema não desempenhava, nem de longe, o mesmo papel que exercera como líder do governo de Vargas. De qualquer modo, o político mineiro estava sempre por ali, na antessala do poder. E pode-se afirmar, com efeito, não somente ele estava à vontade com essa posição, como também seus conselhos eram percebidos como uma leitura aguda dos acontecimentos. Em certa medida, ele não era necessariamente um oráculo, mas um termômetro com base no qual era possível medir a temperatura política do Congresso Nacional.

Tomando como referência a perspectiva de João Goulart, o Congresso Nacional agia no sentido de bloquear as suas ações. Talvez fosse mais preciso indicar, como assinalam os autores Mary del Priore e Renato Venâncio, que João Goulart passou a enfrentar a partir de 1962 "uma oposição à direita e à esquerda".[4] Ainda de acordo com esses autores, a alternativa que restou a Jango foi buscar aliança junto ao PCB. É graças a essa guinada que seu governo, aos poucos, vai minando a confiança que seu nome inspirava junto aos políticos moderados. Pois é preciso considerar: desde o entrevero da posse, havia uma parcela da classe política que se situava automaticamente na oposição, aqui representada pela UDN. Em contrapartida, o consórcio/bloco governista formado por PTB-PSD vinha perdendo fôlego à medida que o presidente acenava com a necessidade das reformas de base. O principal objetivo aqui, conforme analisou Thomas Skidmore, era atrair o apoio do centro e da esquerda. Todavia, à medida que o tempo passava, tais reformas patinavam e se perdiam na indecisão e na ineficácia da liderança. Em sua análise acerca da conduta do presidente, Skidmore propõe uma leitura de como a hesitação de Jango só fazia aumentar o impasse político que angustiava o país. Dada a crise política que o país atravessava, radicais à esquerda foram levados a crer que havia possibilidade de influência real nas ações do presidente. Enquanto isso, militares e a classe média assistiam a essa turbulência provocar ainda mais ansiedade acerca do que estava por acontecer.

Skidmore cita como expoentes desse radicalismo os nomes de Leonel Brizola, Francisco Julião e até o ex-ministro das Relações Exteriores, San Tiago Dantas. Em sua tentativa de evitar o colapso político do governo a partir da fragmentação da esquerda, Dantas ousou propor uma frente unida capaz de abranger do PCB ao PSD, algo que foi devidamente rechaçado por quase todos os partidos, exceto pelo Partido Comunista Brasileiro, que viu nessa possibilidade uma chance de fazer a legenda se tornar legal novamente. As demais "facções" da esquerda, como JUC, AP, PCdoB, CGT e até mesmo a UNE, cujo financiamento ainda era feito pelo Ministério da Educação, tinham posições mais extremadas que impediam que essa aliança fosse concretizada. Já do lado do PSD, a situação tampouco era favorável ao presidente João Goulart. Nas suas recordações do período, Ernani do Amaral Peixoto fez questão de assinalar que, mesmo em 1963, ainda quando era ministro da reforma administrativa, já notava que a situação entre o PSD e Jango estava muito tensa. E um dos focos dessa tensão era justamente as reformas, cuja agenda ficara sob sua responsabilidade. Ainda conforme esse relato, os sinais emitidos pelo presidente da República eram trocados:

> O Jango praticamente não discutia a reforma administrativa comigo, porque não tinha a menor ideia do assunto. Concordava com tudo que eu apresentava, mas conversava 10 minutos e passava imediatamente para a reforma agrária, a reforma da Constituição. Aí o nosso desentendimento era muito grande, e até hoje não sei exatamente o que ele queria.[5]

A questão da reforma agrária, de fato, tornou-se um tema de alta voltagem para os políticos da época, e a oposição ao projeto se dava por vários motivos, entre eles o temor de que pequenas e médias propriedades fossem alvo da reforma, o que afetava uma parcela significativa dos proprietários rurais, que, *grosso modo*, representavam a base do PSD em Minas Gerais, por exemplo.

Ernani do Amaral Peixoto recorda, a propósito da discussão da reforma, a ocasião em que Gustavo Capanema foi por ele convocado para fazer uma exposição da legitimidade do projeto. A revisão aconteceu exatamente para mostrar que a reforma agrária era uma temeridade não apenas do ponto de vista econômico e financeiro, mas, também, sob a perspectiva constitucional. Em um diagnóstico severo a respeito de Jango, Peixoto não poupou o presidente:

> É exagerado, porque o Jango sempre me tratou muito bem, embora desconfiasse muito de mim. Ele tinha receio do PSD, achava que éramos umas raposas, prestes a iludi-lo, a fazer qualquer manobra para deixá-lo mal. Mas a verdade é que ninguém tinha confiança no Jango, ele não chegou a se impor no país.

CAPANEMA

Se essa era a impressão do grupo que, de certa forma, ocupava o mesmo condomínio do poder (facção da qual fazia parte Gustavo Capanema), o que dizer, então, da leitura que a oposição fazia do governo de Jango?

Como já dito anteriormente, existe um consenso entre os historiadores que registraram a escalada para o golpe de 1964: as forças que se uniram para tirar Jango do poder contavam com um apoio significativo dos EUA, apoio que teve sua ascensão marcada nas eleições de 1962. Conforme relatam Lilia Moritz Schwarcz e Heloísa Starling, a característica principal dessas eleições

> foi o entendimento de organismos extrapartidários no financiamento de campanha, e o mais perigoso deles, o Instituto Brasileiro de Ação Democrática (Ibad), funcionava no Rio de Janeiro desde 1959, articulado com a Agência Central de Informações norte americana (CIA).[6]

Para além do Ibad, outro *think tank* que professava uma vocação conspiratória era o Instituto de Pesquisa e Estudos Sociais (Ipes), também funcionando no Rio de Janeiro e em "outros estados considerados estratégicos", como Rio Grande do Sul, Minas Gerais e Pernambuco. O Ipes funcionava desde 1961.

Assim, embora Jango tivesse os poderes do presidente em um regime presidencialista no início de 1963, sua liderança era alvejada por todos os lados, fosse quando ousasse na pedida pela realização de um Plano de Reformas de Base, fosse quando tentava arregimentar o bloco governista em favor do decreto de um estado de sítio. Enquanto isso, a Marcha da Família com Deus pela Liberdade ganhava as ruas em várias cidades. Havia um clima de insatisfação popular crescente. E o temor de que algo mais sério pudesse acontecer ganhou mais força com o discurso de Jango no dia 13 de março, uma sexta-feira, em frente à Central do Brasil. Em uma reconstituição minuciosa daquele dia, Jorge Ferreira escreve em *João Goulart: uma biografia* que o presidente começou a discursar às 20h46 e, dirigindo-se a todos os brasileiros, só parou depois de uma hora e cinco minutos. Nas palavras do historiador Jorge Ferreira, que tomou outros testemunhos como base, Jango disse frases "certas e certeiras", sem precisar recorrer às notas que estavam com sua mulher, Maria Thereza.

Novamente em consenso, historiadores, jornalistas e pesquisadores reconhecem esse momento como um dos episódios definitivos para que Jango deixasse o poder. No livro já citado, Jorge Ferreira recuperou o depoimento da mulher de João Goulart, que assim percebeu aquele comício: "Para mim, aquilo foi uma despedida. Acho que ele já sabia o que aconteceria dias depois."[7]

Essa consciência de que algo estava prestes a acontecer se relaciona à percepção geral de que o Brasil caminhava rumo ao caos. E isso tinha a ver não só com os já citados resultados da economia, mas, antes, com um sentimento de que o comunismo batia à porta. Isolado, Jango tinha pouco poder de manobra e deveria, nesse caso, poder contar com a moderação do Congresso para ter meios como contrapor o ronco das ruas. Só que nesse momento também os moderados estavam temerosos, e aqui um depoimento de Gustavo Capanema é bastante singular nesse sentido.

No arquivo que está disponível no CPDoc existem anotações diversas, feitas de próprio punho, que servem como uma espécie de bússola a propósito do estado de espírito de Gustavo Capanema ao longo da sua trajetória de homem público. Algumas dessas anotações seriam editadas em formato de livro, anos depois. A maioria delas, no entanto, permanece esparsa. Não são notas oficiais, mas são pistas pertinentes para identificar o posicionamento de Capanema em diversos momentos cruciais da vida pública do país. Nessas observações por escrito, Capanema parece estar falando consigo mesmo. Às vésperas do golpe de 1964, Capanema alcançava mais de trinta anos de vida pública e, portanto, já contava com vivência bastante para observar com considerável razoabilidade o que estava em curso. Era o estado de exceção que se aproximava. E Capanema tinha suas convicções acerca do que isso representava. Sobre viver em um estado de exceção, Capanema chega a dizer, conforme registrado no seu livro de aforismos: "coisa mais perigosa é o estado de exceção. É mais fácil defender o estado de direito do que sustentar esta ou aquela situação discricionária".[8]

Capanema, no entanto, não tinha tantas opções à mesa naquele momento. E mesmo tendo essa consciência, no tocante ao golpe de 1964, ele não parece ter muita dúvida do que precisava ser feito. É certo que ponderou que a saída de Jango era, sim, uma medida radical, que estava longe de ser ideal. Ao mesmo tempo, o deputado do PSD, que já havia visto o país ser governado com base no uso da força, considerou que a posição do presidente da República era muito frágil para que ele pudesse seguir no cargo.

Capanema fez parte dos políticos que, em 1964, apoiaram o golpe militar. Iniciado em Minas Gerais, Rio de Janeiro e São Paulo, o golpe contou

CAPANEMA 319

não apenas com o apoio das Forças Armadas, mas também com o endosso de parcela significativa da sociedade civil.

As anotações de Capanema deixam claro que o seu apoio no tocante à derrubada de João Goulart se fazia necessário, ainda que significasse romper com o regime institucional. Afora isso, não existem outras considerações que justifiquem ou mesmo apresentem quais foram os motivos para que o político mineiro adotasse essa posição. Considerar que pudesse ser diretamente beneficiado com a decisão é, de certa forma, ignorar que o próprio Capanema havia participado em mais de uma vez de movimentos que ofereceram alternativas constitucionais para impasses do poder executivo. Fosse em 1955, fosse em 1961, Capanema esteve sempre em favor das alternativas legais e conciliatórias quanto à vida pública nacional. Ao mesmo tempo, é importante considerar que existe uma espécie de denominador comum na jornada de Gustavo Capanema. Como político, ele sempre esteve ao lado dos vencedores; por natureza, ele preferia a reforma em vez da revolução, mas seu faro político sabia identificar para onde o vento estava soprando.

Além disso, Capanema sempre foi político, a despeito de sua atuação como professor em Pitangui ou a sua breve passagem como presidente do TCU durante o governo JK, quando ficou como suplente nas eleições de 1958. Mesmo não sendo um campeão de votos, era no Congresso que brilhava, e foi discursando que viveu os melhores anos de sua vida depois de ter saído do Ministério da Educação e Saúde em 1945. De 1946 em diante, Capanema viveu situações distintas, seja na situação, seja na oposição, mas jamais deixou de articular, de tentar a conciliação como alternativa aos conflitos, tudo isso sem abrir mão de sua predisposição reacionária por princípio em relação à presença do Estado na vida cotidiana do país. Se é possível rastrear a sua convicção ideológica, é correto salientar que, para todos os efeitos, o político tinha clareza sobre a importância de certa harmonia no tocante à democracia: "as democracias, por seu lado, já compreenderam que não poderão subsistir, sem dar novos passos no sentido de uma ordem econômica e social plenamente justa e humana".[9] Em contrapartida, o político mineiro não considerava o comunismo alternativa viável. Sobre o tema, escreveu o seguinte a respeito: "o comunismo não resiste a uma certa plurificação, não só na doutrina (...) como também na organização política".[10]

É esse Gustavo Capanema que, em 1964, percebeu o golpe civil-militar como a única alternativa conciliatória entre os radicalismos que estavam ganhando musculatura no debate político, sobretudo com a personalidade de João Goulart, que, ao mesmo tempo que cedia e fazia mais concessões, tentava ganhar mais tempo e mais poder.

O apoio de Gustavo Capanema não aconteceu em voz alta. De forma bastante curiosa, seu nome não é listado como um dos políticos que se omitiram ou dos que endossaram o golpe. Tal como aparece nos relatos históricos, Capanema é como um dos parlamentares que a tudo assistiram "bestializados", sem ter necessariamente ideia do que estava por vir. Talvez o político mineiro não seja citado nominalmente entre os apoiadores em virtude de sua contribuição à causa da cultura em outros momentos — nesse caso, foi poupado pela narrativa histórica que se consolidou acerca desse período e mesmo da ditadura de Vargas, que, no mais das vezes, passa esquecida pelas lembranças históricas do país no século XX. Em outras palavras, seu nome não figura entre os conspiradores, e sua personalidade como um político ligado ao setor da cultura é considerada até mesmo entre os grupos que atualmente identificam quais foram os políticos que endossaram o golpe.

Seja como for, ou porque apoiava ideologicamente a causa do golpe, ou porque sua carreira política já estava consolidada, Capanema esteve ao lado do movimento civil-militar que derrubou o presidente da República. E, de fato, sua postura pode até ter sido discreta, mas os escrúpulos que fizeram com que ele registrasse a sua posição não deixam dúvida do que ele fez.

Quando se observa a sua trajetória em perspectiva mais abrangente, nota-se que, sempre que viu sua posição ameaçada, o seu instinto de sobrevivência falava mais alto. Foi assim que aconteceu, por exemplo, em 1937, por ocasião do Estado Novo. Ali também Capanema buscou justificar que um bem maior estava em jogo — "um imperativo de salvação nacional", defendeu o político mineiro.

Já em 1964, talvez fosse preciso apresentar uma justificativa ou explicação possível que estivesse relacionada à necessidade de manter o poder e de ter meios para influir no dia seguinte da vida política nacional. Novamente recorrendo a seus pensamentos esparsos, conforme registrado em seu livro: "a política é a arte de conquistar e conservar o poder".[11] Em 1964, sua decisão também foi guiada por esse princípio. Ou, ainda, conforme depoimento concedido ao jornalista Carlos Castello Branco: "Se a deposição do Jango é o caos, então viva o caos."[12]

Em 31 de março de 1964, comandadas pelo general Olímpio Mourão, as tropas do exército saíram de Minas Gerais para derrubar João Goulart. Anos depois daquele dia, uma carta da poeta americana Elizabeth Bishop foi revelada. À época residente no Brasil, a correspondente assim registrou: "foi uma revolução rápida e bonita, debaixo de chuva".[13] Como captura o documentário *O dia que durou 21 anos*, de Camilo Tavares (tomando como base, entre outros, o depoimento dos historiadores Carlos Fico e James Green), não houve resistência armada da parte de Jango porque o presidente não queria derramamento de sangue. Quando as tropas alcançaram o Rio de Janeiro, não havia nenhuma guarnição ou destacamento para sustentar o governo João Goulart, que, conforme anotaram alguns historiadores, tinha razão para tanta prudência: a Operação Brother Sam[14] não precisou ser ativada, mas havia a possibilidade de enfrentamento com arsenal e apoio oriundos dos Estados Unidos.

A notícia chegou rápido no Congresso, em parte porque Jango também passou para a história como o primeiro presidente que, diante de um golpe de Estado, voou para a capital federal. Em Brasília, Jango ficou pouco tempo e logo seguiu para o Rio Grande do Sul, para depois partir para o exílio no Uruguai. Só retornaria ao país em 1979, morto. Ainda no Congresso, ecoaria a voz do presidente da Câmara, que declarou vaga a Presidência da República. O Brasil estava em transe, mas havia uma urgência por ordem que forçava o sistema político a encarar essas mudanças como necessárias para a estabilidade do país. Os meios de comunicação clamavam por "basta" alguns dias antes. Com o golpe já em marcha, alguns jornalistas começaram a demonstrar certa apreensão.

Como outros políticos que endossaram o golpe, para Capanema o motivo de preocupação em breve se tornou algo imediato. Mesmo na "ditadura envergonhada" que se transformou o Brasil pós-1964 e anterior a 1968, nada mais era como antes. Todos pareciam caminhar sobre uma fina camada de gelo.

* * *

O golpe de 1964, que fez o Brasil mergulhar em 21 anos de arbítrio, nem sempre teve esse repúdio geral e irrestrito por parte dos políticos e dos formadores de opinião. Houve, sim, quem chamasse o golpe de "a revolução redentora" — e se mesmo hoje é possível encontrar menção ao golpe dessa forma, não é certo que a história do período encontrou um tom adequado para reportar aqueles eventos. De qualquer maneira, com o objetivo de acabar com o clima de insegurança e instabilidade, muitos franquearam o seu apoio ao movimento civil-militar que tirou Jango do poder. A despeito de um primeiro instante de euforia, o golpe provocaria um impacto muito grande e de forma não prevista. Capanema que o diga. Longe de ser um subversivo, ele também foi afetado pelas consequências de 1964.

17

Consequências inesperadas

"A política é o terreno do inesperado", anotou Gustavo Capanema.[1] Em certa medida, essas palavras do político mineiro, extraídas do seu livro de aforismos, revelam, também, um tanto do dilema de governar um país sob o uso da força. Ainda que a política seja relevante nesse contexto, os mecanismos de governança ganham um aditivo pouco auspicioso para os defensores da democracia. O interessante aqui é que o golpe de 1964, que contou com apoio de diversas fatias da sociedade brasileira, foi interpretado como medida necessária para que o pior fosse evitado — no caso, uma revolução comunista que estaria a caminho. Nesse sentido, as forças que se empenharam em fazer com que o movimento fosse levado adiante nutriam grandes esperanças com o que estava por acontecer. Talvez por essa razão, não contavam com a frustração que sobreveio nos anos seguintes.

Em um primeiro momento, a ditadura militar buscou restabelecer um sentido de ordem, ou, como analisam Carlos Guilherme da Mota e Adriana Lopez,[2] um sentido de "segurança e desenvolvimento", reproduzindo as palavras-chave que sobrepunham o lema ordem e progresso. Tão ou mais importante do que isso, é fundamental registrar o que passou a fazer parte da política nacional: a decretação dos atos institucionais. O primeiro deles começou a vigorar em 9 de abril de 1964, pouco mais de uma semana após a chegada dos militares ao poder.

Esse instrumento tornou-se peça-chave para que o arcabouço jurídico da ditadura passasse a figurar com mais efetividade. Novamente de acordo com Carlos Guilherme da Mota e Adriana Lopez, tais atos representavam a tentativa de oferecer uma resposta aos abalos da ordem republicana. Uma abordagem que visava conter a mobilização política dos movimentos sociais.

* * *

Perguntado pelo general Olímpio Mourão o motivo que o faria não endossar a participação no movimento que derrubou João Goulart, Ernani do Amaral Peixoto foi taxativo: "Olhe, Mourão, você sabe como começa uma revolução, mas não sabe como acaba. Em 1930, eu vi o que se passou, a luta que foi para voltar à normalidade. Agora, não sei quando vamos voltar."[3] De acordo com Amaral Peixoto, esse diálogo se deu no momento em que Castelo Branco tomava posse. O depoimento de Amaral Peixoto só não é mais premonitório do que a reação de Mourão Filho. "O senhor tem razão, porque este que está aí [Castelo Branco] vai querer, e os senhores vão precisar de mim para tirá-lo."[4]

Não só os grupos que mantinham alguma proximidade com o poder — como o PSD — percebiam que o caldo da redentora apresentava um mau começo. Também Carlos Lacerda, conforme se lê em seu depoimento, demonstrava um certo desconforto inicial com a Presidência de Castelo Branco, uma vez que o político tentava obter do presidente militar uma espécie de compromisso, algo na linha: que o governo de Castelo tivesse um prazo determinado para terminar — a saber, nas eleições de 1965. Lacerda revela ter feito uma ressalva a Castelo Branco nesse sentido. Como certa feita disse Samuel Johnson, era o triunfo da esperança sobre a experiência.

* * *

O Ato Institucional nº 1, que deveria ser o primeiro e único, foi assinado por Francisco Campos, o mentor intelectual de Gustavo Capanema. Conforme relata Elio Gaspari: "Campos deu-lhe a introdução, verdadeiro cérebro, articulando o argumento da subversão jacobina que o quartel general buscava fazia vários dias."[5] A escolha não era aleatória, uma vez que fora Campos o autor de outra peça de igual teor autoritário: a Constituição de 1937.

Com o Ato Institucional nº 1, o Congresso via o seu poder reduzido, de modo que, a partir de então, o Executivo tinha muito mais força na balança de poderes. De quebra, a medida estabelecia um precedente perigoso, haja vista o Congresso, a casa das leis, ter perdido a voz ativa no tocante aos debates políticos e à participação de vozes contrárias nos atos do governo. Embora envergonhada, segundo o batismo dado por Elio Gaspari, a ditadura já mostrava seus dentes. Enquanto isso, a vida e os costumes políticos tentavam se adaptar.

José Augusto Ribeiro, autor de *Tancredo Neves*: a noite do destino, observa que o "Ato Institucional nº 1 foi o menos pior dos nada menos de dezessete atos decretados entre 1964 e 1969".[6] O apontamento de Ribeiro não é aleatório: a despeito de ser fruto da lavra de Chico Ciência, o texto do Ato Institucional nº 1 confirmava a realização das eleições presidenciais para 1965. Foi por esse exato motivo que boa parte do PSD ofereceu apoio ao projeto de Castelo Branco.

Em 11 de abril de 1964, um sábado, o Congresso se reunia para eleger oficialmente o primeiro presidente miliar que ocuparia o lugar de Jango no poder. Até aquele momento, a ditadura ainda não era o monstro que viria a se tornar depois. Talvez por esse motivo, somente Tancredo Neves e Oliveira Britto, deputado da Bahia e ex-ministro de Jango, se abstiveram da votação — conforme as regras estabelecidas à época, apenas os líderes do partido poderiam se manifestar. Entre os votantes em favor do presidente Castelo Branco estava o ex-presidente e agora senador Juscelino Kubitschek. Não levaria muito tempo para o PSD se arrepender de tomar aquele posicionamento.

Como recorda Amaral Peixoto, embora o presidente Castelo Branco contasse com apoio do PSD e de outros partidos nos primeiros dias de seu governo, era certo que o grupo militar que passava a ocupar o Palácio da Alvorada também tinha um projeto de poder — e isso ficava cada vez mais evidente, à medida que Castelo Branco já se acomodava na cadeira presidencial.

É curioso observar, de acordo com revelação de Amaral Peixoto, que, mesmo antes da eleição: "lá pelo dia 5 de abril, o senador Paulo Sarasate, que era conterrâneo do Castelo e muito seu amigo, me telefonou perguntando se eu receberia o Castelo, que era possivelmente o candidato das Forças Armadas à Presidência da República, mas ia precisar de apoio político".[7]

Em que pese tudo isso, um dia antes da votação foi divulgada a primeira lista de cassações de políticos, entre os quais estavam os ex-presidentes Jânio Quadros e João Goulart. Eles não seriam os únicos do primeiro escalão a sofrer com o avanço dos militares. Em junho, foi a vez de JK, o mesmo que franqueou seu apoio ao golpe. Em um desses movimentos inexplicáveis para o espectador comum, chama a atenção o fato de que, com essas cassações, os partidos continuassem ao redor de Castelo Branco, em certa medida concedendo legitimidade constitucional para o que se apresentaria como um estado de exceção.

Nos Anais da Câmara dos Deputados, data de 12 de abril de 1964, consta a lista completa de quem votou em Castelo Branco e de quem se opôs, pedindo abstenção. O deputado Gustavo Capanema esteve presente naquela sessão extraordinária e, tendo sido chamado para votar, não demonstrou nenhuma hesitação: seu voto foi para Castelo Branco. Essa não seria a única vez que ele se envolveria diretamente com os militares no poder.

Em maio de 1964, o político mineiro atuava no sentido de prosseguir com a agenda de reforma administrativa, como relata Carlos Castello Branco. Os textos do jornalista no período ajudam a identificar, aliás, as várias frentes em que Capanema estava envolvido, e aqui é possível destacar a estratégia de sua sobrevivência como político em um momento em que o clima já se mostrava hostil à classe política tradicional, da qual ele era um dos principais representantes.

Desse modo, é notável a intensa articulação que Capanema manteve para tornar possível um processo de conciliação entre os militares e o Congresso, fazendo, claro, com que a balança do poder estivesse do seu lado. Assim, embora Capanema tenha admitido que a posição do PSD tornava-se extremamente fragilizada com a cassação do mandato do senador Juscelino Kubitschek, ressaltando que o partido poderia ficar em situação humilhante perante a opinião pública, ele chegou mesmo a cogitar a possibilidade de outros partidos também terem seus virtuais candidatos à Presidência proscritos, pois só assim a face do PSD estaria coberta.

Para aiém dessa elaboração sobre o status do partido em um momento de exceção, em outras oportunidades Capanema reforçou seu interesse em se manter na órbita do poder, afirmando, por exemplo, que, a despeito da cassação de Juscelino, o PSD não deveria se precipitar e romper com o governo. Mais uma vez de acordo com a coluna de Carlos Castello Branco:

CAPANEMA

Considera Capanema que seu partido é a chave da estabilidade da situação e, se se precipitar em uma atitude oposicionista, isso poderia significar o fim do regime. Será preciso, portanto, que o PSD continue a cooperar para salvar a si próprio, salvar o regime e salvar inclusive os mandatos udenistas.[8]

Para Capanema, a conciliação não apenas era possível, como também havia bibliografia em uma conjuntura como a francesa, uma vez que aquele sistema oferecia uma solução em que o poder do presidente da República convivia com um aparato político composto de ministros com influência. Nas palavras de Carlos Castello Branco:

O parlamentarismo torna apenas decorativa a pessoa do chefe de Estado, enquanto a solução francesa presidencialista mantém com o presidente da República o primado político e administrativo em face do Conselho de Ministros, o que lhe parece a fórmula adequada para revitalizar o sistema presidencialista e torná-lo instrumento de uma política e de uma administração eficientes.[9]

Se, por um lado, Gustavo Capanema não estava fazendo nada de diferente quando se compara essa atuação com outros momentos de tensão e de disputa da política nacional, como 1946, 1955 e 1961, também é correto assinalar que agora se tratava de um contexto totalmente distinto. E o próprio Capanema perceberia isso, quando, no início de 1965, o presidente da República atuou pessoalmente no sentido de tirar do PSD a presidência da Câmara. Como observou Amaral Peixoto, era visível que o presidente não queria ninguém do PSD na função. "O nosso candidato era o Mazzilli",[10] disse Amaral Peixoto. Enquanto isso, o presidente optava por dividir o partido mais forte da política nacional nos estados. E para refrear a candidatura nacional de Mazzilli, o governo chegou mesmo a ventilar o nome de Gustavo Capanema como possível candidato do governo. O trecho a seguir, do jornalista Carlos Castello Branco, é indicativo nessa direção:

Os homens que têm o comando político do PSD começam a se inteirar de que o sistema revolucionário considera intolerável a recondução do sr. Ranieri Mazzilli à presidência da Câmara e de que seria vista com bons olhos a escolha do Sr. Gustavo Capanema para esse posto.[11]

Qual foi a posição de Capanema? Amaral Peixoto revela que o político mineiro também recusou, apoiando Mazzilli.

> Os mineiros então lançaram o Ovídio de Abreu, mas aí foi o Castelo que não quis aceitar. Assim, com a UDN e os partidos menores que apoiavam o governo, mais uma parte do PSD, eles elegeram Bilac Pinto presidente da Câmara.[12]

Se era tão a favor de uma espécie de conciliação para a manutenção do PSD, em particular, e do *establishment* político, em geral, por qual motivo Capanema não se rendeu à sondagem do governo? Não existe uma resposta definitiva e oficial a respeito. Todavia, sobram algumas hipóteses, e a principal delas tem a ver com o fato de que Capanema era preferido pelos políticos que estavam no poder, enquanto Ovídio Abreu era o nome favorito dos militares. A candidatura de Capanema estava mais afeita ao campo de interesses do núcleo político que desejava manter as rédeas do poder, imaginando conseguir controlar os rumos da sucessão presidencial que ainda estava no horizonte. A chegada de Bilac Pinto à presidência na Câmara, por sua vez, era um sinal a mais de que os militares não queriam compartilhar o poder com qualquer que fosse o ator político. Nesse sentido, ao dinamitar a aliança PSD-UDN, forjada antes mesmo do movimento de 31 de março de 1964 para dar garantias de sobrevivência e de relevância ao partido, os militares abocanhavam um naco maior do poder. Nada mal em termos de desempenho quando se recorda que o objetivo primeiro era somente evitar que o comunismo se tornasse uma realidade no país.

No entanto, não era apenas no contexto político-institucional que a ditadura militar mostrava o seu apetite pelo poder. Isso também era visível quando se observa a ação incisiva do Estado junto à sociedade civil. A face mais conhecida dessa história é a repressão política que aconteceu durante os 21 anos da ditadura militar. No livro *A ditadura escancarada*, Elio Gaspari observa que a tortura foi uma espécie de termômetro para indicar a situação do país. Dessa forma, embora a atuação do Congresso tentasse oferecer uma sensação de normalidade institucional, o regime de exceção avançava e tomava gosto pelo poder, como se tivesse havia tempos esperando pela oportunidade que apareceu em março de 1964.

Seria razoável considerar que Gustavo Capanema, do ponto de vista ideológico, não necessariamente aceitava "de porteira fechada" todas as decisões relativas à forma de administrar o país de modo discricionário, haja vista não poder lançar mão de um de seus recursos mais caros, que é a estratégia da conciliação, do diálogo, da política fundamentada na conversa com correligionários e adversários, orientando-se sempre em conformidade com as linhas-mestras de sua agremiação partidária, ou em defesa de alguma de suas bandeiras políticas. No contexto da "ditadura envergonhada", talvez seja igualmente plausível assinalar que Capanema pertencia àquele grupo de políticos que, entre o conservador e o reacionário, se manteve afastado das mobilizações contrárias ao regime por entender que se tratava de um desvio de rota necessário para corrigir os rumos políticos e apoiar as tensões sociais no país.

Muitos anos depois, em entrevista, Maria da Glória Capanema se recordaria daquele tempo conturbado, que, conforme imagem que se consolidou a respeito daquele período, seria marcado por "chuvas e trovoadas". Em que pese o fato de que o depoimento a seguir possa ser interpretado como defesa de um político que aderiu ao golpe de 1964, é preciso levar em conta que se trata de um raciocínio que era parte da mentalidade daquela época:

> As coisas não estavam bem. Havia uma ameaça comunista muito grande e aí veio uma revolução. Essa revolução foi dos civis, porque encabeçavam a revolução os governadores de Minas Gerais, do Rio de Janeiro e de São Paulo. Foi uma revolução séria e vitoriosa pelo lado democrático, digamos assim. E os militares assumiram o poder. Quer dizer, todo mundo queria a democracia sólida. Mas ninguém imaginava que os militares fossem permanecer.[13]

Nas lembranças de Maria da Glória, em um primeiro momento, havia a sensação de que os militares não queriam permanecer no poder. Para a filha de Gustavo Capanema, a maior evidência de que os militares, em um instante inicial, não almejavam se perpetuar tem a ver tanto com o presidente Castelo Branco como Costa e Silva buscarem diálogo com os civis. E é aqui que Gustavo Capanema pode ser inserido na conversa como sendo um interlocutor presente no Brasil pós-1964. "Tanto Castelo Branco quanto Costa e Silva sondaram papai. Só que ele decidiu se manter cordialmente discreto"[14], diz Maria da Glória.

Se tomarmos como base o ex-ministro da Educação e Saúde e ex-líder da maioria do PSD, agora já experiente, agindo conforme um cálculo porque não queria se envolver com esta ou aquela agenda, tem-se, então, uma percepção que está bastante afinada com sua trajetória política: a de tentar permanecer como esfinge, de não ser decifrado e, com isso, ter a oportunidade de dar a volta em quem quisesse escanteá-lo do poder. Foi graças a essa estratégia, de se mover com ligeireza em um território hostil, que Capanema conseguiria atravessar momentos tão distintos e ao mesmo tempo tão decisivos da vida pública brasileira. Quase tão relevante quanto a constatação de que ele sobreviveu é o dado igualmente revelador que Capanema se reinventou em todos os casos anteriores. Pode-se imaginar, assim, que na ditadura militar ele tentaria o mesmo estratagema. Só estava sondando o ambiente enquanto as peças eram colocadas no tabuleiro. Além disso, teria que superar outro desafio inesperado: a fragilidade de suas condições de saúde.

* * *

Desde a infância, Gustavo Capanema sempre foi muito magro. Na época em que ainda brincava com os irmãos em Pitangui, os cuidados com a saúde se resumiam a evitar que os filhos morressem logo depois do nascimento. Capanema, como já foi dito, recebeu o nome de batismo que seria originalmente para o seu irmão que não sobreviveu, falecido ainda na primeira infância. Apesar de ter superado esse primeiro desafio com vida, sua saúde estava longe de inspirar confiança. Pelo contrário. Com base nos arquivos do CPDoc, é possível encontrar recibos e mais recibos de suas compras na farmácia, o que sugere um tanto da sua fragilidade. Além disso, ficou calvo antes mesmo dos 30 anos, o que pode ser decorrente tanto de sua hereditariedade como consequência de seu temperamento, que, rígido, jamais demonstrava nenhum indício de tensão ou descontrole, não importando o tamanho da crise que estava enfrentando.

Ao longo de sua trajetória de homem público, não foram poucas as vezes que ele foi satirizado, atacado, provocado e fustigado por adversários e também por correligionários, naquele que pode ser entendido como um movimento natural de quem está no cenário no qual poder e política se articulam. Dito de outra forma, Capanema não deixava de sentir, mas, em uma posição olímpica, não reclamava publicamente. Em vez disso, procurava parecer sólido e inabalável, ainda que intimamente não se conformasse com algumas das críticas e dos ataques que recebia.

CAPANEMA   331

Novamente de acordo com as anotações disponíveis no arquivo do CPDoc, Capanema mantinha discordâncias e opiniões fortes com personalidades que, publicamente, mantinha uma relação cordial. É o caso do escritor Gilberto Amado, cujo comportamento certa vez desapontou Capanema. Eis outra característica da sua personalidade: buscar manter seu juízo de valor, quando negativo sobre alguém, para si próprio. De certa maneira, ele buscava se manter fiel a um de seus aforismos: "Não praticar nenhum ato, nem dizer palavra nenhuma sem antes ter medido as consequências dessa palavra ou desse ato: haverá hábil político capaz dessa constante proeza?",[15] Capanema pergunta. Pode-se ler o aforismo como uma pergunta retórica, pois, de certa maneira, Capanema foi um hábil político no sentido de evitar arrependimento por não medir as consequências. Acima de tudo, ele sabia ser político, ou seja, sempre considerou que as circunstâncias são passageiras e que a conversa ainda era uma boa estratégia para tentar domesticar o poder.

Esse mesmo político que parece estar no comando de tudo também teve seu dia de caça. E não foi uma derrota política que o fez ficar baqueado. Antes, sua saúde passou a ser o motivo de preocupação da família por causa de um derrame sofrido em 1965.

Quem conta a história é Maria da Glória Capanema, a filha, que, naquela época, havia acabado de se casar com José Carlos Guerra.

> Pouco depois do meu casamento, o meu sogro falecia, e eu estava aqui no Rio de Janeiro. Eu tinha vindo de Brasília para o Rio de Janeiro e, naquela altura dos acontecimentos, já não ia dar tempo de ver a missa e tal. Mas papai sentiu a obrigação de ir, também. Só que ele não andava muito bem de saúde.[16]

Segundo relata Maria da Glória, o que vai a seguir é uma história que ficou escondida do próprio Capanema:

> O porteiro do prédio levou meu pai para o hospital Samaritano, onde clinicavam os grandes especialistas do Rio de Janeiro. Papai foi diagnosticado com um pequeno derrame, mas que não deixou sequelas.[17]

Maria da Glória revela que, para preservar Gustavo Capanema, Maria Massot não deixou que os médicos contassem ao marido que se tratava de um derrame. A justificativa para esconder essa informação oferece nova oportunidade de se conhecer um pouco mais a respeito da personalidade de Gustavo Capanema. Embora fosse um homem bastante intelectualizado, Capanema tinha um medo verdadeiro de hospital: "Ele tinha medo de doenças. Então, minha mãe pediu aos médicos para que não informassem o que ele teve. Pediu que os médicos inventassem um mal súbito qualquer."[18] O ex-titular da pasta de Educação e Saúde do governo Vargas, político de alta estima, jamais saberia o que acontecera naqueles idos de 1965.

> Era muito engraçado, porque os médicos inventaram um nome clínico complicado, imponente, que provocava uma espécie de desmaio ou qualquer coisa assim. Acreditando nas palavras dos médicos, papai contava o que tinha acontecido com ele para as outras pessoas, que, por sua vez, achavam muito estranho um diagnóstico novo daquele. Quanto à verdade, papai nunca soube.[19]

Como resultado prático do susto do pequeno derrame, Gustavo Capanema, com 1,77 metro de altura e sempre muito magro, passou a ser cobrado por Maria Massot para manter algum tipo de atividade física. "Tu não andas. Tem que andar!", ela exigia. Mas o fato é que Capanema só passou a caminhar por necessidade médica, muitos anos depois desse episódio.

Em meados da década de 1960, pode-se afirmar que o deputado mantinha a rotina das pessoas de sua geração. "Às 23 horas, todos estávamos dormindo, porque o dia começava bem cedo", recorda Maria da Glória,[20] que desde os primeiros anos de vida compartilhou com o pai essa afinidade para com o universo das artes, para além da "vocação" para acordar cedo. A história a seguir é bastante ilustrativa nesse sentido:

> Papai recebia umas revistas francesas muito bonitas, e uma delas se chamava *Verve*. Era uma publicação que trazia muita coisa dos artistas novos, gente que estava aparecendo e cujo trabalho estava sendo reconhecido. Então, ele me mostrava aquelas imagens, e eu comecei a perceber os estilos todos desses artistas. Houve um dia de manhã que a revista tinha chegado. Daí, ele me mostrou uma natureza-morta. Naquele momento, eu estava com sono, porque tinha acabado de acordar. "O que é isso?", ele me perguntou. E eu respondi: "Ah, papai, é Cezanne, não é?" Daí ele saiu pelo corredor e disse: "Maria, olha só, Maria da Glória é matinal, já acorda espertinha!"[21]

A relação de Capanema com a filha contava com outro laço de afetividade, haja vista Maria da Glória ter se casado com um político, o já citado José Carlos Guerra, que, nas eleições de 1962, se elegeu por Pernambuco. Como personalidade política importante da vida pública local, o pai de José Carlos Guerra, Pio Guerra, havia sido deputado federal entre 1955 e 1959, tendo mantido relevante influência política em seu estado mesmo depois de concluído o seu mandato. Maria da Glória reconhece os ganhos dessa influência, uma vez que José Carlos tão logo se formou em direito se elegeu deputado federal.

Acontece que José Carlos Guerra chegou à Câmara dos Deputados pela UDN, partido que às vésperas de 1964 esteve totalmente envolvido com as conspirações golpistas. Àquela época, no entanto, ele sequer poderia imaginar que o pior estava por vir, justamente com ele, que desde o seu primeiro mandato como deputado federal integrou a Comissão de Economia da Câmara dos Deputados. Em tese, ele estava do lado seguro em relação ao movimento de 1964, exatamente porque quando se instalou o bipartidarismo no país, a partir do Ato Institucional nº 2, Guerra esteve alinhado com a Arena, o partido da ditadura. Aliás, ele não seria o único a compor com os militares. Em mais um movimento que deixa claro o seu instinto de sobrevivência em primeiro lugar, Gustavo Capanema também fez uma escolha aparentemente segura: aliou-se ao partido que sustentaria as ações dos militares no poder.

Sempre quando a conversação remete a Gustavo Capanema, é corriqueiro observar que seu nome provoca poucas reservas. Isto é, no fluxo intenso de paixões que mobilizaram — e ainda mobilizam a política brasileira —, Capanema é um tipo de contraexemplo. Afinal, embora estivesse operando nas sombras, ele se mantinha como um símbolo de conduta irreprochável. Como já dito, ele foi uma figura política dos escaninhos do poder ao mesmo tempo que se tornava uma referência graças ao seu repertório intelectual e ampla cultura dos mecanismos internos da Constituição.

No fundo, talvez esse tenha sido o estopim para que ele tenha aceitado com convicção fazer parte do condomínio político da ditadura militar. Dito de outro modo, a despeito de sua trajetória política — que no início esteve associada ao governo de Getúlio Vargas, mas transgrediu com as regras ao acatar o Estado Novo —; em que pese o fato de, em 1946, ele ter exercido a liderança nos trabalhos da Constituinte; assim como, na segunda vinda de Vargas, ele tenha ocupado o posto de líder da maioria; ou embora tenha exercido um papel decisivo na posse de JK e de Jango, chegando a ser cogitado — inclusive — como possível primeiro-ministro, Capanema parece não ter hesitado em permanecer como parlamentar em um período de exceção das liberdades um tanto por convicção e mais um pouco por necessidade de sobrevivência. Animal político legítimo, talvez sua personalidade reservada por vezes possa ter dado a entender que foi um político acidental, que não gostaria de estar ali, já que sua verdadeira vocação teria sido a literatura ou a advocacia. Diferentemente desse bom juízo a seu respeito, ele teve na política o encontro verdadeiro de sua vocação, que era ter o poder de influenciar e de controlar a cena pública por cima, nem que para isso tivesse de compactuar com o partido que defendia um estado de exceção.

Ocorre que, mesmo integrando o núcleo duro que sustentaria o aparato da ditadura militar, nem José Carlos Guerra nem Gustavo Capanema estavam livres dos tentáculos da ditadura e de suas consequências inesperadas. Ainda que em menor escala, se comparados aos políticos da oposição ou àqueles que gritaram golpe logo no início, Capanema e o genro foram, sim, afetados pelo agravamento das condições políticas no país. De algum modo, foi o que aconteceu com outros políticos que ousaram cruzar o Rubicão ao fazer uma espécie de pacto fáustico com os militares. Não imaginavam que mais do que cedo o julgamento final lhes alcançaria sem misericórdia.

Se fosse possível traçar uma espécie de paralelo entre os políticos que, com histórica trajetória democrática, se envolveram com o estado de exceção em 1964 a fim de tentar domar o poder, seria possível encontrar uma espécie de denominador comum, a saber: a curto ou médio prazo, houve choro e ranger de dentes para aqueles que compactuaram com os militares.

E o primeiro exemplo que dá força a essa linha de interpretação pode ser vislumbrado com Carlos Lacerda, o demolidor de presidentes. Existia em seu íntimo o desejo de ocupar a Presidência da República. Pode-se dizer que se tratava de um plano claro e objetivo de não apenas concorrer como candidato em 1965, mas de efetivamente ser eleito, galvanizando o sentimento daqueles que se posicionaram contra o governo de João Goulart. Nem bem o governo Castelo Branco havia começado, e as trombadas já eram tantas que, vendo a distância, parecia que o jantar das consequências era uma questão de tempo. A primeira decepção veio em 1965, quando viu sua ambição de poder ter suas asas cortadas; e o destino final seria selado em 1968, quando veio o AI-5. Muitos e muitos anos depois, em uma crônica intitulada "Convém não esquecer",[22] Otto Lara Resende registra o que significou o AI-5 para Carlos Lacerda: "Ele achava que ia ser preso. E foi."

De modo semelhante, Juscelino Kubitschek, presidente cuja popularidade era bastante alta nos idos dos anos 1960. A seu favor, contava a sensação de que, durante a sua administração, o Brasil viveu um sonho possível, de crescimento, de desenvolvimento e de inserção internacional. É bem verdade que muitos de seus críticos observam que JK ambicionava retornar ao poder mesmo antes de deixar a Presidência da República, quando ofereceu um apoio envergonhado ao marechal Henrique Lott. Seja como for, em 1964, pelo PSD, endossou a destituição de Jango. Meses depois, foi um dos primeiros políticos do alto escalão a ser cassado. Os militares o consideravam uma ameaça, e o ex-presidente ficaria marcado, apesar do apoio político que lhes ofereceu.

De sua parte, José Carlos Guerra não teve a mesma atuação que Lacerda e JK no tocante ao movimento civil-militar que desembocou na ditadura. Todavia, à medida que o cenário político se agravava, José Carlos Guerra faria parte da articulação que, a partir de 1966, estabeleceu como agenda a proposta de redemocratização do país. Lançada em outubro de 1966, a Frente Ampla contou, além dos já citados Carlos Lacerda e Juscelino Kubitschek, com a participação de João Goulart, à época já vivendo no exílio.

Em termos políticos, a Frente Ampla representou o ponto de encontro de correntes ideológicas contrárias em torno do mesmo objetivo. Assim, se em outubro de 1966 Lacerda assinava na sua *Tribuna da Imprensa* um manifesto dirigido ao povo brasileiro em defesa das eleições livres, em novembro do mesmo ano ele e Kubitschek reforçavam na Declaração de Lisboa a disposição de trabalharem em conjunto na oposição da ditadura militar. Nos idos de 1967, a Frente Ampla alcançaria a Câmara dos Deputados, muito embora em maio do mesmo ano o deputado Renato Archer afirmava que o movimento entrara em compasso de espera, observando qual seria a reação do recém-empossado presidente Costa e Silva. Só que daí em diante as relações da Frente Ampla com o governo degringolaram de vez. E possivelmente a prova mais destacada disso tenha sido a proibição da presença de Carlos Lacerda na televisão.

Embora com pouca estima junto ao governo, a Frente Ampla se transformou em iniciativa que logo foi conquistando apoio popular. Nas cidades paulistas de Santo André, São Bernardo do Campo e São Caetano do Sul, os comícios recebiam considerável endosso da população. Com o tempo, comícios nas cidades de Londrina e Maringá reuniram mais de 15 mil pessoas, de acordo com os registros do CPDoc.

Em termos de quantidade, talvez seja correto assinalar que os números de manifestantes não eram, de fato, muito expressivos. De qualquer modo, havia o clima de instabilidade que incomodava o governo. E o começo do fim da Frente Ampla pode ter tido como gatilho a necessidade dessa fatia da oposição à Ditadura Militar ter se destacado exatamente por marcar território em relação ao governo.

Em abril de 1968, o Ministério da Justiça decidiu eliminar qualquer possibilidade de mobilização política da Frente Ampla. Por meio da Instrução nº 177, ficaria proibida a partir dali qualquer manifestação da Frente Ampla, que, por sua vez, passaria a ser considerada um movimento fora da lei. Nesse sentido, estariam enquadrados na ilegalidade os que se pronunciassem em nome do movimento.

Muito já se escreveu a propósito das causas que provocaram o fim da Frente Ampla, que, coincidência ou não, ocorreu quando a ditadura militar passou a usar a força de modo mais incisivo. Se o fim da Frente Ampla aconteceu em abril de 1968, o chamado golpe dentro do golpe, o Ato Institucional nº 5, se tornaria efetivo em 13 de dezembro daquele ano. José Carlos Guerra e, indiretamente, Gustavo Capanema nessa ocasião tiveram um encontro inesperado com as consequências imprevistas do movimento civil-militar de 1964.

É decerto impossível compreender a complexidade da ditadura militar sem levar em consideração o impacto do AI-5 para a sociedade civil. Isso porque, até então, havia ao menos um clima de normalidade em curso desde que os militares chegaram ao poder. Desse modo, o AI-5 era a manifestação oficial do governo de que não seria tolerado nenhum tipo de provocação contra as hostes militares. Para "encontrar os meios indispensáveis para a obra de reconstrução econômica, financeira e moral do país", o ato promulgado em dezembro de 1968 permitia ao presidente da República: decretar o recesso do Congresso Nacional, intervir nos estados e municípios, cassar os mandatos de parlamentares, além de suspender a garantia do *habeas corpus*.

Para José Carlos Guerra, o AI-5 representou uma derrota particular. Isso porque ele foi um dos onze deputados federais cassados até o fim daquele dezembro de 1968. De acordo com o relato de Maria da Glória Capanema, havia o temor de que algo, além disso, pudesse efetivamente acontecer depois da decretação do ato. De repente, nem todos se sentiam seguros.

O sentimento de insegurança tem a ver com um fato concreto. Aliado de Carlos Lacerda por ocasião da Frente Ampla, José Carlos Guerra chegou a ser preso, mas logo foi solto. Com o AI-5, o genro de Capanema teve o mandato cassado, mesmo tendo sido eleito para deputado federal em 1966 pela Arena. Era o mesmo partido de seu sogro, que, de acordo com Maria da Glória, não abalou a sua relação com o genro depois que este foi cassado. "Papai foi corajoso. Ele era corajoso! Então, ele não mudou em nada com o Zé Carlos",[23] recorda Maria da Glória.

Já em um depoimento concedido a Murilo Badaró, Maria da Glória aventou outra hipótese: Capanema sugerira que a cassação do mandato de José Carlos Guerra seria um ato de vingança dos militares contra ele, Capanema, por conta de sua participação no governo Vargas e por sua amizade com JK.

Ao que parece, no entanto, os militares tinham Capanema em alta conta, nutrindo pelo então parlamentar um respeito muito grande. E a prova dessa estima teria se manifestado exatamente para com seu genro, José Carlos Guerra. De acordo com Maria da Glória, foi Dario de Almeida Magalhães que um dia comentou com o próprio José Carlos Guerra: "Os militares não mexeram com você por causa do Capanema."[24]

Só a título de comparação, é possível estabelecer um paralelo com o que aconteceu com um dos netos do Marechal Lott, Nelson Lott. Conforme relata em detalhes Wagner William em *O soldado absoluto*, o neto do Marechal Lott não apenas foi preso pela ditadura militar, como também foi severamente torturado física e psicologicamente. De nada adiantou seu avô ser respeitado na esfera militar. Pelo contrário. A tortura parecia alcançá-lo exatamente por causa desse grau de parentesco. José Carlos Guerra, nesse sentido, teve "melhor sorte".

Seja como for, Capanema continuou a fazer parte da engrenagem do poder. Era como se seu senso de responsabilidade, de um lado, falasse mais alto, exigindo dele um comprometimento com os rumos do país. Por outro lado, esse mesmo senso de responsabilidade não pode ser desconectado do fator vaidade. Dito de outro modo, mesmo com seu genro sendo cassado, mesmo com as consequências mais drásticas e inesperadas da ditadura militar, Gustavo Capanema não contestou o edifício político militar do qual fazia parte. Em vez disso, desta feita à época do governo de Emílio Garrastazu Médici, Capanema foi indicado para ser o candidato ao Senado Federal por Minas Gerais. As eleições de 1970 foram mantidas no calendário eleitoral como tentativa de preservar um clima mais próximo de respeito às regras constitucionais. Como sustenta o historiador Daniel Aarão Reis, "a ditadura instaurou-se em nome da democracia e sempre se avaliou como um parêntesis no rumo da restauração democrática"[25]

Assim, enquanto o Brasil ardia com a explosão da luta armada, as eleições legislativas marcavam a ascensão definitiva da Arena ao poder. Dois terços da Câmara passaram a pertencer ao partido. Essa mesma eleição foi marcada pela "avalanche dos votos nulos" no momento mais agudo da repressão. E foi ainda nesse pleito que Capanema obteve uma votação expressiva e se tornou senador pela Arena.

Mostrando-se um animal político que não deixava escapar nenhuma oportunidade, Gustavo Capanema ficou eufórico com o resultado da votação, haja vista ter contrariado a expectativa até mesmo de alguns de seus correligionários. Último de Carvalho, que outrora havia dito que Capanema era ruim de voto, assistiu do perto à escalada do seu colega. Carvalho era o suplente de Magalhães Pinto, o outro senador da Arena eleito em Minas Gerais.

Ao comentar os resultados das eleições, Capanema não escondeu a surpresa e ainda acenou para o presidente Médici: "Ele conseguiu identificar-se com a população, exprimindo de maneira invulgar os seus anseios."[26]

Mais uma vez, Capanema acomodava-se ao poder estabelecido, e novamente em um contexto de exceção o político não abria mão de seu faro para, aos 70 anos, tentar pertencer ao quadro político da situação. Era assim que gostava de influenciar; era ali que ele poderia controlar o seu próprio destino. Só que a essa altura ele não podia saber que a década de 1970 representaria o seu derradeiro período como político.

18

Capanema sai de cena

A Aliança Renovadora Nacional, ou Arena, pode ser mais bem compreendida quando se nota quais foram os partidos que ajudaram a fomentar esse consórcio: nomes da UDN, do PSD, do PTB, do PPC e do PSP estavam reunidos no partido. É o retrato mais ou menos preciso de uma classe de políticos que foi forjada entre 1930 e 1950 e que participou da vida pública nacional entre 1945 e 1965. Com a Arena, esse grupo conseguiu permanecer no poder após o golpe de 1964, o que, de certa maneira, representava a vitória das moscas.

Sobre a Arena, existe um consenso em torno do caráter artificial do partido, tendo em vista que a agremiação não apenas se originou no contexto de exceção dentro do qual o Brasil vivia, mas, em especial, porque a Arena era uma máquina gigantesca sem estrutura, sendo, em verdade, "um agregado de correntes políticas", na definição de Lúcia Klein no livro *Legitimidade e coação no Brasil pós-1964*. Todavia, talvez seja interessante um panorama mais amplo dessa fotografia partidária. Nesse sentido, embora a Arena tenha se articulado somente em meados da década de 1960, seu arcabouço político remonta a um imaginário do eleitor que já estava patente mesmo antes do movimento de 1964.

Assim, anteriormente ao Ato Constitucional nº 2, que excluiu o sistema partidário então vigente ao mesmo tempo que estabelecia uma nova dinâmica bipartidária, havia uma expectativa, em relação às políticas e à agenda temática, devidamente não atendida pelo eleitor médio. Com a Arena, esse foi o eleitor contemplado: a partir de então, ele podia, de uma só vez, votar nos candidatos já conhecidos de outras legendas e ver algumas das pautas de seu interesse sendo abertamente defendidas pelo partido do governo.

É nessa conjuntura política daquele período que se torna possível conferir a articulação da Arena, o partido que tinha como um de seus representantes o senador Gustavo Capanema, ex-PSD.

É fato que nem todos os políticos pessedistas migraram para a Arena. Ao resgatar sua própria trajetória naquele período, Amaral Peixoto, por exemplo, observou que, durante algum tempo, seu desejo foi de não participar mais da vida pública. "Eu não queria entrar para o MDB. Aliás, eu não queria entrar para partido nenhum, queria encerrar minha vida pública. Estava profundamente desiludido, desinteressado pela política, e certo de que esses novos partidos não durariam muito. Por isso, passei um tempo afastado de tudo."[1]

A despeito desse sentimento, mais tarde, Amaral Peixoto ingressaria nas fileiras do MDB, o partido da oposição possível pós-1965. E também faria parte da mesma turma que esteve no Senado na década de 1970. Ainda conforme o seu depoimento, ele se recordaria dos momentos em que conviveu com Gustavo Capanema na câmara alta:

> No Senado, o entendimento sempre foi melhor. Eram homens que já tinham atuação política anterior, ou no mesmo partido ou em partidos diferentes, mas com certas ligações. Estava lá o Rui Santos, meu conhecido de muitos anos, udenista intransigente; estava lá o Magalhães Pinto, também udenista, mas com boas ligações comigo. Havia o Capanema, meu amigo pessoal.[2]

Embora seja efetivamente possível que Capanema tenha ficado eufórico com a eleição para o Senado pela Arena, também é correto afirmar que, para ele, a política já não merecia a mesma dedicação e o mesmo empenho de tempos passados. "Naquela época, ele já não estava muito bem, além do fato de não gostar de Brasília. Ele não escondia isso de ninguém", recorda Maria da Glória.[3] Até mesmo em um de seus aforismos, Gustavo Capanema, que não era dado a opiniões fortes em aberto, declarou a respeito da capital federal: "Amo Brasília pela sua beleza urbanística e arquitetônica e pelo que ela representa de novidade sob estes dois aspectos, mas não me acostumei a viver nessa cidade ainda tão desprovida das coisas de tempos passados."[4]

Já para José Octavio Capanema, o tio mais célebre, Gustavo, foi perdendo o sabor pela vida política. "Era a única coisa que ele sabia fazer na vida, por isso, ele ia levando, engolindo as coisas por sobrevivência. De repente, sentiu aquele desespero do engenheiro que sabia andar de locomotiva e agora a locomotiva tinha se transformado em avião",[5] compara.

José Octavio também faz uma observação que ajuda a entender a tática de Capanema para depois do golpe de 1964: tornar-se inofensivo.

> Eu notava um deslocamento dele, porque os valores da política mudaram totalmente, e os valores que ele representava foram depreciados. Quer dizer, antes de 1964, o Gustavo tinha imprensa, tinha apoio, tinha incentivo para ser brilhante. Uma frase bonita que ele dissesse, um pensamento, repercutia. Depois de 1964, ele se limitou a ser inofensivo. Ou seja, ele sobrevivia porque não era subversivo.[6]

O termo "subversivo" está relacionado não apenas à prática revolucionária em si, que, no início dos anos 1970, havia ganhado o Brasil profundo com o avanço e o crescimento da luta armada nos grotões do país. Para ser subversivo naquela conjuntura, bastava que o seu posicionamento político não estivesse de acordo com o esperado. Era dessa forma que ele conseguia navegar em águas turvas, mesmo que para isso tivesse de perder um tanto do brilho e do destaque de outras épocas. Desse modo, ainda conforme José Octavio, Gustavo Capanema adotou o comportamento de um prisioneiro, contrastando com outras figuras de vulto naquele período: "Ele não tinha o charme de Sobral Pinto. Depois de 1964, Gustavo Capanema era um preso de bom comportamento no grande presídio que o Brasil virou na ditadura militar. Ao passo que Sobral Pinto, por sua vez, não agia assim. É claro que eu me identificava muito mais com o Sobral Pinto do que com o meu tio", ressalta José Octavio.[7]

A trajetória de Heráclito Fontoura Sobral Pinto, ou apenas Sobral Pinto, é exemplar a título de comparação e destaque durante os turbulentos anos da ditadura militar no Brasil. Nascido em Barbacena, Minas Gerais, Sobral

Pinto foi um defensor incansável dos direitos humanos mesmo antes de esta pauta se tornar uma causa exclusiva de determinados grupos partidários. Católico fervoroso e homem de seu tempo, alimentava um anticomunismo atávico e irreversível, o que não o impediu de defender comunistas do porte de Harry Berger e Luiz Carlos Prestes diante do Tribunal de Segurança Nacional ainda nos idos de 1937. A propósito, sua linha de defesa no caso de Harry Berger merece análise até hoje nos cursos de Direito do país, haja vista o advogado ter feito com que o governo adotasse a aplicação do artigo 14 da Lei de Proteção dos Animais.

Anos depois, já em 1950, teve atuação destacada ao defender o cumprimento da Constituição para que JK pudesse tomar posse. Também nesse caso, tratava-se de uma posição que contrastava com a sua opinião política, haja vista Sobral discordar de JK como candidato. No contexto de 1964, Sobral Pinto apoiou o movimento que destituiu Jango da Presidência da República em função de seu anticomunismo. Quando se deu conta da posição antidemocrática dos militares, não hesitou em mudar de ideia. Para os militares, era subversão, de modo que no dia seguinte ao anúncio do AI-5, em 1968, com 75 anos, foi preso. Algumas décadas depois, Sobral Pinto seria definitivamente reconhecido por seu posicionamento firme e sem margem para nenhum tipo de negociação no tocante aos princípios democráticos. É, sem dúvida alguma, um capítulo à parte em relação à luta pela restituição da democracia no país, status que Gustavo Capanema jamais teve, ainda que intimamente discordasse dos rumos dos governos militares. Em comparação, Gustavo Capanema jamais foi preso, preferindo se manter no poder mesmo que estivesse do lado oposto do ponto de vista dos valores que defendia. Pode-se afirmar que Capanema pagou um preço muito alto tendo em vista que, à medida que o tempo passava, foi perdendo o prazer pela política — e até mesmo porque os atores, o cenário e o país já não eram os mesmos com os quais ele se habituara em décadas anteriores.

* * *

O senador Gustavo Capanema não tem nenhuma intenção de escrever memórias. Sua intenção atual é exclusivamente a de ser senador, colocando todas as suas horas a serviço dos objetivos que definiu ao pleitear o mandato — objetivos mineiros e objetivos nacionais. "O que quero", insistiu ele, "é exercer o meu mandato. Vou ainda trabalhar e se houver algo a contar sobre o que eu fiz que outros contem. Viver, para mim, é fazer a vida e não fazer memórias.[8]

A nota acima foi publicada na coluna do jornalista Carlos Castello Branco e, de certa maneira, oferecia ao público leitor do *Jornal do Brasil* um pouco do estado de espírito de Gustavo Capanema a propósito do mandato que acabara de se iniciar.

Ainda em 1971, o senador se viu incumbido pela Arena para avaliar a viabilidade de mudança no sistema de representação. O argumento dos parlamentares à época salientava que o modelo então vigente não dava conta de garantir a estabilidade política necessária para o país. Entrava em cena mais uma discussão sobre a reforma política.

Para Capanema, o modelo ideal era o sistema testado na Alemanha. *Grosso modo*, a proposta entendia que o método mais adequado era aquele que respeitava o princípio da representação proporcional, segundo o qual o eleitor tinha direito a dois votos: um para o candidato de sua preferência e outro para o partido. Para Capanema, essa proposta atendia de modo inequívoco ao princípio da proporcionalidade.

Ocorre que a classe política em peso disparou contra a reforma, acusando, em linhas gerais, a proposta de ser uma tentativa de emplacar a adoção do voto distrital. A propósito disso, Gustavo Capanema reagia, afirmando que a reforma significava a busca pelo aprimoramento do sistema de representação, assim como também salientou que, depois de experimentar o voto proporcional, nenhum povo jamais concordou em voltar ao sistema do voto distrital. Em outras palavras, Capanema buscava que a representação estivesse mais próxima da fonte e de suas bases eleitorais. De acordo com esse arranjo, metade dos deputados eleitos sob um partido seria escolhida em uma disputa nos distritos. Com isso, seria possível evitar a perda do nível intelectual das bancadas, tomando como base que a escolha dos partidos seguiria um padrão razoavelmente qualificado para essa função.

Em tese, portanto, o projeto de Gustavo Capanema atendia a um princípio nobre, haja vista tanto para os comentaristas políticos como para a sociedade civil, as condições pós-1964 não mais darem conta da vida política brasileira. Conforme os registros dessa época, como os que foram feitos pelo jornalista Carlos Castello Branco, Capanema gozava de ampla estima e reputação, sendo efetivamente saudado pelo seu status político naquele instante para conduzir essa discussão. É correto afirmar, inclusive, que poucos parlamentares, mesmo entre os senadores, teriam a mesma legitimidade junto aos pares para tocar adiante esse projeto de reforma política. Acontece que todo esse respeito e, em alguma medida, respaldo não encontravam ampla aceitação dos colegas políticos, curiosamente os mesmos que entendiam o papel dele como presidente da comissão especial da Arena e que não aceitavam a possibilidade de alterar a estrutura que fora responsável por sua chegada ao poder. "Qualquer alteração será para eles um salto no escuro e o risco de ver subvertida a organização eleitoral que os beneficia", escreveu Castello Branco.[9]

A discussão a propósito da reforma do sistema de representação se arrastou até 1974. Foi no início desse ano, mais precisamente em 3 de fevereiro, que Gustavo Capanema deu uma entrevista que mereceu destaque significativo no *Jornal do Brasil*. Na entrevista, Capanema fala a respeito da referência alemã no tocante à natureza da reforma, aludindo ao momento que o sistema parlamentarista fora implementado no Brasil por ocasião da posse de João Goulart. A experiência do parlamentar não se restringia apenas ao seu conhecimento e participação nos momentos decisivos da história política do país no século XX. Como estudioso das reformas implementadas em outros países, sem mencionar a sua tradição germanófila, Capanema foi à Alemanha Ocidental e, depois de ter se aprofundado no regime parlamentar daquele país, chegou à conclusão de que a dinâmica eleitoral alemã era a mais indicada a inspirar transformações semelhantes no Brasil. Ao que parece, Capanema ficou animado com o fato de que a reforma era uma espécie de contrapartida aos resultados negativos da representação proporcional, a saber: conquista de funções políticas por candidatos nem sempre idôneos para o exercício de mandatos parlamentares e o abuso do poder econômico, duas questões que, décadas mais tarde, ainda assombrariam o contexto eleitoral do Brasil.

Embora Capanema advogasse em prol de uma causa que, sempre em tese, buscava salvar os políticos de si mesmos, parecia certo para a opinião pública que se tratava tão somente de uma ambição bastante restrita às

CAPANEMA

"especulações pessoais" do senador. No mesmo dia da entrevista concedida por Capanema, um artigo de opinião no mesmo *Jornal do Brasil* descaracterizava a sua proposta: "O sistema eleitoral concebido pelo Senador Gustavo Capanema está no campo das ideias políticas e ainda não se pode traduzir em precisos exemplos de matemática eleitoral", ressaltava o texto.[10] Além do mais, o próprio Capanema cuidava de não criar expectativa muito grande em relação ao tema. Ele fazia questão em não falar em nome da Arena quando sustentava a necessidade da reforma, da mesma maneira que entendia que não era possível estabelecer quaisquer movimentações tendo em vista as eleições daquele ano.

* * *

Os números não deixam muita margem para dúvida: entre 1967 e 1973, aconteceu um milagre econômico no Brasil. Para que se possa compreender o sucesso do desempenho da ditadura militar no período, assim como a sua derrocada de 1974 em diante, convém olhar para os tais números que simbolizam tão bem a alteração que houve no dia a dia dos brasileiros. De acordo com os dados apresentados pela FGV,[11] a partir de 1967, o governo havia estabelecido como meta um crescimento na faixa dos 6% ao ano. Entre 1967 e 1973, no apogeu do milagre, a taxa de crescimento superaria a barreira dos 10% ao ano. Simultaneamente, o crescimento da população foi de 85,1 milhões para 99,8 milhões de habitantes, e o PIB *per capita* alcançou o patamar de 7,2%.

De modo semelhante, no que tange ao percentual de desempregados, os números disponíveis para o período apontam para algo em torno de 3% a 4,9% nas cidades, e de 0,4% e 2,3% no campo, conforme os registros da PNAD. A mesma análise da FGV pondera que esses números mascaravam "a existência de desemprego disfarçado, para o qual não constam estimativas para o período". Seja como for, os números sinalizam com alguma margem de segurança que a ditadura militar se aproveitou de uma conjuntura internacional favorável e, com sustentáculo de uma série de fatores externos, conseguiu disseminar uma sensação de bem-estar e de ordem que, à época de João Goulart, não se via. Em linhas gerais, o milagre foi o momento único de um lugar distante para a ditadura militar, quando tudo deu certo para quem estava no poder e, de certa maneira, os integrantes da Arena não só gozavam de prestígio político, como também contavam com a maioria, elemento central para a consecução de seu projeto de poder.

Todavia, logo após esse tempo de bonança, viria a tempestade.

* * *

E a tempestade, nesse caso, era a soma de uma série de eventos políticos que colocaria o poder militar em xeque, contestando, também, a força da Arena no Congresso. Conforme relata Elio Gaspari, o propósito de Ernesto Geisel, que chegara à Presidência da República no início de 1974, era conquistar vitória nas eleições parlamentares que não fosse tão acachapante, a ponto de lançar dúvidas sobre a legitimidade do processo, mas que, ao mesmo tempo, não representasse vitória sem valor para o governo. Embora o presidente e o aparato de informações da ditadura contassem com a previsão positiva dos resultados — uma vitória majoritária, sem nenhuma possibilidade para a derrota —, as eleições de novembro de 1974 significaram um revés maiúsculo para a Arena, em geral, e para o próprio presidente, em particular.

A derrota foi sentida, mas poderia, de fato, ter sido pior. Tudo isso porque, a partir de 1974, as fissuras do milagre econômico começaram a aparecer, de modo que a percepção da sociedade a respeito das ações do governo passaram a ser irreversivelmente ruins. Acrescente-se a isso o fato de que, enquanto os candidatos da Arena esperavam uma vitória tranquila em 1974, havia na sociedade um sentimento já sedimentado de voto de protesto, um dado que não pode ser descartado em nenhum contexto eleitoral. O presidente Geisel queria que o povo fosse às urnas, mas não tinha um plano B se as coisas dessem errado.

Conforme análise de Elio Gaspari, a derrota abriu margem para a contestação do comando de Geisel e de Golbery. Ainda no âmbito político, houve um retorno à discussão do projeto de mudança do sistema eleitoral, conforme anteprojeto de Capanema. No entanto, a partir daquele momento, o próprio Capanema teve de conviver com uma oposição mais revigorada, disposta a desafiar a iniciativa política da Arena. Nas outras ocasiões, o conhecimento do sistema, aliado ao fato que conseguia articular e acomodar interesses diversos, fez de Capanema um político hábil o bastante para o seu partido, o PSD. Desta feita, para além de estar superando em tempo de vida e de referência partidária os políticos de sua geração (Geisel, o presidente, estava com 71 anos, enquanto Capanema, nascido em 1900, estava com 74), o senador mineiro vivia pela primeira vez em sua trajetória a inusitada situação de pertencer ao partido do poder que não contava com a legitimidade do apoio popular. Ao contrário, exatamente porque era o partido oficial da ditadura militar, a Arena estava nas cordas mesmo tendo a maioria.

Conforme avalia Thomas Skidmore em *Brasil: de Castelo a Tancredo. 1964-1985*, a Arena imaginada pelos militares contava com uma estrutura e alcance que não possibilitaria a oposição existente assumir o poder. Assim, quando o MDB vence as eleições de 1974, a Arena deixa de ser forte o bastante para controlar o jogo político. Ou, por outra, na estratégia delineada de abertura "lenta, gradual e segura", o MDB se tornava um ator forte no Congresso, dono de um capital político suficiente para tentar levantar a voz tanto em questões sensíveis quanto em temas menos delicados. Por vias tortas, era o começo do fim da oposição domesticada, abafada pela força da Arena. Um tanto alheio a esse processo, Gustavo Capanema também seria afetado, ainda que não a curto prazo, pelas consequências das eleições de 1974.

Um dos senadores eleitos pelo MDB em 1974 foi Paulo Brossard. De acordo com Elio Gaspari em *A ditadura derrotada*, Brossard antecipou a vitória do MDB um mês antes das eleições, quando reparou que "gente que nunca votou", como mulheres e jovens, participaram de um evento em Veranópolis, interior do Rio Grande do Sul. A previsão de Brossard se cumpriria e ele chegaria ao Senado com 485 mil votos de vantagem. Nada mal para quem, nas eleições de 1970, fora derrotado por 30 mil votos.

Brossard, ainda segundo Gaspari, tinha perfil conservador e legalista. Pertencer ao MDB não significava que se tratava de um político de esquerda; antes, era a prova incontestada de que se tratava da única oposição possível em tempos de exceção.

Como integrante do Senado, a trajetória de Brossard iria fatalmente se chocar com a de Capanema, exatamente pelo perfil combativo e aguerrido do político gaúcho que ia à frente sempre que considerava: que seu aparte era necessário, que o seu discurso marcava posição e que, por fim, combatia o bom combate. Exemplo disso se deu em 1977, quando Brossard abriu artilharia contra Magalhães Pinto e Gustavo Capanema a propósito das reformas de abril, conforme previsto pelo governo.

"Duvido, e duvido mesmo, que homens públicos da estirpe de Magalhães pinto e Gustavo Capanema tivessem a coragem de legar ao país medidas tão insensatas como estas."[12] Segundo registro da *Folha de S.Paulo*, nem Magalhães Pinto nem Capanema reagiram à provocação de Paulo Brossard.

É da lavra de Golbery do Couto e Silva uma teoria original que ajudava a compreender o desenvolvimento da História do Brasil. De acordo com o general, a trajetória do país podia ser entendida como uma sequência de "períodos em que se alternavam regimes centralizadores e regimes descentralizadores", de acordo com as palavras de Elio Gaspari. Em síntese, no que respeitava à segunda metade da década de 1970, vivia-se no país o fim da sístole que fora iniciada com o golpe civil-militar de 1964. Dito de outra maneira, quase treze anos depois, havia um caminho já delineado para o fim da ditadura militar. Restava saber como e quando a diástole iria acontecer. O governo queria controlar esse processo, mas a oposição, à época liderada por Ulysses Guimarães, prometia não abrir mão de conquistar ainda mais espaço político.

Nas palavras do jornalista Sebastião Nery, Ulysses Guimarães teria dito que "1974 não foi uma tempestade. Foi uma tromba d'água". E teria completado: "o destino do MDB não é a oposição. O destino do MDB é o poder".[13]

O ano de 1977, em termos políticos, representava a véspera das eleições de 1978, quando o MDB pretendia, sim, concluir a tomada do poder. Por incrível que possa parecer, naquele momento a disputa não só estava aberta — nos limites que a ditadura permitia —, como também havia a possibilidade concreta de o MDB "tirar do regime o controle da sucessão presidencial".[14]

O governo Geisel, no entanto, também tinha lá suas próprias maquinações para se manter no poder. Entre as opções à mesa — como a antecipação das eleições presidenciais para outubro de 1978, proposta de Golbery, e a supressão das eleições diretas para governador e a extensão dos mandatos parlamentares, sugestão do general Hugo Abreu —, o governo optou por uma terceira saída mais radical, fruto de uma divisão dos caciques do MDB Ulysses Guimarães e Tancredo Neves, que, embora tivessem acertado qual seria a posição do partido em relação à reforma do Judiciário, na última hora, apresentaram opiniões divergentes. O MDB, diferentemente do que esperava o governo, exerceu o seu papel de oposição na reforma do Judiciário.

Em 1º de abril de 1977, o Congresso Nacional foi fechado pela terceira vez desde 1964. A retaliação de Geisel visava o comando do MDB, mas é correto assinalar que o governo buscava retomar o controle do teatro das operações da política nacional. O desejo de uma reforma política iria desembocar no Pacote de Abril, um conjunto de medidas que foi anunciado em 14 de abril de 1977. Em linhas gerais, a ofensiva do governo estabelecia o que vai a seguir:

a) Eleições indiretas para o governador, com ampliação do Colégio Eleitoral;
b) Instituições de três sublegendas na eleição direta dos senadores, permitindo à Arena recompor as suas bases e aglutiná-las sob o mesmo teto;
c) Ampliação das bancadas que representavam os estados menos desenvolvidos, nos quais a Arena costumava obter bons resultados eleitorais;
d) Ampliação do mandato presidencial de cinco para seis anos;
e) Extensão às eleições estaduais e federais, da Lei Falcão, que restringia a propaganda eleitoral no rádio e na televisão. A princípio, a lei fora estabelecida para assegurar a vitória governista nas eleições municipais de 1976;

Ao todo, eram catorze medidas que buscavam dar um novo impulso eleitoral ao regime militar, fazendo da Arena uma peça majoritária no tabuleiro. O Pacote de Abril sinalizaria de modo definitivo, se é que restava qualquer dúvida a respeito, que os militares não estavam dispostos a assistir passivamente à ascensão de uma nova força política no contexto da ditadura militar. Como a medida viera de cima, essa foi uma das poucas ocasiões em toda a sua trajetória de homem público que Gustavo Capanema esteve do lado de fora dessa costura política. Sinal dos tempos. Na oposição e na situação, aparecia uma nova guarda, uma nova dentição política no país. Para além do já citado senador Paulo Brossard, era hora e vez de nomes como Ulysses Guimarães, isto é, políticos que teriam peso e influência na vida pública do Brasil nas décadas seguintes.

Seja como for, isso não quer dizer que Capanema só assista, bestializado, àquela sequência de eventos. Ele também tentava participar dos embates que representavam disputas, a um só tempo, institucionais e comportamentais para a sociedade brasileira. No tocante à reforma política, por exemplo, Capanema advogava o sistema misto distrital-proporcional. Ao mesmo tempo, quando era possível, o político mineiro falava em um acordo de alto nível no âmbito parlamentar com vistas ao retorno do estado de direito, uma vez que, de acordo com a avaliação dele, o presidente da República tinha boa vontade e interesse por uma Constituição que fosse legítima.

De tempos em tempos, seu nome era lembrado graças à sua trajetória política. Carlos Castello Branco, de um lado, fazia as vezes de cronista da história recente e destacava Gustavo Capanema como o principal ministro da Educação que o Brasil já tivera. Castello Branco fazia isso, inclusive, em comparação aos ministros militares, como na ocasião em que assinalou, traçando um paralelo com a administração de Jarbas Passarinho no comando da pasta, que:

> não há críticas ao ministro Passarinho, mas o fato é que educação não é pasta para coronéis [...] Não incluiríamos assim o seu nome na lista dos substitutos remotos de Gustavo Capanema, pai da cultura moderna do Brasil.[15]

Em contrapartida, Gustavo Capanema de quando em vez era bombardeado por comentários políticos pouco abonadores relativos à sua gestão à frente do Ministério da Educação e Saúde. É o caso do jornalista político Newton Rodrigues, que, embora mais à esquerda, criticava severamente a reforma da educação conduzida por Capanema.

Para além disso, a referência a Gustavo Capanema ia, aos poucos, se tornando quase folclórica. Era como se ele, enquanto político, fosse um personagem que havia sobrevivido à sua própria geração. Talvez à exceção de Tancredo Neves, à época um medalhão que aguardava ansiosamente pela oportunidade de chegar ao poder, não havia outro político com experiência semelhante. Ao lado de seu colega de Senado, Magalhães Pinto, que, embora fosse hábil articulador, não necessariamente se notabilizou por puxadas de tapete de seus colegas de partido, Capanema era considerado uma das velhas raposas políticas em Brasília.

Embora tivesse suas preferências pessoais por este ou por aquele político, Capanema seguia evitando o confronto aberto e assim, mesmo nos anos 1970, agia de acordo com esta regra não escrita, adotada ainda quando era ministro de Getúlio Vargas. Apesar de tudo, não fugia de suas convicções. E um caso exemplar nesse sentido pode ser visualizado a propósito da questão do divórcio, um dos sinais que reforçava que os tempos eram outros — talvez diferentes demais para um sujeito como Capanema.

Até 1977, os casais que não mais desejavam permanecer juntos depois de casados apelavam para o desquite — que autorizava a separação dos cônjuges, mas não quebrava o vínculo do matrimônio. A importância do casamento nesse caso não estava atrelada apenas ao aspecto jurídico. Tratava-se, também, de um tema que impactava e muito a realidade deste que é um dos países com mais católicos no mundo, onde, em boa parte dos casos, o casamento civil era seguido do casamento religioso.

Como acontece em temas de grande relevância no âmbito dos costumes, a votação do divórcio dividiu e mobilizou políticos, veículos de comunicação e também a sociedade civil. Falando do caso, o jornal *O Globo* registrou que, nas grandes cidades, "onde ocorreram os maiores índices de desquites e separações",[16] os eleitores pró-divórcio influenciaram o voto dos congressistas de suas regiões. No entanto, isso não era necessariamente um consenso absoluto. Senador por Minas Gerais, Gustavo Capanema representaria o voto das fatias mais tradicionais da família mineira. Ele era identificado como um dos "bastiões da moralidade", expressão talvez um tanto forte quando se observa que a posição de Capanema pudesse estar relacionada nem tanto à sua convicção pessoal e mais ao cálculo político — afinal, quando candidato, sua campanha se concentrou no interior de Minas Gerais, espaço onde ele obteve mais força e apoio que o rival pelo MDB.

De qualquer modo, a pauta do divórcio seguiu dividindo a opinião pública e os congressistas. Se Capanema simbolizava o voto de quem era contrário ao divórcio (ao lado da CNBB e da TFP), o senador Nelson Carneiro, autor da proposta, representava a voz do eleitor menos conservador, segundo as palavras de *O Globo*. Para ser justo, esta era uma crença de Carneiro desde 1951.

Na hora de declarar seu voto, Capanema tentou contemporizar a sua posição: "Meu coração é a favor, mas vou votar contra."[17]

Não adiantou. Em 27 de novembro de 1977, a lei do divórcio foi enfim sancionada e entrou em vigor. Embora o presidente Ernesto Geisel apontasse algumas imperfeições no projeto que foi aprovado, tendo até mesmo cogitado rejeitar a proposta por considerar que houve dubiedade, o presidente decidiu manter-se isento nessa matéria, posição que havia adotado desde o início da discussão no âmbito do legislativo.

Como no período em que chegou a propor o Estatuto da Família, Capanema reagiu ao projeto de lei assumindo posição tradicional, ou "reacionária", como apontavam seus críticos. Como no momento em que ocupava o posto de ministro da Educação e Saúde, o político assumiu posição que se confundia com a tese da Igreja Católica, com a sensível diferença que, no fim dos anos 1970, ele já não agia assim porque estava ali como um preposto da Igreja. No caso do divórcio, o voto de Capanema obedecia a valores mais do que arraigados, tomando as palavras do político mineiro como referência. Embora Capanema preferisse uma atuação mais afeita aos bastidores, acompanhando os debates pelos alto-falantes de seu gabinete, quando chegava a hora da decisão, seus votos, suas escolhas, não escapavam à sua condição de sempre: de um homem pouco comprometido com uma agenda de mudanças, principalmente aquelas relacionadas aos costumes e que poderiam incidir no comportamento da sociedade.

Quando, no início de dezembro de 1977, a votação do divórcio estava em curso, os colegas no Senado e também aqueles que seguiam os debates na imprensa tiveram a chance de perceber o quanto Gustavo Capanema podia ser intransigente nessas questões. Ao longo de toda a discussão do tema divórcio, por exemplo, o político mineiro declarava sistematicamente o "não" em todas as emendas, subemendas e destaques que apareciam. Houve um ponto, mais precisamente o dispositivo que autorizava o divórcio apenas uma vez, que Capanema deveria votar "sim". Só com muita paciência que os colegas parlamentares conseguiram convencê-lo de que, nesse caso, o "sim" estava de acordo com as convicções do deputado. "É que em matéria de divórcio, não dou meu consentimento para nada",[18] explicaria o senador da Arena.

* * *

Gustavo Capanema começou a deixar a política antes mesmo de ter início o processo eleitoral que desembocava na sua aposentadoria em janeiro de 1979. Em certa medida, é correto afirmar que essa despedida — que foi bastante sentida por ele — teve seu marco zero no dia em que Ulysses Guimarães decidiu quebrar o acordo que havia sido firmado com Tancredo Neves. Esses dois caciques do MDB pretendiam alçar voos mais altos no Planalto Central, certamente mirando a Presidência da República. Na disputa interna entre as duas lideranças do MDB, um dos alvejados foi o senador arenista. Isso porque o Pacote de Abril, consequência imediata do fechamento do Congresso após o MDB derrotar o governo na reforma do Judiciário, fez surgir a figura do candidato biônico para o Senado Federal. O governo desejava não só recuperar o terreno perdido como principalmente não queria mais ter de abrir mão das posições conquistadas em 1970. Nesse contexto, justamente Gustavo Capanema era o elo mais fraco dessa disputa pelo poder. Ainda assim, e talvez este seja o aspecto mais melancólico de todo esse processo, Gustavo Capanema assistiu de forma lenta, gradual e segura a sua trajetória política perder o viço e ser desidratada até finalmente deixar de ser realidade concreta.

Aos fatos: corria o mês de abril de 1977 e já se especulava abertamente, a ponto de ser tema corriqueiro no noticiário político do período, a possibilidade de ele deixar a vaga no Senado. Capanema, nessa ocasião, não foi ouvido. Pouco mais de um ano depois, no entanto, após merecer amplo destaque como senador *hors concours* pelo jornalista Gerardo Melo Mourão, Capanema já se movimentava no sentido de tentar se agarrar ao mandato, ou, por outra, de permanecer como senador pela Arena em uma nova candidatura. Ocorre que, simultaneamente, Francelino Pereira, político que havia sido indicado para o governo do estado em Minas Gerais, também fazia suas articulações. Em torno de Pereira, surgiu a conversa a respeito de quem deveria ser o vice-governador e quem deveria ser o indicado à vaga do Senado. Naquele momento, a balança pendia a favor de Bias Fortes Filho para a vaga de vice-governador, o que dava a Capanema a oportunidade de ficar com a vaga de senador biônico. Até então, portanto, tudo parecia sob controle para Capanema.

Só que, como raposa política experiente que era, o senador arenista deve ter desconfiado que nada estava totalmente decidido. E que a política guarda desdobramentos inesperados mesmo para o observador mais experimentado.

Antes de ser biógrafo de Gustavo Capanema, o advogado, escritor e político Murilo Badaró foi responsável por uma longa lista de serviços prestados para a vida pública nacional. Na juventude, foi cantor de ópera antes de se formar em Direito pela Universidade Federal de Minas Gerais, a mesma onde Capanema estudou nos anos 1920. E também como o ex-ministro da Educação do governo Vargas, Badaró iniciou sua trajetória política aos 27 anos, só que como deputado estadual pelo PSD — sim, o mesmo partido de Capanema. Aparentemente, as aproximações se encerrariam por aí, uma vez que Badaró foi autor de um discurso contrário à cassação dos direitos políticos de Juscelino Kubitschek, enquanto Capanema preferiu um silêncio conivente, talvez porque se tratava de um rival não declarado.

Ainda nos anos 1960, Badaró candidatou-se a deputado federal pela Arena. Em 1970 e 1974, nas duas eleições subsequentes, manteve-se no posto, o que já serviria para considerá-lo um adesista padrão ao regime militar. Todavia, sua posição como membro da Arena não o impediu de votar contra a cassação do deputado Márcio Moreira Alves anos antes, talvez um dos episódios mais marcantes do interminável 1968. Com efeito, isso quase fez com que seu nome caísse em desgraça, mas ele logo se destacaria como um quadro importante da Arena, tendo participado de comissões executivas, para além do fato de ter sido secretário-geral do partido.

Em 1978, Badaró queria mais. O objetivo era suceder Aureliano Chaves no governo do estado de Minas Gerais. Só que os planos do governo federal eram outros. No caso, a ideia era investir na candidatura do deputado Francelino Pereira, que, em outros tempos, pertencera à UDN. Tal como já acontecera na política brasileira, a Arena, ao menos em Minas Gerais, adotara um critério de alternância de poder, segundo o qual o governo mineiro deveria ora estar sob o comando de um ex-pessedista, ora de um ex-udenista. Para aparar essa aresta, Francelino, então, bateu o martelo: Murilo Badaró seria o indicado para a vaga de senador biônico, exatamente no lugar de Gustavo Capanema. Cinquenta anos depois de ter entrado para a vida pública, ele estava, enfim, fora do jogo político.

O que se viu a partir do momento em que essa decisão foi sacramentada não encontra paralelo ou mesmo precedentes na história política recente do Brasil. Houve uma espécie de longo lamento pela "despedida" de Gustavo Capanema, como se, de fato, o político mineiro tivesse pedido para sair, ou, por outra, como se a decisão de deixar o Senado tivesse sido tomada de comum acordo, com Capanema dando a palavra final, mais ou menos na linhagem de que era hora de uma outra geração assumir o poder. De modo semelhante a outros momentos cruciais de sua vida, o político mineiro não teve controle sobre seu destino. Assim como da ocasião em que foi preterido por Getúlio Vargas para o posto de interventor em Minas Gerais, ainda nos primeiros anos subsequentes à Revolução de 1930, Capanema se via subtraído de algo que tentou domesticar o tempo inteiro: o poder. Ainda que não tenha dado voos mais altos nas cinco décadas em que esteve como interlocutor ativo da vida política nacional, ele sempre articulou no sentido de permanecer nas esferas mais altas, de conversar com os atores determinantes dos partidos, tornando-se, a certa altura, uma referência jurídica e institucional — uma espécie de conselheiro, como o personagem de Machado de Assis, um de seus autores favoritos na literatura brasileira.

Em texto publicado na seção de Opinião da *Folha de S.Paulo*, um articulista puxava o coro dos descontentes, salientando a experiência de Capanema como político, muito embora reconhecesse que faltava vigor ao senador mineiro, sugerindo, ainda, que uma rivalidade com Tancredo Neves pode ter sido decisiva para ele não figurar entre os nomes que foram indicados ao Senado.

Da sua trincheira no *Jornal do Brasil*,[19] Carlos Castello Branco, o mais celebrado colunista político de sua geração, levou alguns dias para absorver a notícia e da primeira vez que escreveu a respeito citou a falta de deferência ao político que era "a figura mais expressiva do Parlamento, o homem com folha de serviços inigualável e o remanescente de uma geração na qual os predicados do pensamento e da cultura se sobrepunham a outros mais em evidência atualmente".[20] Ao final do texto, Carlos Castello Branco não deixou barato para a direção do partido, assim como não poupou o substituto de Capanema. "Já lhe fizeram a injustiça de não mantê-lo no Senado. Deveria ali permanecer pelos seus méritos e para honrar o compromisso do presidente da República. Sem querer agredir o sr. Murilo Badaró, ele deve saber que irá ocupar uma vaga que tem dono."[21]

De sua parte, Murilo Badaró, que foi "eleito" senador em setembro de 1978, não reagiu a esse comentário de Castello Branco, da mesma forma como não alimentou nenhum tipo de animosidade junto àqueles que, pelos jornais, se lembrariam de Capanema. De certa maneira, ele preparava terreno para a sua própria homenagem ao seu antecessor no Senado.

Em *Gustavo Capanema*: a revolução na cultura, não faltam palavras que reforçam a imagem mitológica de Capanema como político à frente de seu tempo, que foi responsável por conceder um novo status ao Ministério da Educação, deixando ainda como legado uma renovação cultural sem precedentes na história do Brasil. No Capanema de Murilo Badaró não há espaço para inimigos, desilusão ou mesmo traição. Talvez por isso o autor não tenha revelado aos leitores de seu livro que foi ele, Murilo Badaró, o senador indicado para ocupar o lugar de Capanema. Em outras palavras, a versão que Badaró apresenta a esse respeito não o coloca como parte interessada dessa transição. Mais: fazia dele próprio, Badaró, uma espécie de dono da memória de Capanema, como se fosse o único que, nos anos 2000, quando seu livro foi lançado, rendia homenagem ao ex-ministro da Educação e Saúde do governo Vargas.

* * *

À medida que a despedida de Capanema se aproximava, as homenagens e a alusão aos seus principais momentos como político aumentavam. Duas dessas homenagens merecem aqui destaque. Em 8 de dezembro de 1978, a *Folha de S.Paulo* publicou outro editorial acerca de Capanema. E o texto não poupa elogios ao senador cuja carreira estava por acabar:

> Gustavo Capanema é a mais longa vida pública deste século. Deixa agora o Congresso, quando dele ainda esperavam os conselhos da inteligência. Conservador e, em um tempo, seduzido pela visão totalitária da política, coube-lhe ser o mais ousado dos ministros de Vargas.[22]

E o texto segue repassando os instantes em que Capanema "foi muito", e o desfecho eleva a personalidade de Capanema a outro patamar, algo raro sobretudo quando se observa a maneira como os jornais tratam os políticos hoje em dia: "O apoio que Capanema, conservador, deu à inconformada inteligência brasileira, quando lhe cabia administrar-nos, foi desassombrada lição de tolerância."[23]

Um dia antes de este texto ser publicado na *Folha de S.Paulo* o poeta Carlos Drummond de Andrade também homenageou o amigo Gustavo Capanema. Embora em frentes distintas e distantes desde o fim do governo

Vargas, Capanema e Drummond jamais deixaram a política interromper a longeva e sincera amizade. E esse vínculo continuaria mesmo depois, quando Capanema não mais faria parte do Senado Federal. Na crônica que escreveu a respeito da saída do político do Senado, Drummond apresentou uma espécie de obituário de Capanema, e já no título do texto não há dúvida do que se trata: "Capanema faz falta? Enorme."[24] Drummond faz uma observação severa, na qual acusa a injustiça que foi feita com o amigo, preterido pela Arena para ocupar o cargo de senador biônico. Diz o poeta: "A autodenominada Revolução de 1964 tem desrazões que a própria falta de razão desconhece",[25] começa Drummond.

E, em uma crônica que assume o tom de artigo de opinião, o poeta dispara contra o Pacote de Abril e suas consequências mais diretas, a saber: a instituição de senadores por escolha indireta e o açodamento ao buscar nomes de projeção, o que fez com que Gustavo Capanema fosse abandonado. Ao menos naquele texto, não pareceu ocorrer a Drummond que todo o edifício da ditadura militar era artificial do ponto de vista da legitimidade, uma vez que estava fundamentado em um processo instaurado contra a democracia havia catorze anos. Em vez disso, o poeta preferiu recuperar a trajetória de homem público de Gustavo Capanema, ora como líder da maioria da segunda etapa da administração Vargas, ora como ministro da Educação e Saúde durante a primeira administração varguista.

É neste último caso, aliás, que Drummond age para, a um só tempo, falar bem do amigo e preservar a si próprio: ao comentar o período em que foi chefe de gabinete do político mineiro no Ministério da Educação e Saúde, Drummond não se lembrou de fazer qualquer alusão que, também entre 1937 e 1945, o Brasil esteve sob a ditadura varguista. Além de tecer os elogios de sempre à iniciativa do ministro na área da cultura, da educação e da saúde "implantou novas formas de educar e civilizar o homem brasileiro. Foi o ministro que deu maior atenção às inovações artísticas, mas foi também o ministro que cuidou da erradicação da lepra e da malária, da organização do Ensino Industrial e da Educação Física",[26] o poeta escreveu que, no auge da repressão ao contraditório e da censura à imprensa, notícias contrárias e maledicentes passavam pela máquina oficial de propaganda de Vargas, sem mencionar o fato de ser alvo constante de artimanhas diversas para tirá-lo do poder. O Capanema de Carlos Drummond de Andrade, enfim, era um fiel em meio aos pagãos, um puro junto aos impuros, uma flecha de luz no coração das trevas. Um homem só com qualidades, possível somente na imaginação do maior poeta brasileiro no século XX. Como na frase atribuída a Getúlio Vargas, aos amigos tudo, aos inimigos, a lei.

* * *

A despedida oficial de Capanema no Senado Federal aconteceu em 14 de novembro de 1978. Acompanhado pela mulher, Maria Massot, o político recebeu a homenagem de parlamentares e se emocionou. A certa altura, e falando de improviso, mencionou as dificuldades relacionadas à idade: "estou falando como um homem doente e, portanto, não deve se prolongar o uso da palavra", declarou.[27] E chama a atenção que, nesse mesmo do discurso, ele cita o seu estado natal: "Nada me toca mais nesta homenagem do que a presença de Minas Gerais. Meu coração está cheio de Minas Gerais."[28]

Algumas semanas depois, Gustavo Capanema foi se despedir do presidente da República, Ernesto Geisel, que, por acaso, também estava de saída. Ao cumprimentar o senador, Geisel também falou em tom de adeus: "Estamos todos nos despedindo",[29] disse Geisel, que já havia definido o sucessor e praticamente arrumava as malas do Palácio da Alvorada.

Embora tenha sido a sua última aparição pública no Congresso Nacional, Capanema, quase octogenário, teria fôlego ainda para um último ato. O ex-ministro da Educação tentaria a cartada final para se eternizar na memória da cultura brasileira. A posição não oferecia poder, mas o prestígio era inestimável: uma cadeira na Academia Brasileira de Letras.

19

Réquiem

Machado de Assis, como já dito, era um dos autores favoritos de Gustavo Capanema. Tanto foi assim que, no fim dos anos 1930, por ocasião de um evento em homenagem ao centenário de nascimento do escritor, lá estava Capanema, na Academia Brasileira de Letras, na condição de ministro da Educação e Saúde, para proferir algumas palavras ao "bruxo" do Cosme Velho. A palestra de Capanema seria incluída, anos mais tarde, em sua coletânea de discursos.

Ao escrever sobre Machado, Capanema não fez menção a um dos contos mais comentados do escritor, *Teoria do medalhão*. O texto, a propósito, já foi citado em outras passagens deste livro, mas convém retomar seu argumento central. O narrador do conto apresenta a história que se dá a partir do diálogo entre Janjão e seu pai. Este fala para Janjão: "A vida, Janjão, é uma enorme loteria; os prêmios são poucos, os malogrados são inúmeros, e com os suspiros de uma geração é que se amassam as esperanças de outra. Isto é a vida."[1] Janjão aceita a análise do pai, que continua: "Entretanto, assim como é de boa prática social acautelar um ofício para a hipótese da velhice, assim também é de boa prática social acautelar um ofício para a hipótese de que os outros falhem, ou não induzem suficientemente o esforço de nossa ambição."[2]

Em seguida, o pai de Janjão aconselha o filho a buscar o ofício de medalhão. Conforme se lê no conto, o medalhão é a figura que tem status e posição social privilegiados. A sugestão do pai de Janjão apresenta as estratégias necessárias para que se possa alcançar tal posição: a propaganda pessoal em detrimento das ideias sofisticadas; o lugar-comum em vez da originalidade; a frase feita tomando à frente da filosofia.

Bem a seu estilo, Machado de Assis lançou mão da ironia e da sátira para escrever esse texto. No entanto, é mesmo possível identificar que o status e a posição social representam, com efeito, um lugar ao sol desejado por uma parcela significativa das pessoas.

Para os homens de letras e os intelectuais, a possibilidade mais imediata de se alcançar essa condição no Brasil é um assento na Academia Brasileira de Letras. Em torno da casa de Machado de Assis, como também é conhecida, acontecem intrigas de bastidores, disputas abertas e polêmicas várias para que se possa ter a certeza de quem tem mais legitimidade para ocupar um assento na casa. Também, pudera: muitos são os chamados, mas poucos são os escolhidos. Existem quarenta cadeiras e quem chega ao panteão poderá, enfim, alcançar o distintivo de imortal nas letras brasileiras.

* * *

A história da disputa de Capanema por uma cadeira na ABL começa em 15 de maio de 1979, quando o jurista, matemático, sociólogo e professor Francisco Cavalcanti Pontes de Miranda assume a cadeira número 7. Na posse, Pontes de Miranda — à época com 87 anos — foi recebido pelo acadêmico Miguel Reale, também jurista e um dos expoentes da filosofia do Brasil.

No seu discurso de posse, Pontes de Miranda ressaltou que era a terceira vez que ele recebia um prêmio da ABL. E não só isso: retomava, como sói aos acadêmicos nessas ocasiões, as origens da cadeira número 7, cujo patrono é Castro Alves, poeta maior do romantismo: "quem lê, hoje, o que ele escreveu não só se ufana de ter tido o Brasil homem tão dedicado ao ser humano, qualquer que fosse sua raça, como também pelo sentimento, pela subsistência e pelo lirismo dos seus poemas".[3]

Sim, no discurso de posse os eleitos realçam e homenageiam a literatura e os escritores. Dessa forma, Pontes de Miranda dedicou também algumas palavras a Euclides da Cunha, que foi o segundo ocupante da cadeira número 7. Pontes de Miranda falou, ainda, de aspectos que, a despeito de pertencerem à trajetória biográfica do autor de *Os sertões*, *grosso modo* não são mencionados quando se fala dele, como o fato de Euclides da Cunha ter sido matemático e geógrafo.

Ao assumir a cadeira número 7, Pontes de Miranda fez questão de realçar o quanto mereceria estar ali, embora não tivesse feito nenhum tipo de pressão fora do previsto para que fosse eleito:

> Nunca, em toda a minha vida, me candidatei a qualquer cargo ou função aqui ou no estrangeiro. Os que exerci no Poder Judiciário e no Ministério das Relações Exteriores, de que sou aposentado, me foram excepcionalmente destinados, sem concurso ou pedido meu.[4]

Existe um detalhe, no entanto, que Pontes de Miranda deixou em aberto no discurso que fez quando tomou posse na ABL. Na verdade, ele não tinha como saber, embora já tivesse acontecido com alguns dos membros da Academia: a indesejada das gentes costuma vir ao encontro de alguns integrantes da ABL tão logo o quadro dos acadêmicos está preenchido. É evidente que não há nenhum cálculo estatístico que fundamenta essa hipótese, até mesmo porque alguns acadêmicos, de fato, parecem resistir à visita cruel do tempo com mais eficácia do que outros.

O caso da trajetória de Pontes de Miranda é exemplar nesse sentido: tendo tomado posse em maio, veio a falecer em dezembro de 1979, deixando em aberto a vaga para outro candidato a imortal. É aqui que a história de Capanema começa, de fato, a se relacionar com a eleição da ABL.

À época em que Capanema foi ministro da Educação e Saúde, seus olhos e interesses não atentaram para a possibilidade de pertencer à Academia. Como disse Maria da Glória, a filha, seu coração, mente e alma estavam totalmente devotados à política. Ocorre que, em 1979, quando a oportunidade surgiu os horizontes do ex-ministro e ex-senador da República eram outros. Agora, sem a vida parlamentar, Capanema não somente tinha tempo livre como também estava inclinado a apresentar o seu nome para a candidatura da vaga que estava em aberto. Para tanto, era preciso superar um empecilho: publicar um livro.

Conforme estatuto assinado pelos fundadores da Academia Brasileira de Letras, entre os quais Inglês de Sousa, Joaquim Nabuco, para além de Machado de Assis, que foi o primeiro presidente,

> só podem ser membros efetivos da Academia os brasileiros que tenham, em qualquer dos gêneros de literatura, publicado obra de reconhecido mérito, ou, fora desses gêneros, livro de valor literário. As mesmas condições, menos a de nacionalidade, exigem-se para os membros correspondentes.[5]

Embora tivesse vivido uma trajetória pública permeada de experiências ao mesmo tempo que fora, como poucos, um grande cultor dos clássicos, Capanema jamais publicou um livro sequer. Assim, para debelar esse obstáculo, ele contou com o apoio dos amigos, de familiares e de antigos colaboradores que auxiliaram o ex-ministro da Educação na seleção de discursos e textos esparsos. Como relata Fernando Jorge em *A Academia do fardão e da confusão*, o livro de Capanema foi editado às pressas para dar tempo ao seu autor para se candidatar à eleição. Esse dado é importante porque revela um açodamento pouco comum na carreira marcada pela tentativa permanente de controle das consequências que envolviam as decisões tomadas por ele.

Uma hipótese que pode ajudar a explicar esse açodamento tem a ver com o fato de que a primeira sugestão para que Capanema se candidatasse à vaga de imortal na ABL tenha vindo de um amigo de juventude, Abgar Renault. Os registros desse episódio da candidatura dão conta de que teria sido Renault o idealizador da candidatura, tão logo a vaga que era de Pontes de Miranda tenha ficado disponível. Ao mesmo tempo, existe outra versão, que dá conta de que a candidatura de Capanema fora sugerida por Austregésilo de Athayde, o todo-poderoso presidente da entidade no século XX. Em depoimento a Murilo Badaró, o também escritor e acadêmico Josué Montello falou a respeito dessa última possibilidade de Athayde ter lançado o nome de Capanema à sucessão. "Ele [Athayde] queria fazer uma academia bem composta. E esse bem composto, para ele, era uma espécie de antologia das grandes figuras nacionais, entre as quais se inclui o Gustavo Capanema."[6]

Com efeito, existe uma espécie de tradição que norteia a indicação de não escritores como imortais. De acordo com Antônio Carlos Secchin,

CAPANEMA

Pautada pelo exemplo da Academia Francesa, a nossa optou por também acolher os chamados "notáveis", expoentes em várias áreas do saber: diplomatas, juristas, cientistas. Machado de Assis e Joaquim Nabuco divergiam na questão, mas o ponto de vista de Nabuco — favorável a um conceito mais amplo de humanidades, em que as letras não tivessem exclusividade — acabou prevalecendo.[7]

É a partir dessa "brecha" que a entrada de Capanema estaria avalizada. Embora não fosse escritor no sentido mais objetivo do termo, é correto afirmar que ele sempre esteve associado ao contexto da cultura e das humanidades, sem mencionar o fato de ter sido um nome cuja trajetória era de amplo reconhecimento nas mais diversas fatias da intelectualidade brasileira.

Se é correto afirmar que a iniciativa da candidatura não partiu de Capanema, é igualmente certeiro destacar que o ex-ministro da Educação e Saúde se engajou o quanto pôde nessa campanha. Isso porque a eleição pode ser muita coisa, mas está longe de ser fácil de ser vencida. Em outras palavras, ser escritor ou mesmo ser uma figura pública notável pode ajudar muito, mas para vencer a eleição é preciso fazer política e acima de tudo conseguir os votos, principalmente quando a eleição é marcada por uma disputa que envolve outros fatores, como prestígio e influência.

Um exemplo interessante nesse sentido aconteceu com o ex-presidente Juscelino Kubitschek, que, no outono de sua vida pública, quando já havia perdido os direitos políticos em função da ditadura militar, decidiu apresentar sua candidatura para a ABL. Conforme ressalta Claudio Bojunga em *JK: o artista do impossível*, Juscelino ficou animado com a convivência com jornalistas e editores, tomando gosto pela ideia de se tornar um memorialista. Tendo sido eleito para a Academia Mineira de Letras em 1974, em uma corrida sem adversários, JK tentaria um voo mais alto: a eleição para a ABL.

A situação para essa disputa em particular se tornou mais complicada, uma vez que, desta feita, haveria concorrência. JK havia publicado, entre outros, *Meu caminho para Brasília v.1*: A experiência da humildade e Por que construí Brasília, mas seu adversário, o baiano Bernardo Ellis, era autor de doze livros de romance e de poesia. Embora pudesse haver no comando do regime militar uma aversão total aos simpatizantes da esquerda, como era

Ellis — um ex-militante do Partido Comunista Brasileiro —, a resistência maior se deu exatamente junto ao nome de JK, sobretudo porque se imaginava que o político buscava a eleição para a ABL não apenas para permanecer no radar como oposição possível, mas, sobretudo, para preparar a sua ressurreição política. Como civil, JK era como um general sem tropa, e àquela altura ele entendia que era necessário voltar ao campo de batalha.

Com isso, a escalada que pressionava a rejeição ao seu nome só fez crescer à medida que o tempo passava. Houve até mesmo ocasião em que Austregésilo de Athayde, certamente empolgado com a possibilidade de ter uma figura notável no panteão, chegou mesmo ao ponto de tentar fazer com que JK desistisse de se candidatar.

Talvez ainda acreditando na sua própria narrativa, de ser desprovido do sentimento do medo, JK prosseguiu com o desejo de se candidatar e obteve apoio de gente importante na ABL, como Jorge Amado e Barbosa Lima Sobrinho. Na hora "H", no entanto, toda essa estima não adiantou. Em uma disputa muito acirrada, JK foi derrotado por Ellis.

Alguns anos depois, processo semelhante aconteceria com Gustavo Capanema.

Assim como JK, Capanema tentou a candidatura no outono de sua vida pública. Embora já estivesse fora da política partidária, Capanema se mantinha atento aos movimentos da política nacional ao mesmo tempo que buscava se posicionar como um interlocutor sofisticado e preparado para o debate intelectual. Foi com esse propósito em mente que concedeu entrevista ao *Jornal do Brasil*, reforçando que, no passado, os políticos de maior prestígio eram aqueles com cultura vasta. Para além disso, Capanema destacou o quanto essa posição custara a ele em termos de capital político junto ao eleitorado: "Eu nunca fui um político de grande eleitorado nem preocupado em formá-lo [...] Eu queria me celebrizar não como político de muitos eleitores, mas como um político de cultura moderna."[8]

Novamente, tal como acontecera havia muitos anos, Capanema não tinha como saber, mas essas suas palavras seriam ao mesmo tempo proféticas e precisas. De um lado, porque sinalizava com exatidão qual seria o destino de sua eleição; de outro, porque sintetizava com igual ausência de erro a sua trajetória de homem público.

Se fosse eleito, Capanema seria o sétimo ocupante da cadeira número 7. Ele contou com o apoio de simpatizantes diversos ao longo dos primeiros meses de 1980, período em que sua candidatura esteve a todo vapor. Entre os que o apoiaram, vale citar o caso do poeta Carlos Drummond de Andrade. Helena Bomeny revela um episódio peculiar dessa fase, quando Capanema já estava totalmente engajado na campanha. O ex-ministro da Educação telefonava diariamente para o seu amigo e ex-chefe de gabinete, perguntando a respeito da eleição. É importante frisar que Drummond não era membro da ABL, mas conhecia as características daquele tipo de eleição. "Capanema, os candidatos têm que arranjar os votos", diziam. E o candidato a imortal reagia: "Eu estou conseguindo."[9] Drummond, então, tentava saber de quem eram os votos já conquistados. E Capanema mencionava um nome, que, para espanto do poeta, já havia morrido. Ainda de acordo com Helena Bomeny, Drummond contava essa história com tristeza, uma vez que percebia que o amigo, aos poucos, ia perdendo a lucidez.

Gustavo Capanema perdeu a segunda eleição de sua vida para a escritora paulista Dinah Silveira de Queirós, autora, entre outros, do livro *Floradas da serra*, obra que teve grande sucesso junto aos leitores quando de seu lançamento. Os motivos que explicam a vitória de Dinah Silveira de Queirós não têm a ver com nenhum tipo de perigo que a eleição de Capanema eventualmente pudesse representar junto à intelectualidade brasileira, como no caso de JK. Em contrapartida, no ano de 1980, a presença de mulheres na casa de Machado de Assis ainda era marginal. Foi esse, talvez, o ponto chave que Capanema não soube perceber com lucidez quando de sua candidatura para a vaga na ABL. O seu tempo definitivamente não era aquele. Dito de outro modo, embora contasse com prestígio de ter sido ministro da Educação, deputado constituinte de 1946, líder da maioria do governo Vargas entre 1951 e 1954 e, por fim, ter alcançado até mesmo o Senado na década de 1970, o político mineiro era um personagem deslocado porque, na década de 1980, os ventos que sopravam a mudança já eram fortes demais. Dinah Silveira de Queirós não apenas era uma autora consagrada junto à crítica e ao público; ela era, também, a segunda mulher a ingressar na ABL. No Brasil da anistia e da abertura política e que em breve retomaria o status de democracia, o simbolismo era grande.

Exatamente por essa razão, Capanema foi convidado a retirar sua candidatura para que não fosse derrotado. Haveria a possibilidade real de vitória se Capanema se candidatasse para a vaga que havia sido aberta, em março de 1980, com a morte do escritor José Américo de Almeida. Capanema, no entanto, não quis saber de abrir mão de ser eleito naquela ocasião, ainda que amigos como Cyro dos Anjos tivessem dito a ele que, se fosse em outra oportunidade, o ex-ministro seria eleito por unanimidade. Não adiantou. Em 10 de julho de 1980, Dinah Silveira de Queirós foi eleita com 23 votos contra 15 de Capanema. No dia seguinte, as manchetes estampavam a alegria da vitoriosa e o desapontamento resignado do derrotado. É interessante registrar aqui as palavras da nova imortal a propósito do seu adversário: "É uma figura tão importante para o país que engrandeceu a disputa e lhe deu maior importância",[10] disse Dinah ao *Jornal do Brasil*.

No dia da derrota, Capanema não se pronunciou, a não ser para dizer "derrotado não fala".[11] Talvez seu incômodo tenha sido maior no dia seguinte porque os jornais realçavam a vitória de Dinah Silveira de Queirós, enfatizando que isso representava uma mudança de costumes significativa para o país. Mais tarde, alguns dias depois, Capanema se manifestou. Disse que, ao longo de sua vida pública, ele teve inúmeras oportunidades de se candidatar e de se eleger. Como que para não dar o braço a torcer, Capanema saiu-se com essa: disse que já aceitaria

> a vitória com tranquila alegria, como aceito a derrota com tranquila tristeza. É a primeira derrota eleitoral de minha vida, mas não é coisa ruim. Estou em boa companhia: Juscelino, Chico Campos, Gilberto Amado e outros foram derrotados. Os antecedentes são consoladores. Não estou pensando mais nesse assunto.[12]

Ao comentar o episódio da eleição, na festa de comemoração de Dinah, a escritora Nélida Piñon, que mais tarde seria eleita para uma cadeira na ABL, tentou contemporizar: "Nessa batalha há um vitorioso, mas não há um perdedor, ambos estão na história."[13]

Embora não tivesse reconhecido em público, Gustavo Capanema ficou bastante amargurado com a derrota. De fato, ele esperava que as promessas que lhe haviam sido feitas fossem convertidas em votos; de fato, ele contava que sua trajetória fosse levada em consideração; de fato, ele esperava ser reconhecido e ter um lugar permanente no panteão mais ilustre da cultura brasileira. Sobre a candidatura e a derrota, a filha Maria da Glória reforçou o fator tempo perdido como explicação para a candidatura não ter vingado. "Foi um pouco tarde, né? A vida inteira o Austregésilo Athayde, que foi presidente da ABL por muitos anos, chamou papai para ser membro. Mas para isso tinha de ter livro publicado. Só que papai jamais arranjou tempo para publicar livro algum."[14] Ainda de acordo com Maria da Glória, quando enfim Capanema decidiu se candidatar havia uma espécie de compromisso com a candidatura de Dinah Silveira de Queirós. Quando os acadêmicos sondaram Capanema para demovê-lo da candidatura, o político mineiro não quis ceder: "Eu não vou sair porque a minha eleição está difícil",[15] minimizou o político. Na opinião de Maria da Glória, seu pai deixou essa oportunidade passar, contrariando um conselho que era sempre dito por Maria Massot: "Gustavo, a gente não deve adiar as coisas." Como ele adiou, Maria da Glória afirma que "ele perdeu provavelmente sabendo que seria derrotado".[16]

Outro que não ficou nada satisfeito com a derrota de Gustavo Capanema foi o poeta Carlos Drummond de Andrade. Na avaliação de Arnaldo Niskier, embora tenha sido abertamente cortejado pela academia, Drummond jamais aceitou ser membro da ABL por causa de uma espécie de compromisso para com o amigo de adolescência. "Eu tenho a sensação de que o poeta nunca admitiu ser candidato porque ele vivia a contradição interna, dele, de que preferia que primeiro fosse o Gustavo Capanema. Como Capanema nunca foi, Drummond também não foi."[17]

Niskier revela ainda outro episódio que mostra como a lealdade entre Capanema e Drummond permaneceria até o fim. Em uma ocasião, o governo do estado do Rio de Janeiro indicou Arnaldo Niskier como vencedor do prêmio Golfinho de Ouro. O prêmio era uma homenagem à sua atuação na educação do Rio de Janeiro. O premiado ficou orgulhoso, conforme suas próprias palavras. Algum tempo depois, no entanto, ele soube que Drummond ficara indignado com a indicação para esse prêmio. "Ele tinha mandado dizer, não sei através de quem, que fazia gosto que esse prêmio fosse dado ao Gustavo Capanema pela atuação de onze anos à frente da pasta da Educação no governo Vargas."[18] As consequências desse desencontro, por assim dizer, surpreenderam Niskier:

> Uma vez, eu fui à Casa de Rui Barbosa, onde o Drummond era um dos diretores, e o encontrei, dizendo: "Boa tarde, poeta!" Ele virou a cara. Ele sabia quem eu era, pois à época eu trabalhava na revista *Manchete*. Pensei comigo: "O Drummond está esquisito... ele não gosta de mim?" Eu

nunca estive pessoalmente com o Capanema, não tenho idade para isso. Mas o Drummond, até o fim, até morrer, nunca falou comigo. A gente se encontrava por aí, nos lançamentos, mas ele não me perdoou o fato de eu ter vencido o Golfinho de Ouro no lugar de Gustavo Capanema.[19]

Seja na Academia Brasileira de Letras, seja no estado do Rio de Janeiro, as tentativas de Gustavo Capanema gravar seu nome de modo mais permanente como um notável da educação e cultura não funcionaram. Assim como sua geração ia sendo substituída na política, ele assistia agora a seu nome perder a relevância que já tivera uma vez.

Maria da Glória repetiu o que seu pai já dissera em vida, que ele poderia ter vencido essa disputa se tivesse publicado um livro antes. Ela própria, com a ajuda de uma prima, fez a seleção de seus aforismos, que seriam editados em 1983 sob o título *Pensamentos*. Esses aforismos foram recolhidos de anotações que Capanema fizera ao longo da sua trajetória como homem público. Seja como for, Capanema, se quisesse, poderia ter apresentado sua candidatura novamente — foi assim, afinal, com o já citado Pontes de Miranda, que, antes de ocupar a cadeira de número 7, disputou com Rachel de Queiroz e foi derrotado na ocasião pela autora de *O quinze*. Somente na eleição seguinte é que Pontes de Miranda se candidatou e venceu. De sua parte, fosse pelo orgulho, fosse pelo desengano, Capanema decidiu se recolher e fechar a porta.

Dinah Silveira de Queirós tomaria posse na Academia Brasileira de Letras em 7 de abril de 1981. Em dezembro de 1982, pouco mais de dois anos depois da eleição, a cadeira número 7 ficaria vaga novamente. A escritora morreu sendo mais uma imortal a ser visitada pela indesejada das gentes.

* * *

Os últimos anos de vida de um político longe das luzes da ribalta não costumam ser grandiosos. A explicação pode até mesmo parecer um tanto óbvia, mas não é assim tão evidente: o político que sai de cena, *grosso modo*, deixa de fazer parte do círculo de notáveis, e sua relevância no debate político vai desaparecendo à medida que novos personagens, assim como novos cenários, se impõem à realidade cotidiana dos fatos. Gustavo Capanema, embora tenha participado dos eventos mais relevantes de sua geração, não conseguiu resistir à série de acontecimentos que, a partir dos anos 1980, redefiniriam os rumos da sociedade brasileira nas três décadas seguintes.

Dito de outra forma, quando a conversa sobre a redemocratização acontecia, ele já não era um personagem disponível e acessível. Não assistiu da tribuna ao alarido a respeito do surgimento do Partido dos Trabalhadores, que, naquele momento, crescia a partir dos escombros da ditadura militar, entre intelectuais, militantes de esquerda, sindicalistas e integrantes da sociedade civil. De modo semelhante, Capanema tampouco participou das discussões acerca do atentado do Riocentro, última tentativa de os militares recuperarem o poder, estratagema frustrado pela inépcia dos seus operadores; do ponto de vista dos costumes, o político mineiro não assistiu à renovação de comportamento dos jovens daquela geração que se engajou em outras causas, e sobretudo com mais informalidade.

Mais importante do que essa mudança de hábito das novas gerações, Capanema não assistiu do parlamento às discussões em torno das Diretas Já, emenda crucial dos anos 1980 e que embalava o desejo de uma imaginação que sonhava ainda que o dia podia nascer feliz.

De repente, quase tudo havia mudado, mas alguns personagens ainda eram os mesmos, assim como os desdobramentos das disputas políticas seguiam um curso mais ou menos previsível.

O político mineiro Tancredo Neves, afinal, não era um novato. Ministro da Justiça da "segunda vinda" de Getúlio Vargas, primeiro-ministro da breve experiência parlamentarista do Brasil no início dos anos 1960, ao longo da ditadura militar, Neves se tornou uma figura indispensável no debate político, em especial a partir dos anos 1970, quando a abertura "lenta, gradual e segura" havia começado. No que tange a Capanema em particular, Tancredo Neves era um político de seu tempo e, em certa medida, da mesma linhagem, muito embora o primeiro fosse muito mais afeito à ordem estabelecida e ao poder constituído. Em outras palavras, Capanema sempre que possível tentava compor com o poder que se anunciava, fator que ajuda a explicar a sua sobrevivência em cenários tão distintos quanto o Governo Provisório, o Estado Novo, o governo Dutra, o governo Vargas, o governo JK, o governo Jango e a ditadura militar. Tancredo Neves, por sua vez, se notabilizou na trajetória política do século XX, mas se manteve no poder assumindo mais riscos e tomando decisões que renderiam bons resultados mais adiante.

Maria da Glória Capanema não faz grandes segredos de como foram os últimos dias de seu pai. A partir dos anos 1980, a saúde do ex-ministro da Educação foi ficando cada vez mais comprometida. Se, nos anos 1960, um derrame quase colocou tudo a perder, nos anos 1980, Gustavo Capanema foi vitimado outras vezes por pequenos traumas que o deixaram mais e mais debilitado. Mesmo que quisesse, portanto, Capanema não poderia ter analisado a ascensão e queda da Emenda Dante de Oliveira, aquela que tornaria possível o voto direto para as eleições presidenciais em 1985. Na primeira metade da década de 1980, o Brasil se comoveu com este e outros eventos, tornando-se, primeiro, eufórico com as possibilidades e, depois, frustrado com a realidade que, na maioria das vezes, contrastava com as expectativas. Nesse sentido, assim como a Seleção Brasileira de 1982 não trouxe o tetracampeonato (Capanema, aliás, não gostava de futebol, embora se entusiasmasse com os resultados da Seleção), a emenda das diretas não passou.

Ainda assim, Tancredo Neves seguia em frente e era uma aposta certa para a sucessão. Seu nome se transformou no mais desejado para concretizar a transição do regime militar para a democracia. E à medida que sua eleição pelo Colégio Eleitoral se tornava inevitável, Capanema se calava ainda mais. Ninguém mais procurava o relator da Constituinte de 1946, justamente no momento em que a passagem para a Quinta República exigiria dos legisladores uma nova Carta Constitucional. Já não era mais tão de repente. A fotografia política dos anos 1980 era diferente o bastante dos tempos de Capanema. Dos personagens de sua geração, apenas Tancredo Neves, o virtual presidente da República, pertencia ao quadrante político do qual o ex-ministro da Educação e Saúde fizera parte.

Em janeiro de 1985, Tancredo Almeida Neves foi eleito presidente da República. Embora tenha sido de forma indireta, ele reunia em torno de si a maioria dos descontentes com os resultados da emenda das diretas e com aqueles que sonhavam um Brasil diferente depois do dia que durou 21 anos. A posse estava marcada para 15 de março de 1985, exatamente dois meses depois da eleição em que derrotara o candidato do PDS, Paulo Salim Maluf.

* * *

Só que aquele mês de março não guardava bom agouro.

Seis dias depois de Tancredo Neves completar 75 anos de idade, Gustavo Capanema morreu de embolia pulmonar. Era 10 de março de 1985. A notícia, como de costume acontece nessas ocasiões, fez com que os jornais puxassem a capivara de bons serviços de Gustavo Capanema ao longo de seus quase 85 anos. Ato contínuo, personalidades públicas, do meio político e intelectuais, correram para se manifestar.

Um deles foi Lucio Costa, que exaltou

> a coragem em construir o prédio da Educação e Cultura, projeto muito criticado à época pelas linhas modernas e arrojadas. O Palácio da Cultura é uma obra extraordinária, que, construída durante a Segunda Guerra, com muita dificuldade, chamou a atenção do mundo.[20]

Pode-se afirmar que começava ali a construção de um mito em torno de Capanema. De sua parte, Carlos Drummond de Andrade relembrou as instituições criadas pelo amigo enquanto ministro da Educação. Presente no enterro, o pensador Darcy Ribeiro, sociólogo e fundador da Universidade de Brasília, declarou: "Em um tempo de ignorância e brutalidade, construiu o primeiro edifício moderno do mundo. Assumiu a modernidade. Mais do que orgulho, confesso que sinto inveja de Gustavo Capanema."[21] José Aparecido de Oliveira, que estava prestes a assumir a recém-criado Ministério da Cultura, também fez questão de se lembrar de Capanema como o primeiro homem público a ter exercido de fato a vocação essencial da nova pasta, como titular da Educação e Saúde.

Além dessas personalidades da intelectualidade, estiveram presentes no enterro Afonso Arinos, Eliseu Resende, Marcelo Alencar — o então prefeito do Rio de Janeiro — e o antecessor, Wellington Moreira Franco, assim como Leonel Brizola e o ex-líder do PSD, Ernani do Amaral Peixoto. Representando o governo federal, o vice-presidente Aureliano Chaves e o senador Marco Maciel não chegaram ao Cemitério São João Batista a tempo de participar do cortejo.

Uma das presenças mais concorridas foi a de Hélio Garcia, governador de Minas Gerais. O motivo para tanto interesse, conforme os jornais destacaram, nada tinha a ver com nenhuma lembrança à personalidade ou à memória de Gustavo Capanema em si. Antes, se devia ao fato de que

Tancredo Neves estava na iminência de anunciar o seu ministério. Assim, no longo trajeto do cortejo, além de aparecer mais do que a família de Capanema, políticos como Hélio Garcia e o então governador do Rio de Janeiro, Leonel Brizola, riam e conversavam muito enquanto carregavam o caixão. Entre os familiares, houve um distanciamento que, à primeira vista, pareceu pouco comum. Político ao longo de toda a vida, Capanema foi carregado por aqueles com quem mais se identificava. Não tinha como ser diferente. De certa forma, era uma homenagem.

"Com a morte de Gustavo Capanema, a cultura mineira experimentou um desfalque incalculável. Capanema foi um vulto representativo do que Minas possui de melhor no seu sentimento, no seu pensamento."[22] Mais protocolar, impossível, e no melhor estilo de chefe de Estado. Foram essas as palavras de Tancredo Neves em homenagem ao ex-colega de Congresso, conterrâneo e ex-correligionário. À época, o presidente recém-eleito já preparava os últimos detalhes antes de chegar ao Palácio do Planalto.

Só que Tancredo Neves não chegaria a tomar posse.

Doze horas antes do prazo marcado para tomar a faixa presidencial, Tancredo foi submetido a uma cirurgia às pressas. Conforme estava previsto, mas com grande apreensão da opinião pública, José Ribamar Ferreira de Araújo, conhecido como José Sarney, assumiu a Presidência sem receber a faixa do presidente Figueiredo. Dali a pouco mais de um mês, com a morte de Tancredo Neves, após ter sido submetido a sete cirurgias, José Sarney efetivou-se como presidente da República.

A morte de Capanema aconteceu em 10 de março de 1985. Cinco dias a partir dessa data, Tancredo assumiria a Presidência. Atendendo ao curso natural dos fatos, a morte de Capanema não alterou o cronograma e a repercussão em torno da escolha dos ministros e a especulação a propósito de como seria a Presidência de Tancredo Neves. Em contrapartida, a agonia pública de Tancredo Neves, com direito a vigília, velório e enterro transmitidos pela TV, sem dúvida alguma ofuscou o passamento de Gustavo Capanema. Dito de outra forma, o seu obituário foi escrito com a saída dele do Senado. A morte em 1985 acabou sendo uma nota de rodapé nos idos de março daquele ano.

* * *

Até o fim de sua trajetória política, Gustavo Capanema fez uma opção pela conciliação, de modo que o diálogo e a busca de convencimento do adversário eram pedras de toque de sua estratégia. É certo que, estrategicamente, Capanema se posicionava do lado de quem poderia oferecer algo em troca, uma vez que sempre esteve do lado do poder. Tancredo Neves, por sua vez, também preferiu construir pontes para enfrentar os obstáculos que se apresentavam como intransponíveis. Em dois meses de 1985, o Brasil perdia os últimos representantes de uma classe de políticos conciliadores, que, operando no limite da Constituição, buscaram evitar os choques e os conflitos absolutos e definitivos. Enquanto Tancredo Neves simbolizou a conquista civil possível de uma sociedade marcada por 21 anos da ditadura militar, Gustavo Capanema representou a articulação política levada às últimas consequências, sem se deixar levar pela marca registrada da corrupção, denominador comum da vida política nos dias em que a Quinta República tenta não cair em total descrédito.

Vitimado por uma embolia pulmonar, Gustavo Capanema Filho não assistiu ao momento político que substituiu a época da qual ele foi um personagem atuante e que, apesar das tempestades, conseguiu sobreviver a diversos altos e baixos da vida nacional. Nesse quesito, os personagens do teatro político que vieram depois dele não estavam à sua altura.

Nos anos seguintes, seu nome ficou vinculado àquela que viria a ser reconhecida como sua principal obra: o prédio do Ministério da Educação e Saúde. No dia 8 de abril de 1985, conforme o Decreto nº 91.888, assinado pelo presidente da República José Sarney e o então ministro da Educação Marco Maciel, o edifício do Ministério da Educação e Saúde, localizado na Esplanada do Castelo, tornou-se oficialmente Palácio Capanema.

É a partir dessa referência que Gustavo Capanema passou a ser lembrado: o homem responsável pela educação e cultura durante o governo Vargas, tudo isso em que pese o fato de ele ter sido ministro da Educação e Saúde, além de deputado, jurista e senador. Tendo lido essa biografia, é possível que o leitor concorde que o epíteto "Gustavo Capanema, o político da cultura" não apresente toda a verdade acerca do personagem. Até mesmo Capanema poderia concordar com isso. O político mineiro, no entanto, certamente poderia emendar: "Nas coisas políticas, a versão muitas vezes vale mais do que a verdade."

Epílogo

Este livro foi escrito a partir de pesquisa bibliográfica e de entrevistas com jornalistas, políticos, familiares e pesquisadores que puderam oferecer uma compreensão mais abrangente acerca de Gustavo Capanema Filho.

O objetivo sempre foi compreender Capanema, suas motivações, suas ambições, suas escolhas individuais, para além da mistificação que paira sobre o político mineiro: a de que foi integrante do Ministério de Getúlio Vargas e construiu ali, para além do edifício que leva hoje seu nome, uma estrutura sofisticada para a representação da cultura brasileira.

Com a pesquisa para a escrita do livro, me surpreendeu uma contradição interessante: ao mesmo tempo que era um personagem reconhecido e amplamente estudado exatamente por sua colaboração nesse período do governo Vargas, Capanema era praticamente ignorado pelo público em geral no Brasil, mesmo aqueles que se interessam por política. Muito embora a memória sobre personagens políticos do país seja refém dos grandes nomes, me deparei com situações no mínimo inusitadas, como a que segue: em telefonema para o Espaço Político-Cultural Gustavo Capanema, o atendente não soube precisar se no local constavam informações e dados a propósito do personagem que dava nome ao lugar. Desconfiado, não hesitei mais e perguntei: "Mas o senhor sabe quem foi Gustavo Capanema?" Depois de alguns segundos sem resposta, o atendente reagiu: "Ah, sim, deve ter sido candidato à Presidência da República."

Entre os estudos sobre Capanema, sobram análises quanto à sua atuação como homem da cultura, destacando a sua liderança sensível em meio a tempos sombrios. De acordo com essa versão, Capanema, ao lado de Drummond, teria sido o responsável pela consolidação do ideal modernista durante o governo Vargas, e em boa parte dos casos o fato de o ministro da Educação e de seu chefe de gabinete terem participado de um regime de exceção é não apenas relativizado, como também colocado como uma virtude daquela época — quando o Belo podia conviver com a política.

Gustavo Capanema, no entanto, foi mais e além. Político atuante, esteve presente nos momentos decisivos da história do país e ajudou a dar força a uma tradição que superou a sua própria experiência: como político, viveu no limite da conciliação e do exercício do poder na sua plenitude. Conforme as regras do jogo, fez de tudo para não ficar de fora dos embates e fez questão de participar das decisões determinantes para os rumos do país. Foi no parlamento que ofereceu sua contribuição e seu talento como jurista para influenciar no debate de ideias e nos rumos da vida pública do país. Nascido em 1900, Capanema comentou, anotou, votou e pautou a sociedade brasileira como poucos políticos de sua época com um conjunto de valores que não era apenas dos partidos aos quais pertenceu, mas, principalmente, fruto de suas próprias convicções. Nesse sentido, como um moralista à brasileira, repudiou o liberalismo como agenda político-econômica, defendendo, sempre que possível, a presença do Estado na vida nacional, em uma tendência que poderia se aproximar da ideia de religião civil do Estado Moderno, conforme escreveu, ainda na década de 1980, o pensador Nelson Lehmann da Silva.[1] Condicioná-lo, portanto, como agente político desta ou daquela ideologia seria perder de perspectiva um fator determinante de sua personalidade. Capanema respirava política porque tinha vontade de poder e uma das leituras possíveis acerca de sua personalidade não deixa dúvida a esse respeito: ele jamais concorreu a um cargo executivo não só porque faltaram convites, mas principalmente porque ele jamais gostou de perder — e, nesse sentido, a mera possibilidade de ficar de fora do jogo lhe era insuportável.

A propósito de seu pavor às derrotas, vale a pena ressaltar o comentário de Carlos Castello Branco. Em um texto publicado na sua coluna no *Jornal do Brasil*,[2] o jornalista revela que Capanema se sentiu preterido por JK, seu amigo, às vésperas da escolha do candidato à presidente da República em 1955. Assim escreveu o jornalista: "Capanema amargurou a perda da Presidência. Dizia-me que Juscelino não poderia ser presidente simplesmente por não ter consciência do papel de um presidente." Carlos Castello Branco prossegue, dando a dimensão do que provavelmente foi a maior frustração de Capanema: "No dia da posse, Afonso Arinos perguntou-lhe se seria o líder do novo presidente na Câmara. Eis a resposta: 'Afonso, nós que já tocamos na filarmônica de Berlim não podemos tocar na banda de Diamantina.'" A maledicência de Capanema mostra que, apesar do perfil conciliador, ele tinha uma vaidade que só certa classe de políticos possui.

Animal político por excelência, Capanema gostava de vencer — e por isso se adequava tão bem ao poder. Jamais foi uma figura popular, sendo alvo fácil das caricaturas e das perfídias tanto de correligionários quanto de adversários. Ainda assim, amargou poucas derrotas, a saber: em 1933, quando foi escanteado por Vargas, que preferiu Benedito Valadares para interventor de Minas Gerais; em 1958, quando ficou como suplente para a eleição na Câmara; e em 1980, quando foi derrotado por Dinah Silveira de Queirós para a Academia Brasileira de Letras. Em nenhuma dessas ocasiões, contestou o adversário vencedor ou reclamou publicamente da derrota. Como político, sabia o momento de entrar e de sair de cena.

Com a sua morte, em 1985, poucos poderiam saber que uma nova página era virada na história do país. Políticos reformadores daquela geração, hoje sabemos, deveriam, sim, ter colaborado para a transição que se iniciara ali. No caso de Capanema, o fato de ter sido apagado da memória política da História do Brasil representou um desserviço para a cultura política do país. Ao final, sua versão ainda permanece importante.

Agradecimentos

Este livro não teria sido escrito sem o apoio de uma rede de inestimável amizade. A lista dos agradecimentos começa com Martim Vasques da Cunha, que foi conselheiro desde a hora zero, quando esta obra ainda era só uma ideia nas caminhadas peripatéticas da Livraria Cultura até o meu trabalho (na Universidade Anhembi Morumbi), sempre às sextas-feiras depois do almoço.

Carlos Andreazza, que desde o início acreditou neste livro, e toda equipe do Grupo Editorial Record (representada aqui por Luciana Aché e Duda Costa, que cuidaram com carinho dos originais) tiveram paciência ímpar ao longo de todo o processo de pesquisa, redação e edição do texto.

Aos meus amigos da Universidade Anhembi Morumbi, professores Cris Almeida, Nivaldo Ferraz, Claudia Kober, Maria José Rosolino, Osmar Visibelli, Whaner Endo e Luiz Alberto Farias. Ainda na esfera profissional, também faço menção aos meus amigos do *Digestivo Cultural*: Julio Daio Borges, Vicente Escudero, Diogo Salles e Rafael Fernandes — vocês precisam saber que suas palavras de incentivo foram muito importantes. Incluo aqui Alfred Bilyk, uma conversa inteligente para todas as horas.

No âmbito familiar, sobram agradecimentos: a meus pais, Geraldo Saturnino Cardoso e Noeme Silvestre Cardoso, e aos meus irmãos, Rogerio Silvestre Cardoso e Daniela Silvestre Cardoso, que sempre apostaram em mim, não importando o tamanho do desafio.

No processo de feitura deste livro, ainda conheci gente que eu sequer supunha de carne e osso, dada a sua grandeza. Alberto Dines, que me recebeu em sua bibliocasa em 2015 e disse: "Quero ver este livro pronto!"

Almino Affonso, que aceitou compartilhar comigo suas lembranças daquele período extraordinário.

Agradeço ainda à equipe do CPDoc, no Rio de Janeiro, que pacientemente me mostrou como funcionava a consulta aos arquivos. De igual modo, sou grato a Helena Bomeny e Simon Schwartzman, os pioneiros no desbravamento do arquivo Capanema no CPDoc-FGV. Do Banco de Dados da *Folha de S.Paulo*, eu não teria conseguido nada sem as instruções preciosas do jornalista Alberto Nogueira. As conversas com Maria da Glória Capanema (filha de Capanema) e com José Capanema (sobrinho do ex-ministro da Educação) foram, além de necessárias, esclarecedoras.

Ainda no tocante à pesquisa, pude contar com o apoio decisivo do jornalista e pesquisador Marlucio Luna, que, com sua experiência, investigou a trilha deixada por Capanema na imprensa brasileira.

Já no processo de escrita, cuja responsabilidade pelos eventuais defeitos é deste autor, ressalto aqui a importância da leitura da primeira versão deste livro feita pelas escritoras Sabina Anzuategui, Luciana Rossetto e Karina Menegaldo. A economista Denise Ramirez também leu e fez observações pertinentes, da mesma forma que o escritor e jornalista Chico Bicudo. Contei, ainda, com o apoio de Theo de Souza, cuja verve e bom humor foram fundamentais para os momentos de exaustão. A todos vocês, muito obrigado.

Um agradecimento especial a Luciana Borges (tudo o que escrevo é para você, meu amor) e ao João Vitor — pelo bom humor e pela companhia.

Notas

Introdução: quem foi Gustavo Capanema?

1. ARENDT, 2008, p. 41.
2. Antes de Gustavo Capanema, estiveram ministros Belisario Augusto de Oliveira Pena, de 16 de setembro de 1931 a 1º de dezembro de 1931; e Washington Pereira Pires, de 16 de setembro de 1932 a 23 de julho de 1934. Francisco Campos também ocupou o cargo em outra oportunidade, de 2 de dezembro de 1931 a 15 de setembro de 1932. Ver: GALERIA, [s.d.].
3. Sérgio Miceli escreveu, entre outros, *Intelectuais e classe dirigente no Brasil (1920-1945)*, obra em que comenta a dinâmica política cultural do país na primeira metade do século XX. Em linhas gerais, a obra abre espaço para a compreensão da estratégia de atuação das elites intelectuais brasileiras.
4. Henry Kissinger foi um dos principais nomes da política externa norte-americana na segunda metade do século XX, tendo sido secretário de Estado do presidente Richard Nixon.
5. BADARÓ, 2000, p. 435.

1. Capanema tinha uma arma

1. A Legião de Outubro, ou Legião Mineira, nasceu em 1931 e teve forte influência do fascismo, à época em pleno avanço na Itália. Entre os seus principais nomes, ao menos no começo, figuravam Gustavo Capanema e Francisco Campos.
2. Os aliancistas em questão pertenciam à composição que fora batizada de Aliança Liberal, que, a um só tempo, protegia sob o seu guarda-chuva: dissidentes diversos; um grupo alternativo que ambicionava o poder; e uma coalizão que buscava nova abordagem junto a ampla fatia da sociedade brasileira.

3. Francisco Campos é um dos personagens centrais para compreender a trajetória de Gustavo Capanema. Conservador de quatro costados, Campos notabilizou-se por ser um adversário das liberdades individuais ao mesmo tempo que advogava a força do Estado como elemento agregador da nação. Ver: SANTOS, 2007. p. 36.
4. *O Jornal* apud BADARÓ, 2000, p. 174.
5. Arquivo Gustavo Capanema, CPDoc/FGV apud BADARÓ, 2000, p. 174.
6. Apud BADARÓ, 2000, p. 179.
7. Idem, p. 181.
8. DESMENTE-SE, 1931.

2. ANOS DE FORMAÇÃO

1. No programa *Manhattan Connection*, do canal GloboNews, em 2015, o apresentador Lucas Mendes, ao comentar os trezentos anos da cidade, elencou o número de personalidades políticas relevantes que fizeram parte da história de Pitangui.
2. PITANGUI, [s.d.].
3. SCHWARCZ; STARLING, 2015, p. 219.
4. Fidalgo português, Balthazar da Silveira (1674-1751) foi governador da capitania de São Paulo e Minas de Ouro.
5. A história da carta está no site oficial da cidade de Pitangui. Ver HISTÓRIA, [s.d.].
6. Maria Tangará, Joaquina do Pompeu e Dona Beja são personalidades femininas importantes na história de Minas Gerais, mormente porque exerceram poder num momento em que a condição feminina não permitia tanta influência às mulheres.
7. CAPANEMA, 1979, p. 35.
8. Entrevista concedida ao autor em fevereiro de 2016.
9. CAPANEMA, op. cit., p. 41.
10. Idem, p. 37.
11. Idem, p. 131.
12. Idem, p. 132.
13. Em entrevista concedida ao autor em fevereiro de 2016.
14. CAPANEMA, op. cit., p. 134.
15. Idem.
16. Idem, p. 57.
17. Em entrevista concedida ao autor em fevereiro de 2016.
18. No tocante à sua trajetória política, em pelo menos duas ocasiões Gustavo Capanema revelou à sua mãe, no calor da hora, suas impressões quanto às mudanças que estavam em curso. Em 1930, ele escreveu sobre a Revolução de 1930, numa carta em que conta acerca da "formidável revolução" que foi feita "para consertar o Brasil". A carta é datada de 28 de outubro de 1930. A outra mensagem, correspondente ao período em que ele se viu na berlinda no cargo de ministro da Educação e Saúde, se deu às vésperas do Estado Novo. Capanema revelaria sua angústia e ansiedade pela indecisão quanto ao seu futuro.

19. Trata-se do arranjo político forjado pelo presidente Campos Salles com o objetivo de contornar os impasses que envolviam os primeiros anos da República, ainda na última década do século XIX. O acordo pavimentou o caminho para que a Presidência da República e as oligarquias dominantes nos estados pudessem conviver com um novo equilíbrio.
20. Em entrevista concedida ao autor em março de 2016.
21. Idem.

3. Um homem comedido

1. Pedro Nava também escreveu a respeito de Capanema em seus livros, especialmente em *Beira-mar* (2013). O depoimento em questão foi concedido no contexto do livro *Tempos de Capanema*, de SCHWARTZMAN, BOMENY e COSTA (2000).
2. Entrevista concedida por Maria da Glória Capanema ao autor em fevereiro de 2016.
3. EDITAL 022/2017, Faculdade de Direito da Universidade Federal de Minas Gerais.
4. FRAIZ in GOMES, 2000.
5. *Depoimento* (Nova Fronteira, 1987) é um dos documentos políticos mais importantes da história do Brasil do século XX. O texto traz não só o testemunho de Carlos Lacerda, mas, também, momentos de análise das suas principais escolhas como personagem fundamental da oposição.
6. NAVA, 2013, p. 467.
7. Para mais informações sobre as publicações culturais da época, ver WERNECK, Humberto, 2012.

4. Movimentação calculada

1. Para mais considerações sobre voto de cabresto, ver LEAL, Vitor Nunes, 2013.
2. Arquivo Gustavo Capanema, CDPOC/FGV apud BADARÓ, 2000, p. 65.
3. Idem.
4. Idem.
5. BADARÓ, 2000, p. 81.

5. A Revolução de 1930: em três anos, um nome nacional

1. John Gledson, Sidney Chalhoub e Roberto Schwarz são alguns dos estudiosos que atentam para o fato de a obra machadiana propor uma crítica aos costumes e à vida política do Brasil, sobretudo no período do Segundo Reinado.
2. CARVALHO, 2001. p. 15.
3. CARVALHO, 1987, p. 161.
4. FOI ASSASSINADO, 1930.
5. CARRAZONI apud LIRA NETO, 2012, p. 445.

6. SCHWARTZMAN (org.), 1983, p. 24.
7. Idem, p. 25.
8. LIRA NETO, 2012, p. 469.
9. O trecho em questão apareceria, também, na voz da personagem de Darcy Vargas, esposa de Getúlio Vargas, no filme *Getúlio*, de João Jardim (2014).
10. RIBEIRO, Darcy, 1985, p. 84.
11. BOMENY in GOMES, 1980, p. 136.
12. Manifesto da Legião de Outubro Mineira, 26 fev. 1931. Arquivo Gustavo Capanema, CPDoc/FGV apud SCHWARTZMAN; BOMENY; COSTA, 2000, p. 55.
13. Carta de Francisco Campos a Gustavo Capanema. 28 mar. 1931. Arquivo Gustavo Capanema, CPDoc/FGV apud SCHWARTZMAN; BOMENY; COSTA, 2000, p. 58.
14. Idem.
15. Idem.
16. BADARÓ, 2000, p. 174.
17. CAMARGO et al., 1986, p. 99.
18. BOMENY in GOMES, 1980. p. 160.
19. Como escreve Helena Bomeny (1980), "era preciso criar uma fórmula política capaz de conciliar as forças oligárquicas identificadas com [Arthur] Bernardes e as adeptas da legião [de outubro]. Já não havia mais ilusões de que a legião pudesse constituir-se numa solução política viável. O PRM provara sua força, ainda que fracionado internamente. Se ao Partido Republicano Mineiro não fosse entregue o poder do estado, esse governo não poderia, em contrapartida, alijá-lo completamente". A solução encontrada foi o estabelecimento de um acordo entre as forças da Legião Mineira e os perremistas. A fórmula foi batizada de "o Acordo Mineiro". (p. 160.)
20. Carta de Gustavo Capanema a Getúlio Vargas. 26 nov. 1931. Arquivo Gustavo Capanema, CPDoc/FGV apud BADARÓ, 2000, p. 197-198.
21. SCHWARTZMAN (org.), 1983, p. 35.
22. Carta de Mário de Andrade a Carlos Drummond de Andrade. São Paulo, 6 nov. 1932. In: FROTA, 2002, p. 424.
23. VARGAS, Getúlio apud BADARÓ, 2000, p. 214.
24. LIRA NETO, 2013, p. 164.
25. SILVA, Hélio, 1969a, p. 79.
26. VARGAS, Getúlio. *Diário*. v. 1, p. 252 e 257 apud LIRA NETO, 2013, p. 171.
27. VARGAS, Alzira, 2017.
28. NERY, 1977.

6. No Ministério

1. O Movimento da Escola Nova tem como premissa o preparo do indivíduo para a resolução de problemas, além de propor ao estudante um método de aprendizado fundamentado na ação, na experimentação e na vivência.

CAPANEMA

2. GHIRALDELLI JR., 2001, p. 39.
3. SCHWARTZMAN; BOMENY; COSTA, 2000, p. 72.
4. AMOROSO LIMA, 1969, p. 17.
5. Carta de Alceu Amoroso Lima a Gustavo Capanema. Rio de Janeiro, 5 mar. 1934. Arquivo Gustavo Capanema, CPDoc/FGV apud SCHWARTZMAN; BOMENY; COSTA, 2000, p. 310.
6. Carta de Alceu Amoroso Lima a Gustavo Capanema. Rio de Janeiro, 23 abr. 1934. Arquivo Gustavo Capanema, CPDoc/FGV apud SCHWARTZMAN; BOMENY; COSTA, 2000, p. 312.
7. BOMENY, 2012, p. 98.
8. Arquivo Gustavo Capanema, FGV/CPDoc, GC 34.06.21 apud HOCHMAN; FONSECA in GOMES, 2000, p. 179.
9. SCHWARTZMAN (org.), 1983, p. 358-359.
10. SCHWARTZMAN; BOMENY; COSTA, 2000, p. 189.
11. Idem, p. 190.
12. Carta de Alceu Amoroso Lima a Gustavo Capanema, Rio de Janeiro, 16 jun. 1935 apud SCHWARTZMAN, BOMENY; COSTA, op. cit., p. 315.
13. A ERA VARGAS, [s.d.].
14. A referida tradução para o português da obra de Omer Buyse (Imprensa Oficial do Estado da Bahia, 1927) foi encomendada pelo próprio Anísio Teixeira. Ver CARVA-LHO, 1999.
15. SCHWARTZMAN (org.), 1983, p. 367.
16. FÁVERO, 2000 apud PORTO, 2003.
17. SCHWARTZMAN; BOMENY; COSTA, 2000, p. 227.
18. Carta de Alceu Amoroso Lima a Gustavo Capanema. Rio de Janeiro, 16 jun. 1935. Arquivo Gustavo Capanema, CPDoc/FGV apud SCHWARTZMAN; BOMENY; COSTA, 2000, p. 313.
19. CURY, 2010, p. 27.
20. Depoimento concedido ao documentário sobre Anísio Teixeira, *Educação não é privilégio* (2007).
21. Vinculado ao Ministério da Educação, o Instituto Nacional de Pesquisas Educacionais Anísio Teixeira tem como objetivo auxiliar na elaboração de políticas educacionais em diferentes níveis do governo. Fundado em 1937, seu primeiro diretor-geral foi Lourenço Filho.

7. Capanema e os intelectuais

1. BENDA, 2007, p. 89
2. Idem.
3. SAID, Edward, 2005, p. 27.

4. BOMENY (org.), 2001, p. 11-35.
5. MEDINA, 1980, p. 22.
6. Sérgio Miceli assina ao menos dois livros em que comenta a relação entre intelectuais e elite política na Era Vargas. Para além de *Intelectuais e classe dirigente*, que mais tarde estaria reunido no livro *Intelectuais à brasileira*, o autor também escreveu *Retratos da elite brasileira*, no qual, a partir da produção de Candido Portinari, observa a dinâmica existente entre cultura e poder no governo Vargas.
7. Carta de Gustavo Capanema a Carlos Drummond de Andrade. Rio de Janeiro, 23 jul. 1934. Arquivo Carlos Drummond de Andrade, CPDoc/FGV apud SAID, Roberto, 2005, p. 54.
8. Entrevista concedida ao autor em fevereiro de 2016.
9. Carta de Carlos Drummond de Andrade a Gustavo Capanema. Rio de Janeiro, 25 mar. 1936. Arquivo Gustavo Capanema, CPDoc/FGV apud SCHWARTZMAN; BOMENY; COSTA, 2000, p. 318.
10. Em entrevista concedida ao autor em agosto de 2014.
11. SAID, Roberto, 2005, p. 20.
12. Entrevista concedida ao autor em julho de 2015.
13. ANDRADE, 1985, p. 7.
14. CANÇADO, 2006, p. 159.
15. Idem.
16. MORAES, 2012, p. 16.
17. No livro *Graciliano Ramos e a cultura política: mediação editorial e construção de sentido*, o pesquisador e autor Thiago Mio Salla analisa a colaboração de Graciliano Ramos para a publicação estadonovista e chega à conclusão de que há um espaço para ambiguidade nos textos do escritor nesse período. Isso porque, embora Graciliano tenha emprestado seu talento para um Estado opressor, em seus textos não existem marcas definitivas de que o autor de *Vidas secas* concordava com as ideias impostas pela ditadura de 1937. A propósito do livro, ver resenha de Marcus Hidemi de Lima para o jornal *Rascunho*.
18. Carta de Mário de Andrade a Gustavo Capanema. 30 abr. 1935 apud BOMENY, 2012, p. 144.
19. Idem, p. 142.
20. Carta de Mário de Andrade a Gustavo Capanema. Rio de Janeiro, 30 jun. 1939. Arquivo Gustavo Capanema, CPDoc/FGV apud SCHWARTZMAN; BOMENY; COSTA, 2000, p. 389.
21. Idem, p. 392.
22. PEREIRA, 1998, p. 73.
23. Idem, p. 74.
24. CASTRO, 1992, p. 164.
25. RODRIGUES, 1993, p. 174.
26. Entrevista concedida ao autor em fevereiro de 2016.

CAPANEMA   387

27. RIBEIRO, 1985, p. 115.
28. WILLIAMS in GOMES (org.), 2000, p. 252.
29. Idem, p. 253.
30. Idem, p. 255.
31. Idem, p. 256.
32. Idem, p. 257.
33. Idem, p. 258.
34. Projeto Portinari. Entrevista oral com Carlos Drummond de Andrade apud WILLIAMS in GOMES (org.), 2000, p. 259.
35. WILLIAMS in GOMES (org.), 2000, p. 261.
36. Idem, p. 262.
37. Idem, p. 263.
38. Idem.
39. Idem, p. 266.
40. RIBEIRO, 1985, p. 100.

8. Palácio Capanema

1. FERRAZ, 2013.
2. Idem.
3. A CONSTRUÇÃO, 1935, p. 12.
4. Idem.
5 Ata de reunião do encerramento de concurso para escolha do projeto Edifício MES apud CAVALCANTI, 2006, p. 38.
6. CAVALCANTI, op. cit., p. 38.
7. Idem, p. 39.
8. Carta de Gustavo Capanema a Getúlio Vargas em 11 fev. 1936 apud CAVALCANTI, 2006, p. 40.
9. CAVALCANTI, op. cit., p. 42.
10. Carta de Archimedes Memória a Getúlio Vargas, nos primeiros meses de 1936, dando conta da insatisfação para com o resultado do concurso. In: LISSOVSKY; MORAES DE SÁ, 1996, p. 26.
11. A CIDADE, 1936, p. 4.
12. Idem.
13. Carta de Gustavo Capanema a Le Corbusier. 11 ago. 1936 apud QUEIROZ, 2007, p. 57.
14. Depoimento disponível no texto "Em defesa do Palácio Capanema". Ver COSTA, 2011.
15. Carta de Gustavo Capanema a Le Corbusier. 14 ago. 1936 apud LISSOVSKY; MORAES DE SÁ, 1996, p. 144.
16. CAVALCANTI, 2006, p. 49.
17. Idem, p. 52.
18. Carta de Gustavo Capanema. 14 set. 1937 apud CAVALCANTI, op. cit., p. 52.

19. Entrevista de José Capanema concedida ao autor em março de 2016.
20. Idem.
21. SEGRE, 2013 apud FERRAZ, 2013.
22. Entrevista concedida ao autor em dezembro de 2014.
23. Entrevista concedida ao autor em março de 2016.
24. Entrevista concedida ao autor em março de 2016.

9. O PODER AMEAÇADO

1. SILVA, Hélio, 1969b, p. 118.
2. REIS, 2014, p. 169.
3. Idem, p. 168.
4. Idem, p. 177.
5. Idem.
6. SILVA, 1969b, p. 400.
7. Idem.
8. SCHWARTZMAN; BOMENY; COSTA, 2000, p. 227.
9. ESTEVE NO MONROE, 1936.
10. A CÂMARA, 1936.
11. LUI, 1936, p. 4.
12. PARADOXOS, 1936, p. 4.
13. MINISTRO, 1936, p. 4.
14. HORTA, 2010, p. 24.
15. Idem.
16. Idem.
17. Idem, p. 26.
18. Idem.
19. VARGAS, 1995, p. 117.
20. SCHWARTZMAN (org.), 1983, p. 42.
21. Apud LESSA, Ricardo. Flerte com Hitler. *IstoÉ, Senhor* ed. 1169. 26 fev. 1992, p. 69.
22. Entrevista concedida ao autor em outubro de 2015.
23. SCHWARTZMAN (org.), 1983, p. 44.

10. CAPANEMA SE MOVE

1. SCHWARTZMAN; BOMENY; COSTA, 2000, p. 207.
2. ROMANELLI, 1978, p. 41.
3. OTRANTO; PAMPLONA, 2008, p. 3.
4. SOARES; OLIVEIRA, 2002.
5. Idem, p. 355.
6. Idem, p. 42.

7. MONTALVÃO, 2011, p. 28.
8. OLIVEIRA et al., 1982, p. 152.
9. Idem, p. 155.
10. Idem.
11. Idem.
12. Idem, p. 156.
13. Idem, p. 157.
14. METALL, 1943, p. 13 apud GODOY, 2012.
15. SCHWARTZMAN (org.), 1983, p. 356.
16. SCHWARTZMAN; BOMENY; COSTA, 2000, p. 247.
17. SCHWARTZMAN (org.), 1983, p. 364.
18. Carta de Gustavo Capanema ao presidente Vargas, 25/07/1940. CPDoc/FGV: GCg 1938.04.30, r.51 apud SCHWARTZMAN; BOMENY; COSTA, 2000, p. 252.
19. SCHWARTZMAN (org.), 1983, p. 364.
20. Idem.
21. Idem, p. 365
22. Gustavo Capanema em conferência proferida perante a Confederação Nacional da Indústria na solenidade de abertura do SENAI. Arquivo Gustavo Capanema CPDoc/FGV apud SCHWARTZMAN; BOMENY; COSTA, 2000, p. 256.
23. SCHWARTZMAN; BOMENY; COSTA, 2000, p. 260.
24. Carta de Roberto Mange a Capanema, 25 de abril de 1942. Arquivo Gustavo Capanema, CPDoc/FGV apud SCHWARTZMAN; BOMENY; COSTA, 2000, p. 260.
25. Carta de Werner Amacher a amigo, 30 out. 1943. Arquivo Gustavo Capanema, CPDoc/FGV apud SCHWARTZMAN; BOMENY; COSTA, 2000, p. 266.
26. SCHWARTZMAN; BOMENY; COSTA, 2000, p. 267.
27. CANTARINO FILHO, 1982, p. 122 apud CORRÊA, 2006.
28 Trecho do Decreto-Lei nº 4.244, de 9 de abril de 1942. Para o texto completo, ver BRASIL, 1942.
29. BRASIL (Presidente) 1930-1945 (G. Vargas). Mensagens presidenciais 1933-1937, Getúlio Vargas. Brasília, Câmara dos Deputados, 1978, 748p. (Documentos parlamentares, 126), p. 720 apud CORRÊA, 2006.
30. VILLA-LOBOS, 1940, v. 1. apud AMATO, 2007, p. 215.
31. MARIZ, 2005, p. 144.
32. Idem.
33. Idem, p. 145.
34. Idem, p. 153.
35. MENDES, 2009.
36. Humberto Mauro, documentarista e um dos pioneiros do Cinema Nacional, foi um dos principais diretores do Instituto Nacional de Cinema Educativo (INCE), que foi criado em 1936 por Gustavo Capanema.
37. TOTA, 2014, p. 50.

38. Idem, p. 120.

39. WILLIAMS, 2001.

40. O link para o *Brazil Builds* foi tornado público recentemente pelo MoMA. Ver GOODWIN; SMITH, 1943.

41. *Teoria do medalhão*, de Machado de Assis, é um dos contos mais analisados da literatura brasileira. Para comentário mais profundo a respeito, ver a introdução de Ivan Teixeira na edição de 2005 de *Papéis avulsos*, publicado pela Ateliê Editorial.

11. O FIM É UM NOVO COMEÇO

1. Filinto Müller teve a proeza de participar de duas ditaduras que marcaram o Brasil no século XX. Como chefe de polícia do governo Vargas, Müller foi um dos perseguidores implacáveis dos inimigos do Estado Novo. Relatos sobre a sua trajetória como operador das sombras da política dão conta de que, em 1937, Filinto Müller teria se encontrado com o chefe da política política nazista. Sobre ele, David Nasser escreveu *Falta alguém em Nuremberg*, publicado em 1947. Para mais informações sobre Filinto Müller, ver: REIS, 2012.

2. SCHWARCZ; STARLING, 2015, p. 383.

3. SCHWARTZMAN; BOMENY; COSTA, 2000, p. 182.

4. SEVERIANO; MELLO, 1997, p. 177.

5. UNE, [s.d.].

6. Idem.

7. SKIDMORE, 2010, p. 83.

8. UNE, [s.d.].

9. ARAÚJO, 2007, p. 21.

10. ARAÚJO, 2007, p. 37.

11. SCHWARCZ; STARLING, 2015, p. 385.

12. Idem.

13. LEVINE, 2001, p. 108.

14. ARAÚJO, [s.n.], [s.d.] apud LIRA NETO, 2013, p. 489.

15. Nota, proclamações e mensagens de Getúlio Vargas ao povo gaúcho e brasileiro comunicando sua renúncia, suas preocupações para com os trabalhadores e razões de seu afastamento. Arquivo CPDoc-FGV. Documento GV C 1945.10.29/2 apud LIRA NETO, 2013, p. 571.

16. ARAÚJO, [s.n.], [s.d.] apud LIRA NETO, 2013, p. 592.

17. BADARÓ, 2000, p. 318.

18. *O Radical*, 5 abr. 1945 apud LISSOVSKY; SÁ, 1996, p. 274.

19. ANDRADE, 1985, p. 32.

20. Idem, p. 25.

21. ANDRADE, Moacyr, 1964, p. 112.

22. ANDRADE, Carlos Drummond de, op. cit., p. 48.

23. Idem.
24. Idem, p. 49.
25. Entrevista concedida ao autor em março de 2016.
26. UM MINISTRO, 2016.
27. Entrevista concedida à jornalista Leila Sterenberg para o programa *Milênio*, da GloboNews, em janeiro de 2011.
28. Gustavo Capanema. Conferência proferida por ocasião do centenário do Colégio Pedro II, 2 dez. 1937. GC/Capanema, Gustavo, 02.12.1937, série pi. apud SCHWARTZMAN; BOMENY; COSTA, 2000, p. 123.
29. SCHWARTZMAN; BOMENY; COSTA, 2000, p. 124.
30. Idem, p. 127.
31. Artigo 15, Estatuto da Família apud SCHWARTZMAN; BOMENY; COSTA, 2000, p. 128.
32. SCHWARTZMAN; BOMENY; COSTA, 2000, p. 131.
33. Oliveira Viana apud SCHWARTZMAN; BOMENY; COSTA, 2000, p. 131.
34. Idem, p. 133.
35. Para dados referentes à evolução quantitativa do sistema educacional brasileiro, ver: SCHWARTZMAN; BOMENY; COSTA, 2000, p. 277.
36. NASSER, 1945.
37. Idem.
38. NASSER, 1946.
39. NASSER, 1947a.
40. Idem.
41. NASSER, 1947d.
42. Idem.
43. NASSER, 1947c.
44. NASSER, 1949.
45. NASSER, 1947b.
46. Idem.
47. Idem.
48. Idem.
49. *O Cruzeiro* foi uma das principais publicações de sucesso do Brasil no século XX. Seu poder de influência ultrapassava os limites de um Brasil pouco afeito à leitura e que ainda não tinha tido contato com uma abordagem jornalística mais arrojada. Os anos de sucesso da publicação contaram com a presença e a participação da dupla David Nasser e Jean Manzon. Para mais informações sobre *O Cruzeiro*, ver em *Cobras criadas*, livro escrito pelo jornalista Luiz Maklouf Carvalho (SENAC, 2003).
50. SILVA, 1947.
51. LEAL, 1948.
52. Idem.

12. Mais do que ministro

1. LAMPEDUSA, 2006, p. 57.
2. SCHWARCZ; STARLING, 2015, p. 393.
3. Idem.
4. SKIDMORE, 2014, p. 94.
5. Idem, p. 89.
6. BADARÓ, 2000, p. 338.
7. Entrevista concedida ao autor em fevereiro de 2016.
8. CARVALHO, 2001, p. 131.
9. FAUSTO; HOLANDA, 2007, p. 288.
10. Idem, p. 290.
11. FAUSTO, 2006b, p. 221.
12. SCHWARTZMAN (org.), 1983, p. 20.
13. CAPANEMA, 1962, p. 17.
14. VILLA, 2011, p. 81.
15. FAUSTO, 2006b, p. 223.
16. Idem.
17. LIRA NETO, 2014, p. 124.
18. SKIDMORE, 2010, p. 109.
19. SCHWARCZ; STARLING, 2015, p. 400.
20. CAPANEMA, Gustavo, 1980, p. 125.
21. LAMPEDUSA, 2006, p. 57.

13. Domesticando o poder?

1. MENDONÇA, 2002.
2. Para mais sobre a trajetória dos Diários Associados, ver MORAIS, 1994.
3. BADARÓ, 2000, p. 374.
4. Idem, p. 375.
5. Entrevista concedida ao autor em setembro de 2014.
6. LIRA NETO, 2014, p. 188.
7. BRASIL, 1952, p. 1116.
8. BRASIL, 1953.
9. FAUSTO, 2006b, p. 226.
10. LIRA NETO, 2014, p. 240.
11. Idem.
12. FERNANDES, 2004.
13. Idem.
14. Idem.
15. Idem.

16. Idem.
17. BRASIL, 1954.
18. LIRA NETO, 2014, p. 298.
19. BRASIL, 1954.
20. BADARÓ, 2000, p. 384.
21. CAMARGO et al., 1986, p. 371.
22. Idem.
23. BADARÓ, 2000, p. 392.
24. Idem, p. 393.
25. CAPANEMA, 1983, p. 59.

14. O PLANO B PARA A LEGALIDADE

1. BADARÓ, 2000, p. 399.
2. Idem.
3. Schwarcz e Heloísa Starling, em *Brasil*: uma biografia (2015), e Jorge Ferreira, em *João Goulart*: uma biografia (2011), apontam que os golpistas foram frustrados em 1954 a partir do suicídio de Getúlio Vargas.
4. LACERDA, 1978, p. 156.
5. Idem, p. 152.
6. CASTELLO BRANCO, 1985.
7. Entrevista concedida ao autor em março de 2016.
8. BOJUNGA, 2001, p. 270.
9. LACERDA, 1978, p. 156.
10. WILLIAM, 2005, p. 115.
11. Além de Heloisa Starling e Lilla Schwarcz, em *Brasil*: uma biografia (2015), Carlos Guilherme da Mota e Adriana Lopez, em *Brasil*: uma interpretação (2013), e Jorge Ferreira, em *João Goulart*: uma biografia (2011), também falam na tentativa de golpe contra a posse de Juscelino Kubistchek em 1955.
12. SCHWARCZ; STARLING, 2015, p. 413.
13. WILLIAM, op. cit., p. 218.
14. *Revista Manchete*, 19 dez. 1955 apud WILLIAM, 2005, p. 121.
15. WILLIAM, 2005, p. 127.
16. LACERDA, 1978, p. 163.
17. Idem, p. 166.
18. WILLIAM, op. cit., p. 145.
19. CHAGAS, 2001 apud WILLIAM, 2005, p. 146.
20. FRANCO, 1965, p. 75.
21. BRASIL, 1955.
22. Entrevista concedida ao autor em 31 de março de 2016.
23. Idem.

24. Idem.

25. KUBITSCHEK, 2000, p. 37.

26. NIEMEYER, 2000 apud WERNECK, 2012.

27. BADARÓ, 2000, p. 434.

28 FERREIRA, [s.d.]

29. CAMARGO et al., 1986, p. 424.

30. BADARÓ, p. 435.

31. CASTELLO BRANCO, 1985.

32. BADARÓ, op. cit., p. 437.

33. Entrevista concedida ao autor em fevereiro de 2016.

34. Idem.

15. O QUASE PRIMEIRO-MINISTRO

1. MARTINS, 2015, p. 473.

2. Entrevista concedida ao autor em fevereiro de 2016.

3. SILVA, Hélio, 1998, p. 137.

4. FERREIRA, Jorge, 2011, p. 223.

5. FRANCO, 1965, p. 462.

6. Idem, p. 463.

7. LACERDA, 1978, p. 244.

8. Idem.

9. Idem.

10. SCHWARCZ; STARLING, 2015, p. 432.

11. ANDRADE, Auro Moura, 1998, v. 1, CD 2.

12. Idem.

13. PRIORE; VENANCIO, 2010, p. 270.

14. FERREIRA, Jorge, 2011, p. 221.

15. ANDRADE, Auro Moura, 1998. v. 1, CD 2.

16. Entre outros, Wagner William, em *O soldado absoluto* (2005), e Jorge Ferreira, em *João Goulart*: uma biografia (2011). Mais recentemente, Lilia Schwarcz e Heloísa Starling, em *Brasil*: uma biografia (2015), observam que: "(...) há acordo entre historiadores: seu gesto intencionava causar uma comoção nacional que o trouxesse de volta triunfalmente ao cargo com os poderes presidenciais aumentados — e, de preferência, sem o Congresso para incomodá-lo" (p. 433).

17. AFFONSO, 2014, p. 117.

18. Idem, p. 119.

19. Idem.

20. Idem, p. 120.

21. SKIDMORE, 2014, p. 253.
22. WILLIAM, 2005, p. 379.
23. Idem.
24. Idem.
25. CAMARGO et al., 1986, p. 447.
26. Idem.
27. RIBEIRO, José Augusto, 2015, p. 208.
28. Idem, p. 209.
29. Idem.
30. FERREIRA, Jorge, 2011, p. 251.
31. SKIDMORE, 2014, p. 253.
32. CAMARGO et al., 1986, p. 454.
33. Idem.
34. Idem, p. 449.
35. RIBEIRO, 2015, p. 216.
36. Idem, p. 217.
37. Entrevista concedida ao autor em fevereiro de 2016.
38. Idem.
39. CASTELLO BRANCO, 1963a.
40. CASTELLO BRANCO, 1963b.

16. Capanema escolhe o caos

1. GREEN; JONES, 2009.
2. CASTELLO BRANCO, 1963c.
3. GASPARI, 2002b, p. 17.
4. PRIORE; VENANCIO, 2010, p. 274.
5. CAMARGO et al., 1986, p. 454.
6. SCHWARCZ; STARLING, 2015, p. 440.
7. FERREIRA, 2011, p. 428.
8. CAPANEMA, Gustavo, 1983, p. 162.
9. CAPANEMA, 1962, p. 18.
10. Idem, p. 18.
11. Idem, p. 163.
12. CASTELLO BRANCO, 1985.
13. Algumas das cartas de Elizabeth Bishop foram publicadas na edição de setembro de 2009 da revista *Piauí*.
14. A Operação Brother Sam, como foi chamada, previa o apoio da esquadra norte--americana que já se direcionava, nos idos de março de 1964, para o porto de Santos. O objetivo era oferecer suporte logístico aos golpistas caso houvesse retaliação dos militares e governadores legalistas. Ver CASTRO, Celso, [s.d.].

17. Consequências inesperadas

1. CAPANEMA, Gustavo, 1983, p. 165.
2. MOTA; LOPEZ, 2015, p. 777.
3. CAMARGO et al., 1986, p. 469.
4. Idem, p. 470.
5. GASPARI, 2002b, p. 124.
6. RIBEIRO, José Augusto, 2015, p. 299.
7. CAMARGO et al., 1986, p. 471.
8. CASTELLO BRANCO, 1964a.
9. CASTELLO BRANCO, 1964b.
10. CAMARGO et al., 1986, p. 479.
11. CASTELLO BRANCO, 1965.
12. CAMARGO et al., 1986, p. 479.
13. Entrevista concedida ao autor em fevereiro de 2016.
14. Idem.
15. CAPANEMA, Gustavo, 1983, p. 147.
16. Entrevista concedida ao autor em fevereiro de 2016.
17. Idem.
18. Entrevista concedida ao autor em fevereiro de 2016.
19. Idem.
20. Idem.
21. Idem.
22. RESENDE, 2011. (A crônica em questão foi publicada originalmente em 13 dez. 1991 no jornal *Folha de S.Paulo.*)
23. Entrevista concedida ao autor em fevereiro de 2016.
24. Idem.
25. REIS, Daniel Aarão, 2010.
26. BADARÓ, 2000, p. 463.

18. Capanema sai de cena

1. CAMARGO et al., 1986, p. 495.
2. Idem, p. 499.
3. Entrevista concedida ao autor em fevereiro de 2016.
4. Idem.
5. Entrevista concedida ao autor em março de 2016.
6. Idem.
7. Idem.
8. CASTELLO BRANCO, 1971.

9. CASTELLO BRANCO, 1972.

10. HOLANDA, Tarcísio, 1974, p. 4.

11. MILAGRE ECONÔMICO, [s.d.].

12. EM SILÊNCIO, 1977.

13. NERY, 1978, p. 173.

14. GASPARI, 2004, p. 356.

15. CASTELLO BRANCO, 1974.

16. DIVÓRCIO, 2013.

17. Idem.

18. SIM, 1977.

19. CASTELLO BRANCO, 1978.

20. Idem.

21. Idem.

22. CAPANEMA. *Folha de S.Paulo*, 1978, p. 2.

23. Idem.

24. ANDRADE, Carlos Drummond, 1978.

25. Idem.

26. Idem.

27. BADARÓ, 2000, p. 473.

28. Idem.

29. PARLAMENTARES, 1978.

19. Réquiem

1. "Teoria do Medalhão", in: MACHADO DE ASSIS, 2007, p. 83.

2. Idem.

3. MIRANDA, 1979.

4. Idem.

5. ESTATUTO, 1897.

6. BADARÓ, 2000, p. 481.

7. SECHIN, 2016.

8. BADARÓ, 2000, p. 478.

9. Entrevista concedida ao autor em setembro de 2014.

10. GUSTAVO, 1980, p. 6.

11. DERROTADO, 1980, p. 6.

12. BADARÓ, 2000, p. 482.

13. ELAS, 1980, p. 6.

14. Entrevista concedida ao autor em fevereiro de 2016.

15. Idem.

16. Entrevista concedida ao autor em fevereiro de 2016

17. Entrevista concedida ao autor em julho de 2015.
18. Idem.
19. Idem.
20. LÚCIO, 1985, p. 3.
21. ATRAVÉS, 1985, p. 8.
22. MORRE, 1985.

EPÍLOGO

1. LEHMANN DA SILVA, 2016, p. 43.
2. CASTELLO BRANCO, 1985.

Referências bibliográficas

Livros

AFFONSO, Almino. *1964 na visão do ministro do trabalho de João Goulart*. São Paulo: Imprensa Oficial, 2014.

AMOROSO LIMA, Alceu. *Adeus à disponibilidade e outros adeuses*. Rio de Janeiro: Agir, 1969.

ANDRADE, Carlos Drummond de. *O observador no escritório*. Rio de Janeiro: Record, 1985.

ANDRADE, Mário de. *A lição do amigo*. São Paulo: Companhia das Letras, 2015.

ANDRADE, Moacyr. *Memórias de um chauffeur de praça*. Belo Horizonte: Itatiaia, 1964.

ARAÚJO, Maria Paula. *Memórias estudantis*: da fundação da UNE aos nossos dias. Rio de Janeiro: Fundação Roberto Marinho/Relume Dumará, 2007.

ARENDT, Hannah. *Homens em tempos sombrios*. São Paulo: Companhia das Letras, 2008.

BADARÓ, Murilo. *Gustavo Capanema*: a revolução na cultura. Rio de Janeiro: Nova Fronteira, 2000.

BENDA, Julien. *A traição dos intelectuais*. São Paulo: Peixoto Neto, 2007.

BOJUNGA, Claudio. *JK*: o artista do impossível. Rio de Janeiro: Objetiva, 2001.

BOMENY, Helena. A estratégia da conciliação: Minas Gerais e a abertura política dos anos trinta. In: GOMES, Ângela de Castro (org.). *Regionalismo e centralização política*: partidos e constituinte nos anos 30. Rio de Janeiro: Nova Fronteira, 1980.

_____ . (org.). *Constelação Capanema*: intelectuais e política. Rio de Janeiro: FGV, 2001.

_____ . *Um poeta na política*. Rio de Janeiro: Casa da Palavra, 2012.

BRANCO, Carlos Castello. *Retratos e fatos da história recente*. Rio de Janeiro: Revan, 1996.

CAMARGO, Aspásia et al. *Artes da política*: diálogo com Amaral Peixoto. Rio de Janeiro: Nova Fronteira, 1986.

CANÇADO, José Maria. *Os sapatos de Orfeu*: biografia de Carlos Drummond de Andrade. São Paulo: Globo, 2006.

CAPANEMA, Gustavo. *Discursos e outros escritos*. Rio de Janeiro: Pallas, 1980.
_____. *Os regimes políticos contemporâneos*: democracias e ditaduras. Rio de Janeiro: A Escola, 1962.
_____. *Pensamentos*. Belo Horizonte: Ibérica, 1983.
CAPANEMA, José. *Oh! dias da minha infância*. Belo Horizonte: Littera Maciel, 1979.
CARONE, Edgard. *A Quarta República*. São Paulo: DIFEL, 1980.
_____. *A Segunda República*. São Paulo: Difel, 1978.
CARVALHO, José Murilo. *Cidadania no Brasil*: o longo caminho. Rio de Janeiro: Civilização Brasileira, 2001.
_____. *Os bestializados*: o Rio de Janeiro e a República que não foi. São Paulo: Companhia das Letras, 1987.
CASTRO, Ruy. *O anjo pornográfico*. São Paulo: Companhia das Letras, 1992.
CAVALCANTI, Lauro. (org.). *Modernistas na repartição*. Rio de Janeiro: Editora UFRJ, 2000.
_____. *As preocupações do belo*. Rio de Janeiro: Taurus, 1995.
_____. *Dezoito graus*: Rio moderno, uma história do Palácio Gustavo Capanema. Rio de Janeiro: Língua Geral, 2015.
_____. *Moderno e brasileiro*: a história de uma nova linguagem na arquitetura. Rio de Janeiro: Jorge Zahar, 2006.
CURY, Carlos Roberto Jamil. *Alceu Amoroso Lima*. Recife: Fundação Joaquim Nabuco/Massangana, 2010. (Coleção Educadores MEC). Disponível em <http://www.dominiopublico.gov.br/download/texto/me4687.pdf>. Acesso em: 25 out. 2018.
DUTRA, Pedro. *San Tiago Dantas*: a razão vencida vol. 1. São Paulo: Editora Singular, 2014.
FAUSTO, Boris. *A revolução de 1930*. São Paulo: Companhia das Letras, 1997.
_____. *Getúlio Vargas*: o poder e o sorriso. São Paulo: Companhia das Letras, 2006a.
_____. *História concisa do Brasil*. São Paulo: Edusp, 2006b.
FAUSTO, Bóris; HOLANDA, Sérgio Buarque de (orgs.). *História geral da civilização brasileira*. Tomo III: O Brasil republicano. Sociedade e política (1930-1964). v. 10. Rio de Janeiro: Bertrand Brasil, 2007a.
_____. *História geral da civilização brasileira*. Tomo III: O Brasil republicano. Economia e cultura (1930-1964). v. 11. Rio de Janeiro: Bertrand Brasil, 2007.
FERREIRA, Jorge. *João Goulart: uma biografia*. Rio de Janeiro: Civilização Brasileira, 2011.
FRAGA, Plínio. *Tancredo Neves, o príncipe civil*. São Paulo: Objetiva, 2017.
FRAIZ, Priscila. Arquivos pessoais e projetos autobiográficos: o arquivo de Gustavo Capanema. In: GOMES, Angela de Castro (org.). *Capanema*: o ministro e o seu ministério. Rio de Janeiro: FGV, 2000.
FRANCO, Afonso Arinos de Melo. *A escalada*. Rio de Janeiro: José Olympio, 1965.
FROTA, Lélia Coelho (org.). *Carlos e Mário*: correspondência entre Carlos Drummond de Andrade e Mário de Andrade. Rio de Janeiro: Bem-Te-Vi, 2002.

CAPANEMA   401

GASPARI, Elio. *A ditadura derrotada*. São Paulo: Companhia das Letras, 2003.

_____·*A ditadura escancarada*. São Paulo: Companhia das Letras, 2002a.

_____·*A ditadura encurralada*. São Paulo: Companhia das Letras, 2004.

_____·*A ditadura envergonhada*. São Paulo: Companhia das Letras, 2002b.

GHIRALDELLI JR., Paulo. *História da educação*. São Paulo: Cortez, 2001.

GOMES, Angela Maria de Castro (org.). *Capanema*: o ministro e seu ministério. Rio de Janeiro: FGV, 2000.

_____· Ideologia e Trabalho no Estado Novo. In: PANDOLFI, Dulce (org.). *Repensando o Estado Novo*. Rio de Janeiro: FGV, 1999.

_____·*Regionalismo e centralização*: política: partidos e Constituinte nos anos 30. Rio de Janeiro: Nova Fronteira, 1980.

HOCHMAN, Gilberto; FONSECA, Cristina. A I Conferência Nacional de Saúde: reformas, políticas e saúde pública em debate no Estado Novo. In: GOMES, Angela de Castro (org.) *Capanema*: o ministro e seu ministério. Rio de Janeiro: FGV, 2000.

HORTA, José Silvério Baia. *Gustavo Capanema*. Recife: Fundação Joaquim Nabuco, 2010.

JARDIM, Eduardo. *Eu sou trezentos*: Mário de Andrade. Rio de Janeiro: Edições de Janeiro, 2015.

JORGE, Fernando. *Academia do fardão e da confusão*. São Paulo: Geração Editorial, 1999.

JUDT, Tony. *Reappraisals: Reflections On The Forgotten Twentieth Century*. Nova York: Penguin Books, 2008.

KUBITSCHEK, Juscelino. *Por que construí Brasília*. Brasília: Senado Federal, Conselho Editorial, 2000.

LACERDA, Carlos. *Depoimento*. Rio de Janeiro: Nova Fronteira, 1978.

LAMPEDUSA, Tomasi di. *O Gattopardo*. Tradução de Marina Colasanti. Rio de Janeiro: Record, 2006.

LEAL, Vitor Nunes. *Coronelismo, enxada e voto*. São Paulo: Companhia das Letras, 2013.

LEHMANN DA SILVA, Nelson. *A religião civil do Estado Moderno*. Campinas, SP: Vide Editorial, 2016.

LEVINE, Robert. *Pai dos pobres?* O Brasil e a Era Vargas. São Paulo: Companhia das Letras, 2001.

LIRA NETO. *Getúlio*: dos anos de formação à conquista do poder. 1882-1930. São Paulo: Companhia das Letras, 2012.

_____·*Getúlio*: do Governo Provisório à ditadura do Estado Novo. 1930-1945. São Paulo: Companhia das Letras, 2013.

_____· *Getúlio*: da volta pela consagração popular ao suicídio. 1945-1954. São Paulo: Companhia das Letras, 2014.

LISSOVSKY, Maurício; MORAES DE SÁ, Paulo Sérgio. *Colunas da Educação*: a construção do Ministério da Educação e Saúde: 1935—1945. Rio de Janeiro: Patrimônio, 1996.

LOPEZ, Adriana; MOTA, Carlos Guilherme. *Brasil*: uma interpretação. São Paulo: Editora 34, 2015.

MACHADO DE ASSIS. *50 Contos de Machado de Assis*. São Paulo: Companhia das Letras, 2007.

MARIZ, Vasco. *Villa-Lobos*: o homem e a obra. Rio de Janeiro: Francisco Alves, 2005.

MARTINS, Franklin. *Quem foi que inventou o Brasil? v. 1*. Rio de Janeiro: Nova Fronteira, 2015.

MENDONÇA, Marina Gusmão. *O demolidor de presidentes*. São Paulo: Codex, 2002.

MICELI, Sérgio. *Intelectuais e classe dirigente no Brasil (1920-1945)*. São Paulo: Difel, 1979.

_____. *Imagens negociadas*. São Paulo: Companhia das Letras, 1996.

_____. *Intelectuais à brasileira*. São Paulo: Companhia das Letras, 2001.

MONTALVÃO, Sérgio Sousa. *Por uma história política da educação*: a lei de diretrizes e bases e a democracia da Terceira República (1946-1961). Tese defendida na Fundação Getulio Vargas (CPDoc). Rio de Janeiro, 2011.

MORAES, Dênis de. *O velho Graça*: uma biografia de Graciliano Ramos. São Paulo: Boitempo, 2012.

MORAIS, Fernando. *Chatô, o rei do Brasil*. São Paulo: Companhia das Letras, 1994.

MOTA, Carlos Guilherme; LOPEZ, Adriana. *História do Brasil*: uma interpretação. São Paulo: Editora 34, 2015.

MOTA, Carlos Guilherme. *Ideologia da cultura brasileira*. São Paulo: Editora 34, 2008.

NAVA, Pedro. *Beira-mar*. São Paulo: Companhia das Letras, 2013.

NERY, Sebastião. *Folclore político*. Rio de Janeiro: Record, 1978.

NIEMEYER, Oscar. *As curvas do tempo*: memórias. Rio de Janeiro: Revan, 2000.

OLIVEIRA, Lucia Lippi et al. *Estado Novo, ideologia e poder*. Rio de Janeiro: Zahar, 1982.

PAIM, Antonio. *História do liberalismo brasileiro*. São Paulo: LVM, 2018.

_____. *Momentos decisivos da História do Brasil*. Campinas: Vide Editorial, 2014.

PEREIRA, Victor Hugo Adler. *A musa carrancuda*. Rio de Janeiro: FGV, 1998.

PRIORE, Mary del; VENANCIO, Renato. *Uma breve história do Brasil*. São Paulo: Planeta, 2010.

QUEIROZ, Rodrigo Cristiano. *Oscar Niemeyer e Le Corbusier*: encontros. São Paulo: Edusp, 2007.

REIS, Daniel Aarão. *Luís Carlos Prestes*: um revolucionário entre dois mundos. São Paulo: Companhia das Letras, 2014.

RESENDE, Otto Lara. *Bom dia para nascer*. São Paulo: Companhia das Letras, 2011.

RIBEIRO, Darcy. *Aos trancos e barrancos*. Rio de Janeiro: Guanabara Dois, 1985.

RIBEIRO, José Augusto. *Tancredo Neves*: a noite do destino. Rio de Janeiro: Civilização Brasileira, 2015.

RODRIGUES, Nelson. *A menina sem estrela*. São Paulo: Companhia das Letras, 1993.

ROMANELLI, Otaíza de Oliveira. *História da Educação no Brasil*. Petrópolis: Vozes, 1978.

SAID, Edward. *Representações do intelectual*. São Paulo: Companhia das Letras, 2005.

SAID, Roberto. *A angústia em ação*: poesia e política em Drummond. Belo Horizonte: UFMG, 2005.

SALLA, Thiago Mio. *Graciliano Ramos e a cultura política*: mediação editorial e construção de sentido. São Paulo: Edusp, 2016.

SCHWARCZ, Lilia Moritz; STARLING, Heloísa. *Brasil*: uma biografia. São Paulo: Companhia das Letras, 2015.

SCHWARTZMAN, Simon (org.) *Estado Novo, um autorretrato*. Brasília: Editora UNB, 1983.

SCHWARTZMAN, Simon; BOMENY, Helena; COSTA, Vanda. *Tempos de Capanema*. Rio de Janeiro: Paz e Terra/FGV, 2000.

SEGRE, Roberto. *Ministério da Educação e Saúde*: ícone urbano da modernidade brasileira. São Paulo: Romano Guerra Editora, 2013.

SENAI-SP. *De homens e máquinas*: Roberto Mange e a formação profissional. São Paulo: SENAI-SP Editora, 2012.

SEVERIANO, Jairo; MELLO, Zuza Homem de. *A canção no tempo*. São Paulo: Editora 34, 1997.

SILVA, Hélio. *1934*: a Constituinte. Rio de Janeiro: Civilização Brasileira, 1969a.

_____ · *1935*: a revolta vermelha. Rio de Janeiro: Civilização Brasileira, 1969b.

_____ · *1964*: golpe ou contragolpe? Porto Alegre: L&PM, 2014.

_____ · *Desenvolvimento e democracia*. São Paulo: Editora Três, 1998.

SKIDMORE, Thomas. *Brasil*: de Castelo a Tancredo. 1964-1985. Rio de Janeiro: Paz e Terra, 1989.

_____ · *Brasil: de Getúlio a Castello*. *1930-1964*. São Paulo: Companhia das Letras, 2010.

SODRÉ, Hélio. *História universal da eloquência*. Petrópolis: Catedral das Letras, 2007.

TOLEDO, Roberto Pompeu de. *A capital da vertigem*: uma história de São Paulo de 1900 a 1954. São Paulo: Objetiva, 2015.

TOTA, Antonio Pedro. *O amigo americano*. São Paulo: Companhia das Letras, 2014.

VARGAS, Alzira. *Getúlio Vargas, meu pai*. Rio de Janeiro: Objetiva, 2017.

VARGAS, Getúlio. *Diário*. V. II — 1937—1942. Rio de Janeiro: FGV, 1995.

VILLA, Marco Antonio. *A história das Constituições brasileiras*. São Paulo: Leya, 2011.

WERNECK, Humberto. *O desatino da rapaziada*. São Paulo: Companhia das Letras, 2012.

WILLIAM, Wagner. *O soldado absoluto*. Rio de Janeiro: Record, 2005.

WILLIAMS, Darlyle. *Culture Wars in Brazil*: The First Vargas Regime. Durham: Duke Press, 2001.

_____ · "Gustavo Capanema, ministro da cultura". In: GOMES, Angela de Castro (org.). *Gustavo Capanema*: o ministro e seu ministério. Rio de Janeiro: FGV, 2000.

Audiovisual

35: o assalto ao poder. Direção de Eduardo Escorel. São Paulo: Tatu filmes, 2002. 1 DVD.

ANDRADE, Auro Moura. Em sessão do Congresso Nacional, anuncia renúncia de Jânio Quadros. In: *Grandes momentos do parlamento brasileiro*. Brasília: Senado Federal, 1998. v. 1, CD 2. Disponível em: <http://www2.senado.leg.br/bdsf/item/id/70497>. Acesso em 15 nov. 2018.

Educação não é privilégio. Roteiro e direção: Mônica Simões. Brasil: TV Escola, 2007. Disponível em: <https://api.tvescola.org.br/tve/video/educadores-brasileiros-anisio--teixeira-educacao-nao-e-privilegio>. Acesso em: 10 dez. 2018.

Getúlio. Direção de João Jardim, 2014. Rio de Janeiro: Copacabana Filmes, 2014. 1 DVD.

LEILA STERENBERG entrevista o sociólogo francês Alain Touraine. *Milênio*. Rio de Janeiro: GloboNews, 17 jan. 2011. Programa de TV. Disponível em: <https://www.youtube.com/watch?v=dLiZn84HZog>. Acesso em: 13 jan. 2018.

O dia que durou 21 anos. Direção de Camilo Tavares. Pequi Filmes, 2012. 1 DVD.

Jornais, revistas e sites

A CÂMARA Municipal dividida politicamente. *Correio da Manhã*, 21 jul. 1936, ed. 12.787. Disponível em: <http://memoria.bn.br/DocReader/DocReader.aspx?bib=089842_04&pesq=Capanema&pasta=ano%20193>. Acesso em 23 nov. 2018.

A CIDADE universitária. *Correio da Manhã*, 23 jun. 1936, p. 4. Disponível em: <http://memoria.bn.br/DocReader/DocReader.aspx?bib=089842_04&pesq=Capanema&pasta=ano%20193>. Acesso em: 23 nov. 2018.

A CONSTRUÇÃO do novo edifício do Ministério da Educação. *Correio da Manhã*, 21 abr. 1935, ed. 12.397, p. 12. Disponível em: <http://memoria.bn.br/DocReader/docreader.aspx?bib=089842_04&pasta=ano%20193&pesq=Capanema>. Acesso em: 18 dez. 2018.

A ERA VARGAS: dos anos 20 a 1945. Reformas Educacionais. CPDoc/FGV, [s.d.]. Disponível em: <https://cpdoc.fgv.br/producao/dossies/AEraVargas1/anos20/QuestaoSocial/ReformasEducacionais>. Acesso em: 25 out. 2018.

AMATO, Rita de Cássia Fucci. "Villa-Lobos, Nacionalismo e Canto Orfeônico: projetos musicais e educativos no governo Vargas". *Revista HISTEDBR*, Campinas, n. 27, set. 2007, p. 210-220. Disponível em: <http://www.histedbr.fe.unicamp.br/revista/edicoes/27/art17_27.pdf>. Acesso em: 22 jan. 2018.

ANDRADE, Carlos Drummond. *Capanema faz falta? Enorme. Jornal do Brasil*, 7 dez. 1978. Disponível em: <https://news.google.com/newspapers?nid=0qX8s2k1IRwC&dat=19781207&printsec=frontpage&hl=en>. Acesso em: 19 dez. 2018.

ATRAVÉS do amigo, Drummond teve a visão do Brasil. *Jornal do Brasil*, 12 mar. 1985, p. 8. Disponível em: <https://news.google.com/newspapers?nid=0qX8s2k1IRwC&dat=19850312&printsec=frontpage&hl=en>. Acesso em: 8 nov. 2018.

FERREIRA, Marieta de Moraes. *As eleições de 1958 e o crescimento do PTB*. CPDoc/FGV. [s.d.]. Disponível em: <http://cpdoc.fgv.br/producao/dossies/JK/artigos/Politica/Eleicoes1958> Acesso em: 9 jan. 2018.

BRASIL. Decreto-Lei nº 4.244, de 9 de abril de 1942. Disponível em: <http://www2.camara.leg.br/legin/fed/declei/1940-1949/decreto-lei-4244-9-abril-1942-414155- 133712-pe.html>. Acesso em: 12 set. 2017.

_____. *Diário do Congresso Nacional*, 13 fev. 1952. Disponível em: <http://imagem.camara.gov.br/Imagem/d/pdf/DCD13FEV1952.pdf#page=20>. Acesso em: 12 jan. 2018.

_____. *Diário do Congresso Nacional*, 4 fev. 1953. Disponível em: <http://imagem.camara.gov.br/Imagem/d/pdf/DCD04FEV1953.pdf#page=6>. Acesso em: 18 dez. 2018.

_____. *Diário do Congresso Nacional*, 7 ago. 1954. Disponível em: <http://imagem.camara.gov.br/Imagem/d/pdf/DCD07AGO1954.pdf#page=29>. Acesso em: 11 jan. 2018

_____. *Diário do Congresso Nacional*, 24 nov. 1955. Disponível em: <http://imagem.camara.gov.br/Imagem/d/pdf/DCD24NOV1955.pdf#page=23>. Acesso em: 9 jan. 2018.

CAPANEMA. Opinião. *Folha de S.Paulo*, 8 dez. 1978, p. 2. Disponível em: <https://acervo.folha.com.br/leitor.do?numero=6788&anchor=4276793&origem=busca&pd=5e3a086c073a2a9fa408d100f5f8cf59>. Acesso em: 8 nov. 2018.

CARVALHO, Marta Maria Chagas de. *Anísio Teixeira*: Itinerários. In: Seminário "Um olhar sobre Anísio". Mesa-Redonda "Política Educacional", Rio de Janeiro, 3 set. 1999, UFRJ/CFCH/PACC, Fundação Anísio Teixeira, 1999.

CASTELLO BRANCO, Carlos. A via crúcis de Figueiredo. *Jornal do Brasil*, 22 mai. 1978. Disponível em: <http://www.carloscastellobranco.com.br/sec_coluna_view.php?id=625>. Acesso em 13 nov. 2018.

_____. Candidato do Governo para Câmara é Capanema. *Jornal do Brasil*, 5 fev. 1965. Disponível em: <http://www.carloscastellobranco.com.br/sec_coluna_view.php?id=5475>. Acesso em: 13 nov. 2018.

_____. *Jornal do Brasil*, 12 mar. 1985. Disponível em: <http://www.carloscastellobranco.com.br/sec_coluna_view.php?id=2497>. Acesso em: 19 dez. 2018.

_____. Capanema vai insistir na reforma da Constituição. *Jornal do Brasil*, 18 jan. 1963a. Disponível em: <http://www.carloscastellobranco.com.br/sec_coluna_view.php?id=4744>. Acesso em: 15 nov. 2018.

_____. Castello reivindica a responsabilidade. *Jornal do Brasil*, 11 jun. 1964a. Disponível em: <http://www.carloscastellobranco.com.br/sec_coluna_view.php?id=5818>. Acesso em: 13 nov. 2018.

_____. Consultas sobre tema morno. *Jornal do Brasil*, 26 ago. 1972. Disponível em: <http://www.carloscastellobranco.com.br/sec_coluna_view.php?id=4777>. Acesso em: 15 nov. 2018.

_____. Ministros e coronéis. *Jornal do Brasil*, 13 jan. 1974. Disponível em: <http://www.carloscastellobranco.com.br/sec_coluna_view.php?id=5129>. Acesso em: 19 dez. 2018.

_____. O simples e o complicado. *Jornal do Brasil*, 31 jul. 1971. Disponível em: <http://www.carloscastellobranco.com.br/sec_coluna_view.php?id=6057>. Acesso em: 13 nov. 2018.

_____. Preocupa UDN ausência do governo na mobilização. *Jornal do Brasil*, 20 jan. 1963b. Disponível em: <http://www.carloscastellobranco.com.br/sec_coluna_view.php?id=4754>. Acesso em: 15 nov. 2018.

_____. Prorrogação depende da vontade de Castelo. *Jornal do Brasil*, jul. 1964b. Disponível em: <http://www.carloscastellobranco.com.br/sec_coluna_view.php?id=5860>. Acesso em: 15 nov. 2018.

_____. Recria-se rapidamente um clima de tensão. *Jornal do Brasil*, 21 nov. 1963c. Disponível em: <http://www.carloscastellobranco.com.br/sec_coluna_view.php?id=4595>. Acesso em: 15 nov. 2018.

CASTRO, Celso. Fatos & Imagens: O golpe de 1964 e a instauração do regime militar. CPDoc/FGV, [s.d.]. Disponível em: <http://cpdoc.fgv.br/producao/dossies/FatosImagens/Golpe1964>. Acesso em: 8 jan. 2018.

CORRÊA, Denise Aparecida. *Ensinar e aprender educação física na Era Vargas*: lembranças de velhos professores. In: VI EDUCERE — Congresso Nacional de Educação. PUCPR - PRAXIS, Curitiba, 2006. Disponível em: <http://www.ufscar.br/~defmh/spqmh/pdf/vargas.PDF>. Acesso em: 21 nov. 2018.

COSTA, Maria Elisa. Em defesa do Palácio Capanema. *Revista Vitruvius*, Rio de Janeiro, jul. 2011. Disponível em: <http://www.vitruvius.com.br/revistas/read/minhacidade/11.132/3958>. Acesso em: 22 jan. 2018.

DERROTADO não fala. *Jornal do Brasil*, 11 jul. 1980, p. 6. Disponível em: <https://news.google.com/newspapers?nid=0qX8s2k1IRwC&dat=19800711&printsec=frontpage&hl=en>. Acesso em: 8 nov. 2018

DESMENTE-SE a notícia espalhada pelo bernardismo da deposição do presidente Olegário Maciel. *O Globo*, 18 ago. 1931. Disponível em: <https://acervo.oglobo.globo.com/consulta-ao-acervo/?navegacaoPorData=193019310818>. Acesso em: 23 nov. 2018.

DINIZ, Silvio Gabriel. *O gonçalvismo em Pitangui. Revista Brasileira de Estudos Políticos*, Belo Horizonte, 1969.

DIVÓRCIO se torna legal no Brasil em 1977, consagrando o senador Nelson Carneiro. *O Globo*, 29 set. 2013. Disponível em: <http://acervo.oglobo.globo.com/fatos-historicos/divorcio-se-torna-legal-no-brasil-em-1977-consagrando-senador-nelson-carneiro-10131249>. Acesso em: 6 jan. 2018.

EDITAL 022/2017, Faculdade de Direito da Universidade Federal de Minas Gerais. Disponível em: <https://www.direito.ufmg.br/images/stories/concursos/discentes/premios/20171/edital22riobranco.pdf>. Acesso em: 25 jan. 2018.

ELAS entram de mansinho. *Jornal do Brasil*, 11 jul. 1980, p. 6. Disponível em: <https://news.google.com/newspapers?nid=0qX8s2k1IRwC&dat=19800711&printsec=frontpage&hl=en>. Acesso em: 8 nov. 2018.

EM SILÊNCIO. *Folha de S.Paulo*, 17 jun. 1977. Coluna Painel. Disponível em: <https://acervo.folha.com.br/leitor.do?numero=6249&anchor=5413301&origem=busca&pd=1b45d56d999f9f53ddb488d965a371b0>. Acesso em: 13 nov. 2018.

ESTATUTO da Academia Brasileira de Letras. Rio de Janeiro: Academia Brasileira de Letras. 28 jan. 1897. Disponível em: <http://www.academia.org.br/academia/estatuto>. Acesso em: 3 jan. 2018.

ESTEVE NO MONROE tratando dos Conselhos Technicos o sr. Gustavo Capanema. *Correio da Manhã*, 8 mai. 1936, ed. 12.724. Disponível em: <http://memoria.bn.br/DocReader/DocReader.aspx?bib=089842_04&pesq=Capanema&pasta=ano%20193>. Acesso em: 23 nov. 2018.

FERNANDES, Helio. Sem título. *Tribuna da Imprensa*, 5 jun. 2004. Disponível em: <http://www.pitoresco.com/historia/repubł303b.htm>. Acesso em: 20 ago. 2017

FERRAZ, Eucanaã. Palácio Capanema, um marco estético mundial. *Folha de S.Paulo*, 28 abr. 2013. Disponível em: <https://www1.folha.uol.com.br/ilustrissima/2013/04/1269952--palacio-capanema-um-marco-estetico-mundial.shtml>. Acesso em: 23 nov. 2018.

FOI ASSASSINADO, em Recife, o sr. João Pessoa. *Folha da Manhã*, 27 jul. 1930. Disponível em: <http://almanaque.folha.uol.com.br/dossietexto2.htm>. Acesso em: 25 jan. 2018.

FOI UMA revolução rápida e bonita. *Piauí*, n. 36, set. 2009. Disponível em: <http://piaui.folha.uol.com.br/materia/foi-uma-revolucao-rapida-e-bonita/>. Acesso em: 8 jan. 2018.

GALERIA de Ministros. *Portal MEC*, [s.d.]. Disponível em: <http://portal.mec.gov.br/institucional/galeria-de-ministros>. Acesso em: 26 dez. 2018.

GODOY, João Miguel Teixeira. O moderno e o arcaico na organização do trabalho fabril no Brasil. *Diálogos: Revista do Departamento de História e do Programa de Pós-Graduação em História*. Universidade Estadual do Maringá, 2012. Disponível em: <http://www.redalyc.org/pdf/3055/305526887013.pdf>. Acesso em: 22 jan. 2018.

GOODWIN, Philip L.; SMITH, G. E. Kidder. Brazil Builds: architecture new and old, 1652-1942. Nova York: The Museum of Modern Art, 1943. Disponível em: <https://www.moma.org/documents/moma_catalogue_2304_300061982.pdf>. Acesso em: 22 jan. 2018.

GREEN, James; JONES, Abigail. Reinventing history: Lincoln Gordon and his multiple versions of 1964. *Revista Brasileira de História* [online]. 2009, v. 29, n. 57, p. 67-89. Disponível em: <http://www.scielo.br/scielo.php?script=sci_arttext&pid=S0102-01882009000100003>. Acesso em: 15 nov. 2018.

GUSTAVO Capanema deu maior valor à eleição. *Jornal do Brasil*, 11 jul. 1980, p. 6. Disponível em: <https://news.google.com/newspapers?nid=0qX8s2k1IRwC&dat=19800711&printsec=frontpage&hl=en>. Acesso em: 8 nov. 2018.

HISTÓRIA de Pitangui, [s.d.]. Disponível em: <https://www.pitangui.mg.gov.br/pagina/id/1013/?a-cidade.html>. Acesso em: dez. 2018.

HOLANDA, Tarcísio. *O sistema Capanema. Jornal do Brasil*, 3 fev. 1974, p. 4. Disponível em: <https://news.google.com/newspapers?nid=0qX8s2k1IRwC&dat=19740203&printsec=frontpage&hl=en>. Acesso em: 13 nov. 2018.

LEAL, José. A doença dos inocentes. *O Cruzeiro*, 3 jan. 1948, p. 58.

LESSA, Ricardo. Flerte com Hitler. *IstoÉ, Senhor*, 26 fev. 1992, ed. 1169.

LÚCIO Costa exalta a coragem e a lucidez do homem. *O Globo*, 11 mar. 1985, p. 3. Disponível em: <https://acervo.oglobo.globo.com/consulta-ao-acervo/?navegacaoPorData=198019850311>. Acesso em: 8 nov. 2018.

LUI, toujours lui. *Correio da Manhã*, 18 out. 1936, ed. 12.864, p. 4. Disponível em: <http://memoria.bn.br/DocReader/DocReader.aspx?bib=089842_04&pesq=Capanema&pasta=ano%20193>. Acesso em: 23 nov. 2018.

MILAGRE ECONÔMICO Brasileiro. In: *Dicionário CPDoc/FGV*, [s.d.]. Disponível em: <http://www.fgv.br/cpdoc/acervo/dicionarios/verbete-tematico/milagre-economico--brasileiro>. Acesso em: 8 jan.2018.

MEDINA, Cremilda. Cinquenta anos de poesia brasileira nas veias de Drummond. *O Estado de S. Paulo*, 1º abr. 1980, p. 22. Disponível em: <https://acervo.estadao.com.br/pagina/#!/19800401-32223-nac-0022-999-22-not>. Acesso em: 13 dez. 2018.

MENDES, Euclides Santos. A festa de Villa-Lobos. *Folha de S.Paulo*, 15 nov. 2009. Disponível em: <http://www1.folha.uol.com.br/fsp/mais/fs1511200911.htm>. Acesso em: 22 jan. 2018.

MIRANDA, Pontes de. *Discurso de posse*. Academia Brasileira de Letras, 5 mar. 1979. Disponível em: <http://www.academia.org.br/academicos/pontes-de-miranda/discurso-de-posse>. Acesso em: 3 jan. 2018.

MINISTRO contra a Câmara. *Correio da Manhã*, 22 dez. 1936, ed. 12.917, p. 4. Disponível em: <http://memoria.bn.br/DocReader/DocReader.aspx?bib=089842_04&pesq=Capanema&pasta=ano%20193>. Acesso em: 23 nov. 2018.

MORRE Capanema, aos 84 anos, de embolia pulmonar. *Folha de S.Paulo*, 11 mar. 1985. Disponível em: <https://acervo.folha.com.br/leitor.do?numero=9073&anchor=4109954&origem=busca&pd=09e29814fd01df347a4baa7ac70ce471>. Acesso em: 8 nov. 2018.

NASSER, David. Brasil — primeiro lugar absoluto. *O Cruzeiro*, p. 83. Ed. 32. mai. 1949. Disponível em: <http://memoria.bn.br/DocReader/docreader.aspx?bib=003581&pasta=ano%20194&pesq=Capanema>. Acesso em: 19 dez. 2018.

_____. Falta alguém em Nuremberg. *O Cruzeiro*, p. 52. Ed. 10. 27 dez. 1947a. Disponível em: <http://memoria.bn.br/DocReader/docreader.aspx?bib=003581&pasta=ano%20194&pesq=Capanema>. Acesso em: 19 dez. 2018.

_____. Geração de Analfabetos. *O Cruzeiro*, p. 64. Ed. 24. 5 abr. 1947b. Disponível em: <http://memoria.bn.br/DocReader/docreader.aspx?bib=003581&pasta=ano%20194&pesq=Capanema>. Acesso em: 19 dez. 2018.

_____. Na boca de urna. *O Cruzeiro*, p. 10. Ed. 06. 1º dez. 1945, Disponível em: <http://memoria.bn.br/DocReader/docreader.aspx?bib=003581&pasta=ano%20194&pesq=Capanema> Acesso: 19 dez. 2018.

_____. Os alegres deputados. *O Cruzeiro*, p. 9. Ed. 18. 23 fev. 1946. Disponível em: <http://memoria.bn.br/DocReader/docreader.aspx?bib=003581&pasta=ano%20194&pesq=Capanema>. Acesso em: 19 dez 2018.

_____. Os forçados da Ilha Grande. *O Cruzeiro*, p. 40. Ed. 20. 8 mar. 1947c. Disponível em: <http://memoria.bn.br/DocReader/docreader.aspx?bib=003581&pasta=ano%20194&pesq=Capanema>. Acesso em: 19 dez. 2018.

_____. Os tuberculosos. *O Cruzeiro*, p. 9. Ed. 14. 25 jan. 1947d. Disponível em: <http://memoria.bn.br/DocReader/docreader.aspx?bib=003581&pasta=ano%20194&pesq=Capanema>. Acesso em: 19 dez. 2018.

NERY, Sebastião. Memórias. *Folha de S.Paulo*, 17 nov. 1977. Disponível em: <https://acervo.folha.com.br/leitor.do?numero=6402&anchor=4874604&origem=busca&pd=7c17c523f286575bad36d4379ed49672>. Acesso em: 18 dez. 2018.

OTRANTO, Celia Regina; PAMPLONA, Ronaldo Mendes. Educação Profissional do Brasil Império à Reforma Capanema: dicotomia na educação e na sociedade brasileira. In: V Congresso Brasileiro de História da Educação, 2008, Aracaju. O Ensino e a Pesquisa em História da Educação, 2008. v. 1. p. 373-373. Disponível em: <http://www.sbhe.org.br/novo/congressos/cbhe_2008/pdf/873.pdf>. Acesso em: 22 jan. 2018.

PARADOXOS. *Correio da Manhã*, 23 set. 1936, ed. 12.842, p. 4. Disponível em: <http://memoria.bn.br/DocReader/DocReader.aspx?bib=089842_04&pesq=Capanema&pasta=ano%20193>. Acesso em: 19 dez. 2018

PARLAMENTARES despedem-se do presidente. *Folha de S.Paulo*, 6 dez 1978. Disponível em: <https://acervo.folha.com.br/leitor.do?numero=6786&anchor=4275872&origem=busca&pd=38d683add424ac4f0843d3fbce16031f>. Acesso: 8 nov. 2018.

PITANGUI: a sétima vila do ouro das Minas Gerais, [s.d.]. Disponível em: <https://www.pitangui.mg.gov.br/pagina/id/1013/?a-cidade.html>. Acesso em: 25 jan. 2018.

PORTO, Francisco Gilson Rebouças. *Anísio Teixeira e a Universidade do Distrito Federal*: um retrospecto. Janeiro de 2003. Disponível em: <https://www.ensayistas.org/filosofos/brasil/teixeira/critica/porto.htm>. Acesso em: 18 dez. 2018.

REIS, Daniel Aarão. Até a ditadura buscou a força do voto. *O Estado de S. Paulo*, 30 out. 2010. Disponível em: <http://politica.estadao.com.br/noticias/geral,ate-a-ditadura-buscou-a-forca-do-voto,631779>. Acesso em: 8 jan. 2018.

REIS, Marco Antonio. Filinto Müller colaborou com duas ditaduras. *Agência Senado*, 2012. Disponível em: <http://www12.senado.leg.br/noticias/materias/2012/06/12/filinto-muller-colaborou-com-duas-ditaduras>. Acesso em: 21 nov. 2018.

SANTOS, Marco Antonio Cabral. Francisco Campos: um idéologo para o Estado Novo. *Locus: Revista de História*, Juiz de Fora, v. 13, n. 2, 2007, p. 31-48. Disponível em: <http://www.ufjf.br/locus/files/2010/02/25.pdf>. Acesso: 23 nov. 2018.

SECHIN, Antônio Carlos. Por que a Academia Brasileira de Letras insiste em nomear não escritores como imortais. *O Estado de S. Paulo*, 20 ago. 2016. Disponível em: <http://alias.estadao.com.br/noticias/geral,por-que-a-academia-brasileira-de-letras-insiste-em-nomear-nao-escritores-como-imortais,10000070809>. Acesso em: 3 jan. 2018.

SIM e não. *Folha de S. Paulo*, 6 dez. 1977. Coluna Painel, p. 3. Disponível em: <https://acervo.folha.com.br/leitor.do?numero=6421&anchor=4275855&origem=busca&pd=56cc4b61bee9d5dc70583a2c20bb9626>. Acesso em: 13 nov. 2018.

SILVA, Arlindo. A nova abolição. *O Cruzeiro*, p. 60. 6 set. 1947. Disponível em: <http://memoria.bn.br/DocReader/DocReader.aspx?bib=089842_04&pesq=Capanema&pasta=ano%20193>. Acesso em: 19 dez. 2018.

SOARES, Ana Maria; OLIVEIRA, Lia Maria. *Ensino técnico agropecuário e formação de professores*: novas perspectivas ou uma velha receita?. CPDA, Série Ruralidades, v. 6, p. 1-21. Seropédica/Rio de Janeiro, 2002. Disponível em: <http://sbhe.org.br/novo/congressos/cbhe2/pdfs/Tema3/0327.pdf>. Acesso em: 24 dez 2018.

UM MINISTRO a cada 42 dias. *Veja*, n. 2.509, 21 dez. 2016.

UNE. *Fundação da UNE e primeiras lutas*, [s.d.]. Disponível em: <http://www.une.org.br/memoria/>. Acesso em: 15 jan. 2018.

WERNECK, Guilherme. A Pampulha foi o início de Brasília. *O Estado de Minas*, 6 dez. 2012. Disponível em: <https://www.em.com.br/app/noticia/especiais/oscar-niemeyer/2012/12/06/internas_oscar_niemeyer,334872/a-pampulha-foi-o-inicio-de-brasilia.shtml>. Acesso em: 17 nov. 2018.

Índice onomástico

35: Assalto ao poder, de Eduardo Escorel, 162

A

A Academia do fardão e da confusão, de Fernando Jorge, 362

A angústia da ação: poesia e política em Drummond, de Roberto Said, 122

A canção no tempo, de Jairo Severiano e Zuza Homem de Mello, 212

A capital da vertigem, de Roberto Pompeu de Toledo, 35

A ditadura derrotada, de Elio Gaspari, 347

A ditadura escancarada, de Elio Gaspari, 328

A musa carrancuda, de Victor Hugo Adler Pereira, 136

A revolução de 1930, de Boris Fausto, 68, 69

A traição dos intelectuais, de Julien Benda, 117

Abgar Renault, 13, 33, 46, 56, 197, 362

Abigail Jones, 313

Adauto Lúcio Cardoso, 240, 257, 281

Adhemar de Barros, 251, 269, 270, 275, 293

Adolf Hitler, 161, 174, 175, 207, 209, 214

Adriana Janacópulos, 157

Adriana Lopez, 323, 324

Affonso Reidy, 146, 148

Affonso Romano de Sant'anna, 222

Afonso Arinos de Melo Franco, 111, 240, 257, 261, 262, 264, 281, 282, 297, 298, 371, 377

Afonso Emílio Massot, 62

Afonso Pena, 36

Afrânio de Melo Franco, 18

Alain Touraine, 225, 226

Alaor Prata, 79

Alberico Moraes, 166, 167

Alberto Dines, 176, 379

Alberto Nepomuceno, 98

Alcântara Machado, 166, 206

Alceu Amoroso Lima (Trystão de Athayde), 98-100, 103-106, 111, 121, 125, 132, 161

Alcides Lins, 250

Alfredo Egídio de Souza Aranha, 170

Alfredo Storni, 86

Alguma poesia, de Carlos Drummond de Andrade, 118

Aliança Renovadora Nacional, 333, 337-340, 343-347, 349, 352-354, 357

Aliomar Baleeiro, 257-260, 281

Almino Affonso, 256, 302, 380

Aluísio Azevedo, 66

Alzira Alves Abreu, 164

Alzira Vargas do Amaral Peixoto, 70, 88

Amaro Lanari, 19

Amorim do Valle, 276, 280

Ana Maria Dantas Soares, 181

Anaíde Beiriz, 72

Ângela de Castro Gomes, 82, 184, 185

Angústia, de Graciliano Ramos, 120
Aníbal Machado, 206
Anísio Teixeira, 94, 103, 106-109, 111, 112, 124, 171, 191, 198, 199, 231, 236, 314
Antonio Candido, 116, 127
Antônio Carlos Ribeiro de Andrada, 17, 18, 22, 39, 54, 67, 72, 73, 77, 87, 88, 93
Antônio Carlos Secchin, 362
Antônio de Carvalho Lage (Tonico Lage), 29
Antonio Houaiss, 127
Aos trancos e barrancos, de Darcy Ribeiro, 76, 137
"Aquarela do Brasil", de Ary Barroso, 212
Archimedes Memória, 145-149, 151
Arlindo Silva, 235
Armando Falcão, 258
Arnaldo Niskier, 123, 127, 242, 367
Artes da política: diálogo com Amaral Peixoto, de Aspásia Camargo, 81, 243
Arthur Bernardes, 18, 20, 21, 37, 38, 56, 78, 80
Arthur Ernest Ewert, 162
Artur da Costa e Silva, 329, 335
Ary Barroso, 212
As ilusões armadas, de Elio Gaspari, 313
Assis Chateaubriand, 254
Astrojildo Pereira, 206
Ataulfo Paiva, 206
Athos Bulcão, 223
Augusto Meyer, 133
Aureliano Chaves, 354, 371
Auro de Moura Andrade, 301, 307, 308
Austregésilo de Athayde, 362, 364, 365

B
Barão do Rio Branco, 67
Barbosa Lima Sobrinho, 364
Barreto Pinto Aguiar, 258
Barreto Porto, 249
Bartolomeu Bueno da Siqueira, 26
Bejo Vargas, 217
Belchior Pinheiro de Oliveira, 26

Benedito Valadares, 12, 54, 87-89, 96, 100, 119, 218, 232, 243, 251, 265, 271, 296, 312, 377
Benito Mussolini, 20, 161, 170
Benjamin Constant, 91, 92, 95
Bernardo Ellis, 363, 364
Bias Fortes Filho, 250, 270, 353
Bibi Ferreira, 137
Bilac Pinto, 328
Bill Clinton, 68
Bizarria Mamede, 277, 280
Borges de Medeiros, 37, 59, 85, 97
Boris Fausto, 68, 69, 244, 245, 247, 248, 260
Brás Balthazar da Silveira, 27
Brasil, uma biografia, Lilia Moritz Schwarcz e Heloísa Starling, 209
Brasil: de Getúlio a Castello, de Thomas Skidmore, 241, 248, 301
Brazil Builds, de Philip L. Goodwin e G. E. Kidder Smith, 159, 205
Bruno Giorgi, 116, 136, 157

C
Café Filho, 269, 270, 274-276, 282
Camilo Tavares, 321
Candido Portinari, 13, 111, 116, 131, 141, 143, 157, 197, 217, 219, 220, 223
Cândido Rondon, 91
Carlos Castello Branco, 88, 272, 290, 310, 312, 313, 321, 326, 327, 343, 344, 350, 355, 376, 377
Carlos da Cunha Correia, 57
Carlos Drummond de Andrade, 13, 42, 46-49, 84, 98, 116, 118-128, 130-133, 136, 139, 140, 142, 146, 149, 155, 163, 176, 197, 217, 219-223, 235, 356, 357, 365, 367, 368, 371, 376
Carlos Fico, 321
Carlos Guilherme da Mota, 323, 324
Carlos Lacerda, 45, 96, 240, 241, 254, 257, 261-263, 264, 271-274, 276, 279, 280, 298, 299, 309, 324, 334, 335, 337

CAPANEMA

Carlos Leão, 148
Carlos Luz, 275-277, 279, 280-283
Carlos Marighella, 249
Carmen Portinho, 146
Carneiro Rezende, 78
Cartas chilenas, de Tomás Antônio Gonzaga, 133
Cassiano Ricardo, 170
Castro Alves, 360
Célia Neves, 220
Celia Regina Oranto, 181
Celso Antônio, 155, 156
César Borgia, 298
Cezanne, 332
Che Guevara, 298
Cidadania no Brasil, de José Murilo de Carvalho, 244
Cinquenta anos esta noite, de José Serra, 314
Claudio Bojunga, 272, 273, 363
Clemente Mariani, 235, 298
Climério de Almeida, 263
Clóvis Salgado, 296
Colunas da educação: a construção do Ministério da Educação e Saúde, de Maurício Lissovsky e Paulo Sérgio Moraes de Sá, 152
Craveiro Lopes, 286
Cremilda Medina, 118
Cristiano Machado, 78, 252
Cristina Fonseca, 102
Cyro dos Anjos, 366

D
Da guerra, de Carl von Clausewitz, 80
Daniel Aarão Reis, 38, 162, 163, 338
Darcy Ribeiro, 76, 137, 138, 141, 371
Dario de Almeida Magalhães, 60, 337
Darlyle Williams, 138-140, 204
David Nasser, 231-235, 266
De homens e máquinas: Roberto Mange e a formação profissional, de SENAI-SP (org.), 190
Dênis de Moraes, 125-127, 129, 130
Deodoro da Fonseca, 91, 92
Depoimento, de Carlos Lacerda, 45, 271, 274, 279

Di Cavalcanti, 217
Dilma Rousseff, 230
Dinah Silveira de Queirós, 365-368, 377
Dirceu Cardoso, 299
Djalma Pinheiro Chagas, 20, 80
Dom Pedro II, 35, 175, 226
Domingo Rodrigues do Prado, 26
Dona Beja, 27,
Dwight Eisenhower, 286, 288
Dyonélio Machado, 206

E
Eduardo de Almeida, 159
Eduardo Escorel, 162
Eduardo Gomes, 241, 251, 276
Eduardo Jardim, 116
Eduardo Oinegue, 224
Edward Said, 117, 118
Elio Gaspari, 313, 314, 324, 325, 328, 346, 347, 348
Eliseu Resende, 371
Elizabeth Bishop, 321
Elza Saborowiski, 162
Emílio Garrastazu Médici, 338
Enrico Bianco, 223
Érico Veríssimo, 206
Ernani do Amaral Peixoto, 81, 240-243, 264, 269, 289, 305-307, 314, 316, 324, 325, 327, 328, 340, 371
Ernani Vasconcelos, 145
Ernesto de Sousa Campos, 225
Ernesto Geisel, 346-349, 352, 358
Estado Novo, um autorretrato, de Simon Schwartzman (org.), 72-74, 109, 133, 139, 245
Estilac Leal, 262
Etelvino Lins, 272
Eucanaã Ferraz, 143
Euclides da Cunha, 91, 98, 207, 361
Eurico Gaspar Dutra, 204, 205, 217, 225, 231, 232, 235, 241, 243, 247, 248, 250, 251, 260, 269
Eurico Massot, 62

F

Fabio Prado, 134
Fernando Collor de Mello, 71
Fernando de Azevedo, 94, 106
Fernando Haddad, 11
Fernando Jorge, 362
Fernando Morais, 174
Fidel Castro, 286, 298
Filinto Müller, 208, 232
Filipe dos Santos, 26
Fiúza de Castro, 277, 279
Floradas da serra, de Dinah Silveira de
  Queirós, 365
Flores da Cunha, 85, 87, 224, 278, 279, 281
Floriano Peixoto, 37, 92
Francelino Pereira, 353, 354
Francis Underwood (personagem da série
  House of Cards), 255
Francisco Campos (Chico Ciência), 12, 19,
  20, 40, 54, 55, 75, 78-80, 83, 93-95, 100,
  106, 125, 131, 140, 171, 172, 176, 180,
  182, 183, 187, 193, 230, 324, 366
Francisco Cavalcanti Pontes de Miranda,
  360, 361, 362, 368
Francisco de Paula Ramos de Azevedo, 145
Francisco Julião, 315
Francisco Montojas, 193
Francisco Silviano de Almeida Brandão, 36
Franklin Delano Roosevelt, 209
Franklin Martins, 79, 294
Fróes da Fonseca, 156

G

Gabriel Grün Moss, 303
Gabriel Passos, 33, 46, 56, 83
Gerardo Melo Mourão, 353
Gerson Pinheiro, 145
Getúlio Dornelles Vargas, 9, 12-14, 17, 18, 21,
  23, 29, 38, 39, 58, 59, 61, 69, 70-76, 81,
  82, 84-88, 95-97, 101, 103, 108, 109, 115,
  116, 123, 126, 129, 137, 139, 143, 145; 147-
  150, 152, 155, 158, 160, 161, 165, 168,
  171-174, 179, 184, 185, 187, 191, 193,

194, 198-202, 204, 205, 206, 209, 210,
  212-214, 216-218, 221-223, 227, 229, 235,
  240-244, 247, 250-258, 260, 261, 263-
  271, 274, 275, 287, 289, 293, 295, 305,
  333, 351, 355, 358, 369, 375
Getúlio Vargas e sua política, de Gustavo
  Capanema, 84, 177, 182
Getúlio Vargas, meu pai, de Alzira Vargas, 88
Getúlio Vargas: da volta pela consagração po-
  pular ao suicídio, de Lira Neto, 241, 260
Getúlio, de João Jardim, 253, 261
Getúlio: do Governo Provisório à ditadura do
  Estado Novo, de Lira Neto, 59, 71, 218
Getúlio: dos anos de formação à conquista
  do poder, de Lira Neto, 20, 59, 74, 86
Gilberto Amado, 131, 331, 366
Gilberto Freyre, 107
Gilberto Hochman, 102
Gilberto Kassab, 241
Góes Monteiro, 217
Golbery do Couto e Silva, 346, 348
Graciliano Ramos, 120, 125-127, 129-132, 155
Gregório Fortunato, 263
Gregório Lourenço Bezerra, 249
Guia de Canto Orfeônico, de Villa-Lobos, 197
Gustavo Afonso Capanema, 96, 265
Gustavo Barroso, 175, 176
Gustavo Capanema Filho, 18, 25, 39, 43,
  57, 373, 375
Gustavo Capanema, de José Silvério Baia
  Horta, 11, 171
Gustavo Capanema: a revolução na cultura,
  de Murilo Badaró, 11, 242, 356
Gustavo Xavier, 29-31, 45

H

Harry Berger, 342
Harry Truman, 248
Heitor Villa-Lobos, 13, 111, 116, 131, 196-
  200
Helena Bomeny, 11, 41, 77, 82, 95, 100, 103,
  118, 120, 127, 128, 150, 164, 186, 190,
  193, 211, 225, 365, 380

CAPANEMA

Helio Fernandes, 261, 262

Hélio Silva, 86, 88, 164, 176, 295-297, 314

Helio Sodré, 267

Heloísa Starling, 209, 216, 217, 240, 250, 299, 313, 317

Henri Bergson, 98

Henrique Batista Duffles Teixeira Lott, 274-280, 282, 294, 296, 304, 335, 337

Henrique de Novaes, 285

Henry Kissinger, 13

Heráclito Fontoura Sobral Pinto, 341, 342

Herculano Assunção, 81

Hermes da Fonseca, 37

Hermes de Lima, 311

Himalaia Virgulino, 249

História concisa do Brasil, de Boris Fausto, 244, 247

História da educação no Brasil, de Otaíza Oliveira Romanelli, 180

História da educação, de Paulo Ghiraldelli, 94

História da eloquência universal, de Helio Sodré, 267

História das Constituições brasileiras, de Marco Antonio Villa, 249

História do povo brasileiro, de Jânio Quadros e Afonso Arinos, 300

História geral da civilização brasileira – v. 10, de Boris Fausto e Sérgio Buarque de Holanda, 244

Homens em tempos sombrios, de Hannah Arendt, 10

Horácio Lafer, 258

Hugo Abreu, 348

Hugo Borghi, 241

Humberto Castelo Branco, 324-326, 329, 334

Humberto Werneck, 221, 222

I

Immanuel Kant, 44

Inezil Penna Marinho, 195

Inglês de Sousa, 362

Intelectuais e classe dirigente no Brasil, de Sérgio Miceli, 118, 123

J

Jackson de Figueiredo, 170

James Carville, 68

James Green, 313, 321

James Irwin Miller, 229

Jânio da Silva Quadros, 293, 300

Jarbas Passarinho, 350

Jayme Monjardim, 174

Jean-Ovide Decroly, 33

JK: o artista do impossível, de Claudio Bojunga, 272, 363

João Barbosa Leite, 195

João Beraldo, 250

João Dantas, 72

João Goulart, 14, 101, 260, 275, 296, 300, 303-308, 311-316, 318-321, 324, 326, 334, 335, 344, 345

João Goulart: uma biografia, de Jorge Ferreira, 275, 297, 300, 305, 317

João Penido, 89

João Pessoa, 70- 72

Joaquim Nabuco, 67, 362, 363

Joaquina do Pompeu, 27

Joel Silveira, 125

Johann Wolfgang von Goethe, 44, 221

John Dewey, 94, 105, 107

John F. Kennedy, 294

Jorge Amado, 206, 217, 249, 364

Jorge da Cunha Lima, 213

Jorge Ferreira, 275, 297, 300, 301, 305, 306, 317

Jorge Moreira, 146, 148

José Aderaldo Castello, 117

José Américo de Almeida, 365

José Aparecido de Oliveira, 371

José Augusto Ribeiro, 305-307, 325

José Bonifácio, 270

José Capanema, 28- 32, 380

José Carlos Guerra, 310, 331, 333-337

José Carlos Macedo Soares, 150

José Gomes Talarico, 216,

José Gonçalves de Sousa, 28

José Linhares, 223, 278

José Maria Alkmin, 240

José Maria Cançado, 124, 125, 127
José Murilo de Carvalho, 67, 244
José Octavio Capanema, 39, 44, 54, 158, 160, 219, 223, 283, 290, 341
José Ramos Tinhorão, 200
José Ribamar Ferreira de Araújo (José Sarney), 372, 373
José Serra, 314
José Silvério Baia Horta, 11, 171, 172, 211, 212
Josef Stalin, 161
Josué Montello, 362
Juarez Távora, 271, 275
Juca Ferreira, 230
Julien Benda, 117, 124
Júlio Ferreira de Carvalho, 250
Júlio Prestes, 17, 18, 38, 39, 58, 67, 70, 170
Juscelino Kubitschek, 14, 89, 240, 270-272, 274-276, 281, 284, 285, 290, 291, 295, 325, 326, 335, 354, 363, 366, 376

K
Kidder Smith, 159

L
Lauro Cavalcanti, 145, 146, 155-159
Le Corbusier, 146, 150, 151, 153-157
Legitimidade e coação no Brasil pós-1964, de Lúcia Klein, 340
Leonel Brizola, 304, 306, 315, 371, 372
Leonel Franca, 34, 227
Lia Maria Teixeira de Oliveira, 181
Lição de amigo, de Carlos Drummond de Andrade (org.), 120
Lilia Moritz Schwarcz, 209, 216, 217, 240, 250, 299, 313, 317
Lima Barreto, 93, 207
Lincoln Gordon, 313
Lindolfo Collor, 71, 166, 183
Lira Neto, 20, 59, 71, 74, 86, 217, 218, 241, 249, 255, 260
Lourenço Filho, 94, 112
Lourival Fontes, 208
Lúcia Klein, 339

Lucio Costa, 13, 116, 124, 127, 141, 142, 148-151, 154, 284, 285, 295, 371
Luís Camilo de Oliveira Neto, 164
Luís Carlos Prestes, 115, 162, 163, 217, 220, 342
Luís Carlos Prestes: um revolucionário entre dois mundos, de Daniel Aarão Reis, 38, 162, 163
Luís Simões Lopes, 175
Lutero Vargas, 217

M
Machado de Assis, 66, 98, 208, 286, 355, 359, 360, 362, 363, 365
Macunaíma, de Mário de Andrade, 116
Magalhães Pinto, 338, 340, 348, 350
Manoel Ferraz de Campos Salles, 36, 37
Manuel Bandeira, 146
Mao Tsé-Tung, 303
Marcelina Lage, 50
Marcello Piacentini, 150-153
Marcelo Alencar, 371
Márcio Moreira Alves, 354
Marco Antonio Villa, 98, 246, 248,
Marco Maciel, 371, 373
Maria Adelaide Amaral, 272
Maria da Glória Capanema Guerra, 32, 33, 61, 62, 97, 121, 127, 137, 243, 268, 291, 295, 310, 329, 331-333, 337, 340, 361, 366-368, 370, 380
Maria de Lourdes Prata (Naná Prata), 60, 61
Maria Emília Sena, 61
Maria Esther Bueno, 284
Maria Paula Araújo, 214, 216
Maria Regina Massot, 23, 61, 62, 81, 96, 97, 265, 273, 290, 291
Maria Tangará, 27,
Maria Thereza Goulart, 317
Marieta de Moraes Ferreira, 287, 289
Marina Silva, 242
Mario Cassanta, 33, 46
Mário de Andrade, 13, 48, 49, 84, 111, 116, 117, 120, 127, 128, 130-136, 147, 156, 206

Marques Reis, 164
Mary del Priore, 300, 315
Maurício Grabois, 249
Maurício Lissovsky, 152
Medeiros Netto, 165, 166
Memórias de um chauffeur de praça, de Moacyr Andrade, 221
Memórias do cárcere, de Graciliano Ramos, 125
Memórias estudantis: da fundação da UNE aos nossos dias, de Maria Paula Araújo, 214
Memórias Póstumas de Brás Cubas, de Machado de Assis, 220
Menotti del Picchia, 170
Meu caminho para Brasília v.1: A experiência da humildade, de Juscelino Kubitschek, 363
Miguel Reale, 360
Milton Campos, 250, 251, 306
Moacyr Andrade, 221
Monteiro Lobato, 107
Mourão Filho, 324
Murilo Badaró, 11, 33, 60, 63, 75, 76, 81, 87, 96, 97, 149, 218, 242, 243, 255, 256, 262, 263, 265, 269, 272, 287-290, 295, 337, 354-356, 362
Murilo Rubião, 206

N

Narcisa Barbosa, 60
Nélida Piñon, 366
Nelson Carneiro, 351
Nelson Lehmann da Silva, 376
Nelson Lott, 337
Nelson Rockefeller, 202-205, 209
Nélson Rodrigues, 136, 137
Nereu Ramos, 278, 279, 281
Nilo Peçanha, 37, 188
Noraldino Lima, 250

O

O amigo americano, de Antonio Pedro Tota, 202, 203
O anjo pornográfico, de Ruy Castro, 136, 137

O desatino da rapaziada, de Humberto Werneck, 221
O dia que durou 21 anos, de Camilo Tavares, 321, 370
O Gattopardo, de Tomasi de Lampedusa, 239, 252
O gonçalvismo em Pitangui, de Silvio Gabriel Diniz, 28
O pai dos pobres? – O Brasil e a Era Vargas, de Robert Levine, 217
O Rio de Janeiro e a República que não foi, de José Murilo de Carvalho, 67
O soldado absoluto, de Wagner William, 274, 305, 337
O velho Graça: uma biografia de Graciliano Ramos, de Dênis de Moraes, 125
Observador do escritório, de Carlos Drummond de Andrade, 121, 222
Octacílio Negrão de Lima, 285
Odílio Denys, 277, 303, 305
Odilon Braga, 164
Olegário Maciel, 17, 18, 21-23, 39, 40, 56, 58, 60, 69, 73, 75, 77, 78, 80-85, 97, 280
Olga Benário Prestes, 115, 116 163, 174, 217
Olímpio Mourão, 321, 324
Oliveira Britto, 325
Oliveira Viana, 140, 156, 229, 230
Olympio de Mello, 166
Omer Buyse, 107
Orlando Geisel, 305
Orson Welles, 202, 204
Os autos da devassa da Inconfidência Mineira, de Tomás Antônio Gonzaga, 133
Os bestializados, de José Murilo de Carvalho, 67
Os passos de Orfeu, de José Maria Cançado, 124
Os sertões, de Euclides da Cunha, 98, 361
Oscar Dias Cardoso, 240
Oscar Niemeyer, 13, 116, 124, 127, 141, 142, 154, 155, 284, 285, 295
Osvaldo Aranha, 21, 23, 81, 82, 85-87, 204, 205, 224, 229, 230
Oswald de Andrade, 23, 48, 120, 155, 206

Oswaldo Alves, 220
Otávio Tarquínio de Sousa, 206
Otto Lara Resende, 277, 335
Ovídio Xavier de Abreu, 328

P

Pacífico de Assunção, 30
Partido Comunista Brasileiro, 131, 162, 217, 240, 248, 249, 251, 315, 364
Partido Comunista Soviético, 162
Partido dos Trabalhadores, 369
Partido Republicano Mineiro, 17-23, 36, 56, 59, 77, 80-82, 84
Partido Republicano Paulista, 36, 170
Partido Social Democrático, 11, 240, 242, 243, 247, 250-252, 257, 269-272, 275, 287-290, 293, 295, 297, 303, 305-307, 311, 314-316, 318, 324-329, 335, 339, 340, 347, 354, 371
Partido Trabalhista Brasileiro, 216, 240, 247, 250, 251, 269, 272, 275, 287, 293, 295, 297, 301, 315, 339
Paulo Brossard, 347, 348, 349
Paulo Salim Maluf, 370
Paulo Sarasate, 325
Paulo Sérgio Moraes de Sá, 152
Pedro Ernesto Batista, 108, 109, 111, 166
Pedro Marques, 77
Pedro Nava, 41, 46, 47, 131, 197, 222, 285
Philip Goodwin, 159
Pio Guerra, 333
Plínio Salgado, 120, 170-173, 175, 213, 275
Por que construí Brasília, de Juscelino Kubitschek, 363
Priscila Fraiz, 44
Procópio Ferreira, 137

Q

Quem foi que inventou o Brasil?, de Franklin Martins, 79, 294

R

Rachel de Queiroz, 123, 127, 368
Rafael Galvão, 145
Raimundo Farias de Brito, 170
Ranieri Mazzilli, 303, 327, 328
Raul Leitão da Cunha, 160, 224, 225
Raul Soares, 56
Regionalismo e centralização política, de Ângela de Castro Gomes, 82
Renato Archer, 335
Renato Venâncio, 300, 315
Repensando o Estado Novo, de Ângela de Castro Gomes, 184
Representações do intelectual, de Edward Said, 117
Ricardo Severo, 145
Richard Nixon, 286, 294
Robert Brant, 192
Roberto Burle Marx, 116, 143, 157
Roberto Mange, 189-191
Roberto Pompeu de Toledo, 35
Roberto Segre, 159
Rocha Vaz, 156
Rodolfo Fuchs, 191
Rodrigo Melo Franco de Andrade, 147, 220
Rodrigues Alves, 36
Ronaldo Mendes Pamplona, 181
Roquette Pinto, 156
Rosalina Coelho Lisboa, 228, 229
Rubem Braga, 93
Rubens Florentino Vaz, 261
Rubens Vidal Araújo, 217
Rudolf Aladar Métall, 185
Rui Barbosa, 37, 45, 165, 271, 367
Ruy Castro, 136, 137

S

Samuel Johnson, 324
Samuel Wainer, 254
San Tiago Dantas, 131, 297, 311, 315
Sarah Kubitschek, 97

Sebastião Nery, 88, 310, 348

Sergio Buarque de Holanda, 98, 133, 206, 244

Sergio de Sousa Montalvão, 182

Sérgio Miceli, 13, 118, 119, 123, 139

Shakespeare, 98

Silvio Gabriel Diniz, 28

Silvio Heck, 280, 303

Simon Schwartzman, 11, 72, 95, 103, 120, 121, 129, 150, 164, 186, 190, 193, 211, 225, 380

Sinhana Lage, 29

Soares Silva, 255

T

Tancredo Neves, 240, 275, 296, 305-308, 311, 325, 349, 350, 353, 355, 369-373

Tancredo Neves, o príncipe civil, de Plínio Fraga, 296

Tancredo Neves: a noite do destino, de José Augusto Ribeiro, 305, 307, 325

Tempos de Capanema, de Simon Schwartzman, Helena Bomeny e Vanda Costa, 11, 95, 97, 98, 103, 111, 150, 186, 189, 190, 225, 227, 229

Teoria do medalhão, de Machado de Assis, 286, 359

Themistocles Cavalcanti, 277

Thomas Skidmore, 214, 241, 248, 250, 301, 304, 306, 314, 315, 347

Tom Jobim, 284

Tomasi de Lampedusa, 239

Tristão de Athayde ver Alceu Amoroso Lima, 98

U

Último de Carvalho, 290, 338

Ulysses Guimarães, 240, 348, 349, 353

União Democrática Nacional, 111, 240-242, 247, 249, 251, 255-258, 260, 261, 263, 267, 270, 271, 275, 287, 293, 294, 297, 315, 328, 333, 339, 354

V

Valdemar Falcão, 187

Vanda Maria Ribeiro Costa, 225

Vasco Azevedo, 28

Vasco Mariz, 199, 200

Venceslau Brás, 186

Vicente Rao, 164

Victor Brecheret, 134, 135, 154

Victor Dubugras, 145

Victor Hugo Adler Pereira, 136

Vidas secas, de Graciliano Ramos, 125

Villas-Bôas Corrêa, 310

Vinicius de Moraes, 127, 131, 132, 143, 157, 284

Virgílio de Melo Franco, 23, 85-88

Vital Henrique Soares, 108

Vitorio Mopurgo, 151

W

Wagner William, 274, 276-278, 280, 296, 304, 305, 337

Walt Disney, 202, 203

Washington Luís, 17, 38, 39, 58, 59, 67, 69-73, 77, 107, 171, 207, 229

Wellington Moreira Franco, 371

Werner Amancher, 192

William Wordsworth, 31

X

Xavier Capanema, 96

Y

Yeddo Fiúza, 241

Z

Zbigniew Ziembinski, 136

Zé Carioca, 203

Zenóbio da Costa, 275

Este livro foi composto na tipografia Minion
Pro, em corpo 11/15, e impresso em
papel off-white no Sistema Cameron da
Divisão Gráfica da Distribuidora Record.